Kohlhammer

Kohlhammer Edition Marketing

Herausgeber: Prof. Dr. Richard Köhler
Universität zu Köln

Prof. Dr. Dr. h.c. Heribert Meffert
Universität Münster

Volker Trommsdorff

Konsumenten-
verhalten

3., überarbeitete und erweiterte Auflage

Verlag W. Kohlhammer
Stuttgart Berlin Köln

Die Deutsche Bibliothek – CIP-Einheitsaufnahme

Kohlhammer-Edition Marketing /Hrsg.: Richard Köhler ; Heribert
Meffert. - Stuttgart ; Berlin ; Köln : Kohlhammer
.
Trommsdorff, Volker: Konsumentenverhalten: - 3., überarb. und erw.
Aufl. - 1998

Trommsdorff, Volker:
Konsumentenverhalten / Volker Trommsdorff. - 3., überarb. und erw.
Aufl. - Stuttgart ; Berlin ; Köln : Kohlhammer, 1998
(Kohlhammer-Edition Marketing)
ISBN 3-17-015016-2

3., überarbeitete und erweiterte Auflage 1998

© 1989 W. Kohlhammer GmbH
Stuttgart Berlin Köln
Verlagsort: Stuttgart
Gesamtherstellung:
W. Kohlhammer Druckerei GmbH + Co. Stuttgart
Printed in Germany

Vorwort der Herausgeber

Das vorliegende Werk gehört seit 1989 (1. Auflage) zur „Kohlhammer Edition Marketing" – einer Buchreihe, die in 24 Einzelbänden die wichtigsten Teilgebiete des Marketing behandelt. Jeder Band soll in kompakter Form (und in sich abgeschlossen) eine Übersicht zu den Problemstellungen seines Themenbereiches geben und wissenschaftliche sowie praktische Lösungsbeiträge aufzeigen.

Als Ganzes bietet die Edition eine Gesamtdarstellung der zentralen Führungsaufgaben des Marketing-Management. Ebenso wird auf die Bedeutung und Verantwortung des Marketing im sozialen Bezugsrahmen eingegangen.

Als Autoren dieser Reihe konnten namhafte Fachvertreter an den Hochschulen und, zu einigen ausgewählten Themen, Marketing-Praktiker in verantwortlicher Position gewonnen werden. Sie gewährleisten eine problemorientierte und anwendungsbezogene Veranschaulichung des Stoffes. Angesprochen sind mit der Kohlhammer Edition Marketing zum einen die Studierenden an den Hochschulen. Ihnen werden die wesentlichen Stoffinhalte des Faches möglichst vollständig – aber pro Teilgebiet in übersichtlich komprimierter Weise – dargeboten.

Zum anderen wendet sich die Reihe auch an Institutionen, die sich der Aus- bzw. Weiterbildung von Praktikern auf dem Spezialgebiet des Marketing widmen, und nicht zuletzt unmittelbar an Führungskräfte des Marketing. Der Aufbau und die inhaltliche Gestaltung der Edition ermöglichen es ihnen, einen raschen Überblick über die Anwendbarkeit neuerer Ergebnisse aus der Forschung sowie über Praxisbeispiele aus anderen Branchen zu gewinnen.

Was das äußere Format und die inhaltliche Ausführlichkeit betrifft, so ist mit der Kohlhammer Edition Marketing bewußt ein Mittelweg zwischen Taschenbuchausgaben und sehr ins einzelne gehenden Monographien beschritten worden. Bei aller vom Zweck her gebotenen Begrenzung des Umfanges erlaubt das gewählte Format ein übersichtliches und durch manche didaktische Hilfen ergänztes Darstellungsbild. Über die Titel und Autoren der Gesamtreihe informiert ein Programmüberblick am Ende dieses Bandes. Hier sollen nur die fünf Schwerpunktgebiete genannt werden:

Grundlagen des Marketing (Einführungsband, Strategisches Marketing, Marketing-Planung, Marketing-Organisation und Marketing-Kontrolle) – Informationen für Marketing-Entscheidungen (Marktforschung, Markt- und Absatzprognosen, Konsumentenverhalten, Marktsegmentierung, Marketing-Informationssysteme, Entscheidungsunterstützung für Marketing-Manager) – Instrumente des Marketing-Mix (Produktpolitik, Distributionsmanagement, Preispolitik, Kommunikationspolitik, Strategie und Technik der Werbung, Verkaufsmanagement) – Institutionelle Bereiche des Marketing (Handelsmarketing, Investitionsgüter-Marketing, Dienstleistungs-Marketing, Marketing für öffentliche Betriebe, Internationales Marketing-Management) – Umwelt und Marketing (Rechtliche Grundlagen des Marketing, Social Marketing).

Der Band "Konsumentenverhalten" von Volker Trommsdorff liegt nun bereits in dritter Auflage vor. Die bewährte Systematik der Stoffdarbietung ist beibehalten worden. Wie schon bei der zweiten Auflage haben aber im einzelnen Überarbeitungen und Erweiterungen stattgefunden, um neueste Forschungsansätze und –ergebnisse auf dem Gebiet des Konsumentenverhaltens zu integrieren. Das Buch besticht durch seine klare Systematik sowie durch die gelungene Verbindung theoretischer Grundlagen und anwendungsbezogener Beispiele. Der Gliederungsaufbau folgt einer Unterscheidung zwischen verhaltensrelevanten Zuständen des Konsumenten und Prozessen des Informationserwerbs bzw. der Informationsverarbeitung. Beide stehen in engem Wechselspiel. Zustände (wie beispielsweise Einstellungen) bedingen bestimmte Muster des Verhaltensablaufes (etwa die Informationsselektion); und der Prozeß der Informationsverarbeitung ergibt erneute Zustandsausprägungen wie z. B. eine veränderte oder gefestigte Einstellung. Die vom Verfasser vorgenommene getrennte Behandlung empfiehlt sich aus didaktischen Gründen.

Jedes Kapitel weist ein einleuchtendes, gleichbleibendes Darstellungsprinzip auf: Es wird immer ein einführender Überblick in den Problemkreis gegeben, woran sich eine leicht verständliche Erläuterung der theoretischen Grundlagen anschließt. Darauf folgt die Diskussion des Anwendungsbezugs zum Marketing, wobei Trommsdorff zahlreiche praktische Beispiele gibt. Alle Kapitel schließen mit Ausführungen zur Meßmethodik, so daß an keiner Stelle die Frage offengelassen wird, wie die besprochenen Zustandskonstrukte und Verhaltensabläufe im konkreten Untersuchungsfall erfaßt werden können.

So wird sowohl Studierenden als auch Praktikern eine fundierte, anschauliche Einführung in das Konsumentenverhalten geboten.

Köln und Münster, im Februar 1998

Richard Köhler
Heribert Meffert

Vorwort

Dieses Lehrbuch zum Konsumentenverhalten ist aus zehnjähriger Praxis einer Vorlesung an der Technischen Universität Berlin innerhalb der Besonderen Betriebswirtschaftslehre "Marketing" entstanden. Die Wurzeln reichen ein weiteres Jahrzehnt tiefer, nämlich bis an den Beginn einer fruchtbaren und intensiven, bis heute dauernden freundschaftlichen Zusammenarbeit des Autors mit Werner KROEBER-RIEL. Er hat die Konsumentenforschung in Deutschland etabliert. Sein "Konsumentenverhalten", an dem der Autor als damaliger Assistent mitgearbeitet hat, liegt in Kürze in vierter Auflage vor. Das Werk ist ein umfassender Klassiker und ein voluminöses Kompendium. Dagegen soll sich das vorliegende Lehrbuch als handliche, pragmatische und systematische Begleitlektüre zu Marketingvorlesungen an Universitäten und Fachhochschulen und als Einführung für Praktiker in der Marktforschung, der Werbung, dem Vertrieb und dem Produktmanagement behaupten. Bei aller natürlichen Verwandtschaft der beiden Bücher sind die Darstellungen recht unterschiedlich. Das betrifft die Systematik, den Bezug zum Marketing und einzelne Meinungsgegenstände. Es hat lange gedauert, bis das fertige Manuskript vorlag. Dahinter steht nicht nur der Anspruch, nichts Unfertiges publizieren zu wollen, sondern auch das Dilemma des Marketingprofessors an der Technischen Universität einer besonders dynamische Industrie- und Forschungsmetropole: Auf die Reize mancher konkurrierenden Projekte konnte nur durch zeitliche Kompromisse beim Schreiben reagiert werden. Für die große Geduld gebührt den beiden Herausgebern, Richard KÖHLER und Heribert MEFFERT sowie dem Kohlhammer-Verlag herzlicher Dank. Unter denjenigen, die durch direkten oder indirekten Einsatz dazu beigetragen haben, daß dieses Buch doch noch in dem Jahrzehnt auf den Markt kommt, in dem es konzipiert wurde, möchte ich ganz besonders meiner Frau BIRGITTA sowie meinen derzeitigen Assistenten Bernd HUBER, Christian KUBE und Steffen HORMUTH danken.

Dieses Vorwort soll mit einem Zitat eines Ahnen aus dem Jahre 1829 enden, das auch für das vorliegende Lehrbuch gilt: "Noch gibt es Tausende von Gewerbetreibenden, die ihr Geschäft mechanisch, ja oft gedankenlos forttreiben, die, ohne dem rastlosen Vorwärtsschreiten anderer folgen zu können, zurückbleiben, und weil sie das Bessere nicht leisten können, geschäftslos werden und in Armut und Not versinken. ... Nachdem meine Zuhörer mich wiederholt aufgefordert hatten, ihnen schriftlich das wiederzugeben, was sie bei mir gehört hatten, ... entschloß ich mich, diesem Gesuch nachzugeben...

Es war ein Hauptaugenmerk, nicht zu wenig und nicht zu viel zu geben. ... Die Masse erdrückt den Anfänger, zumal einen solchen, der im Denken noch ungeübt ist; die Menge der Begriffe verwirrt ihn und schreckt ihn von dem Studium einer Wissenschaft zurück, die ihm zu fassen unmöglich scheint. Ich habe mich bemüht, den Vortrag so faßlich wie möglich zu machen, und mich, so weit es nur anging, der Sprache des gemeinen Lebens bedient, es jedoch auch nicht unterlassen, den Zuhörer allmählich mit der Kunstsprache bekannt zu machen, um ihn daran zu gewöhnen, weil ihm sonst jedes weitere Fortschreiten unendlich sauer werden würde. ...Ich habe ein Vorurteil zu bekämpfen gehabt, das verbreiteter ist, als man vielleicht glaubt... Viele Gewerbetreibende sind der Meinung, daß ihnen nur das zu wissen nötig sei, was sich unmittelbar auf ihr Fach bezieht. Der Brauer sagt: "Es ist für mich hinreichend, zu wissen, wie man gutes Malz bereitet, solches behandelt, eine richtige Gärung einleitet usw., was kümmert mich das Andere". Ich glaube dieses Vorurteil durch meine Vorträge bei meinen Zuhörern vernichtet, und sie zu der Überzeugung gebracht zu haben, daß ein Jeder, der Anwendungen zu irgend einem speziellen Beruf machen will, die ganze Wissenschaft kennen muß.

Möge diese Schrift recht vielen Nutzen stiften, ... und möge endlich meine gute Absicht nicht verkannt werden."

(Auszug aus der Vorrede von Johann Bartholomäus Trommsdorff zu seinem Buch "Die Grundsätze der Chemie", Erfurt 1829).

Volker Trommsdorff im Februar 1989

Vorwort zur 2. Auflage

Die vorliegende Neuauflage ist eine stark überarbeitete Fassung der Erstauflage. Deren Konzeption und Struktur wurden beibehalten, jedoch wurde der Text durch neue Forschungsbefunde und zeitgemäße Beispiele aktualisiert. Die Abbildungen und Tabellen wurden optisch verbessert und vereinheitlicht, das Stichwortverzeichnis neu angelegt und diverse Schreibfehler berichtigt. Ich danke meinen Mitarbeiterinnen und Mitarbeitern Henning Franke, Peter Deider, Natascha Möwius, Marianne Reeb, Frank Riedel, Harald Rüggeberg, Günter Weber, Claudia Zellerhoff und ganz besonders Thomas Völcker für die umfangreiche inhaltliche und technische Mitwirkung.

Volker Trommsdorff im Mai 1993

Vorwort zur 3. Auflage

Auch diese Neuauflage ist eine wesentlich überarbeitete, aber konzeptionell und strukturell gleichgebliebene Fassung des Lehrbuchs. Außer Aktualisierungen bei Forschungsbefunden und Beispielen, textlichen und graphischen Verbesserungen sowie einer Neufassung des Stichwortverzeichnisses wurden die folgenden Abschnitte wesentlich erweitert bzw. grundlegend überarbeitet: Im Kapitel 2 wurde das Konstrukt Stimmung neu aufgenommen. Kapitel 3 wurde erweitert um die Means-end-chains-Theorie und das Laddering-Verfahren. Kapitel 4 legt u.a. die neusten Erkenntnisse des Variety-seeking und der Zufriedenheitsforschung dar. Kapitel 5.3 wurde vollkommen neu strukturiert und um Theorieansätze und Methoden zur Imagepositionierung ergänzt. Wesentliche Änderungen und Erweiterungen in Kapitel 9 enthalten die Themen Attribution, Persuasion Knowledge Model und informationsökonomische Eigenschaftstypologie. Ich danke Frau Dagmar Wigbels für die souveräne und umsichtige Schriftleitung einschließlich zahlreicher eigener Textbeiträge, Frau Dr. Marianne Reeb für ihre Ergänzung des Abschnitts über Lebensstile, Frau Claudia Zellerhoff für ihren Beitrag zur geschlechtsspezifischen Positionierung und Herrn Norbert Behrens für das professionelle Layout.

Volker Trommsdorff im Januar 1998

Inhaltsverzeichnis

11

12

Abkürzungsverzeichnis

A	Affektive Komponente
ACR	Verband für Konsumentenforschung
AG.MA	Arbeitsgemeinschaft Mediaanalyse
AIDA	Attention Interest Desire Action
AMA	Verband der Marketingpraktiker
APA	Verband der Psychologen
ASS	After Sales Service
AWA	Allensbacher Werbeträgeranalyse
BEP	Bezugspersonen-Einfluß-Potential
BAT	Freizeit-Forschungsinstitut; Initiative der British-American-Tobacco
CR	Conditioned reaction
CS	Conditioned stimulus
DINKS	Double Income, No Kids (Lebensstiltyp)
E	Einstellung
EEG	Elektroenzephalogramm
EPS	Extended Problem Solving
FAST	Facial-affert-scoring-technique
H	High
I	Intentionale Komponente
IAREP	International Association for Research in Economic Psychology
ID	Imagedifferential
K	Kognitive Komponente
KZS	Kurzzeitspeicher (Arbeitsspeicher)
L	Low
LPS	Limited Problem Solving
LZS	Langzeitspeicher (Gedächtnisspeicher)
MA	Mediaanalyse
NKD	Nachkauf-Dissonanz
O	Organismus (innerer Zustand, intervenierende Variable/Konstrukt)
ÖPNV	Öffentlicher Personennahverkehr
PAF	Preis-Absatz-Funktion
PK	Persuasion Knowledge
PKM	Persuasion Knowledge Model
POS	Point-of-sale
R	Reaktion
RAS	Retikuläres Aktivierungssystem
RPB	Routinized Response Behavior
S	Stimulus
SD	Semantisches Differential

SINUS	Sozialwissenschaftliches Institut Nowak & Partner, Heidelberg
TESI	Testmarktsimulation
TQM	Total Quality Management
UCS	Unconditioned stimulus
USP	Unique selling proposition
UWG	Gesetz gegen unlauteren Wettbewerb
V	Verhalten
YUPPIES	Young urban professional people

0 Methodologische Einführung

0.1 Überblick

Es soll hier keine allgemeine Einführung in die Wissenschaftstheorie gegeben werden. Auch ist es nicht sinnvoll, eine eigene Methodologie für die Theorie des Konsumentenverhaltens aufzustellen, denn die Wissenschaftstheorie ist gerade dafür vorgesehen, Regeln für alle möglichen Theorien aufzustellen. Vielmehr soll im Sinne angewandter Wissenschaftstheorie vor den Bausteinen einer Theorie des Konsumentenverhaltens ihre methodologische Basis vermittelt werden.

Das **Erkenntnisobjekt** der Konsumentenforschung ist der einzelne Mensch in seiner Rolle als Konsument. Mit der Gesamtheit der Verbraucher befassen sich die Gebiete Konsumsoziologie, Sozialökonomie und Volkswirtschaftslehre. Wir betrachten nur indirekt Aggregate, z. B. die im Konsumgütermarketing oft als Einheiten betrachteten Zielgruppen, direkt betrachten wir den individuellen Konsumenten. Aus Aussagen über Individuen können durch Aggregation Aussagen über Zielgruppen hergestellt werden.

Diese Abgrenzung bedingt das Problem der Unterscheidung zwischen Entscheider, Zahler und Verbraucher. Danach sind fünf praktisch bedeutsame Arten der Einheit **"Konsument"** zu nennen:

(1) Alle drei Funktionen sind in einer Person vereinigt (allgemeine Situation),

(2) jemand ist Entscheider und Zahler, aber nicht Verbraucher (z. B. der Schenker),

(3) jemand ist Entscheider und Verbraucher, aber nicht Zahler (z. B. der Stipendiat, der einen Kursus belegt),

(4) jemand ist Zahler und Verbraucher, aber nicht Entscheider (z. B. der Privatpatient, der Medikamente verordnet bekommt),

(5) jede der drei Funktionen liegt bei verschiedenen Personen, (z. B. der Kassenpatient, der Medikamente verordnet bekommt).

Außerdem treten gelegentlich Vermischungen der drei Funktionen auf, insbesondere bei Einflußnahme des Zahlers bzw. des Verbrauchers auf die Kaufentscheidung. Das Konsumentenverhalten kann nach diesen Fällen verschieden sein, z. B. hinsichtlich der Preisakzeptanz (BON & PRAS 1984). Wir behandeln in der Regel Fall 1) und weisen ggf. auf Abweichungen hin.

Die Methodologie wird bekanntlich in Entdeckungs-, Begründungs- und Verwendungszusammenhang unterschieden. Abschnitt 0.2 "Wissenschaftliche Quellen" gehört in den **Entdeckungszusammenhang**. Die Konsumentenforschung schöpft aus ökonomischen, psychologischen und naturwissenschaftlichen Disziplinen. Abschnitt 0.3 "Anwendungen" befaßt sich mit Aspekten des **Verwendungszusammenhangs** der Theorie des Konsumentenverhaltens. Das Gebiet wird als Teil der Marketinglehre aufgefaßt. Anwendungsgebiete sind außer dem kommerziellen Marketing das "soziale Marketing", die Verbraucherpolitik, die Wirtschaftspolitik und das Wettbewerbsrecht. In den weiteren Abschnitten geht es um verschiedene Probleme aus dem **Begründungszusammenhang.**

Dabei werden in 0.4 Maßstäbe dargelegt, nach denen Aussagen für die Theorie des Konsumentenverhaltens zu beurteilen sind. Kriterien für die Qualität von Aussagen in der Theorie des Konsumentenverhaltens sind der Gehalt und der Bewährungsgrad dieser Aussagen. Als anwendungsorientierte Theorie sind auch Aussagen geringeren Gehalts (mittlerer Reichweite) zu berücksichtigen. Abschnitt 0.5 führt in die kausalanalytische Theoriebildung ein. Theoriebildung heißt zunächst nicht Arbeit an einem Totalmodell des Konsumentenverhaltens, sondern an umsetzbaren kausalen Teilmodellen. Diese Modelle beruhen auf Verknüpfungen von theoretischen Konstrukten, die über Indikatoren operationalisiert sind. Neben den klassischen Techniken der Kausalforschung ist auch die sekundäranalytische Kausalforschung angemessen.

In 0.6 wird die Systematik der in der Theorie des Konsumentenverhaltens verwendeten theoretischen Konstrukte dargelegt und in 0.7 wird schließlich die Meßmethodologie bei der Entwicklung und Anwendung dieser Theorie skizziert. Auch hier liefern letztlich Kausalmodelle den meßmethodischen Bezugsrahmen, insbesondere in Form der Mehrindikatorenmessung. Neben anderen Eigenschaften von Indikatoren ist Gültigkeit die wichtigste.

0.2 Wissenschaftliche Quellen

16

"Konsumentenverhalten" ist ein Kernstück der **Marketinglehre**, die zur Betriebswirtschaftslehre gehört. In den USA ist Marketing ein stärker verselbständigtes, noch mehr interdisziplinäres Fachgebiet. Außer den Managementfakultäten kümmern sich dort auch psychologische Fachbereiche um Belange des Marketing, u.a. in Form von Lehrveranstaltungen zum Konsumentenverhalten. Sowohl der Verband der Psychologen (APA) als auch der der Marketingpraktiker (AMA) befaßt sich mit dem Gebiet. Daneben gibt es einen eigenständigen Verband für Konsumentenforschung (ACR).

In Deutschland gibt es keine formelle Institution, wohl aber die Kommission Marketing im Verband der Hochschullehrer für Betriebswirtschaftslehre mit entsprechenden Interessengruppen. Darunter ist insbesonders die informelle Gruppe "Konsum und Verhalten" zu erwähnen. Dieser Kreis um WERNER KROEBER-RIEL gibt u.a. eine eigene Buch- und Arbeitspapierreihe heraus.

Zur **Wissenschaftsgeschichte**: Die deutsche (damals so genannte) Absatzlehre war bis in die 70er Jahre zunächst beschreibend-institutionell ausgerichtet, dann mathematisch-formal. Das Teilgebiet Konsumentenverhalten fand dann schnell Eingang in die (dann so benannte) Marketinglehre. Die neue verhaltensorientierte Richtung ist inzwischen zu einem Paradigma der Marketinglehre geworden. Der Theorie des Konsumentenverhaltens ist die Verhaltensforschung (behavioral science) übergeordnet, nicht zu verwechseln mit der tierischen **Verhaltensforschung** im Sinne von KONRAD LORENZ.

Unabhängig von dieser Entwicklung gibt es schon seit den 30er Jahren einen Ansatz der Konsumforschung, die **Sozialökonomie** der SCHMÖLDERS- und KATONA-Schule. Hier wird überwiegend aggregiertes (nicht individuelles) Verhalten betrachtet. Die Sozialökonomie wurzelt in dem Grenzgebiet zwischen Soziologie und Volkswirtschaftslehre, das Konsumentenverhalten dagegen im Grenzgebiet zwischen Psychologie/Sozialpsychologie und Betriebswirtschaftslehre. Die Konsumentenforschung entspringt mehreren Wissenschaften und ist somit **interdisziplinär**. Das sind vor allem die sozialwissenschaftlichen Fächer Ökonomie, Psychologie, Sozialpsychologie und Soziologie und die naturwissenschaftlichen Fächer Biologie und Physiologie.

Die Beiträge, die die **Ökonomie** zur Erklärung des Konsumentenverhaltens geleistet hat, sind etwas spärlich, wobei von der rein modelltheoretisch orientierten Mikroökonomie abgesehen wird. Das Defizit hat aber verständliche Gründe: Gegenstände des wirtschaftspolitischen Denkens sind, wie gesagt, aggregierte Verhaltenseinheiten. Für die wissenschaftliche Untersuchung solcher Makroeinheiten fehlte die verhaltenswissenschaftliche Zulieferwissenschaft, u.a. der Apparat an verhaltenswissenschaftlichen Konstrukten. Die Datenbasis lieferten vor allem amtliche Statistiken und Ergebnisse der volkswirtschaftlichen Gesamtrechnung. So mußte die empirische Makroökonomie auf dem Wege zu allgemeinen Aussagen über das Verhalten ihrer "Sektoren" selbst erst einmal entdeckende (exploratorische) Forschung betreiben. Impulse zur Weiterentwicklung gehen heute von der Ökonomischen Psychologie aus (z. B. IAREP, International Association for Research in Economic Psychology) sowie von einigen interdisziplinär orientierten Ökonomen wie BRUNO FREY (vgl. z. B. FREY 1985).

Erkenntnisobjekt der allgemeinen **Psychologie** ist das System "autonomes Individuum". Ihre Gebiete Motivation, Wahrnehmung, Lernen, Denken, Gedächtnis und Persönlichkeit tragen erheblich zur Grundlage der Theorie des Konsumentenverhaltens bei. Nach Schulen geordnet haben besonders die Lernpsychologie, die Psychophysik, die Gestaltpsychologie, die kognitive Psychologie und (mit starken Einschränkungen) die Psychoanalyse Anteil an der Entwicklung der Theorie des Konsumentenverhaltens. In Deutschland befaßten sich bisher nur wenige Psychologen wissenschaftlich mit dem Konsumentenverhalten. Selbst die Sektion Marktpsychologie im Berufsverband der Psychologen hat daran wenig ändern können. Die Gründe liegen vornehmlich im Selbstverständnis der deutschen Psychologie als einer klinisch-therapeutischen Wissenschaft, die sich kommerziellen Anwendungen nicht zu widmen habe. Ähnlich fruchtbar – und ebenfalls "marketinghaltsam" – war die **Sozialpsychologie**. Ihr Erkenntnisobjekt ist nicht die autonome Person, sondern die im sozialen Wechselspiel agierende Person. Die Teilgebiete der Allgemeinen Psychologie werden unter dem Aspekt der Integration des Menschen in seine soziale Umgebung untersucht. Daneben lieferte sie zentrale Beiträge zur Kommunikation und Interaktion. Begriffe der Soziologie wie Gruppe, Macht, Schicht, Status, Norm werden dabei einbezogen.

Schließlich wurden in jüngerer Zeit vermehrt auch Erkenntnisse aus den **Naturwissenschaften** in die Konsumentenforschung übernommen. Seit es nicht mehr als Tabu gilt, menschliches Verhalten auch biologisch und physiologisch bedingt zu sehen, liefert die Forschung zu angeborenem bzw. automatischem Verhalten (z. B. Instinkte, Reflexe, Gestik, Mimik) bzw. zentralnervösen Verhaltensursachen (z. B. Aktivierung, Reizverarbeitung) neue Impulse.

Der heute **vorherrschende Ansatz** der Theorie des Konsumentenverhaltens bzw. der Verhaltensforschung ist also durchaus nicht mehr einseitig behavioristisch, d.h. er führt Verhalten nicht allein auf äußere Reize zurück. Genausowenig geht er von völliger Willensbestimmtheit des Handelnden aus. Danach ist das Verhalten von Menschen eine Verschmelzung von folgenden Komponenten:

• Vererbung (Verhalten ist z.T. programmiert)
• soziales Erwerben (man lernt Verhalten)
• Freiwilligkeit (Bemühen, Ziele zu erreichen).

18

Die einseitige Betonung einer einzelnen Komponente ist nicht nur unzweckmäßig. Wer das Verhalten nur auf die Gene zurückführen will, muß sich den Vorwurf der Minderheitendiskriminierung und des Sozialdarwinismus gefallen lassen. Wer nur auf Lernen und Sozialisation abstellt, macht sich der Gleichmacherei verdächtig und wer den freien und vernünftigen Willen überbetont, gilt als Anhänger der wirklichkeitsfremden homo-oeconomicus-Prämisse.

0.3 Anwendungen

Theorien sollen der praktischen Lebensbewältigung dienen. Die Theorie des Konsumentenverhaltens dient der Bewältigung von Entscheidungsproblemen im Marketing, d.h. primär dem Erfolg des Unternehmens, dadurch aber auch der Prosperität der Volkswirtschaft und der Lebensqualität der Konsumenten. Der Nutzen für das Marketing wird unmittelbar ersichtlich, wenn man bedenkt, daß **Kundenorientierung** als wichtigster Erfolgsfaktor im Geschäftsleben anzusehen ist und daß es offenbar erheblicher Anstrengungen bedarf, den Mitarbeitern das "Denken und Fühlen mit dem Kopf des Kunden" beizubringen.

Trotz ihrer Praxisnähe ist die Theorie des Konsumentenverhaltens wie jede andere Theorie in Gefahr, möglichen Anwendern wegen vermeintlicher Praxisferne verschlossen zu bleiben. Das liegt an einem tiefgreifenden semantischen Mißverständnis des Begriffs Theorie im Sinne von "praktisch unbrauchbar". Im Gegensatz dazu gilt: "Nichts ist praktischer als eine gute Theorie", ein Satz, der dem Psychologen LEWIN zugeschrieben wird. Unter "gut" ist hier zu verstehen: **widerspruchsfrei, allgemein, präzise** und **bewährt** und nicht "theoretisch" im umgangssprachlichen Sinne von akademisch, formalistisch, verklausuliert und wirklichkeitsfern.

Eine in diesem Sinn "praktische", also anwendbare, Theorie des Konsumentenverhaltens soll das Geschehen am Markt erklären, zukünftiges Geschehen vorhersagen und Möglichkeiten aufzeigen, wie man es durch Maßnahmen gestalten kann. Dabei müssen mindestens zwei von drei Sachverhalten gegeben sein, der dritte ist zu suchen (Entsprechendes gilt für Je-Desto-Hypothesen):

- Für eine Erklärung müssen WENN und DANN bekannt sein, gesucht ist die sie verbindende Aussage (Hypothese).
- Für eine Prognose müssen das WENN und die Hypothesen bekannt sein, gesucht ist das (zukünftige) DANN.
- Für das anwendende Handeln (das gesuchte WENN) müssen die Hypothesen und das (Ziel-)DANN bekannt sein.

Konsumentenforschung ist kein Selbstzweck. Wie gesagt ist das **kommerzielle Marketing** Hauptnutzer der Erkenntnisse. Über diesen Verwendungszusammenhang soll zunächst ein kurzer Überblick gegeben werden. Dann soll gezeigt werden, wie das Wissen auch in nicht-betriebswirtschaftliche Entscheidungen einfließt (oder doch einfließen könnte), nämlich in das soziale Marketing, die Verbraucherpolitik und in die Wirtschaftspolitik.

Gemeinhin werden die vier Marketinginstrumente

- Preispolitik
- Kommunikationspolitik
- Produktpolitik
- Distributionspolitk

unterschieden. Bei jedem Instrument können Entscheidungen auf Aussagen der Konsumentenforschung beruhen, wenn diese Aussagen Wirkungen des betreffenden Instruments auf das Konsumentenverhalten beinhalten.

So wird für die **Preispolitik** nach Gesetzmäßigkeiten gesucht, die das preisbestimmte Konsumentenverhalten ausdrücken. Dazu gehört zumindest eine Preis-Absatz-Funktion (PAF), also eine Funktion, die die Wirkung von Preisveränderungen auf den Absatz quantitativ ausdrückt. Praktisch ist die Bedeutung der PAF geringer, weil sie meistens nicht in genügender Präzision und Allgemeingültigkeit erforschbar ist, sondern nur mit viel Aufwand im speziellen, zeitlich begrenzten Einzelfall. Über die praktisch nur begrenzt bedeutsame PAF hinaus liegen allgemeine Aussagen der Konsumentenforschung für preispolitische Entscheidungen vor, z. B. darüber, welche Faktoren die Durchsetzbarkeit hoher Preise beeinflussen, inwieweit Preise in bestimmten Situationen und Marktsegmenten als Maßstab für Qualität, für Prestige oder nur als Kostenfaktor angesehen werden.

Die **Kommunikationspolitik** stützt Entscheidungen noch stärker als die Preispolitik auf – ausdrückliche oder dem Werber vorschwebende – Ursachenaussagen zum Konsumentenverhalten. Wann wirken Wiederholungen des Kontakts mit der Werbeaussage günstig auf die Markenbekanntheit, wann setzen Abstumpfungseffekte ein, wann kann viel Text zugemutet werden, wann Angstappelle oder Erotik, wie wirkt glaubwürdige Werbung in unglaubwürdigen Medien, wann wirkt sogar als "unglaubwürdig" aufgemachte Werbung besonders gut? – Selbst sehr managementnahe Fragen wie die nach einer pro- oder antizyklischen Verausgabung des Werbebudgets können leichter entschieden werden, wenn Aussagen der Konsumentenforschung über Lern- und Vergessensverläufe berücksichtigt werden.

Die **Produktpolitik** nutzt Erkenntnisse der Konsumentenforschung besonders zur Segmentierung von Märkten für unterschiedliche Produktvarianten und für die Produktpositionierung. Darunter fallen sowohl Überlegungen zur Gestaltung neuer Produkte als auch zur gezielten Veränderung von alten, am Markt befindlichen Produkten ("relaunch"). Entsprechende Aussagen befassen sich mit Alternativenbewertung, Einstellungen, Werten, Moden, mit Innovationsbereitschaft, Risikoneigung, Markentreue usw.

Schließlich bekommt die **Distributionspolitik** u.a. folgende Hinweise aus der Konsumentenforschung: Welchen Einfluß haben Typen- und Standortpräferenzen auf das Einkaufsverhalten der Konsumenten bei Handelsgeschäften? Wie steht es mit den Gewohnheiten der Konsumenten, bestimmte Produkte in bestimmten Mengen und Zeitabständen einzukaufen? Wie verhält sich der Konsument typischerweise im Supermarkt? In welcher Reihenfolge sucht er bestimmte Geschäfte auf und welche Produktgruppen kauft er dabei im Verbund?

Alle diese Instrumente haben teilweise strategischen, teilweise operativen Charakter. Die betreffenden Entscheidungen sind folglich mehr oder weniger langfristig und grundsätzlich bindend ausgerichtet.

In der nachstehenden Übersicht sind – nach strategischen und operativen Marketingmaßnahmen getrennt – ausgewählte Entscheidungsfelder genannt, für die Aussagen über das Konsumentenverhalten wichtig sind.

Maßnahmen	strategisch	operativ
Produkt/Markt		
Physisches Produkt	Produktentwicklung	Qualitätsvariation
Produktimage	Positionierung	
Zielgruppe	Marktsegmentierung	
Entgelt		
Preis	Preislage	Sonderangebot
Rabatt		Rabattverhandlung
Kommunikation		
Werbung	Basiskampagne	Mediaplan
Persönlicher Verkauf	Verkäufertraining	Argumentation
Distribution		
Absatzweg	Absatzweglänge	
Absatzmethode	Angebot durch Fax	Kundenbesuch

Bei der Anwendung von Konsumentenforschung in den **nichtkommerziellen** Bereichen sind die Möglichkeiten und Probleme nicht grundsätzlich von denen im kommerziellen Marketing verschieden. Aussagen über die Beeinflussung von Konsumenten werden auch im sozialen Marketing, in der Verbraucher- und in der Wirtschaftspolitik benutzt. Zum Teil werden auch die Methoden und Meßmodelle der Marketingforschung übernommen. Hier stellen sich aber auch eigenständige Forschungsfragen, die außerhalb der Konsumentenforschung bearbeitet werden.

Gegenstände des **sozialen Marketing** sind, wie im kommerziellen Marketing, die Anpassung an den Bedarf und seine Beeinflussung, allerdings jetzt im Hinblick auf nichtkommerzielle Güter und Leistungen, die besonders häufig in kulturellen, ökologischen, verkehrs- und gesundheitspolitischen Zusammenhängen auftreten. Manche dehnen den Konsumbegriff noch weiter aus, so daß z. B. auch das Verhalten bei politischen Wahlen als Gegenstand der Beeinflussung betrachtet wird. Das ist zwar prinzipiell möglich, aber aus Gründen der wissenschaftlichen Arbeitsteilung nicht unbedingt sinnvoll: Auch im nichtkommerziellen Zusammenhang braucht man für Gestaltungsentscheidungen spezielle Informationen über das Konsumentenverhalten, die ggf. durch eigene Untersuchungen gewonnen werden müssen. So wie für ein Projekt der Investitionsgütermarktforschung unbedingt Branchenkenntnisse nötig sind, so sind auch spezielle sozialpolitische und verkehrstechnische Kenntnisse nötig, wenn es etwa um ein Nulltarif-Experiment im öffentlichen Personennahverkehr geht.

Eigentlich sind die Zusammenhänge zwischen Konsumentenforschung und **Verbraucherpolitik** nicht anderer Natur; die Fachliteratur dazu erweckt aber teilweise den Anschein. Die verbraucherpolitischen Aufgaben umfassen:

- Verbraucherschutz
- Verbraucherbildung
- Verbraucheraufklärung.

Wie im kommerziellen Marketing könnten entsprechende Gestaltungsmaßnahmen an allgemeinen Erkenntnissen über das Konsumentenverhalten ausgerichtet werden. Aber diese entsprechen nicht immer den verbraucherpolitischen Idealvorstellungen und werden oft ignoriert. Die begrenzte Bereitschaft der Konsumenten zur Verarbeitung von Produktinformationen werden bei den verbraucherpolitischen Zielsetzungen beispielsweise kaum berücksichtigt.

Eine (im Sinne des faktischen Konsumentenverhaltens) realistische verhaltensbeeinflussende Verbraucherpolitik sollte wie das Marketing von drei Grundlagen ausgehen:

(1) Klare Zielformulierung zur Beeinflussung des Konsumentenverhaltens bzw. zur Anpassung des Angebots.

(2) Allgemeine Aussagen, deren WENN einer machbaren verbraucherpolitischen Maßnahme und deren DANN dem Ziel entspricht.

(3) Feststellung der Gültigkeit der Bedingungen, auf die diese Aussagen beschränkt sind.

Die vorliegenden Aussagen zur Theorie des Konsumentenverhaltens reichen nicht immer aus, um verbraucherpolitische Entscheidungen wissenschaftlich zu begründen. Wie im kommerziellen Marketing ist in der Regel ergänzende aktuelle (Verbraucher-) Forschung nötig, z. B. zur empirischen Ermittlung von Gewichten, mit denen unterschiedliche Qualitätsmerkmale für den Produkttest von Mikrowellenherden auf einen gemeinsamen Nenner gebracht werden können.

Auch die **Wirtschaftspolitik** müßte eigentlich laufend auf allgemeine Aussagen der Konsumentenforschung Bezug nehmen, nämlich immer dann, wenn ihre Wirkungen vom Konsumentenverhalten abhängen. Das ist z. B. bei der Erwägung steuerlicher Maßnahmen zur Beeinflussung der Konsumquote oder bei ordnungspolitischen Maßnahmen wie der Liberalisierung der Ladenschlußgesetzgebung erforderlich: Wie wirken solche Maßnahmen auf die Zufriedenheit und das Verhalten der Konsumenten? Die Praxis läßt in dieser Hinsicht noch manche Wünsche offen: Zwar werden von den Wirtschaftsbehörden gelegentlich konsumentenorientierte, empirische Untersuchungen in Auftrag gegeben und auch von verschiedene Wirtschaftsforschungsinstitute ausgeführt; die theoretische Basis der Wirtschaftspolitik macht jedoch selbst noch wenig Gebrauch von den allgemeinen Aussagen über Konsumentenverhalten. Dafür ist auch ihre Bezugswissenschaft, die (wenig verhaltensorientierte) Volkswirtschaftslehre, verantwortlich zu machen.

Schließlich ist als Verwendungsgebiet für Konsumentenforschung das **Wettbewerbsrecht** zu erwähnen. Insbesondere die Rechtsprechung zu Tatbeständen des Gesetzes gegen unlauteren Wettbewerb (UWG) greift häufig nur auf naive Annahmen über das Verhalten der Konsumenten zurück, um Unlauterkeit zu beurteilen. Zum Beispiel werden im Rechtsstreit über irreführende Werbeaussagen vom Richter Vermutungen über die Informationsverarbeitung der "Verkehrskreise" und über die Wirkung auf das Kaufverhalten aufgestellt und selten durch die Theorie oder durch empirische Beweiserhebung ("Verkehrsbefragung") abgesichert (TROMMSDORFF 1979). Die Diskrepanz zwischen dieser Rechtspraxis und dem Aussagen- und Methodenstand der Konsumentenforschung ist erstaunlich. Es ist noch viel Transfer in die Rechtswissenschaft und -praxis zu leisten, ehe die Wettbewerbsrechtsprechung Anschluß an die Realität der Marketingpraxis bekommt.

0.4 Aussagen

Zu den Bausteinen für die Theorie des Konsumentenverhaltens gehören nicht singuläre Tatsachenfeststellungen wie Marktanteile, Kaufkraftverteilungen, Marktvolumina. Allerdings werden sie als Rahmenbedingungen benötigt, um die Theorie praktisch verwendbar zu machen. **Theoriebausteine** sind vielmehr WENN-DANN-Aussagen, d.h. Aussagen über das Eintreten von Folgerungen bei Vorliegen von bestimmten Bedingungen, z. B.: "Wenn eine Person zum zweiten Mal Käufer der neuen Marke geworden ist, dann kauft sie diese mit über 65% Wahrscheinlichkeit auch zum dritten Mal".

WENN-DANN-Aussagen sind Verknüpfungen zwischen bedingenden und bedingten Sachverhalten, die entweder als offene Erscheinungen direkt erfaßbar sind oder als theoretische Hilfsgrößen nur indirekt über Indikatoren. Die Hilfsgrößen heißen **theoretische Konstrukte**, weil sie aufgrund von theoretischem Vorwissen gedanklich konstruiert sind. Die WENN-Elemente einer Theorie des Konsumentenverhaltens können grundsätzlich Bedingungen äußerer Stimuli S oder Bedingungen innerer Zustände O sein. Die DANN-Elemente dieser Theorie können Bedingungen innerer Zustände O sein oder (zu erklärende) Verhaltensreaktionen R. Das eben genannte Beispiel des Wiederholkaufs (Verhalten bedingt wieder Verhalten) ist somit eine WENN-DANN-Aussage vom Typ R - R, vgl. die nachstehende Übersicht.

Aussagentypen über Konsumentenverhalten

Typ	Erklärung eines	...aus einem	Beispiel
S - O	... Konstrukts	... Reiz	Aktivierung
O - O	... Konstrukts	... Konstrukt	Bewertung
O - R	... Verhaltens	... Konstrukt	Rationalkauf
S - R	... Verhaltens	... Reiz	Impulskauf
R - R	... Verhaltens	... Verhalten	Wiederholkauf

Nach welchen Kriterien und Regeln sollen Aussagen als Theoriebausteine ausgesucht, geprüft und verknüpft werden? Für die Entscheidung, ob eine Aussage Theoriebaustein sein soll, ist einerseits der Grad ihrer **Bewährung** wichtig: unter verschiedenen Bedingungen empirisch auf die Probe gestellt, soll sie nahezu durchgängig bestätigt worden (bewährt) sein.

Andererseits ist der **Gehalt** der Aussage entscheidend: Den Gehalt machen zwei Unterkriterien aus, nämlich die **Allgemeinheit** und die **Präzision** der Aussage. Eine Aussage ist gehaltvoll im Sinne großer Allgemeinheit, wenn ihr Geltungsbereich (beschrieben durch das WENN) nicht stark eingeschränkt ist. Aussagen der Konsumentenforschung, die in ein einführendes Lehrbuch übernommen werden, sollten im WENN weder Spezialfälle noch Gemeinplätze sein, sondern relativ allgemein (mittlere Reichweite haben). Im obigen Beispiel liegen starke Einschränkungen des WENN darin, daß von einem ganz bestimmten Konsumenten und einer ganz bestimmten neuen Marke die Rede ist. Für andere Leute und bei anderen Neuprodukten mögen ganz andere Wiederkaufwahrscheinlichkeiten gelten. Die Kumulierung von Bedingungen in der WENN-Komponente (gilt nur wenn ...und, und, und) sowie die Einführung alternativen Möglichkeiten oder Toleranzen für die DANN-Komponente (folgt daraus ... oder, oder, oder; "sind möglich") macht eine Theorie immer gehaltsärmer. Aussagen sollten im DANN möglichst eindeutig (präzise) sein. Die DANN-Komponente unseres Beispiels bereichert den Aussagengehalt durch die relative Präzision der Zahlenangabe.

Je gehaltvoller eine Aussage ist, desto mehr Möglichkeiten sind gegeben, sie zu prüfen, d.h. sie ggf. für ungültig zu befinden, sie zu **falsifizieren**. Ohne Gehalt ist eine Aussage, die überhaupt nicht falsifizierbar – also immer gültig – ist, sei es daß ihr WENN niemals gegeben ist, sei es daß kein Fall denkbar ist, in dem das DANN der Wirklichkeit widerspricht (Tautologie). Der Extremfall einer – in diesem Sinne – gehaltlosen "Theorie des Konsumentenverhaltens" ist die mikroökonomische Theorie des Haushalts. Ihre Aussagen sind zwar besonders präzise, aber ohne Allgemeinheit, denn sie gelten nur unter äußerst restriktiven Voraussetzungen: Die Prämissen der Marktnachfrage des Haushalts "vollständige Information, unendliche Reaktionsgeschwindigkeit, keine Präferenzen usw." und die "ceteris paribus"-Prämisse schränken das WENN hier auf einen in der Wirklichkeit kaum existenten Fall ein.

Allerdings sind auch **Marketingentscheidungen** häufig auf besonders komplexe und spezifische Marktsituationen bezogen: Das Unternehmen arbeitet in einer ausgefallenen Branche unter untypischen Nachfrage- und Wettbewerbsverhältnissen in einer besonderen technologischen und konjunkturellen Situation usw. Daß dabei alle konsumentenbezogenen Marketingentscheidungen aus ganz allgemeinen Aussagen der Konsumentenforschung abgeleitet werden könnten, ist schwer vorstellbar. Erstens können sie in ihrer Allgemeinheit die Wirkung von Marketingmaßnahmen nur zu einem Teil erklären. Zweitens sind die Aussagen selbst auf stark vereinfachte Verhältnisse beschränkt, z. B. auf die bloße Frage nach der Wirkung einer Preissenkung – obwohl diese allein vielleicht nur in Verbindung mit einer Werbekampagne, einer erhöhten Distribution und Qualitätsabstrichen machbar ist.

Wegen dieser Komplexität der Marketingwirkungen werden neben allgemeingültigen Aussagen bzw. Aussagen mittlerer Reichweite auch **"bodennahe" Aussagen** gebraucht, die in einer genau zutreffenden spezifischen Situation gelten, aber dafür ihre ganze Komplexität berücksichtigen. Die Aussagen werden durch Methoden der praktischen Marketingforschung gewonnen, z. B. durch Produkttests, Testmarktsimulationen, Gruppendiskussionen. Die benötigten praktischen Meßmodelle werden im methodischen Bereich der Konsumentenforschung entwickelt (vgl. 0.7). In diesem Lehrbuch erscheinen solche Meßmodelle in den jeweils letzten Abschnitten der Kapitel.

0.5 Theoriebildung

Die Erkenntnisse der Konsumentenforschung sollen sich als allgemeingültige **Grundlagen für das Handeln** im kommerziellen und sozialen Marketing, in Verbraucher- und Wirtschaftspolitik sowie für die Rechtsprechung eignen. Zum Beispiel möchte man für eine Entscheidung der Packungsgestaltung wissen, wie sich Packungsgrößen ursächlich auf das Zielkriterium "Kaufwahrscheinlichkeit" auswirken. Zu beachten seien weitere Zielkriterien wie Einstellungen oder Zufriedenheiten usw. Zu beachten seien aber auch "Nebenwirkungskriterien" wie die Markentreue oder die Mundwerbung. Außer der Pakkungsgestaltung kommen weitere Maßnahmen des Marketing als Ursachen in Betracht, z. B. alternative Preise und Werbeargumente. Außerdem wirken Faktoren, die nicht durch Marketing gesteuert werden, z. B. Modetrends oder Rezessionen.

Um das Konsumentenverhalten in allen vorkommenden Situationen zu erklären, müßte also ein komplettes, alle beteiligten Konstrukte umfassendes, hochkomplexes Aussagensystem "entdeckt" und empirisch "begründet" werden. Wir können es Theorie nennen. Die Theorie könnte für jedes einzelne käuferbezogene Marketingproblem angewendet werden, weil alle möglichen Bedingungskonstellationen vorgezeichnet wären, mit allen den ihnen entsprechenden Auswirkungen auf alle möglichen Konsumentenverhaltenskonstrukte. Schon lange wollten Konsumentenforscher ein Modell der gesamten Theorie schaffen, also ein gültiges Netz von Einflußpfaden von theoretischen Konstrukten der Theorie des Konsumentenverhaltens, die das Kaufverhalten möglichst umfassend erklären. MAZANEC (1978) gibt dazu einen umfassenden und kritischen Überblick. Repräsentativ ist das **"Totalmodell"** des Konsumentenverhaltens von ENGEL, BLACKWELL, MINIARD (1995, S. 153) (übersetzt und etwas vereinfacht):

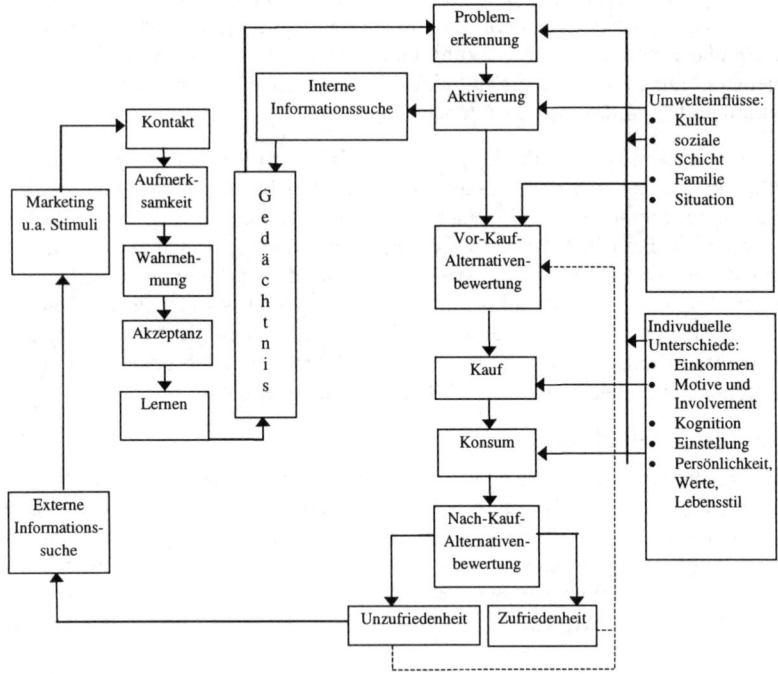

Modelle wie diese sind in der Darstellung präzise. Die Konstrukte sind aber nicht eindeutig mit Meßvorschriften versehen, die Einflüsse sind nur teilweise in Form von bewährten Hypothesen erfaßt. Die Beziehungen sind nicht näher bestimmt, geschweige denn funktional festgelegt, und es fehlen (bis auf eher unzulängliche Versuche, z. B. FARLEY & RING 1974) empirische Bestätigungen unter universellen Rahmenbedingungen. Diese Modelle gehen ausschließlich von einer High-involvement-Situation aus und beinhalten nicht das Konstrukt Emotion. Außerdem sind diese Modelle nicht widerspruchsfrei und nicht pragmatisch, d.h. sie informieren die Praxis nicht hinreichend über Möglichkeiten der Beeinflussung des Konsumentenverhaltens. Die Autoren des obigen Modellbeispiels erheben auch nicht den genannten hohen Anspruch. Ihnen geht es nur um eine didaktische Ordnung ihres Lehrbuchs über Konsumentenverhalten. Ihr "Strukturmodell des Konsumentenverhaltens" hat den Charakter einer "graphischen Gliederung", nicht den einer geschlossenen Theorie des Konsumentenverhaltens.

Der Anspruch einer formalisierten, bewährten und praktisch verwendbaren "totalen" Theorie muß auf lange Sicht aufgeschoben werden (vgl. auch BAGOZZI 1979). Zuerst müssen pragmatische, im Marketing umsetzbare **Teilmodelle** entwickelt und getestet werden. Das einzelne Teilmodell soll einen bestimmten abgrenzbaren Problembereich erfassen, z. B. die Beeinflussung von Einstellungen durch Werbung oder die Informationsverarbeitung zu Produktbewertungen. Solche Teilmodelle müssen Einzelaussagen mit folgenden Eigenschaften enthalten:

- Mehrfach empirisch bewährte Hypothese (z. B.: Das Preisniveau beeinflußt die Qualitätsvorstellung),
- durch Marketingmaßnahmen steuerungsfähiges WENN ("unabhängige Variable", hier das Preisniveau),
- marketingzielwirksames DANN ("abhängige Variable", hier die Qualitätsvorstellung)
- Allgemeinheitsgrad "mittlerer Reichweite" (gilt bei einer abgrenzbaren Menge von Marktsituationen),
- ggf.: Spezifizierbarkeit von Verbundwirkungshypothesen (z. B. gemeinsames Wirken von Preis und Absatzweg) und Nebenwirkungshypothesen (z. B. Wirken des Preises auch auf das Herstellerimage).

"Ursächlichkeit" ist strenggenommen genausowenig beweisbar wie die faktische Wahrheit einer Aussage oder die Gültigkeit einer Messung. In den Wirtschafts- und Sozialwissenschaften sind ersatzweise **vier Bedingungen** für **Kausalität** anerkannt:

(1) Bei einer Veränderung von x muß regelmäßig eine Veränderung von y zu beobachten sein (Kovariation, Korrelation).

(2) Die Veränderung von y muß zeitlich nach der von x liegen.

27

(3) Die Kovariation darf nicht ersichtlich auf einer beiden Veränderungen gemeinsam zugrundeliegenden dritten Größe beruhen.

(4) Die Hypothese "x bedinge y" muß durch Vorwissen (Theorie) gerechtfertigt sein.

Alle vier Kriterien sind nur im strengsten Ansatz der Ursachenforschung, dem **Experiment,** mit folgenden Voraussetzungen erfüllt:

- Eine Ursachenvariable x wird gezielt verändert ("manipuliert")
- eine Wirkungsvariable y wird nach der Einwirkung von x gemessen und
- alle möglichen weiteren Ursachenvariablen werden künstlich konstant gehalten (oder auf andere Weise "kontrolliert").

Experimente in diesem eigentlichen Sinn haben den Vorzug strenger Ursachenbeweiskraft ("interne Gültigkeit"). Sie haben aber den Nachteil, daß dieser Beweis nur unter sterilen Laborbedingungen geführt wurde (mangelnde "externe Gültigkeit" = Allgemeingültigkeit). Bei Ursachenanalysen außerhalb dieser Laborbedingungen ("im Feld") kann das Vorliegen der Kriterien (1) bis (3) nicht perfekt kontrolliert werden. Zum Beispiel muß im **Feldexperiment** oft das Kriterium 2) (Zeitverschiebung) durch Vermutung ersetzt werden, vor allem wenn x und y wie im Feld üblich zum selben Zeitpunkt gemessen werden.

Eine neben Experiment und Feldexperiment dritte grundsätzliche Methode der Ursachenforschung ist die **Kausalanalyse** (HILDEBRANDT 1983a, b). Sie dient der Darstellung und Analyse komplexer Ursachen-Wirkungen-Strukturen aus (oftmals bereits vorliegenden) Datensätzen ("Sekundäranalysen"). Ihr Grundgedanke läßt sich durch graphische Pfadmodelldarstellungen skizzieren, wie sie in diesem Buch vielfach verwendet werden.

Wenn viele **Verbund- und Nebenwirkungen** in die Ursachenanalyse x - y einbezogen werden sollen, dann können sie auch "hauptsächlich" einbezogen werden, d.h. in Form mit x und y verbundener Hypothesen, die ihren vermuteten Bedingtheiten und Wirkungen entsprechen. Ein Kausalmodell ist schon bei wenigen Verbund- und Nebenwirkungshypothesen sehr komplex. Je komplexer ein präzise ausformuliertes Modell ist, desto größer ist die Wahrscheinlichkeit, daß es mit der empirischen Wirklichkeit nicht übereinstimmt (falsifizierbar ist). Bald wird es unwahrscheinlich, daß ein erfolgreicher Test des Modells nur ein Zufallstreffer ist. Auch eine Verletzung der schwer zu prüfenden Kausalitätsbedingungen (2) (Zeitverschiebung) und (3) (keine gemeinsame Hintergrundursache) ist dann kaum mehr wahrscheinlich. Wenn ein komplexes und präzise ausformuliertes Kausalmodell den Test an der empirischen Wirklichkeit besteht, dann ist es sehr wahrscheinlich gültig, es hat sich bewährt.

Es kommt hier nicht auf den Algorithmus der Kausalanalyse und seine Probleme an, sondern auf die Philosophie des Ansatzes. Im Mittelpunkt stehen die Ausdrücke:

- **theoretisches Konstrukt** als nicht direkt beobachtbarer, aber für allgemeine Erklärungen unabdingbarer Sachverhalt.
- **Indikator** als beobachtbarer Sachverhalt mit Anzeigekraft für Konstrukte.
- **Gültigkeit** (Validität) als Grad der Übereinstimmung von Indikator und Konstrukt. Gültigkeit schließt Zuverlässigkeit (Reliabilität) mit ein.
- **Kausaleinfluß** als gerichteter, aufgrund genügender Übereinstimmung von Datenstruktur und Modellstruktur geschätzter Wirkungsverlauf zwischen Konstrukten.

Kausalmodelle sind verbalen Formulierungen überlegen, übrigens auch dann, wenn sie nur der Veranschaulichung einer Theorie dienen und zunächst gar nicht getestet werden. Durch die Präzision einer Kausalmodellspezifikation wird die zentrale Aussage einer totalen kritischen Prüfung zugänglich. Geprüft wird dann nicht mehr nur die (ja vorher schon möglichst bewährte! – vgl. Kausalitätsbedingung 4 -) Kernhypothese, sondern alle im System miteinander verbundenen Beziehungen. Fehlspezifikationen, z. B. Abhängigkeiten der Konstrukte von nicht erkannten Hintergrundfaktoren werden als solche erkannt. Fehlentscheidungen infolge von Scheinbeziehungen (und scheinbaren Null-Beziehungen) werden vermieden.

Den **Grundgedanken** der Kausalmodellforschung illustrieren wir nachstehend durch ein empirisches Kausalmodell. Es diente der Prüfung, welche Einstellungsmeßmethode (vgl. 5.5), FISHBEINS Modell (Ao) oder TROMMS-DORFFS Modell (TRO) für die Messung von Einstellungen zur Warentest-Information eher gültig sei und wie sich beide Meßmodelle darin von FISHBEINS erweitertem Meßmodell unterscheiden, das nicht einen Gegenstand (die Test-Zeitschrift), sondern eine auf ihn bezogene Handlung (das Lesen der Zeitschrift) zum Inhalt hat (Aact). Das nachstehende Ergebnis zeigt bei den objektbezogenen Meßmodellen einen besseren Gültigkeitswert des Modells von TROMMSDORFF (1975) und insgesamt eine Überlegenheit des handlungsbezogenen Meßmodells.

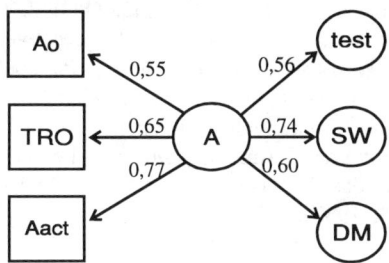

Anmerkung: Pfeile bedeuten Einflußrichtungen, Kreise enthalten theoretische Konstrukte, Kästchen Operationalisierungen. Zahlenwerte in der Nähe von 1 bedeuten starke ursächliche Einflüsse in der angegebenen Richtung, Werte in der Nähe von Null – ebenso wie fehlende Pfeilverbindungen zwischen Konstrukten – bedeuten "kein Einfluß". Die Zahlenwerte an den Pfeilen, die von theoretischen Variablen zu Meßvariablen führen, zeigen Gültigkeit der Meßmodelle an. Die Konstrukte und Indikatoren haben folgende Bedeutung:

A   = Einstellung zum Lesen von Testinformationen
test = Einstellung zur Zeitschrift test
SW   = Einstellung zur Zeitschrift Schöner Wohnen
DM   = Einstellung zur Zeitschrift DM
Ao   = Einstellungsmeßmodell von FISHBEIN (1967)
TRO   = Einstellungsmeßmodell von TROMMSDORFF (1975)
Aact = Verhaltenseinstellungsmeßmodell v. FISHBEIN & AJZEN (1975)

Der Unterschied zwischen dem Kausalmodell und dem vorstehenden Beispiel für Totalmodelle des Konsumentenverhaltens liegt in zwei methodologisch wichtigen Punkten, nämlich der Gültigkeitsprüfung der Operationalisierung (der "Meßmodelle") und der Gültigkeitsprüfung der Hypothesen (der "Substanzmodelle"). Beide Prüfungen erfolgen simultan im Rahmen der Kausalanalyse. Für die **Konstruktion** des Modells müssen alle relevanten Hypothesen ausdrücklich als Pfade (Pfeile) bzw. als mathematische Beziehungen angegeben werden. Normalerweise genügt ein System von linearen Gleichungen, deren Parameter zunächst offenbleiben und nur durch Vorzeichen (+/-) die Art der Beziehungen kennzeichnen. Anschließend können diese Beziehungen durch entsprechende Daten (Meßwerte für alle Operationalisierungen) geschätzt werden.

Die **empirische Prüfung** des ganzen Modells beruht auf einer simultanen Untersuchung aller paarweisen Kovariationen sämtlicher Indikatoren und Meßreihen. Das Ergebnis ist zunächst eine globale Beurteilung der Theorie. Darüber hinaus kann eine Fehleraufteilung in drei Ursachen vorgenommen werden. Eine Fehlerkomponente ist die Abweichung zwischen Theorie (Modell) und Realität (Daten). Sie drückt die Qualität des substantiellen Kausalmodells aus. Eine zweite Fehlerkomponente ist die mangelnde Gültigkeit beim Messen. Eine dritte Komponente ist die Erklärungskraft der exogenen (d.h. im Modell nicht zu erklärenden) Konstrukte. Sowohl für die Parameterschätzungen als auch für die Entscheidung über die Annehmbarkeit der ganzen Modellstrukturen ist ein formales Instrumentarium einschließlich Computersoftware entwickelt worden. Am meisten verbreitet ist zur Zeit das Programmpaket LISREL, das inzwischen auch als PC-Version vorliegt (vgl. PFEIFER & SCHMIDT 1987).

BALDERJAHN (1993) hat einen weiteren, wichtigen Ansatz zur Marktreaktion von Konsumenten entwickelt. Er integriert verhaltenswissenschaftliche und ökonomische Elemente in ein Modell zur Kaufentscheidung und versucht so, die bisherigen Modelle durch haushaltsökonomische Theorien über die Nachfragewirkung knapper Geld- und Zeitbudgets zu ergänzen (zur Vertiefung siehe BALDERJAHN 1993).

Um eines Tages über eine abgeschlossene kausale Theorie des Konsumentenverhaltens zu verfügen, müssen noch viele Teilmodelle entwickelt, getestet und untereinander verknüpft werden. Die Kapitel 1 bis 9 befassen sich deshalb mit den theoretischen Konstrukten (Zuständen und Prozessen) und den sie betreffenden Aussagen im Sinne der Konstruktion solcher Teilmodelle.

0.6 Konstrukte

In diesem Abschnitt geht es um eine grundlegende Einteilung und Beschreibung der für die Theorie des Konsumentenverhaltens wichtigen **Konstrukte**. Sie werden in diesem Abschnitt als knappe Übersicht, dann in neun ausführlichen Kapiteln abgehandelt. In der nachstehenden Tabelle sind zur Einführung Beispiele für die Beziehung zwischen Marketingaspekten und Aspekten des Konsumentenverhaltens gegenübergestellt. Die in der zweiten Spalte genannten Konstrukte beherrschten das Fach schon lange. Die rechts genannten Konstrukte des erlebnisbetonten (hedonistischen) Verhaltens wurden lange unterschätzt und werden in der Fachliteratur erst seit Anfang der 80er Jahre ernstgenommen.

Marketingbezüge	Aspekte des Konsumentenverhaltens	
	rationalistisch	hedonistisch
Produkte	Güter	Erlebnisse
Informationen	verbalδ	nonverbal
Kriterien	Nutzen, Effizienz	Spaß, Spiel
Begrenzungen	Geld	Zeit
Motive	Probleme lösen	genießen
Aktivierung	durch Gedanken	durch Gefühle
Aufnahme von	Informationen	Eindrücken
Lernen/Denken	mit Verstand	assoziativ
Wissen	semantisch	bildlich-episodisch
Prädisposition	Einstellung	Eingebung, Impuls
Verhaltensauslöser	Entscheidung	Sucht
Ergebniskriterium	Funktion	Spaß

Hinter dieser ungeordneten Gegenüberstellung steht ein bereits sehr differenziertes theoretisches Begriffssystem. Die nachfolgenden Kapitel befassen sich mit diesem System in einer einfachen Ordnung. Zuerst werden die zur Erklärung des Konsumentenverhaltens benötigten Zustände erläutert, dann die Prozesse.

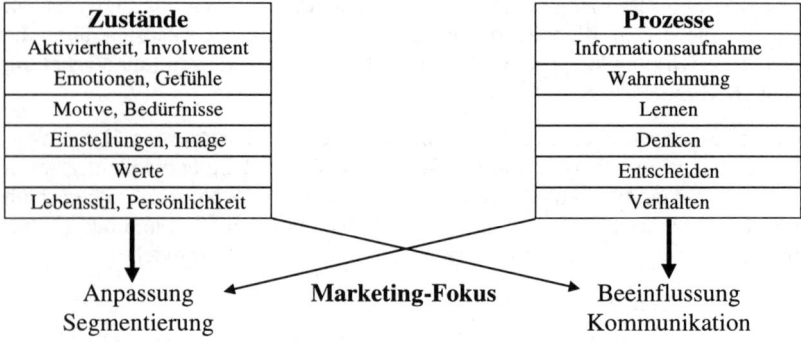

Zustände	Prozesse
Aktiviertheit, Involvement	Informationsaufnahme
Emotionen, Gefühle	Wahrnehmung
Motive, Bedürfnisse	Lernen
Einstellungen, Image	Denken
Werte	Entscheiden
Lebensstil, Persönlichkeit	Verhalten

Anpassung   **Marketing-Fokus**   Beeinflussung
Segmentierung   Kommunikation

Bei den **Zuständen** handelt es sich um verhaltenswissenschaftliche Konstrukte (psychischer und sozialer Art), die die Theorie als statische Erklärungsgrößen interessieren: Aufgrund welcher Motive ist ein Kauf erfolgt, welche Persönlichkeitsmerkmale haben Meinungsführer usw. Bei den **Prozessen** ist die verhaltenswissenschaftliche Theorie an dynamischen Erklärungsgrößen interessiert, d.h. an der Erklärung von Veränderungen: Wie wird Aufmerksamkeit ausgelöst, was passiert beim Denken oder beim Verhandeln? Zwar spielen manche Konstrukte sowohl bei den Zuständen als auch bei den Prozessen eine Rolle. Zum Beispiel spricht man sowohl von bestehenden Einstellungen in den Zielgruppen eines Händlers als auch von Einstellungsänderungen, etwa durch die Einführung von markenlosen Produkten. Wir halten es jedoch für zweckmäßig, Einstellungen grundlegend bei den Zuständen zu behandeln und auf Einstellungsänderungen im Rahmen des Prozesses der Informationsverarbeitung einzugehen.

Auf der Ebene der **Umsetzung in Marketingmaßnahmen** erlaubt unsere Einteilung die Unterscheidung zwischen Zielgrößen (z. B. ein emotionales Produktprofil) bzw. Zielgruppenmerkmalen (z. B. männliche Leistungsmotivierte) einerseits und Mittelgrößen (z. B. der emotionalen Konditionierung dieser Zielgruppe) andererseits. Etwas verkürzt ausgedrückt, spiegelt die Unterscheidung zwischen Zuständen und Prozessen die Einteilung der Marketingfunktionen in (passive) **Anpassung** an die Bedürfnisse des Marktes und in ihre (aktive) **Beeinflussung** wider. Auf der Ebene der **Messung** ist die Differenzierung in Zustände und Prozesse ebenfalls praktisch: Zustände kann man meist im Querschnitt über die Zielgruppe und oft mit herkömmlichen Befragungsmethoden erfassen. Prozesse zu erfassen erfordert Laborexperimente oder zumindest Vorher-Nachher-Untersuchungen im Feld.

Zustände

Die Darstellung der Zustände richtet sich nach einem einfachen Modell der zunehmenden Komplexität und kognitiven Anreicherung, das eine Weiterentwicklung des Schemas Intervenierender Variablen von KROEBER-RIEL (1984) darstellt:

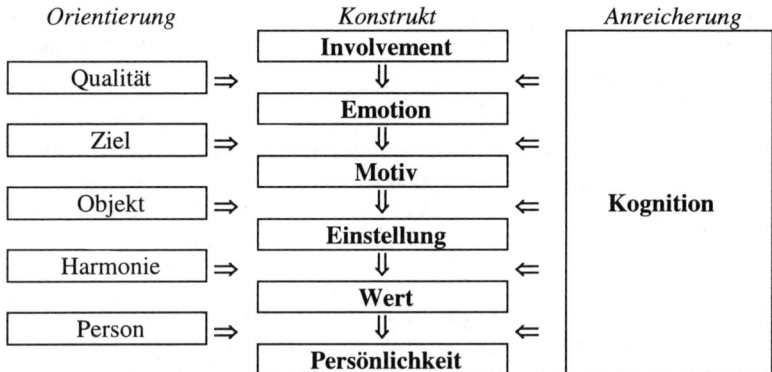

Auf dieses Modell wird bei den einzelnen Zustandskonstrukten in den Einführungsabschnitten .1 der betreffenden Kapitel 1. bis 7. immer wieder zurückgegriffen. Es zeigt damit die Systematik des Zustands-Teils dieses Lehrbuchs. Zunächst werden die einzelnen Konstrukte dieses Schemas in Kurzform vorgestellt.

Aktiviertheit und **Involvement**: Jedes Verhalten bedarf der spezifischen (z. B. Zuhören) bzw. unspezifischen (das allgemeine Leistungsniveau betreffenden) Erregung. Diese Aktiviertheit (arousal) kann tageszeitlich bedingt sein, und sie kann durch innere Vorgänge (z. B. Nachdenken) oder durch äußere Reize (z. B. Musik) ausgelöst werden. Sie bedingt den Grad der Bewußtheit der anderen Konstrukte. Sie bedingt auch den Grad der Intensität, mit der die Prozesse ablaufen, in diesem Zusammenhang ist meist von Involvement die Rede.

Gefühl/Emotion: Zustand innerer Erregung, dessen Stärke man als Intensität und dessen Art man als Qualität (z. B. Freude) empfindet. Gefühle können durch psychische Vorgänge und/oder durch äußere Reize hervorgerufen werden. Die Bedeutung der Gefühle als Verhaltensdeterminante wurde bisher unterschätzt.

Wissen/Kognition: Zustand subjektiver Informiertheit über Eigenschaften und Relationen von Objekten, der durch Informationsaufnahme und/oder Informationsverarbeitung entstehen und verändert werden kann. Die Bedeutung der kognitiven Prozesse als Verhaltensdeterminanten wurde bisher zwar überschätzt, aber die Aussagen über Wissenszustände wurden vernachlässigt.

Motiv: Latenter Zustand, der im Falle der Aktualisierung das Verhalten in bestimmter Stärke und Richtung antreibt. Motive können durch Mangelgefühle oder durch äußere Reize aktualisiert werden. Für jedes menschliche Verhalten lassen sich Motive zur Erklärung definieren.

Einstellung: Zustand der Bereitschaft, sich in einer entsprechenden Situation einem Gegenstand (auch einer Idee) gegenüber annehmend oder ablehnend zu verhalten. Einstellungen werden auf Motive und diesbezügliche Kenntnisse über den Gegenstand zurückgeführt. Starke Einstellungen sind gute Verhaltensprädiktoren.

Wert(haltung): Konsistentes System von Einstellungen, Super-Einstellung mit normativer Verbindlichkeit. Ein Wert kennzeichnet die Bereitschaft, sich einer ganzen Klasse von Einstellungsobjekten gegenüber annehmend oder ablehnend zu verhalten. Starke Werthaltungen sind gute Prädiktoren ganzer Verhaltensspektren.

Persönlichkeit: Ganzheitlich-komplexer Zustand charakteristischer Gefühls-, Wissens-, Motiv-, Einstellungs-, Werte- und Verhaltensmuster einer Person. Die Persönlichkeit ist genetisch, sozial und durch die Lebensbedingungen geprägt. Besonders allgemein, aber daher auch im Einzelfall beschränkt zur Erklärung des Verhaltens geeignet.

Prozesse

Die Darstellung der Prozesse folgt einem einfachen Modell der Informationsaufnahme und der Verarbeitung, das als **Drei-Speicher-Modell** bekannt ist, nach welchem alle (kognitiven) Prozesse durch Vorgänge zwischen und in einem Aufnahme-, einem Arbeits- und einem Gedächtnisspeicher beschrieben werden können:

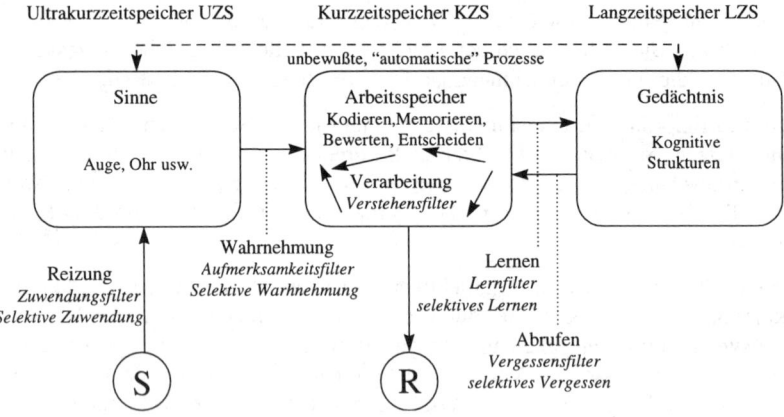

Informationserwerb: Schließt die Aufnahme und die Speicherung von Kognitionen und Emotionen ein. **Aufnahme** ist der Transformationsprozeß von äußeren Reizen in psychische Zustände und von kürzerlebigen in längerlebige Zustände. Die Aufnahme erfolgt zu einem wesentlichen Teil unbewußt und passiv. **Speicherung** im Gedächtnis (Langzeitspeicher) ist der Prozeß des "Lernens" von Wissens- und Gefühlseinheiten. Speicherung impliziert die Wiederabrufbarkeit dieser Einheiten. Damit kann Informationserwerb einfach als jeder im Drei-Speicher-Modell nach rechts gerichteter Prozeß definiert werden.

Informationsverarbeitung: Prozeß des Verknüpfens von neu aufgenommenen und vorhandenen Wissens- bzw. Gefühlseinheiten. Dazu gehören: Erinnern, Assoziieren, Vergleichen, Ursachenzuschreiben, Bewerten und Entscheiden. Verarbeitung muß nicht bewußt sein. Der **Kauf** ist ein Spezialfall der Verarbeitung. Der Wiederholkauf bezieht sich auf zeitliche Sequenzen von Entscheidung und Handeln. Der hier benutzten Modellvorstellung zufolge findet Verarbeitung im Arbeitsspeicher und an seinen Schnittstellen zum Sinnes- und zum Dauerspeicher statt. In der Abbildung nicht dargestellt sind nach links gerichtete Rückkopplungsprozesse, die die Informationsaufnahme und -verarbeitung steuern, z. B. die Steuerung der selektiven Wahrnehmung vom Langzeitspeicher zur Schnittstelle zwischen Aufnahme- und Arbeitsspeicher. Damit kann Informationsverarbeitung einfach als jeder im Drei-Speicher-Modell NICHT nach rechts gerichteter Prozeß definiert werden.

Es mag verwundern, daß in diesem Katalog von Konstrukten eine Gruppe von Merkmalen nicht vorgekommen ist, mit denen in der praktischen Marktforschung viel gearbeitet wird, nämlich die sogenannte Demographie. **Demographische Merkmale** "beschreiben" die Bevölkerung nach leicht erfaßbaren, meist auch amtlich-statistisch erfaßten Eigenschaften wie Alter, Wohnort, Geschlecht, formale Bildung, Beruf usw. In der vorliegenden Darstellung kommt solchen Merkmalen nicht der Stellenwert von Konstrukten einer Theorie zu, sondern nur von Indikatoren für solche Konstrukte, z. B. formale Bildung als Operationalisierung von "Wissen" oder Wohnort als Indikator für "Lebensstil". Es ist daher weder bei der Kapiteleinteilung nach theoretischen Konstrukten noch bei der Abschnittseinteilung nach Begriffen der Marketingforschung Anlaß gegeben, auf demographische Merkmale zurückzugreifen. Erst bei der Vorstellung von Meßmodellen werden wir sie manchmal benötigen. Dementsprechend spielen demographische Merkmale in der praktischen Marktforschung eine wichtige Rolle, aber nicht in der Theorie.

Eine ähnliche Überlegung gilt für die "objektiven Determinanten" des Konsumentenverhaltens wie Budgetbeschränkung, Verfügbarkeit im Regal usw. Wir betrachten diese Art Merkmale als **situative Rahmenbedingungen**. Sie wirken nach unserem Ansatz nicht direkt auf das Verhalten ein, sondern ausschließlich über die genannten Konstrukte, z. B. über das Wissen (um die Budgetbeschränkung) oder über die Verarbeitung einer Information "Wunschmarke nicht verfügbar". Deshalb werden einige situative Rahmenbedingungen an verschiedenen Stellen behandelt, aber nicht als eigenes Kapitel.

Bevor in den nachfolgenden Kapiteln in die Einzelheiten der genannten Konstrukte gegangen wird, ist noch eine sehr grundlegende Kategorie einzuführen, die **Bewußtheit**. Zustände und Prozesse sind dem Konsumenten in der Regel nicht bewußt, können es aber sein. Genauer: Sie können mehr oder weniger gedanklich reflektiert (insbesondere bei Zuständen) und mehr oder weniger willentlich kontrolliert sein (insbesondere bei Prozessen). Reflektion und Kontrolle bedeutet Anstrengung und bleibt daher die Ausnahme. Zustände werden in der Regel erst durch "darüber reden oder nachdenken" bewußt, insbesondere durch Fragen von Interviewern.

Solche künstlich herbeigeführten Bewußtseinsprozesse können die Messung verfälschen. Wenn jemand z. B. "eigentlich keine Meinung" zu der Frage hat, ob die Biersorte Kölsch aus der Stadt Köln kommen muß oder auch woanders gebraut werden kann, der wird, durch eine entsprechende Interviewfrage zum Nachdenken angeregt, eine (nur scheinbar vorhandene) Meinung äußern. So wird z. B. in Wettbewerbs-Rechtsstreitigkeiten, obwohl es rechtlich nur auf prägnante Meinungen zu dieser Frage ankommt, mit solchen Ergebnissen operiert (vgl. TROMMSDORFF 1979). Als Determinanten des Konsumentenverhaltens sind die nicht bewußtseins-"korrigierten" Zustände wesentlich bedeutsamer.

Auch die Prozesse zum Konsumentenverhalten laufen in der Regel automatisch und nur in der Ausnahme kontrolliert ab. Sie werden ebenfalls erst bewußt, wenn besonderer Anlaß dazu besteht, z. B. ein neuartiges und riskantes Beschaffungsproblem. Beides hängt davon ab, wie stark man in der Sache innerlich beteiligt ist. Diese persönliche "Betroffenheit" ist selbst als – besonders grundlegendes – Konstrukt aufzufassen: Aktiviertheit/Involvement (Kapitel 1). Die "bewußten, aufwendigen" Ausnahmen erfordern Energie und stoßen auf Kapazitätsgrenzen, aber sie ermöglichen dem Konsumenten innovatives (und das ist "ausnahmsweises") Verhalten.

Bewußtheit von Prozessen ist nicht identisch mit **Rationalität** oder Vernunft (im Gegensatz zur Emotionalität oder Gefühlsbestimmtheit). Während Bewußtheit eine Frage der gedanklichen Kontrolle ist, handelt es sich bei "Ratio/ Emotio" um unterschiedliche psychische Funktionen. Der Volksmund lokalisiert sie im "Kopf/Bauch", die neurophysiologische Verhaltensforschung in der "linken/rechten Gehirn-Hemisphäre". Beide können mehr oder weniger bewußt ablaufen. In der Marketingforschung werden derartige Unterscheidungen eher noch zu grob vorgenommen, nachdem lange Zeit überhaupt nur bewußte bzw. "vernünftige" Verhaltensgründe zur Kenntnis genommen wurden.

0.7 Meßmethodik

Es geht in diesem Abschnitt um die wissenschaftlich haltbare **Operationalisierung** von theoretischen Konstrukten. Die dafür vorgesehenen Vorschriften gelten allgemein und werden deshalb als **Methodik** bezeichnet. Die Meßmethodik beginnt bei der Auswahl von Indikatoren und geht bis zur Angabe von Indices für die Gültigkeit der Messungen. Für die Operationalisierung von "substantiellen" (nur die theoretischen Konstrukte betreffenden) Kausalmodellen muß zu jedem Konstrukt ein Meßmodell gefunden werden.

Grundsätzlich kann man bei nicht direkt beobachtbaren Konstrukten des Konsumentenverhaltens keine fehlerfreien Indikatoren erwarten. Verschiedene Indikatoren haben auch verschiedene "Fehleranteile". Es spricht aber bei gleichzeitiger Verwendung mehrerer verschiedener Indikatoren je Konstrukt einiges dafür, daß sich die Fehler ausgleichen: Das Gemeinsame an mehreren verschiedenartig zustandegekommenen Meßreihen für ein einziges Konstrukt kann als sein "wahrer Kern" verstanden werden, als zu messender Sachverhalt. Das Verschiedenartige an diesen Messungen wäre dann die "Fehlervarianz". Man kann sie im Falle der Parallelmessung mit mehreren Indikatoren bestimmen und herausrechnen.

Diese Erkenntnis führt zwangsläufig zum **Mehrindikatorenansatz**: Ein Meßmodell sollte aus mehreren verschiedenartigen (und dennoch möglichst bewährten!) Meßmethoden zusammengesetzt sein. Jedes theoretische Konstrukt in einem Teilmodell zur Theorie des Konsumentenverhaltens sollte mit mindestens zwei verschiedenartigen Meßmethoden erfaßt werden. Nur dann kann für jeden Indikator statistisch geschätzt werden, welchen Grad an Gültigkeit er hat, und nur dann können Aussagen fehlerbereinigt quantifiziert bzw. auf Haltbarkeit getestet werden (vgl. HILDEBRANDT 1984).

In dem in 0.6 beschriebenen Kausalmodellbeispiel wurden unterschiedliche Befragungsmethoden zur Messung der Einstellungen verwendet. Besser (weil verschiedenartiger) wäre es gewesen, außer einem Befragungsindikator auch einen Beobachtungsindikator anzuwenden, der zur Messung desselben Konstrukts empfohlen wird. Trotz seiner zwingenden Logik wird der Mehrindikatorenansatz in der Praxis der Konsumentenforschung noch selten verwendet. Dabei braucht man gar keine aufwendige Kausalanalyse zu rechnen, um die Vorteile des Ansatzes zu gewinnen. Schon einfache Korrelationsanalysen zwischen den Indikatoren für ein Konstrukt lassen erste Rückschlüsse auf die Gültigkeit seiner Messung zu.

Die anderen üblichen Rechtfertigungsargumente für das unkritische Einindikatormessen betreffen den Aufwand an Zeit und Geld. Das leuchtet immer ein. Andererseits immunisiert der nur scheinbar sparsame Forscher seine Arbeit gegen Kritik: Wo Gültigkeit nicht in unserem strengen Sinn geprüft werden kann, ist es schwierig, ihm Untersuchungsfehler nachzuweisen.

In den nachfolgenden inhaltlichen Kapiteln dieses Buches werden zahlreiche Meßmethoden bzw. Indikatoren für die jeweils behandelten Konstrukte oder Prozesse skizziert. Zur Einführung in die meßmethodischen Möglichkeiten und Probleme dieser Operationalisierungsbeispiele sollen vorab einige wichtige **Grundprinzipien** dieser Art Messungen erläutert werden. Nachdem im vorigen Abschnitt einiges über das WAS der Messung für die Konsumentenforschung gesagt wurde, können sich diese Erläuterungen auf fünf Fragen beschränken: WORAN, WOZU, WORÜBER, WOMIT und WIE GUT soll gemessen werden?

WORAN: Wie sind die **Untersuchungseinheiten** definiert? Zum Beispiel können sinnvolle Messungen vorgenommen werden an einzelnen Konsumenten, an Haushalten oder an Zielgruppen (Aggregatstufe der Messung). Außerdem kann man eine Eigenschaft einer derartigen personalen Untersuchungseinheit messen wollen oder aber eine empfundene Eigenschaft von Marken, Produkten, Werbeanzeigen oder Fragebögen, also einer sachlichen Untersuchungseinheit. Entsprechend unterscheidet man personenbezogene und objektbezogene Messungen, die verschiedenartige Operationalisierungen erfordern.

WOZU: Was ist der **wissenschaftliche Zweck** der Messung? Man kann einen Zustand genau beschreiben wollen, z. B. die Kaufwahrscheinlichkeiten für Personal Computer bei Studenten (deskriptive Messung), oder man kann erklären wollen, warum dieser Zustand so und nicht anders ist (explikative Messung). Außerdem kann man den Anspruch haben, durch die Messung auf neue Ideen zu kommen, etwas zu entdecken (explorative Messung) oder man kann mit der Messung vorhandene Ideen oder Hypothesen stützen oder in Frage stellen (falsifizieren) wollen (konfirmatorische Messung). Beide Unterscheidungen haben einen Einfluß auf die Wahl der Meßmethode!

WORÜBER: Über welche **Zwischenschritte** ist zu messen? Wenn vor einer Plakatwand der Anteil der "Kopfwender" an allen Passanten gemessen werden soll, dann haben wir es mit einem direkt beobachtbaren Verhalten zu tun und können **direkt** messen. Es bedarf dann keiner Unterscheidung von Konstrukt und Indikator, also auch keines Mehrindikatorenmeßmodells. Wenn dagegen die Einstellungen der Zielgruppe zur Telekommunikation gemessen werden sollen, dann können wir das nicht beobachten, sondern allenfalls durch Indikatoren erschließen. Man muß (möglichst mit mehreren Indikatoren) **indirekt** messen.

WOMIT: Mit welchen grundsätzlichen **Meßprinzipien**? Die erste wichtige Unterscheidung ist die Frage, ob das Meßergebnis "von sich aus" zustandekommen kann, oder ob dazu ein besonderer Impuls bzw. Stimulus gegeben werden muß. Wenn man die Verwendungshäufigkeit einer Zigarettenmarke durch Auszählen der leeren Schachteln dieser Marke nach einem Fußballspiel bestimmen kann, dann braucht die Untersuchungseinheit "Konsument" für diese Messung nicht eigens zu reagieren, das Verfahren ist **nichtreaktiv**. Die meisten Meßmethoden für die Konsumentenforschung sind allerdings **reaktiv**, weil zum Zwecke der Messung erst ein Stimulus (z. B. eine Frage) gegeben werden muß, ehe das Meßergebnis produziert werden kann.

Unabhängig von der Unterscheidung "nichtreaktiv/reaktiv" ist es bei der Konsumentenforschung wichtig, zwischen Verfahren mit und ohne **Einsatz von Sprache** zu unterscheiden. Befragungen, Inhaltsanalysen und Auswertungen von Gruppendiskussionen sind sprachliche Meßmethoden. Blickaufzeichnungen, Einschaltquoten und mit Scannern erfaßte Einkäufe sind sprachfreie Meßmethoden. Die Praxis unterscheidet häufig etwas unscharf Befragung und Beobachtung (oder daneben noch – obwohl dies auf einer ganz anderen Ebene steht – das Experiment). Wir unterscheiden dagegen (experimentelle und nichtexperimentelle) **sprachgebundene** und **nichtsprachgebundene** Messungen.

Eine dritte grundsätzliche Unterscheidung der Erhebungsmethoden ergibt sich durch die unterschiedliche **Verfügbarkeit** der benötigten Information. Die Daten können schon vorliegen, sie können unmittelbar abgelesen werden oder man muß sie mittelbar – über Indikatoren – erfassen. In der nebenstehenden Übersicht wird dieses Kriterium zur Grobgliederung verwendet, um die Erhebungsmethoden für die Konsumentenforschung zu systematisieren. Die in späteren Kapiteln dargestellten Methodenbeispiele zur Operationalisierung einzelner Konstrukte nehmen auf diese Übersicht Bezug.

WIE GUT: Welche **Qualität** hat das Meßergebnis? Das wichtigste Qualitätskriterium ist die **Gültigkeit** (Validität). Sie zeigt an, in welchem Ausmaß der Indikator wirklich Größen des zu messenden Konstrukts ausdrückt. Da Gültigkeit genausowenig wie Wahrheit direkt erfaßt oder gar bewiesen werden kann, ist man auf Hinweise, Vorbedingungen und Indikatoren von Gültigkeit angewiesen.

Eine notwendige (aber keineswegs hinreichende) Voraussetzung für Gültigkeit ist die **Zuverlässigkeit** (Reliabilität) der Messung. Sie drückt Abwesenheit von Zufallseinflüssen auf das Meßergebnis aus. Oft genügt es, die Abweichungen zwischen wiederholten Messungen an denselben Untersuchungseinheiten zu analysieren (Test-Retest-Reliabilität). Der logisch am besten begründete Indikator für Zuverlässigkeit setzt Mehrindikatorenmessung voraus: CRONBACHs α gibt an, wie hoch im Durchschnitt je zwei dieser Indikatoren miteinander korrelieren.

Erhebungsmethoden für Konsumentenverhaltens-Konstrukte/Prozesse

Inhaltsanalyse/Verarbeitung vorliegender Daten
- Publizierte (verallgemeinerungsfähige oder Einzelfall-) Aussagen
- Öffentliche Statistiken
- Verbandsdaten
- Betriebliche Daten
- Exklusive (private) Aussagen

Unmittelbare Datenerhebung
- Physikalisch-apparative Messung
  - Am Körper des Konsumenten
  - An konsumbezogenen Einrichtungen
- Registrierung offenbarer Sachverhalte
  - Informationsaufnahmeverhalten
  - Informationsabgabeverhalten
  - Kauf- und Konsumverhalten
- Abfrage eindeutiger Fakten
- Demographische Merkmale
  - Mediennutzung
  - Kontakte (Interaktion)
- Kauf- und Konsumverhalten

Mittelbare Datenerhebung
- Standardisierte Skalen
  - Personentypische Merkmale
  - Objekttypische Merkmale
- Offene Skalen
  - Eindimensionale Fragen/Ratings
  - Profile/Ratingbatterien
  - Mehrdimensionale Skalierung
- Unstrukturierte Befragung
  - Exploration/Leitfadeninterview
  - Gruppeninterview
- Auslegung nichtsprachlichen Verhaltens
  - Körpersprache
  - Konsumspuren

Eine zweite notwendige (ebenfalls keineswegs hinreichende) Voraussetzung für Gültigkeit ist die **Sensitivität** der Messung. Wenn die Markentreue der Zielgruppe gemessen werden soll und nur zwei grobe Kategorien (z. B. ja/ nein) zur Verfügung stehen, aber feinere Segmentierungen gewollt sind, ist die Gültigkeit aufgrund mangelnder Sensitivität eingeschränkt. Dasselbe gilt für Indikatoren, die nur grobe Klassifizierungen zulassen statt präziser Quanti-fizierungen.

Diese letztgenannte Unterscheidung läßt sich noch genauer fassen, wenn man auf die **Skalenniveaus** von Messungen zurückgreift. Für unsere Zwecke genügt die Einteilung in drei Niveaus:

Skalenniveaus	
NOMINAL:	Die Messung erlaubt nur qualitative Zuordnungen wie Beruf, Wohnort, Käufer/Nichtkäufer, Image-/Faktenreagierer.
ORDINAL:	Die Messung erlaubt bereits Rangordnungsaussagen unter den Messwerten, z. B. bei einem Indikator, der Verwendungsintensität nach einer Ratingskala mißt: wenig O-O-O-O-O viel Allerdings wird bei Ratingskalen meist unterstellt, daß die psychischen Empfindungsabstände zwischen den Skalenwerten über die ganze Skala hinweg gleich seien, so daß ein höheres als ordinales Niveau angenommen wird.
METRISCH:	Die Messung erlaubt quantitative Aussagen, die lineare Relationen zwischen Konstrukt und Indikator herstellen, z. B. die Relation zwischen Alter (Konstrukt) und Geburtsjahr (Indikator).

Gültigkeit (Validität) selbst ist äußerst schwer zu erfassen. Es gibt zahlreiche z.t. sehr unpraktische und umstrittene Vorschläge für Prüfprozeduren. Sie lassen sich aber alle auf zwei Indices reduzieren, wenn mit der kausalanalytischen Methodologie und dem Mehrindikatorenansatz gearbeitet wird: **Konvergenzgültigkeit** und **Diskriminanzgültigkeit**.

Konvergenzgültigkeit drückt aus, inwieweit verschiedene Indikatoren, die dasselbe Konstrukt messen sollen, dabei übereinstimmen. Dahinter steht der Gedanke des "gemeinsamen wahren Kerns". Wahrheit setzt Übereinstimmung voraus.

Diskriminanzgültigkeit drückt aus, inwieweit ein-und-derselbe Indikator verschiedene Meßergebnisse liefert, wenn er auf verschiedene (und daher in der Regel nicht konvergent ausgeprägte) Konstrukte angewendet wird, z. B. auf Kognitionen und Motive: Kognitions- und Emotionsmessungen mit demselben Erhebungsinstrument, denselben Fragebogenitems, bringen z. B. divergente (wenig korrelierende) Ergebnisse.

Wenn ein Meßmodell bei Konvergenz- und Diskriminanzvalidität befriedigende Werte aufweist, kann es als gültig (nomologisch valide) akzeptiert werden. Trotzdem ist Gültigkeit aber aus logischen Gründen immer nur zu vermuten, nie zu beweisen. Eine Verbindung der Aussagen der Theorie des Konsumentenverhaltens mit den Methoden der Marketingforschung liefert die Darstellung von MEFFERT 1992.

1 Aktiviertheit und Involvement

1.1 Überblick

In diesem Kapitel wird das elementarste und zugleich universellste Konstrukt, **Aktiviertheit**, behandelt. Nach einer Definition und Einordnung in die Reihe der Zustandskonstrukte der Theorie des Konsumentenverhaltens werden die physischen und psychischen Ursachen und Wirkungen von Aktiviertheit erörtert. Wenn der Konsument noch nicht besonders interessiert ist und wenn eine bewußte Verarbeitung der Marketingstimuli erreicht werden soll, ist es wichtig, Aktiviertheit herbeizuführen. Es gibt aber auch bedeutende Fälle, wo nicht durch Marketingmaßnahmen aktiviert werden muß bzw. sollte. Am Ende des Grundlagenabschnitts werden einige Befunde über die Aktivierungsmöglichkeiten durch Werbung genannt. Das in Abschnitt 0.5 entwickelte Schema zeigt den grundlegenden Stellenwert von Aktiviertheit.

Aktiviertheit/Involvement als Zustandskonstrukt

Orientierung		*Konstrukt*		*Anreicherung*
		Involvement		
Qualität	$\Rightarrow$	$\Downarrow$	$\Leftarrow$	
		Emotion		
Ziel	$\Rightarrow$	$\Downarrow$	$\Leftarrow$	
		Motiv		
Objekt	$\Rightarrow$	$\Downarrow$	$\Leftarrow$	**Kognition**
		Einstellung		
Harmonie	$\Rightarrow$	$\Downarrow$	$\Leftarrow$	
		Wert		
Person	$\Rightarrow$	$\Downarrow$	$\Leftarrow$	
		Persönlichkeit		

Der erste anwendungsorientierte Abschnitt behandelt die **Aufmerksamkeit.** Auch hier steht am Anfang eine Arbeitsdefinition. Die bewährten Aufmerksamkeitswecker werden vorgestellt und in die klassische werbepsychologische AIDA-Regel, vgl. 1.3, eingeordnet. Es soll verständlich werden, daß Aufmerksamkeit auch als unbewußter Zustand die Werbewirkung beeinflußt und daß werblich induzierte Aufmerksamkeit auch abträgliche Nebenwirkungen haben kann.

Der zweite, umfangreichere Abschnitt behandelt mit **Involvement** ein recht junges, angewandtes Konstrukt der Konsumentenforschung, das auf Aktiviertheit zurückgeht. Involvement ist die auf Informationserwerb und -verarbeitung gerichtete Aktiviertheit bzw. die Motivstärke zu objektgerichteten (Informations-)Prozessen, also ein spezielles Sub-Konstrukt unseres Konstruktsystems.

Wegen der Gerichtetheit kann Involvement auch als Motiv verstanden werden (vgl. 4.). Nach Involvement werden zwei gänzlich verschiedene Arten des Konsumentenverhaltens und seiner Beeinflussung beschrieben.. Nach einer Klärung der Ursachen und Wirkungen von Involvement werden die wichtigen Abgrenzungen (Produkt-, Personen-, Medien-, Botschafts- und Situations- bzw. Verwendungsarteninvolvement) vorgenommen.

Wie bei allen anderen Kapiteln auch wird am Schluß (1.5) über besondere **Meßmethoden** und Meßprobleme gesprochen. Die beiden großen Alternativen der Aktiviertheits- bzw. Involvementmessung (apparativ und verbal) werden dargestellt, wobei mehr auf die Befragungsmethoden eingegangen wird, weil sie leichter und universeller angewendet werden können und mittlerweile auch Wissenschaftlichkeit beanspruchen können.

1.2 Aktivierungstheoretische Grundlagen

Aktiviertheit ist die Intensität der **physiologischen Erregung** des Zentralnervensystems. Sie ist zwischen den Extremwerten Tiefschlaf (Nullwert) und Panik (Maximalwert) ausgeprägt. Dieser Erregungszustand des Stammhirns (Retikuläres Aktivierungssystem, RAS) übt durch "Schaltung" von Nervenbahnen zu und in den funktional spezialisierten Bereichen der Großhirnrinde (Cortex) Antriebskraft auf alle psychischen und motorischen Aktivitäten aus. Aktiviertheit ist Leistungsbereitschaft für Prozesse, insbesondere zu denken, zu fühlen und zu handeln. Das Konstrukt beinhaltet keinerlei Kognitionen. Es handelt sich damit um einen physiologisch grundlegenden, im entwicklungsgeschichtlichen Sinn primitiven Zustand, der bereits das Verhalten niederer Lebewesen steuert.

Konsumentenverhalten ist selten so unmittelbar aus Aktiviertheit zu erklären wie im folgenden Beispiel:

Marketingreiz ➔Aktiviertheit ➔Impulskauf

Häufiger ist Aktiviertheit als Zwischenstufe in einer Erklärungskette anzunehmen, z. B.:

Marketingreiz ➔Aktiviertheit ➔Aktualisierung eines Motivs

Aktiviertheit nimmt damit eine Schlüsselstellung in der Erklärung des Verhaltens ein, sie ist Grundbaustein für komplexere, zunehmend kognitive Vorgänge wie Motive und Einstellungen.

Aktiviertheit kann auf externe oder interne **Ursachen** zurückgehen. Im **externen** Fall wird ein physischer (optischer, akustischer o.a.) Reiz, z. B. ein lecker zubereitetes Gericht, das der Konsument wahrnimmt, in Form elektrischer Impulse über Nervenbahnen ins Stammhirn geleitet und dort grob entschlüsselt.

Dieser Vorgang ist in der Regel nicht bewußt und wird nicht mit Gedanken (Kognitionen) verbunden. Im **internen** Fall sind es gerade die Kognitionen, die Aktiviertheit auslösen. Man denkt z. B. an das bevorstehende Wochenende, für das eingekauft werden muß, stellt sich ein saftiges Steak vor und wird so zum Handeln aktiviert.

Die unmittelbaren **Wirkungen** von Aktiviertheit bestehen in einem einfachen Zusammenhang zur Leistungsfähigkeit des Organismus. Unter normalen Verhältnissen gilt: Je höher die Aktiviertheit einer Person, desto größer die Wahrscheinlichkeit, daß sie daraufhin reagiert und desto intensiver ist die betreffende Reaktion. Da die Art der Reaktion sehr verschieden sein kann (z. B. denken, antworten, flüchten), ist auch der Zusammenhang zwischen Aktiviertheitsgrad und Art der Reaktion verschieden. Zum Beispiel bedarf es für eine erfolgreichen Denkleistung einer geringeren Aktiviertheit als für eine gute Fluchtleistung. Für eine bestimmte Art der Reaktion wird der positive Zusammenhang zwischen Aktiviertheit und Leistung durch den aufsteigenden Ast der nachstehenden Kurve dargestellt, die wegen ihrer Form auch **Lambda-Kurve** genannt wird. Der abfallende Teil der Kurve kennzeichnet Überaktiviertheit, z. B. in einer Prüfungssituation, und ist für den Marketingverwendungszusammenhang kaum von Bedeutung.

Aktiviertheit und Leistungsgüte (Lambda-Kurve)

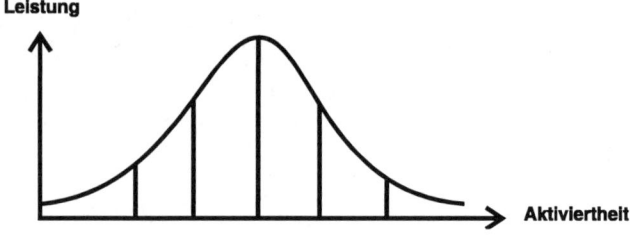

Man unterscheidet (1) die allgemeine, über die Zeit nur langsam variierende **phasische** Aktiviertheit, insbesondere den tageszeitlichen Verlauf der Leistungskurve, und (2) die als Reaktion auf einen spezifischen aktivierenden Reiz zielgerichtete **tonische** Aktiviertheit. Die Unterscheidung ist für das Marketing wichtig, weil man sich an tonische Aktiviertheitszustände der Konsumenten anpassen muß, während man die phasische Aktiviertheit auch durch Marketingreize steuern kann. Beide Arten sind allerdings nicht immer streng zu isolieren, sondern gehen ineinander über und bedingen sich auch gegenseitig: Nach vorangegangener phasischer Aktiviertheit (z. B. man ist gerade knapp einem Unfall entgangen) wird auch das tonische Niveau anhaltend erhöht (erhöhte Aufmerksamkeit im Straßenverkehr).

Spezifische Aktiviertheit erlaubt es dem Organismus, zwischen subjektiv wichtigen und unwichtigen Reizen zu unterscheiden. Aktivierende Reize werden anschließend weiter verarbeitet oder führen zu reflexartigen Reaktionen. Der Reiz führt also nicht direkt zu der anschließenden Reaktion, sondern erst die infolge der Aktiviertheit dechiffrierte Information. Eine durch den Reiz ausgelöste Aktiviertheit kann zwischen verschiedenen Personen unterschiedlich stark sein. Daher führt der Reiz nicht bei jedem Menschen zur Reaktion, und ggf. nicht zu genau derselben Reaktion. Es kommt nicht auf den objektiven Reiz an, sondern auf das subjektive Reizempfinden.

Der **Grad** der Aktiviertheit wirkt auf sämtliche Prozesse des Informationserwerbs und der Informationsverarbeitung ein. Somit ist eine wesentliche Aufgabe der Werbung darin zu sehen, beim Konsumenten Aktiviertheit zu erzielen. Dies ist insbesondere in denjenigen werblichen Situationen unabdingbar, wo Werbung wenig interessierte Konsumenten ansprechen soll und wo es trotzdem zu einer aktiven Auseinandersetzung mit der Werbebotschaft kommen soll, also bei der klassischen Beeinflussung von (wenig involvierten) Konsumenten durch Auseinandersetzung mit der Werbebotschaft. Sie gilt nicht für ohnehin schon hoch aktivierte Konsumenten, auch nicht für den Fall der unbewußten Beeinflussung von wenig aktivierten Konsumenten. Das folgende Schema soll dies verdeutlichen.

Aktiviertheit, Werbeziel und Werbeprobleme

		Zielgruppe ist ...aktiviert	
		gering	hoch
Werbung soll ...	aktiv	Problem der Aufmerksamkeitsweckung	Problem der Argumentation
verarbeitet werden	passiv	Problem der häufigen Kontaktierung	Problem der gezielten Ablenkung

Um die Aktivierungsaufgabe zu erfüllen, können aktivierungstheoretische Erkenntnisse der **Werbeforschung** angewandt werden (KROEBER-RIEL & MEYER-HENTSCHEL 1982), z. B. unter vielen anderen Regeln bzw. Hypothesen:

- Wahl eines positiv aktivierenden Stimulus, der als angenehm empfunden wird. Negative Stimuli, z. B. Angstauslöser, haben unterschiedliche Wirkung. Es besteht die Gefahr von Verdrängung und Reaktanz. Angst wird aber, wohldosiert, in einigen Bereichen (Versicherungen, Zahnpasta) mit Erfolg eingesetzt.

- Zielgruppengemäße Aktivierungsstimuli: Der Reiz sollte bei der Zielgruppe eine Aktiviertheitsreaktion auslösen, nicht unbedingt bei der Gattin des Vorstands des werbenden Unternehmens.

- Einsatz angeborener Auslöserreaktionen (Schlüsselreize wie das Kindchenschema oder andere biologische "Attrappen"). Sie wirken sicherer als gelernte bzw. kulturell bedingte Auslöser.

Überaktiviertheit (rechter Teil der Lambdakurve) und eine damit verbundene Absenkung der Leistungsfähigkeit ist durch Werbung zwar nicht zu erwarten. Es besteht aber die Gefahr, daß Aktiviertheit über das gewünschte Maß hinausgeht, wenn es die Strategie einer Werbung ist, die Kontrolle des Bewußtseins zu unterlaufen. Die Folge könnte Beeinflussungsabwehr (Reaktanz) sein, die womöglich noch zusätzlich durch die vorhandene starke Aktiviertheit gut verarbeitet und als negative Einstellung gespeichert wird. Somit besteht bei allen Werbestrategien das Problem der richtigen Aktivierungsdosierung.

Weitere Einzelheiten zur Wirkung von Aktiviertheit werden in den Folgeabschnitten sowie in den beiden Prozeßkapiteln 8 und 9 erörtert. Dort werden Aktiviertheit und Aktivierungsvorgänge allerdings meist unter der im Marketing (jedoch nicht in der Werbeforschung) besonders verbreiteten Bezeichnung Involvement behandelt (siehe 1.4).

1.3 Aufmerksamkeit

Beispiel aus der Marketingpraxis

Langnese-Iglo verkauft Speiseeis u.a. über Kühltruhen im Selbstbedienungs-Lebensmitteleinzelhandel. Sie werden dem Handel als selbstverkaufende Display-Ausstattung zur Verfügung gestellt. Für den Hersteller ist es wichtig, gerade im Umfeld der bestehenden Reizkonkurrenz der anderen Waren mit Hilfe des Truhendesigns die Aufmerksamkeit der Kunden zu erregen, um sie zu Impulskäufen (vgl.9.4.2) zu stimulieren. Wie müssen solche Truhen beschaffen sein, damit möglichst viel Speiseeis verkauft wird? Auf der Suche nach Gestaltungshinweisen sollte die Aufmerksamkeitswirkung der Truhen untersucht werden. Es ging nicht nur um die einfache Messung von Aufmerksamkeit, sondern um (Display-gestalterische) Bestimmungsgründe von Aufmerksamkeit. Dazu sollten Konsumentenreaktionen über die Beobachtung von Mimik, Hinwendung und Betrachtungsdauer in Abhängigkeit von verschiedenen Truhendesigns erfaßt werden. Zu diesem Zweck wurden in Filialen eines Lebensmitteleinzelhandelsunternehmens Testtruhen aufgestellt. Mitarbeiter eines Marktforschungsinstituts beobachteten und befragten 500 Konsumenten anhand eines Untersuchungsplans von WEINBERG (1986). Übergeordnetes Ergebnis war, daß die Auslösung von Aufmerksamkeit und das Impulskaufverhalten nicht nur ganzheitlich verschiedenen Truhenalternativen zuzuschreiben war, sondern auch detailliert einzelnen Farben und Konstruktionsdetails (z. B. transparenter Truhendeckel). Über die singulären Erkenntnisse für Langnese-Iglo hinaus war verallgemeinernd zu folgern: Auch bei der Displaygestaltung sind Gestaltungshinweise zur Aufmerksamkeitswirkung zu beachten. Ob der

Entwurf für ein Display das Ziel erreicht, kann mit Beobachtungsmethoden getestet werden.

Aufmerksamkeit als Konstrukt der Marketingforschung

Jeder hat eine Vorstellung über die Bedeutung von Aufmerksamkeit, aber nicht alle haben dieselbe Vorstellung. Deshalb ist trotz der Popularität des Konstrukts eine **Arbeitsdefinition** erforderlich. Wir wollen den Begriff gleichsetzen mit Fokussierung, Selektion von und Konzentration auf bestimmte Reize bzw. Informationen.

In dem großen Angebot an wahrnehmbaren Informationen (Reizkonkurrenz) geht unter, was nicht Aufmerksamkeit auf sich zieht.

Was löst Aufmerksamkeit aus? Neben bewußter Aufmerksamkeit kommen drei Arten "automatischer" Aufmerksamkeit in Frage:

- Reize, die einen physischen Mangelzustand ansprechen (z. B. Durstansprache durch das Bild eines Bierglases),
- Reize, die als Gefühlsauslöser gelernt sind (z. B. gedämpftes Licht und sanfte Musik: Erotik),
- starke oder ungewöhnliche Reize, die biologische Reflexe (Orientierungsreaktionen) auslösen.

Die beiden ersten Auslöser rufen gezielte, auf die betreffende Information gerichtete Aufmerksamkeit hervor und haben allenfalls sekundär auch eine allgemein aktivierende Wirkung. Dagegen verursachen Orientierungsreaktionen eine allgemeine (tonische) Aktiviertheit, in der auch die Aufmerksamkeit eingeschlossen ist.

Durch die Verwendung aktivierender Reize hat die Werbung beachtliche Möglichkeiten, die Aufmerksamkeit auf ihre meist wenig aktivierenden Sachaussagen zu lenken. Einige wurden bereits bei den aktivierungstheoretischen Grundlagen, 1.2, vorgestellt. Eine der sichersten und am meisten verbreiteten Methoden zur **Erzeugung** von Aufmerksamkeit durch Marketingstimuli ist der Einsatz von bestimmten Gefühlen. Am besten wirken angeborene, nicht nur durch soziales Lernen wirksam gewordene Auslöser (z. B. macht Erotik zuverlässiger aufmerksam als Prestige). Manchmal werden dazu Texte verwendet, öfter und in der Regel wirkungsvoller Bild und Ton, Film und Musik (KROEBER-RIEL & MEYER-HENTSCHEL 1982).

Aufmerksamkeit ist für die klassische Werbetheorie eine notwendige (wenn auch nicht hinreichende) Bedingung. Aufmerksamkeit durch Marketingreize zu erzielen, entspricht einer der ältesten Werberegeln. Sie findet sich z. B. in der Formel

A (Attention)
I (Interest)
D (Desire)
A (Action),

die den Werbewirkungsprozeß als Stufenfolge "Aufmerksamkeit-Interesse-Wunsch-Handlung" beschreibt. Die AIDA-Regel kann auch heute noch als Faustregel oder Checkliste für Werbegestaltung dienen, d.h. man sollte keine der angesprochenen Teilwirkungen der Werbung außer Acht lassen. Sie darf aber nicht als Theorie der Werbewirkung mißverstanden werden, d.h. man darf sich nicht auf eine derartige stufenweise Abfolge der Werbewirkung verlassen. Manche Stufen kommen bei einer bestimmten Werbung nicht oder nicht in dieser Reihenfolge vor. Die Aussage, daß Aufmerksamkeit eine notwendige Bedingung der Werbewirkung sei, führt zum Widerspruch, wenn man unter Aufmerksamkeit nur die bewußte Fokussierung versteht. Im hier definierten Sinn kann Aufmerksamkeit aber auch unbewußt bleiben. Andernfalls könnten die Fälle von "unterschwelliger Beeinflussung" (vgl. 9.3.3) nicht erklärt werden.

Es sind auch **Nebenwirkungen** der Aufmerksamkeit zu beachten. So läuft eine aufmerksamkeitsfördernde Werbung Gefahr, von der Sachaussage abzulenken (z. B. bei erotischen Motiven). Auch können die emotionalen Wirkungen unkontrolliert der Werbeaussage entgegenwirken. So wurden z. B. in einer Anzeige für das Anlegen von Sicherheitsgurten zur Förderung der Aufmerksamkeit kleine Kinder im Auto mit abgebildet (Kindchenschema als einer der bekanntesten biologisch-automatischen Aufmerksamkeitsauslöser). Einem Pretest zufolge drückte die Anzeige dadurch aber einen Widerspruch zur Botschaft "Anschnallen" aus: Die Kinder turnten, selbst nicht angegurtet, auf der Rückbank herum. Darunter litt die Glaubwürdigkeit der Anzeige.

1.4 Involvement

Beispiel aus der Marketingpraxis

Karin geht ungern Lebensmittel einkaufen, aber es muß wieder einmal sein. Manche Vorräte sind ausgegangen, und was sie sonst noch gebrauchen könnte, wird ihr im Laden schon einfallen. Sie kauft nicht die teuersten Marken, aber auch keine ausgesprochene Billigware. In dieser Preisklasse gibt es ihrer Meinung nach keine wesentlichen Qualitätsunterschiede. Sie vertut ihre Zeit nicht gern mit dem Einkaufen und wählt deshalb, ohne groß zu vergleichen, unter den ihr bekannten und vorhandenen Marken. Wenn eine Marke besonders preisgünstig angeboten wird, kauft sie diese, sonst irgendeine. Das Ganze dauert zehn Minuten. Danach kommt sie am Wollgeschäft vorbei. Ihr fällt ein, daß sie noch Wolle braucht, um ihrem Freund einen Schal zum Geburtstag zu stricken, den er sich gewünscht hat. Sie betritt den Laden, informiert sich über die in Frage kommende Ware, wägt alle für diesen Zweck wichtigen Gesichtspunkte gemeinsam mit der fachkundigen Besitzerin des Ladens sorgfältig ab und kommt nach einer halben Stunde mit 200 g blauer Wolle wieder heraus. Die Wolle hat 18 DM gekostet, der gesamte Lebensmitteleinkauf 36 DM. Zu Hause strickt Karin erst einmal ein paar Maschen mit der neuen Wolle zur Probe. Dabei läßt sie das Fernsehen laufen, es gibt gerade Werbung. Eigentlich interessiert sie Werbung nicht, aber beim Stricken findet sie diese Art der Unterhaltung ganz nett. Abends liest sie gemeinsam mit Herbert den neuen IKEA-Prospekt. Beide denken dabei an die gemeinsame Wohnung, die sie suchen. Herbert braucht lange, um sich über die Abmessungen und Varianten einer Schrankwand zu orientieren. Karin faßt sich in Geduld. Während sie sich danach in die Seiten mit den Gardinenstoffen vertieft, telefoniert Herbert mit einem Freund. Es geht dabei offenbar um die Aktienkursentwicklung dieses Tages.

Aufgabe: Blättern Sie am Schluß des nachstehenden Abschnitts noch einmal zu dieser Einleitung zurück und entscheiden Sie, welche Passagen Beispiele für Produkt-, Situations- und Verwendungsartinvolvement, Botschafts- und Medieninvolvement sind.

Involvement als Schlüsselkonstrukt der Marketingforschung

Die Ökonomie war jahrzehntelang von der **Homo-oeconomicus**-Prämisse geprägt; die sozialpsychologische Kommunikationsforschung befaßte sich fast nur mit zentralen Einstellungen und damit, wie man sie durch sachliche Argumente ändern kann; die von beiden Richtungen stark beeinflußte Marketingtheorie der 60er Jahre kannte folglich nur einen rational informationsverarbeitenden Konsumenten und entsprechende Ansätze zur Messung und Beeinflussung seiner Einstellungen und seines Entscheidungsverhaltens. Nach der ökonomisch-rationalen Modellvorstellung verfügt der Mensch über alle Kenntnisse, die er für sein Verhalten als Konsument braucht. Die Bereitschaft, sich mit Marketinginformationen zu befassen, sei praktisch unbegrenzt. Der Konsument habe fest geprägte, aus Argumenten und Erfahrungen gelernte Einstellungen, die man, wie auch sein Wissen, durch einfache Fragen messen könne. Sowohl Einstellungen als auch Wissen seien durch überzeugende Argumente und neue Erfahrungen zu ändern.

Diese Beschreibung trifft auf einen Extremfall des Konsumentenverhaltens zu, sie beschreibt die besonders intensive Beteiligung (**hohes Involvement**) des Konsumenten. Dieser Fall ist jedoch eher die Ausnahme als die Regel. Die meisten Konsumenten würden es normalerweise als Zeitverschwendung ansehen, sich detailliert mit Informationen beim Kauf von Tierfutter, Zahnpasta, Joghurt oder Klebestreifen zu befassen. Trotzdem benutzt die Marktforschung oft auch für derartige Produkte und für nicht involvierte Zielgruppen Fragebögen, mit denen zur Entdeckung von Marktnischen oder zur Entwicklung von

Werbekampagnen differenzierte Qualitätseindrücke abgefragt werden. Diese Diskrepanz zwischen unausgesprochenen theoretischen (High-involvement-) Annahmen und praktischer (Low-involvement-) Marketingrealität ist heute schwer zu verstehen.

Der erste Marketingforscher, der den Widerspruch zwischen der damaligen Marketingtheorie und der Praxis des Low-involvement-Konsumentenverhaltens herausstellte, war KRUGMAN (1965). Er beobachtete, daß Konsumenten nach Fernsehwerbung zwar kaum rational Lernerfolge aufwiesen, sich also auch nicht erinnern konnten, daß aber dennoch einzelne Informationen unbewußt hängenblieben. Sie konnten mit der Abfrage passiv wiedererkannter Information (Recognition) festgestellt werden, aber nicht mit aktiven Wiedergabefragen (Recall): "learning without involvement, memory without recall" (KRUGMAN, 1965). Die beiläufig und ohne großen Aufwand verarbeiteten Informationen würden zu gegebener Zeit durchaus Kaufakte auslösen, denn bei Low-involvement-Produkten spiele die sachliche Qualitätsinformation kaum eine Rolle, wohl aber das Wiedererkennen am Regal.

Das Involvement wurde also erst in einer späten Phase der Entwicklung der Theorie des Konsumentenverhaltens "entdeckt". Dabei ist das heutige **Basiskonstrukt** der Marketingtheorie eigentlich nur eine Wiederentdeckung: Der im gleichen Sinne verwendete Begriff Involvement (bzw. ego-involvement) wurde in den 40er Jahren im Zusammenhang der Einstellungsforschung von SHERIF geprägt. Dieser Sozialpsychologe lieferte auch eine theoretische Begründung und das (in 1.5 erläuterte) Meßmodell für Involvement. Inzwischen gibt es deutschsprachige Bücher zum Konsumenten-Involvement (BLEICKER 1983, MÜHLBACHER 1982, SCHUSTER 1989). Neue "Consumer Behavior"-Lehrbücher werden jetzt meistens nach High- und Low-Involvement untergliedert, weil das Konstrukt über verschiedenste Phänomene des Konsumentenverhaltens hinweg Erklärungskraft hat.

Definition: Involvement ist der Aktivierungsgrad bzw. die Motivstärke zur objektgerichteten Informationssuche, -aufnahme, -verarbeitung und -speicherung.

Die Definition ist **eindimensional** im Sinne von mehr oder weniger Involvement. Die folgende Tabelle stellt detailliert dar, welche **Auswirkungen** unterschiedliche Involvementniveaus auf die Informationsaufnahme und -verarbeitungsprozesse sowie auf das allgemeine Konsumentenverhalten haben.

High-Involvement	Low-Involvement
• Aktive Informationssuche	• Passives Informationsverhalten
• Aktive Auseinandersetzung	• Passives Ausgesetztsein
• Hohe Verarbeitungstiefe	• Geringe Verarbeitungstiefe (Passierenlassen)
• Hohe Persuasivwirkung	• Geringe Persuasivwirkung
• Markenbewertung vor dem Kauf	• Keine Markenbewertung vor dem Kauf
• Viele Merkmale beachtet	• Wenig Merkmale beachtet
• Wenig akzeptable Alternativen	• Viele akzeptable Alternativen
• Viel sozialer Einfluß	• Wenig sozialer Einfluß
• Optimierungsziel	• Anspruchsniveauziel
• Markentreue durch Geschäftsbeziehung	• Markentreue allenfalls durch Gewohnheit
• Stark verankerte, intensive Einstellung	• Gering verankerte Einstellung
• Hohe Gedächtnisleistung	• Geringe Gedächtnisleistung

Bei Anwendung dieser Erkenntnisse zum Involvementkonstrukt ergeben sich für das Marketing bzw. die Kommunikationspolitik in Abhängigkeit vom Involvementniveau folgende Grundregeln:

	Charakteristika des Marketing bei ...	
	...High-Involvement	...Low-Involvement
Werbeziel	• überzeugen	• oft kontaktieren
Inhalt der Botschaft	• alles Wichtige sagen	• "etwas" sagen
Länge der Botschaft	• ausführlich	• kurz
Einstellungsänd. durch	• sachliche Argumente	• affektive Aspekte ("reizgesteuert")
Kommunikationsmittel	• Sprache	• Bilder, Musik u.a.
Wiederholungsfrequenz	• gering	• hoch
Timing	• in Kaufsituation	• ständig
Interaktion wichtig mit	• persönlichem Verkauf	• Point-of-sales-Werbung

Mit der eindimensionalen Beschreibung von Involvement ist noch nicht gesagt, mit welchen Faktoren es variiert, z. B. mit den Produkten oder geplanten Konsumanlässen, mit den diesbezüglichen Informationsmedien oder -inhalten oder mit anderen Situationsfaktoren. Der Grad an Involvement ist abhängig von der vieldimensionalen Konstellation psychischer Zustände des Konsumenten und von der vieldimensionalen Stimulussituation, in der er sich befindet. Es ist daher grundsätzlich möglich, Involvement nicht nur eindimensional (mehr oder weniger Involvement), sondern auch entsprechend der Rahmenbedingungen, die für dieses Mehr oder Weniger verantwortlich sind, mehrdimensional zu betrachten. Dann mißt man nicht mehr nur eine globale Ausprägung des Involvements, sondern seine verschiedenen Facetten bzw. Determinanten.

Für Marketingzwecke ist die Frage nach den **Involvementfaktoren** wichtig.  Von ihnen hängt ab, ob involvementspezifische Marktsegmente oder Produktgruppen gebildet werden können, welche Appelle für eine bestimmte Verwendungssituation eine Chance haben und auf welche Weise Involvement-Zielgruppen erreicht werden können. Marktforschung für die adäquate Kommunikationsstrategie muß oftmals die Determinanten und Konsequenzen von Involvement mit untersuchen, statt einen bestimmten Involvementgrad der Zielgruppe bloß festzustellen.

Eine Metaanalyse von COSTLEY (1987) zur Involvementforschung vermittelt einen Eindruck von den vielfach unterschiedlichen Auffassungen der Determinanten und Konsequenzen von Involvement. Die folgende Abbildung soll als stark vereinfachtes Kausalmodell des Involvements verstanden werden. Die Konsequenzen unterschiedlicher Involvementniveaus wurden bereits im vorangegangenen Abschnitt dargestellt, die Determinanten werden im Anschluß an die Modelldarstellung noch ausführlich erläutert .

Involvementmodell

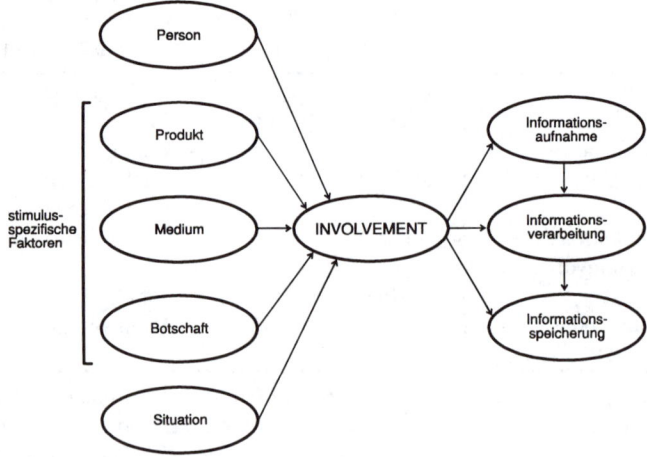

Produktinvolvement

"Ob eine Marketingmaßnahme so oder so wirkt, kommt ganz auf das Produkt an". Diese in der Marketingpraxis und der älteren Marketingliteratur verbreitete Ansicht ist zunächst gehaltlos ("es kommt immer auf alles an"). Man muß die Bedingungen und Merkmale nennen, auf die es im einzelnen "ankommt". Am

Anfang der Suche nach solchen Merkmalen stehen Kategorisierungsversuche. Im Marketing bedeutsam ist eine empirische Differenzierung von Produktklassen, wenn sich das Konsumentenverhalten zwischen diesen Klassen deutlich unterscheidet. Für die Produktklassen "convenience goods" (z. B. Zigaretten), "shopping goods" (z. B. Kleidung) und "speciality goods" (z. B. Videorecorder) sind z. B. ganz verschiedene Muster der Markentreue gefunden worden (KROEBER-RIEL & TROMMSDORFF 1973). Es gibt diverse **Involvement-Produktklassifikationen,** die eindimensional angelegt sind und nicht nach Segmenten oder Situationen differenzieren. Die drei nachstehenden Rangordnungsbeispiele (höchstes Involvement oben) sollen vor allem die Problematik solcher Klassifikationen verdeutlichen und auf die wichtigen situativen Involvementbedingungen hinweisen.

LASTOVICKA & GARDNER (1979) U.S.-Konsumenten	JECK (1988) Deutsche Studenten	JAIN & SRINIVASAN (1990) U.S.-Studenten
• Autos	• Kleidung	• Radio
• Anzüge	• Mineralwasser	• Haarschnitt/ Styling
• Wohnungen	• Spirituosen	• Schallplatten
• Lebensversicherung	• Zigaretten	• Zeitung
• Jeans	• Kosmetika	• Wecker
• Bier	• Zahnpasta	• Parfum
• Zahnpasta	• Heimcomputer	• Taschenrechner
• Zellstofftücher	• Autos	• Batterien
• Windeln	• Videorecorder	• Waschmittel
	• Lebensversicherung	• Schokolade

Die Gegenüberstellung von Involvement-Hitlisten, die aus unterschiedlichen Kulturkreisen, Zeiten, Zielgruppen und Meßmethoden stammen, macht deutlich, wie problematisch absolute Klassifikationen von Produktinvolvement grundsätzlich sind. Verallgemeinern kann man nur gewisse **Involvement-Produkteigenschaften** (vgl. z. B. ZAICHKOWSKY 1985). So haben Low-involvement-Produkte meistens:

- einen entwickelten Lebenszyklus
- wenig psychische Produktdifferenzierung
- wenige kaufentscheidende Merkmale
- wenig intensiv ausgeprägte Einstellungen
- gering empfundenes (insbesondere soziales) Kaufrisiko.

Einen beachtlichen Ansatz für die mehrdimensionale Involvementdefinition liefern KAPFERER & LAURENT (1985, 1993). Sie zeigen empirisch, daß über verschiedenste Produktgruppen hinweg fünf weitgehend unabhängige **Involvementdeterminanten** zu berücksichtigen sind:

- Interesse am Produkt
- Verstärkung/Spaß/Belohnung beim Entscheiden/Konsumieren
- Identifikation/persönliche Ausdrucksmöglichkeit dabei
- Risikograd, Wahrscheinlichkeit, damit "hereinzufallen"
- Risikokosten im Risikofall.

Diese Faktoren sind inhaltlich nicht völlig unabhängig voneinander, aber sie sollten alle bei Involvementstudien berücksichtigt werden, weil sonst möglicherweise gerade für den betreffenden Markt wesentliche Involvementinformationen verlorengehen. Die diversen Kombinationsmöglichkeiten von **Produktinvolvement** aus den Ausprägungen der fünf Determinanten führen theoretisch zu einer sehr großen Zahl von involvementbezogenen Marktsituationen. Wie wiederum KAPFERER & LAURENT (1985) empirisch zeigen, lassen sie sich empirisch auf einige wenige Typen reduzieren, hier auf die nachstehenden zehn Involvement-**Segmente**, die durch bestimmte häufig auftretende Kombinationen der Ausprägungen der Involvementfaktoren gekennzeichnet sind:

(1) Minimales Involvement
(2) Funktional differenziertes Involvement
(3) Nicht so dramatische Risikoempfindung
(4) Etwas Spaß
(5) Konformistisches Konsumentenverhalten
(6) Risikofreies Involvement
(7) Funktionales Involvement
(8) Spaßbedingtes Involvement
(9) Situation der Hilfsbedürftigkeit
(10) Absolutes Involvement

Faßt man die ersten drei der fünf Involvementdeterminanten von KAPFERER & LAURENT zusammen, ergibt sich eine zu messende Dimension "Nutzen", die Zusammenfassung der beiden anderen Faktoren führt zu einer zweiten Dimension "Kosten". Wiederum ergibt sich also ein **zweidimensionales Produktinvolvementkonzept** (Kosten und Nutzen). Schon dieses einfache System zeigt die Verschiedenartigkeit möglicher Involvementdeterminanten mit wahrscheinlich unterschiedlichen Konsequenzen für das Konsumentenverhalten. Das nachstehende Beispiel drückt die Hypothese aus, daß subjektive Kosten und subjektiver Nutzen kumulativ auf das Involvement wirken und daß ein gemäßigt hohes Involvement (+) aus Kosten- oder aus Nutzengründen entstehen kann.

		subjektive Kosten	
		hoch (+)	niedrig (0)
subjektiver	hoch (+)	Autos (++)	Zigaretten (+)
Nutzen	niedrig(0)	Versicherung (+)	Spülmittel (0)

Personenspezifisches Involvement: Verschiedene Personen können in gleichen Situationen verschieden stark involviert sein, weil unterschiedliche Persönlichkeitszüge und persönliche Eigenschaften (Kenntnisse, Erfahrungen, Motive, Einstellungen, Werte usw.) vorliegen. Je stärker ein Objekt diese zentralen persönlichen Eigenschaften berührt, desto höher ist das durch dieses Objekt ausgelöste Involvement. Zum Beispiel gibt es ausgesprochen hochinvolvierte, "fanatische", produktspezifische Konsumenten; beispielsweise. Intensivbetreiber eines Hobbys, die weder Zeit noch Kosten scheuen, Informationen zu diesem Bereich zu bekommen. In vielen Produktbereichen kann aber davon ausgegangen werden, daß die Konsumenten relativ gleichartig involviert sind, zumindest innerhalb der für das Marketing interessanten Zielgruppen.

Medieninvolvement: Auch Medien können durch ihre spezifische Kommunikationsweise (Vermeidbarkeit von Informationen, bildbetonte bzw. textbetonte Art der Informationsübermittlung) die Höhe des Involvements beeinflußen. Allgemein sind Low-involvement-Medien durch die Möglichkeit einer relativ passiven, häufig bildhaft-episodisch-ganzheitlichen Informationsaufnahme gekennzeichnet. Zum Beispiel sind elektronische Medien wie Rundfunk und Fernsehen besser für die Low-involvement-Kommunikation, Printmedien dagegen allgemein besser für die High-involvement-Kommunikation geeignet, weil Lesen eine aktive Beteiligung erfordert. Das Printmedium Plakat ist dagegen wiederum eher ein Low-involvement-Medium. Innerhalb eines Mediums hängt das Involvement auch vom Kontext der betreffenden Botschaft ab (CELUCH, K.G./SLAMA, M. 1993).

Botschaftsinvolvement: Unabhängig vom Produkt, um das es in einer Werbung geht, ist die Botschaft subjektiv mehr oder weniger interessant. Man wendet sich botschaftsbedingt der Werbung mehr oder weniger stark zu. Die Zuwendung hängt also nicht nur von der subjektiven Bedeutung von Produkteigenschaften ab, sondern es geht auch um das inhaltliche Umfeld, die "story", den Unterhaltungs- oder ästhetischen Wert der Werbung. Es sind hierzu zwar die allgemeinen aktivierungstheoretischen Hypothesen zu beachten (vgl. 1.2), z. B. die generelle Überlegenheit von Bildern gegenüber Texten oder von biologischen Aktivierungsstimuli gegenüber sozialen. Aber allgemein ist die Vielfalt der Bestimmungsgründe für botschaftsspezifisches Involvement und die Interdependenz mit den anderen Faktoren, insbesondere der produktspezifischen Faktoren, so groß, daß bisher kaum allgemeingültige Marketingregeln dazu vorliegen. Nur die individuelle Gestaltung der Botschaft ermöglicht eine Steuerung des Konsumenteninvolvements – sei es zur Erzielung

55

von Aufmerksamkeit oder von Ablenkung. Einen ausführlichen Überblick mit einer theoretischen Erklärung des Botschaftsinvolvements aus dem Involvement gegenüber der Produktgruppe, der Marke, dem Kaufakt, der Werbung, dem Medium und dem Kontext sowie mit Querverbindung zum nachstehenden Absatz gibt MÜHLBACHER (1986).

Situationsinvolvement: Schon die Kombinationsmöglichkeiten von Botschafts-, Medien- und Produktinvolvement führen zu einer Vielzahl involvementbezogener Marktsituationen. Dazu kommt, daß das Involvement unabhängig von Botschaft, Medium und Produkt auch auf andere Weise situationsspezifisch variiert. Involvement als Zustand einer Person hängt von der psychischen Situation der Zielperson und von der Umweltsituation ab. Es bleiben viele Gründe außerhalb dieser Klassifikation als "sonstige situationsspezifische Involvementgründe" übrig. So ist z. B. bei einer Kaufentscheidung unter Zeitdruck kaum mit hoch involviertem Verhalten zu rechen. Die Sorgfalt der Beschäftigung mit dem Produkt hängt auch mit der (mehr oder weniger routinierten, mehr oder weniger nützlichen und mehr oder weniger aufwendigen) Verwendungssituation zusammen. Wenn routinemäßig Bier eingekauft wird, ist das Involvement z. B. gering. Geht es um einen Herrenabend mit Geschäftsfreunden, mag das Involvement hoch sein, weil man ein Risiko empfindet und "nur das Beste" kaufen möchte. Offensichtlich gibt es gering involvierende alltägliche oder hoch involvierende "besondere" Konsumsituationen. Eminente Bedeutung für das Marketing hat die Abhängigkeit des Involvement von der zeitlichen Nähe zur Entscheidungssituation. Auch bei – im Falle eines Kaufes – wichtigen, teuren, risikoreichen Produkten sind die langen Phasen vor dem Eintritt in den Entscheidungsprozeß Low-involvement-Situationen. Erst mit der Aktualisierung des die Kaufentscheidung auslösenden Problembewußtseins steigt das Involvement an und erreicht sein Maximum zum Zeitpunkt der Entscheidung. Nach hoch involvierten Entscheidungen tritt regelmäßig kognitive Dissonanz auf (vgl. 4.5), die danach noch einige Zeit anhält. Erst später wird wieder das Low-involvement-Niveau erreicht.

1.5 Messung von Aktiviertheit, Aufmerksamkeit und Involvement

Die in diesem Kapitel behandelten Konstrukte Aufmerksamkeit und Involvement sind in ihrer Grunddimension meßtechnisch eigentlich nicht anders zu behandeln als das Basiskonstrukt Aktiviertheit. Dennoch werden im jeweiligen wissenschaftlichen Kontext unterschiedliche Operationalisierungen verwendet, indem hauptsächlich die **apparative Aktivierungsmessung** einerseits und die **verbale Involvementmessung** andererseits behandelt wird. Ansonsten unterscheiden sich die Meßkonzepte zwischen den Konstrukten kaum.

Aktiviertheit kann wie die meisten Determinanten des Konsumentenverhaltens nicht direkt beobachtet werden. Es bedarf geeigneter Indikatoren, deren Ausprägungen Aktiviertheit richtig anzeigen. Es gibt sehr direkte apparative Indikatoren, die Aktiviertheit körperlich-physisch erfassen. Weniger direkt sind Befragungsmethoden, weil Befragte sich den Aktiviertheitszustand erst bewußt machen und dann noch wahrheitsgemäß darüber berichten sollen. Besonders indirekt, aber tautologisch, wäre die Erfassung von Aktiviertheit am Kaufverhalten, da es bei der Messung letztlich auf die Erklärung dieses Verhaltens ankommt (Verhalten erklärt Verhalten). Bei einem so "primitiven" Konstrukt wie Aktivierung ist die möglichst direkte Erfassung naheliegend, während stärker kognitiv angereicherte Konstrukte schon eher über den Umweg der Sprache bzw. das Verhalten im Markt zu erfassen sind.

Beispiel eines gut bewährten und inzwischen auch in der Marketingpraxis häufig angewandten Aktiviertheitsindikators ist die Messung der **elektrodermalen Reaktion** EDR (auch psychogalvanische Reaktion PGR). Basis des Verfahrens ist die mit zunehmender Aktiviertheit eintretende psychobiologische Reaktion des Körpers im peripheren Gewebe. Eine plötzliche Aktivierung führt durch physiologische Vorgänge zu einer schnellen Verringerung des elektrischen Hautwiderstandes. Der Widerstands- bzw. Leitfähigkeits-Indikator kann das Ausmaß der Aktiviertheit fast zeitgleich und außerordentlich sensibel erfassen, viel besser als man Aktiviertheit empfinden und ausdrücken kann.

Zur Messung legt man über zwei benachbarte Elektroden (z. B. an zwei Fingern einer Hand) eine schwache Spannung an die Hautoberfläche und mißt die Spannungsänderungen, die durch die sich ändernde Leitfähigkeit des Gewebes auftreten. Mit Hilfe eines Polygraphen kann der Aktiviertheitsverlauf kontinuierlich aufgezeichnet werden. Wenn zugleich aufgezeichnet wird, wann welche Reize dargeboten wurden, dann läßt sich aus der Zuordnung von Ausschlägen der EDR auf das Aktivierungspotential der Reize schließen. Wohlgemerkt kann mit derartigen psychogalvanischen Messungen nichts anderes als die Stärke der Aktiviertheit gemessen werden. Etwa damit verbundene angenehme oder unangenehme Gefühle bzw. deren Bedeutung bleiben außen vor.

Aktiviertheitsmessung kann auch mit Hilfe schriftlicher oder mündlicher **Befragung** erfolgen. Dies geschieht in der Regel mit Hilfe von Ratingskalen, z. B.:

Diese Werbeanzeige wirkt auf mich ...		
	sehr	wenig
aufregend	O-O-O-O-O	
entspannend	O-O-O-O-O	
angenehm	O-O-O-O-O	

57

Bei der Verwendung von Ratings kann man außer der Aktiviertheitsstärke auch angeben lassen, wie die Versuchsperson die Aktiviertheit qualitativ empfindet. Das Hauptproblem der verbalen Aktiviertheitsmessung ist die Antwortverzerrung, sei es durch mangelnde Bewußtheit oder durch soziale Tabus. Zur Bewältigung der Meßprobleme bei der billigeren und flexibleren verbalen Messung vgl. VON KEITZ (1981).

Zur Messung von **Involvement** kommen sowohl die Indikatoren von Aktiviertheit in Betracht (vgl. schon KRUGMAN 1977) als auch Indikatoren der abhängigen Variablen von Involvement (z. B. Blickverhalten, JECK-SCHLOTTMANN 1988) und diverse Befragungsmethoden. Eine **Standardskala** zur Involvementmessung hat ZAICHKOWSKY (1985) entwickelt. JAIN & SRINIVASAN entwickelten 1990 ein Meßinstrument, das sich auf folgende 15 ausgewählte Items der Involvementskalen von ZAICHKOWSKY, KAPFERER & LAURENT sowie dreier weiterer Involvement-Meßinstrumente stützt:

In purchasing it, I am certain of my choice	O-O-O-O-O	In purchasing it, I am uncertain of my choice
I never know if I am making the right purchase	O-O-O-O-O	I know for sure that I am making the right purchase
I feel a bit at a loss in choosing it	O-O-O-O-O	I don't feel at a loss in choosing it
I do not find it pleasurable	O-O-O-O-O	I find it pleasurable
It is really annoying to make an unsuitable purchase	O-O-O-O-O	It is not annoying to make an unsuitable purchase
A poor choice wouldn't be upsetting	O-O-O-O-O	A poor choice would be upsetting
Little to lose be choosing poorly	O-O-O-O-O	A lot to lose be choosing poorly
Tells others about me	O-O-O-O-O	Doesn't tell others about me
Others use to judge me	O-O-O-O-O	Others won't use to judge me
Does not portray an image of me to others	O-O-O-O-O	Portrays an image of me to others

essential	O-O-O-O-O	non-essential
beneficial	O-O-O-O-O	not beneficial
not needed	O-O-O-O-O	needed
unexciting	O-O-O-O-O	exciting
fun	O-O-O-O-O	not fun

Die fünf Involvementdeterminanten, die sich aus dieser Skala ergeben, stimmen weitgehend mit den von KAPFERER & LAURENT gefundenen überein. Interesse am Produkt und Spaß beim Konsumieren laden jedoch auf einen gemeinsamen Faktor, während ein neuer Faktor Wichtigkeit dazu kommt. Der empirische Vergleich der verschiedenen Skalen zeigte eine klare Überlegenheit der neu entwickelten Skala.

Involvement-Befragungen haben den Vorzug besonders einfacher Anwendung, aber u.U. den Nachteil der möglichen Antwortverfälschung wegen Durchschaubarkeit des Befragungsziels. Von diesem Nachteil ausgenommen ist die **SHERIF-Befragung** nach der Zahl der für akzeptabel gehaltenen und zurückgewiesenen Alternativen. Nach SHERIF hat hohes Involvement eine hohe Zurückweisungsrate zur Folge. Diese bewährte Hypothese kann zugleich als Meßmodell verwendet werden. Man befragt die Konsumenten, welche Marken sie kennen (M), welche davon für einen Kauf in Frage kämen (K) und welche nicht (N). Der Involvementindikator lautet dann

$$I = \frac{N}{M} = \frac{N}{(K+N)}$$

Dieses Involvementmaß führt im Unterschied zu der zuvor dargestellten Skala zu einem eindimensionalen Indikator.

2 Gefühle

2.1 Überblick

Dieses Kapitel behandelt mit den **Emotionen** das nach der Aktivierung nächst komplexere Zustandskonstrukt, definiert als vorübergehende, nicht regelmäßige Empfindungszustände, die sich nach Stärke, Vorzeichen, Klasse und Ausdruck beschreiben lassen (und danach auch im einführenden Abschnitt 2.2 beschrieben werden). Sie determinieren das Verhalten mindestens genauso kräftig wie die Kognitionen. Zur Klassifikation von Emotionen wird auf die Erkenntnisse der nichtverbalen Ausdrucksforschung zurückgegriffen. Am Schluß des Abschnitts wird über die Möglichkeiten und Grenzen des Marketing gesprochen, Gefühle zu steuern und gezielt auszulösen.

Emotion als Zustandskonstrukt

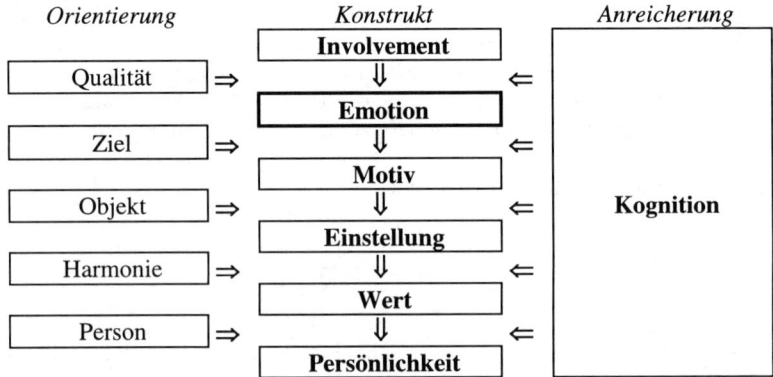

Das Konstrukt Stimmung wird in 2.3 eingeführt und liefert eine Ergänzung zu dem Konstrukt Gefühl/Emotion. Der anwendungsbezogene Abschnitt 2.4 zum Erlebnismarketing bezieht sich auf Beispiele aus Handel und Dienstleistung sowie aus dem Markenartikelbereich. Die entsprechenden Beobachtungen werden emotionstheoretisch begründet und mit Untersuchungsbefunden aus der Konsumentenforschung belegt. Ein weiterer Abschnitt 2.5 befaßt sich mit Beispielen für die Verankerung der Emotionen in der Werbung bzw. (über die emotionale Differenzierung durch Werbung) im Produkt. Die Abgrenzung zur emotionalen Konditionierung (siehe 8.4) liegt in der konsequenten Unterscheidung von Zuständen und Prozessen. Den Schluß des Kapitels 2.6 bildet wieder ein Meßabschnitt. Nach einer grundsätzlichen Problematisierung der verbalen Meßmethodik zur Emotionsmessung wird das ERTELsche Emotionsdifferential vorgestellt. Im Mittelpunkt des Abschnitts stehen jedoch die nichtverbalen Meßmethoden. Dabei werden die Magnitudemessung, der Programmanalysator und besonders die Emotionsausdrucksmessung durch Personenbeobachtung exemplarisch nähergebracht.

2.2 Emotionstheoretische Grundlagen

Die Begriffe **Gefühl** und **Emotion** werden hier nicht unterschieden. Ein Gefühl bzw. eine Emotion ist **definiert** als interpretierte Aktiviertheit, d.h. ein nach Richtung (positiv oder negativ) und Art (Gefühlstyp) bestimmter Erregtheitszustand. Mit anderen Worten: Emotionen sind vorübergehende, nicht regelmäßig wiederkehrende Empfindungszustände, die sich nach Stärke und Art - oder differenzierter: nach Stärke, Vorzeichen, Klasse und Ausdruck- beschreiben lassen.

Emotionen gehören mit der Aktiviertheit entwicklungsgeschichtlich zu den ältesten psychischen Erscheinungen. Während das kognitive System erst beim Menschen voll entwickelt ist, bestimmt das emotionale System bereits bei niederen Tierarten das Verhalten, z. B. Fluchtverhalten durch eine Angstemotion oder das Sozialverhalten durch eine sexuelle Emotion. Es wäre aber falsch, daraus auf eine geringe **Bedeutung** der Emotionen für das menschliche Verhalten zu schließen. Im Gegenteil: Nicht obwohl tierisches Verhalten von Emotionen gesteuert wird, sondern weil diese Steuerungsmechanismen so tief verwurzelt sind, haben Emotionen große Bedeutung für das menschliche Verhalten. Sie ist wesentlich kräftiger als es die klassische Ökonomie und der Kognitivismus in der Psychologie unterstellen.

In der Emotionstheorie besteht hinsichtlich der **Funktionen** von Emotionen Einvernehmen, daß dazu eine Antriebsfunktion und eine Nachrichten- bzw. Kommunikationsfunktion gehören. Die **Antriebsfunktion** besagt, daß Emotionen das menschliche Verhalten vielschichtig beeinflussen. Die **Nachrichtenfunktion** besagt: Gefühle wirken wie innere Nachrichten über die Bedeutung von Signalen. Entsprechend dieser Bedeutung können Gefühle die Auslöser für gezieltes Denken und Handeln sein, d.h. für die Aktivierung spezifischer (entwicklungsgeschichtlich höherer) psychischer Leistungsarten. Die Nachrichtenfunktion umfaßt über diesen innengerichteten Aspekt auch einen außengerichteten, d.h. eine **Kommunikationsfunktion**. Emotionen werden von bestimmten körperlichen Ausdrucksformen begleitet, die die Umwelt über die gegenwärtige Gefühlslage des Individuums informieren.

Die **Stärke** eines Gefühls beschreibt, wie sehr die Person erregt ist, wie intensiv das Gefühl aktivierend auf Denken und Handeln einwirkt. Physiologisch ist die Gefühlsstärke identisch mit der Aktiviertheit. Wie unter 1.5 erläutert, kann Aktiviertheit gut gemessen werden. Eine etwas andere Unterscheidung ist die zwischen heißen und kalten Emotionen. **Heiße** Emotionen sind selbst erlebte Empfindungen wie Wut oder Euphorie. **Kalte** Emotionen sind vermittelte Empfindungen. Man wird sich bestimmter Gefühlslagen bewußt – sei es durch einen Film oder durch Nachvollziehen einer Gefühlssituation aus einem Roman, den man gerade liest. Das Marketing geht mit beiden Formen um. Wenn sich der Konsument stark mit der Kaufentscheidung auseinandersetzt (hoch involviert ist), können heiße Emotionen wie Angst vor Unfällen oder Wut auf Umweltbelastungen kaufhemmend wirken. Umgekehrt können heiß vermittelte Gefühle von Macht und Luxus im Verkaufsraum eines Autohändlers kauffördernd wirken und technisch-ökonomische Kriterien überlagern. Vielfach zielen Marketinginstrumente auf gedanklich vermittelte kalte Emotionen ab. Auch wenn routinemäßig eingekauft wird und der Konsument dabei wenig involviert ist, wirken "unterschwellig" Gefühle mit, z. B. ausgelöst durch einen Werbeappell am Verkaufspunkt (POS, Point-of-sale).

Das **Vorzeichen** eines Gefühls gibt an, ob es als positiv, angenehm oder als negativ, unangenehm empfunden wird. Das Vorzeichen ist entscheidend für Zuwendung oder Abwendung als Reaktion. Wir sind es gewohnt, über gut und schlecht, Zustimmung und Ablehnung zu befinden. Das hat durchschlagende Wirkung auf die praktisch interessanten Prozesse des Konsumentenverhaltens: Kaufmotive, Einstellungen, Kaufabsichten, Kauf- und Wiederholkaufverhalten. Das Vorzeichen, d.h. die positive oder negative Wertung, prägt außerdem das Anwortverhalten bei Konsumentenbefragungen sehr stark; der größte Informationsanteil in den Daten aus solchen Umfragen besteht in Bewertungen (evaluations). Interessant ist ferner die Wechselwirkung zwischen Gefühlsstärke und -richtung. Zum Beispiel kann "ein bißchen" Furcht (etwa im Kino) durchaus positiv sein, obwohl Furcht als negative Emotion verstanden wird. Im Allgemeinen werden sehr starke Erregungen als unangenehm empfunden, ein mittleres Erregungsniveau als angenehm.

Die **Klasse** eines Gefühls beschreibt seine Art oder Qualität. Emotionen können bei gleicher Stärke und bei gleichem Vorzeichen ganz verschiedener Art sein, z. B. können zwei gleich starke negative Gefühle ganz verschieden, nämlich als Wut und Furcht empfunden werden. Mit den Gefühlsklassen befassen wir uns weiter unten in diesem Abschnitt noch intensiver.

Der **Ausdruck** eines Gefühls ist meist eine automatische, ursprünglich angeborene, Begleitreaktion in Mimik, Gestik, Stimme usw. So lassen sich bereits bei Babys sehr differenzierte Gefühlsausdrücke an der Mimik ablesen. Die kulturspezifische Sozialisation führt z.T. zu veränderten, manchmal auch verhinderten Ausdrucksformen. Der Ausdruck von Emotionen unterliegt der sozialen Kontrolle. Zum Beispiel werden Wut, Furcht, Schüchternheit in unserer Gesellschaft "bestraft", Weinen bei Männern ist tabuisiert, in vielen asiatischen Ländern starker Gefühlsausdruck überhaupt. Die Universalität der **Gefühlsausdrucksformen** – jedenfalls innerhalb einer Gesellschaft – war die Voraussetzung zur Entwicklung von nichtsprachlichen Gefühls-Meßverfahren. So hat die Forschung zur "nichtverbalen Kommunikation" (WEINBERG 1986, EK-

MAN 1988, BEKMEIER 1989) Standardverfahren zur Messung der Stärke und Klasse von Gefühlen geliefert. Sie beruhen insbesondere auf der Registrierung von Konstellationen und Bewegungen im Gesichtsausdruck (siehe 2.6).

Die Erklärung von **Emotionsqualität** war ein bedeutender Untersuchungsgegenstand der Emotionstheorie. Ein Ansatz dieser Richtung stammt von SCHACHTER. Er geht davon aus, daß jede Emotion zunächst physiologisch bedingt sei und sich primär in einer unspezifischen Aktiviertheit äußere. Erst eine gedankliche Einordnung (Interpretation) dieser Erregung, z. B. als Ärger oder Freude, erlaubt das entsprechende Gefühlserlebnis. Trotz einer kritischen Diskussion über das nachstehende Schlüsselexperiment und trotz einiger fehlgeschlagener Experimentwiederholungen hat sich die **kognitive Emotionstheorie** von SCHACHTER weitgehend durchgesetzt.

Schlüsselexperiment (SCHACHTER & SINGER 1962):

Versuchspersonen, die an einem angeblichen "Lernexperiment" (Einfluß von Vitamininjektionen auf die Lernleistung) teilnahmen, wurden anstelle der Vitamininjektion durch eine Adrenalinspritze körperlich erregt. Einem Teil der Probanden verschwieg man die erregende Wirkung, die andere Hälfte wurde über "gewisse erregende Nebenwirkungen der Spritze" vorher aufgeklärt. Die "nicht informierte Gruppe" war mit der Erklärung ihres Erregungszustandes auf sich selbst und auf Signale aus ihrer Umgebung angewiesen. Solche Signale wurden experimentell manipuliert: Die Probanden mußten mit einer zweiten Person zusammen eine Wartezeit verbringen. Dieser instruierte "Mitspieler" verhielt sich bei einer Teilgruppe wütend und verärgert, bei der zweiten Teilgruppe fröhlich und euphorisch. Erwartungsgemäß interpretierten die von der Experimentalsituation ahnungslosen Probanden ihren Erregungszustand so, wie ihn der Mitspieler vorlebte: als Ärger oder Freude.

Emotionen können sehr fein nuanciert empfunden werden. Dem entspricht eine enorme Begriffsvielfalt zur Beschreibung von Gefühlen. Die Emotionsforschung versucht, diese Vielfalt zu ordnen. Dazu wurden schon viele mehr oder weniger grobe Systeme von **Gefühlsklassen** aufgestellt. Herkömmliche Emotionskataloge haben den Nachteil, daß sie nur über den Umweg der Sprache benutzt werden können, wobei leicht "Übersetzungsfehler" entstehen können. Zu schärferen Klassifikationen sind Emotionstheoretiker erst gekommen, als sie zur Beschreibung auch den objektiv feststellbaren Emotions**ausdruck** benutzten. Zum Beispiel können nach ARGYLE (1979, S. 108) Angst und Wut wie folgt abgegrenzt werden:

Angst	Wut
• hoher Adrenalinspiegel • eingeschränkte Blutzufuhr zur Haut • aufgerissene Augen • große Muskelspannung • erhöhter Puls • schneller Atemrhythmus	• hoher Adrenalinspiegel • verstärkte Blutzufuhr zur Haut • zusammengekniffene Augen • vermehrte Speichelsekretion

Nach der **Ausdrucksklassifikation** der Emotionen (IZARD 1994) gibt es zehn fundamentale Gefühle mit spezifischen Mimik- und Gestikeigenschaften. Die "Fundamentalemotionen" sind in starkem Maße biologisch bedingt, also nicht aus der sozialen Umwelt gelernt. Soziokulturelle Bedingungen haben sie aber verändert und angepaßt:

(1) Interesse, Erregung

(2) Freude, Vergnügen

(3) Überraschung, Schreck

(4) Kummer, Schmerz

(5) Zorn, Wut

(6) Ekel, Abscheu

(7) Geringschätzung, Verachtung

(8) Furcht, Entsetzen

(9) Scham, Schüchternheit, Erniedrigung

(10) Schuldgefühl, Reue

Es wird nicht behauptet, daß die Gefühle normalerweise "in reiner Form" auftreten. Durch Überlagerung der fundamentalen Emotionen entstehen **sekundäre Gefühlsklassen**. Verstärkungs- und Abschwächungsprozesse zwischen einzelnen Emotionsklassen eröffnen sehr differenzierte Gefühlswelten. Die Einteilung beansprucht, außer dem engen Zusammenhang mit Ausdrucksformen, auch einen klaren **Zusammenhang mit Verhaltenswirkungen**. Gefühle stehen mit allen anderen verhaltenstheoretischen Konstrukten in enger Verbindung. Insbesondere sind Gefühle hervorragende, in der Regel automatisch ablaufende Auslöser von **Prozessen**.

Die **Marketinglehre** hat die Bedeutung der Gefühle lange vernachlässigt. Zum Beispiel enthalten die "Totalmodelle des Konsumentenverhaltens" alle möglichen gedanklichen und vernunftbestimmten Determinanten, aber kaum emotionale. HOLBROOK & HIRSCHMAN (1982) haben das kritisiert und ein Forschungsprogramm skizziert, um Totalmodelle des Konsumentenverhaltens um die fehlende "hedonistische", d.h. gefühlsbestimmte Hälfte zu ergänzen. Auch ein Jahrzehnt später noch beklagt WEINBERG (1991, S. 186), daß jene "Verhaltensweisen der Konsumenten vernachlässigt werden, welche kaum bewußt oder kognitiv wenig kontrolliert oder stark emotionalisiert gesteuert werden".

Gefühle werden im Marketing gezielt vermittelt, sei es mit bildlichen, verbalen oder anderen Auslösern. **Verhandlungsprozesse** können bekanntlich durch Emotionen empfindlich beeinträchtigt werden (GRÖPPEL 1990). Charakteristische emotionale Äußerungen des Verkäufers tragen zur Wahrnehmung seiner Persönlichkeit durch den Käufer bei. Werbung wird auf gefühlsspezifische Zielgruppen ausgerichtet. Manche **Impulskäufe** (siehe 9.4.2) können als marketinginduzierte Gefühlsäußerungen verstanden werden. Ein wesentlicher Bereich der Produktpolitik zielt auf emotionale Wirkungen. Aus der großen Menge gefühlsgerichteter Marketingkonzepte werden in den nachstehenden Abschnitten die wichtigsten aufgegriffen.

Die Wirkungen gefühlsvermittelnder Marketingmaßnahmen hängen von kulturellen und situativen **Rahmenbedingungen** ab. In unserer **Kultur** wird es z. B. nicht gern gesehen, wenn mit negativen Emotionen geworben wird. In einer fremden Kultur kann ein bei uns bewährter Auslöser andere, vielleicht kontraproduktive Wirkungen haben; z. B. kann die Darstellung einer schönen jungen Frau in der Werbung, die bei uns Erotik und Eroberungslust auslöst, in Japan die emotionale Bedeutung haben "Sorge für die Familie" und in der Türkei "Beschützen der noch unverheirateten Tochter", vielleicht sogar Wut erzeugen, wenn etwa der Rezipient stark religiös (islamisch) erzogen wurde. Die Wirkung gefühlsbetonter Marketingmaßnahmen hängt außerdem von der **Situation** ab, in der sich der Konsument gerade befindet oder auf die er sich einstellt (siehe 4.5).

2.3 Stimmung

Die Stimmung (mood) übt einen starken Einfluß auf das menschliche Erleben und Verhalten aus. Das Konstrukt ist nicht gleichzusetzen mit "Gefühl/Emotion". Stimmungen werden definiert als die "momentane, subjektiv erfahrene Befindlichkeit" einer Person (SCHWARZ 1987), wobei insbesondere das Kriterium der Ungerichtetheit von Bedeutung ist. Stimmungen konzentrieren sich demnach nicht auf bestimmte Objekte. Emotionen sind stärker zielgerichtet und beziehen sich auf konkrete Sachverhalte, Personen oder Situationen. Stimmungen heben sich meist durch eine geringere Intensität und längere Dauer von Emotionen ab (FRIJDA 1993). Stimmungen können nach SILBERER & JAEKEL (1996) anhand nachfolgender Dimensionen konkretisiert werden:

- **Wertigkeit**, z. B. von "sehr gut" bis "sehr schlecht", von "Heiterkeit" bis "Betrübnis"

- **Intensität**, z. B. stark/dominierend – normal/durchschnittlich – schwach/peripher
- **inhaltliche Färbung**, z. B. romantisch, sentimental, melancholisch
- **Dynamik**, Veränderungen, denen Stimmungen im Zeitverlauf unterworfen sind, z. B. längerfristig eher stabil oder schwankend.

SILBERER & JAEKEL (1996) nennen sechs Theorien zur **Stimmungsverursachung**:

1. **Temperamenttheorien**: Individuen haben ein unterschiedliches Selbstwertgefühl und besitzen unterschiedliche Temperamente. Extrovertierte Personen sind meist besserer Stimmung als introvertierte. Neurotische Menschen haben oftmals eine schlechtere Stimmung.

2. **Bewältigungstheorien**: Bei erfolgreiche Bewältigung externer Anforderungen stellt sich eine gute Stimmung ein und umgekehrt. Voraussetzung für den Erfolg sind persönliche Bewältigungsfähigkeiten und die zur Bewältigung verfügbaren Ressourcen.

3. **Umweltpsychologische Theorien**: Je besser ein Mensch seine Umwelt kontrollieren und begreifen kann, desto besser ist seine Stimmung (FISHER 1991). Die Einschränkung seiner Einflußmöglichkeiten verschlechtert seine Stimmung.

4. **Interaktionstheorien**: Diese Theorien zeigen auf, daß soziale Beziehungen für eine gute Stimmung sehr bedeutend sind. Ohne zwischenmenschliche Beziehungen würde es keine Zuwendung, Anerkennung und Belohnung geben.

5. **Emotionstheorien**: Auslöser einer Emotion kann ein kurzer emotionaler Reiz sein. Die ausgelöste Emotion kann aber die längerfristige Stimmung beeinflussen. Zum Beispiel kann ein gefühlsbetonter Werbespot die Stimmung verbessern.

6. **Zyklentheorien**: Stimmungen verändern sich kurzfristig mit der Tageszeit und dem Wochentag. An einem normalen Arbeitstag verbessert sich die innere Befindlichkeit im Laufe des Vormittags, bleibt bis zum Abend konstant und verschlechtert sich erst am späten Abend. Es werden auch langfristige Zyklen unterschieden, wie z. B. im Wechsel der Jahreszeiten und mit der dadurch bedingten Veränderung des Wetters.

Die Kenntnis über **Stimmungswirkungen** ist relevant, um Einfluß auf die Informationsverarbeitung, vgl. 9.3, nehmen zu können. Stimmungen wirken auf das Wahrnehmen, Speichern und Erinnern von Informationen, sie werden aber auch selbst als "Information" zur Urteilsbildung herangezogen. Die innere Befindlichkeit kann gemäß der "Stimmung-als-Information-Hypothese" einen potentiellen Abnehmer ebenso beeinflussen wie externe Botschaften (SCHWARZ

1987). Zum Beispiel kann die Stimmung, die der Konsument beim Betreten des Geschäftes hat in den Kaufentscheidungsprozeß eingehen. Als zweite Komponente spielen die "Stimmungskongruenzeffekte" eine wichtige Rolle bei der Erforschung von Stimmungswirkungen. Danach richtet sich die Aufmerksamkeit von Personen in guten Stimmungen stärker auf positive Details und in schlechten Stimmungen stärker auf negative. FORGAS & BOWER (1987) haben dieses stimmungskongruente Wahrnehmen experimentell nachgewiesen. Ebenso ließen sich stimmungskongruentes Speichern und Erinnern von Informationen bestätigen. Aus dem Zusammenwirken dieser beiden Effekte ergibt sich, daß Menschen in guter Stimmung leichter zu überzeugen sind als in schlechter.

Von Interesse für den Einsatz von Marketinginstrumenten ist auch die **Informationsverarbeitungskapazität** der Personen, die angesprochen werden sollen. MACKIE & WORTH (1989) stellen fest, daß die Fähigkeit des Menschen zur Informationsverarbeitung in guter Stimmung schlechter ausgeprägt ist als in schlechter Stimmung. Gemäß SCHWARZ (1990) sinkt die Bereitschaft zur Informationsverarbeitung bei guter Stimmung. Dementsprechend ist die stimmungsabhängige **Informationsverarbeitungsmotivation** von Bedeutung für das Kaufverhalten.

Weitere Kriterien für die Wirkung von Stimmungen auf die Verarbeitung von Informationen sind die **Verarbeitungstiefe** und die **Verarbeitungsbreite** zu betrachten. Die Tiefe gibt Auskunft darüber, wie gründlich sich ein Mensch geistig mit dem Thema auseinandersetzt. Da eine schlechtere Stimmung tendenziell die Kapazität und Motivation zur Verarbeitung von Botschaften erhöht, steigt nach MACKIE & WORTH (1989) auch die Verarbeitungstiefe. Ebenso nimmt die Menge der verarbeitenden Informationen (Verarbeitungsbreite) zu. Eine schlecht gelaunte Person achtet stärker darauf, "was" gesagt wird, sie will von logischen Argumenten überzeugt werden. Menschen mit guter Stimmung ist es wichtiger, "wie" etwas gesagt wird und "wer" etwas sagt. Durch eine qualitativ hochwertige Infomationsquelle (z. B. Einsatz von Experten, vgl. 7.7) kann leichter überzeugt werden.

Von besonderem Interesse für die Marketingpraxis ist die Wirkung von Stimmungen auf Einstellungen (vgl. Kapitel 5) und Verhaltensweisen. Je nach vorherrschender Stimmung lassen sich die Einstellungen von Menschen beeinflussen: Bei schlechter Stimmung wirken die vorgebrachten **Argumente** besonders stark auf die Entstehung von Einstellungen, da mehr darauf geachtet wird "was" gesagt wird. Gut gelaunte Menschen denken weniger über eine Sache nach. Hier genügen einfache **Hinweise**, die bei der Verarbeitung einen geringen kognitiven Aufwand erfordern (SILBERER & JAEKEL 1996). Bei Mißstimmungen sind Beeinflussungsversuche verhaltenswirksamer als bei guter Stimmung, da hier mehr Informationen aufgenommen werden und eine gründlichere, kritischere und tiefergehende Verarbeitung von Informationen stattfindet.

Zur **Stimmungsbeeinflussung** wird die Gestaltung situativer Variablen in Betracht gezogen, da die Änderung personaler Determinanten kaum möglich sein wird. Entsprechend der Bewältigungstheorie steigt die Stimmung bei erfolgreicher Meisterung von Anforderungen. Bei der Bewältigung von Einkäufen kann die Einrichtung von Parkplätzen vor dem Geschäft als Hilfestellung hierzu dienen. Kontroll- und Orientierungsmöglichkeiten können durch helle Räume, Einsatz von Wegweisern etc. gegeben werden. Die hierdurch eintretende Erleichterung der Orientierung wirkt auf den Kunden stimmungsverbessernd. Sehr wichtig für die innere Befindlichkeit sind zwischenmenschliche Beziehungen, die durch Lob, Anerkennung und Bestätigung gestärkt werden können. Blickkontakt und ein Anlächeln erzielen bereits große Wirkungen auf die Stimmung des Kunden. Stimmungssteuerung über Emotionen kann z. B. durch die gezielte Anwendung von Musik, Filmen, Beleuchtung, Düften und Farben erzielt werden. Die Stimmungssteuerung mit Hilfe der aufgeführten Determinanten "Wetter" bzw. "Jahreszeiten" in der Zyklentheorie ist schwierig. Hier könnte allenfalls eine gezielte Dekoration der Verkaufsräume stimmungsverbessernd wirken (z. B. Erzeugung einer sommerlichen Atmosphäre durch Palmen und Sonnenschirme in Reisebüros oder Erlebnisbädern).

2.4 Konsumerlebnis

Beispiele aus der Marketingpraxis

Tankstellen werden zum Erlebniscenter: "Fast unmerklich hat sich die Automobilwelt verändert. Autos werden immer behaglicher und sicherer. In den Neuen Bundesländern entsteht heute das modernste Autobahnnetz der Welt. Und dennoch – Autofahren ist geprägt von Hektik, Streß und Staus. Die Elf hat sich intensiv mit den Wünschen und Bedürfnissen der Autofahrer beschäftigt – und damit begonnen, dem modernsten Autobahnnetz auch eines der modernsten Stationsnetze hinzuzufügen.... Hier findet der Mensch Ruhe und Entspannung.... Die neue Generation von Stationen ist geprägt von den Wünschen der Menschen. Moderne Architektur, warme Farbtöne, viel Licht, Kinderspielekken, Restaurants, Fax und Telefon, Bistros, Backshops, Geldautomaten ... wir haben den Verbraucher gefragt, was er will. ..." (o.V., Die Zeit 7.3.1997, S. 29).

Erlebnisorientiertes Marketing

Konsumenten lassen sich beim Einkauf keineswegs nur von "rationalen Bedürfnissen" und dem Wirtschaftlichkeitsprinzip leiten. Der Einkaufsvorgang ist vielmehr ein komplexer sozialer Prozeß, in dem Gefühle und Erlebnisse eine überragende Rolle spielen. Nicht selten wird Shopping zum Selbstzweck. Wenn die physischen Mangelgefühle durch Konsum beseitigt sind, müßte der Konsum nach den Annahmen der Ökonomie eigentlich ruhen. Mitunter kommt aber gerade dann ein ökonomisch nicht zu erklärendes Bedürfnis auf, das SCITOVSKY (1977) auf der Theoriebasis von BERLYNE (1974) den **"Drang**

nach Neuem" nennt. Der Wohlstandskonsument ist oft damit beschäftigt, Langeweile zu beseitigen und sich durch einen angenehmen Reizpegel Lustgefühle zu verschaffen (siehe auch das Konsummotiv Lust, Erregung, Neugier unter 4.3). Man sucht stets das "optimale Stimulierungsniveau" zu erreichen. Es ist nicht als statischer Gleichgewichtszustand zu verstehen, sondern als dynamisch variierendes, vom bisherigen Erregungsverlauf abhängiges Aktiviertheitsniveau. Der Konsument benutzt u.a. die Erlebniswelt der Einkaufszentren, um dieses Niveau zu steuern.

Er setzt sich der Reizflut beim Einkaufen nicht ungern aus. Die visuelle und akustische Kulisse wirkt bis zu einem gewissen Grad anregend, macht Spaß. So hat BRANDSTÄTTER (1983) gezeigt, daß das Einkaufen unter allen Arbeiten einer Hausfrau als die angenehmste empfunden wird. Die optimale Reizdichte kann auch überschritten werden. Das Ergebnis der nachstehenden Pfadanalyse aufgrund von Käuferbefragungen bei variierendem Grad an Gedränge zeigt die negativen Auswirkungen auf Wahrnehmungen, Verhaltensanpassungen und Bewertungen der Konsumenten (HARREL u.a. 1980).

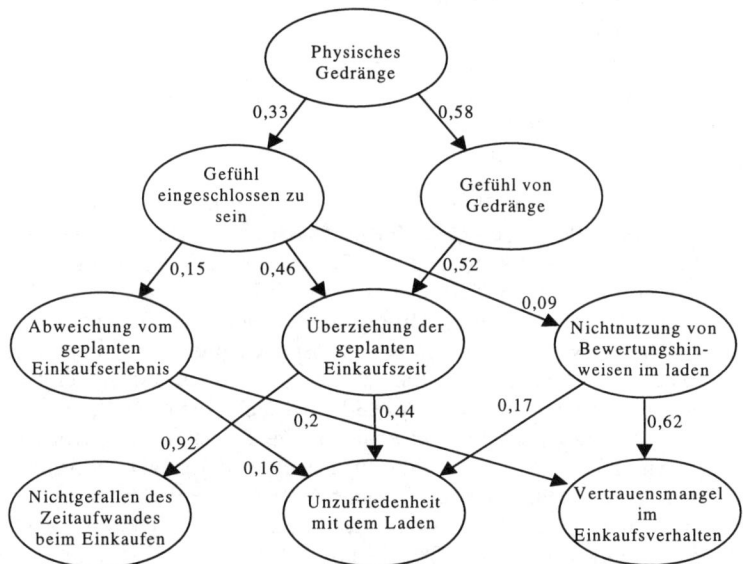

Die **Erlebnisbedeutung** geht im übrigen auch aus Imageuntersuchungen von Einzelhandelsgeschäften hervor. Danach taucht als wesentlicher Beurteilungsfaktor regelmäßig die "angenehme Atmosphäre" o.ä. auf (HEEMEYER 1981, GRÖPPEL 1991). Der Handel reagiert auf die gestiegenen Erlebnisbedürfnisse mit Anpassung der Betriebsformen. Die bedeutendsten Beispiele der 70er Jahre waren die Schaffung von Fußgängerzonen und Einkaufszentren und das "Hochstilisieren" (trading up) der Warenhäuser. So zeigten BELLIZZI & HITE (1992) mit Hilfe eines Experimentes im Einzelhandel, daß eine vorwiegend in der Farbe Blau gehaltene Geschäftsausstattung positivere Abverkäufe erwarten lasse, als eine vorwiegend in der Farbe rot gehaltene Geschäftsausstattung. Die in den Einführungsbeispielen geschilderten erlebnisbetonten Innovationen im Handel und in anderen Dienstleistungssektoren sind Konsequenzen dieser Erkenntnis.

So ergab die **Erfolgsfaktorenuntersuchung** bei 55 Bekleidungsfachgeschäften von MEFFERT & PATT (1987): Der Faktor "Erlebnisorientierung" erklärte 15% der (ökonomisch gemessenen) Erfolgsvarianz. Erlebnisorientierung war damit nach "Wettbewerbsstärke" (27%) zweitwichtigster Faktor. Der Indikator für Erlebnisorientierung wurde gebildet durch die Variablen:

- Ambiente unterstützt mit Farben
- Gestaltung des Ladenraumes erlebnisorientiert
- Einkauf ist für den Kunden ein Erlebnis
- modisch-aktuelle Ware
- große Auswahl
- Ambiente unterstützt mit Licht
- unverwechselbarer Stil
- Aktionstage.

Die Theorie des Konsumentenverhaltens verfügt noch nicht über einen geschlossenen Baustein zu den **Gefühlswirkungen auf den Einkaufsvorgang.** Die Bedeutung ist aber erkannt und zum Thema für die Forschung geworden. So haben DILLER & KUSTERER (1986) bereits Detailbelege für den günstigen Einfluß von erlebnis- und gefühlsbetonter Ladengestaltung publiziert. Danach ist z. B. die Verweildauer im erlebnisbetonten Buch- bzw. Plattenladen größer, die Anzahl der Produktkontakte ist höher, ebenso der Anteil der Ladenbesucher, die auch kaufen, und der Anteil jener Käufer, die mehr als zwei Artikel kaufen. Außerdem scheinen Jugendliche und Frauen von solchen Läden stärker angezogen zu werden. Weitergehende Erkenntnisse zur Messung entsprechender individueller Wirkungen und zur strategischen Umsetzung haben WEINBERG und Mitarbeiter vorgelegt (KONERT 1986, GRÖPPEL 1991, populär zusammenfassend WEINBERG 1992).

2.5 Emotionen in Werbung und Produktgestaltung

Der Zigarettenmarkt in Deutschland ist seit 1995 stabil. Die Aussichten für eine Marktausweitung sind bei starker Abnahme der intensiv rauchenden Altersgruppen und bei zunehmendem Gesundheitsmarketing sehr schlecht. Der Deutsche Bundestag hat in mehrjährigen Abständen Tabaksteuererhöhungen durchgesetzt, die für den Konsumenten stark preiserhöhend wirkten. Außerdem ist der Lebensmitteleinzelhandel als Anbieter von markenloser Ware zu günstigen Preisen Anfang der 80er Jahre massiv in das Oligopol der Zigarettenindustrie eingebrochen. Das Zigarettenmarketing ist daher noch stärker wettbewerbsorientiert und auf den Kampf um Marktanteile gerichtet als früher (BROCKHOFF & WEISENFELD 1986). Die Markenfamilie Marlboro war Anfang 1996 mit 35% Marktanteil Marktführer auf dem deutschen Zigarettenmarkt. Sie hatte die langjährig konventionell werbende Marktführermarke HB (HB-Männchen) auf 6,7% zurückgedrängt und belegt den dritten Platz der Top-Ten. Die HB-Raucher der älteren Generationen starben aus.

Filterzigaretten gehören zu den homogenen Produkten mit besonders ausgeprägter "psychologischer" Produktpositionierung und emotionaler Produktdifferenzierung. Der Wettbewerb vollzieht sich hauptsächlich über **gefühls- und erlebnisbetonte Werbung**. Die anderen Marketinginstrumente können kaum oder nicht ohne große Risiken für die Marktanteilskonkurrenz eingesetzt werden. (Die Preispolitik hat bisher nur einmal und nur kurzfristig eine Rolle gespielt. Das Ergebnis des Preiskampfes im Jahre 1983 hat lediglich zu einer neuen Aufteilung des Marktes in Premium-, Konsum- und Billigmarken geführt.) Der Stil der Marlboro-Werbung ist von der illusorischen Erlebniswelt der Cowboys geprägt. Diese emotionale Assoziation zu der Zigarettenmarke ist gezielt geschaffen und durch Kontinuität und Aufwand in der Werbung gepflegt worden. Bis Mitte der 50er Jahre war Marlboro eine ausgesprochen feminine Zigarette. Erst nach der Umpositionierung zum Cowboyleben als Symbol des freiheitlichen und männlichen Amerika kam der Durchbruch im Markt. Die Kampagne konnte mit geringfügigen Änderungen weltweit übernommen werden. Ihr Erfolg auf dem deutschen Markt war durchschlagend und anhaltend.

Die spektakulärste **Imitation** dieser Erlebnisorientierung fand Anfang der 80er Jahre in Deutschland statt. Die neu eingeführte Marke **West** sollte vom Erfolg der amerikanischen Erlebniswelt profitieren. Das Gefühl der männlichen Freiheit wurde als emotionale Basis übernommen. Der Cowboy wurde durch die zeitgemäße (oder wohl doch nicht so zeitgemäße) Figur des Truckers (LKW--Fernfahrer) ersetzt. Die Kampagne startete mit dem höchsten je im Zigarettenmarkt verausgabten Budget von 50 Mio DM. Der Erfolg war gering. War die Stellung von Marlboro schon zu fest oder kam der Trucker doch nicht an das Image des Cowboys heran? Historisch gesehen ist der Cowboy älter und durch die vielen Wild-West-Filme breiter diffundiert, besonders hinsichtlich der Werte, die er verkörpert. Der Trucker gilt zwar als der Cowboy von heute, aber in Deutschland wahrscheinlich nur in einer begrenzten Zielgruppe der Amerika- und Country-Music-Begeisterten. Diese Basis mag als Positionierungsbasis für West zu schmal gewesen sein. Wahrscheinlich hat außerdem noch der angegriffene Wettbewerber Marlboro von der West-Einführungskampagne profitiert, indem die amerikanisch-männliche Erlebnisillusion noch stärker im Markt verbreitet wurde. 1987 hatte West – nach einem verzweifelten Preiskampf in den Jahren 1983/84 – einen bis 1996 relativ stabilen Marktanteil von knapp 7% erreicht und liegt seitdem eine Preisklasse unterhalb der von Marlboro.

Emotionale Produktdifferenzierung

Die meisten Konsumgütermärkte stagnieren und sind gesättigt. Die technische Produktentwicklung ist in vielen Konsumgüterbereichen so ausgereift, daß kaum noch technische Qualitätsunterschiede wahrnehmbar sind. Die Produkte sind zu technisch homogenen Gütern herangereift. Der unterschiedliche Markterfolg solcher Produkte kann nicht mehr aus der objektiven Qualität erklärt werden, sondern zunehmend aus den unterschiedlichen Gefühls- und Erlebniswelten, die die Marken für ihre Zielgruppen repräsentieren. Die Produktpolitik bei solchen Konsumgütern besteht deshalb hauptsächlich in der **Produktpositionierung** (vgl. 5.3.1) durch Vermittlung von Gefühlen und in der Marktsegmentierung auf der Basis von gefühlsdefinierten Zielgruppen.

Durch Marketingkommunikation können **produktbezogene Gefühle** ausgelöst und gesteuert werden. Produkt- und Packungsgestaltung, Werbung und Verkaufsförderung, Firmen- und Verkäufererscheinungsbild usw. erlauben es, die mit einer Marke verbundenen Gefühle der Konsumenten zu beeinflussen. Die Marketingsprache nennt das Vorgehen dazu **emotionale Produktdifferenzierung** oder -positionierung und das Ergebnis emotionales Produktprofil o.ä. (Der Prozeß der emotionalen Konditionierung wird in 8.4 erläutert). Es gilt als Aufgabe der Markenpolitik, über den sogenannten Grundnutzen des Produkts hinaus als Zusatznutzen (VERSHOFEN 1940, S. 69 ff.) ein Markenerlebnis zu schaffen, das außerhalb objektiver Qualitäts-, Preis- und Distributionsmerkmale eine vorteilhafte Wettbewerbsposition aufbauen kann.

Das Marketing hat dabei besonders auf **Zielgruppenadäquanz** zu achten. Zwar wirken in allen Zielgruppen angeborene Auslöser am sichersten, diese werden aber in bestimmten Zielgruppen durch soziale Kontrolle unterdrückt. So löst z. B. ein erotischer Reiz zwar besonders einfach Aufmerksamkeit aus, aber ob man damit die Fundamentalemotion "Interesse – Erregung" weckt, hängt von der Situation und der kulturellen Umgebung der Zielgruppe ab, wie unser westlich-japanisch-türkisches Beispiel am Ende von 2.2 zeigt. Außerdem bergen starke Reize dieser Art die Gefahr der Ablenkung von der Botschaft hin zum Gefühlsauslöser. Die Verwendung negativer Emotionen zur Aktivierung von Konsumenten ist ein zweischneidiges Schwert. Einerseits ist eine Aktivierungswirkung so meist leicht zu erreichen, andererseits können Nebenwirkungen auftreten, die dem übergeordneten Marketingziel widersprechen. Bei einer

Werbung mit **Angstauslösern** kann die Zielgruppe z. B. mit Angstbewältigung durch Verdrängen reagieren, statt mit Befolgen der werblichen Empfehlung. Beispiele für Angstwerbung finden sich bei Versicherungen, Pharmazeutika und Hygieneprodukten. Im übrigen wird auch aus wettbewerbsrechtlicher Unsicherheit (Sittenwidrigkeit nach § 1 UWG) relativ selten von der Werbung mit der Angst Gebrauch gemacht. Am wenigsten Probleme scheint dem Marketing die Auslösung und Vermittlung von **positiven Emotionen** zu bereiten. Die beiden einzigen positiven der zehn "Fundamentalemotionen" (vgl. 2.2) müssen dafür genügen:

(1) Interesse/Erregung

(2) Freude/Vergnügen,

wobei allerdings beträchtliche Kombinationsmöglichkeiten (auch mit kognitiven Komponenten) und Differenzierungsmöglichkeiten gegeben sind. So ist der Nuancenreichtum positiver Marketingemotionen aus dem Einsatz von sprachlichen, bildhaften, episodischen, musikalischen und sogar nicht-audiovisuellen, z. B. Duft-Reizen (olfaktorische Reize), zu erklären.

Hauptsächlich hat sich die Marketingforschung mit der Kommunikation von Gefühlen durch **Sprache und Bilder** befaßt. Emotionale Produktdifferenzierung mit Sprache ist schwierig und setzt eine Grundaktivierung und die Bereitschaft des Konsumenten voraus, sich gedanklich mit den aufgenommenen Worten zu beschäftigen. Beispiele für sprachliche Produktdifferenzierung stellen Slogans wie "Freiheit und Abenteuer", aber auch eine humorvolle Wortwahl dar. Emotionale Produktdifferenzierung mit Bildern ist einfacher.

Was die bildhafte Marketingkommunikation zur Vermittlung von Markenerlebnissen betrifft, so ist der Erkenntnisstand gut (zum Einstieg siehe KROEBER-RIEL & MEYER-HENTSCHEL 1982, weitergehend: KONERT 1986). Das geht auch auf die – teilweise kommerziell motivierte – Publikationsfreude der Werbebranche zurück. Bilder werden vorzugsweise in der rechten Gehirnhemisphäre verarbeitet, die auch auf emotionale Vorgänge spezialisiert ist. Kognitive Vorgänge sind dazu kaum erforderlich. Damit eignen sich Bilder besonders für Low-involvement-Medien, beispielsweise Plakate. Bilder sind aber nicht in allen Medien gleich gut einsetzbar. Als Extrakt aus diesen Erkenntnissen ist festzuhalten, daß es einfacher und zielsicherer ist, Gefühle durch Bilder auszulösen als durch Texte. Zusätzlich besteht die Vermutung, daß bei der gegenwärtig immer weiter zunehmenden **visuellen Kommunikation** durch Fernsehen und "neue Medien" die Textkommunikation noch mehr an Bedeutung verliert – nicht nur auf der Senderseite, sondern auch in Bezug auf die Fähigkeiten beim Empfänger. Wie Fernsehwerbung dafür mit nonverbaler Kommunikation arbeitet, analysiert BEKMEIER (1989).

Die emotionale Produktdifferenzierung mit **Musik** ist weniger gut erforscht. Akustisch-musikalische Reize werden ebenfalls in der rechten, "emotionalen" Hemisphäre verarbeitet. Während Bildstrategien nur unter der Voraussetzung direkter Hinwendung zum Werbemedium ihre Wirkung entfalten, gilt diese Bedingung bei musikalischer Beeinflussung nicht, man kann sich ihr nur schwer entziehen. Mit dem Gefühlsauslöser Musik befaßt sich TAUCHNITZ (1990). **Düfte** entziehen sich in besonderem Maße der Bewußtseinskontrolle und haben teilweise frappierende Marketingwirkungen. (KNOBLICH & SCHUBERT 1989 und besonders STÖHR 1997).

2.6 Zur Messung von Gefühl und Stimmung

Grundsätzlich ist es nicht ausgeschlossen, Emotionen abzufragen. Ob ein Gefühl angenehm ist oder unangenehm, kann man verbal meist recht verläßlich erfassen. Gegen die **sprachliche Messung** von Gefühlsstärke und -klasse gibt es jedoch starke **Einwände**:

- Gefühle sind manchmal nur schwach ausgeprägt und wenig bewußt. Antworten auf entsprechende Fragen spiegeln dann eher das Denken wider als das Fühlen.

- Gefühle sind häufig komplex, aus verschiedenen Basisemotionen zusammengesetzt. Befragte sind oft überfordert, wenn sie das sprachlich beschreiben sollen.

- Die Welt der Gefühle ist z.T. starken sozialen Bewertungen unterworfen. Unterdrückte und vom wünschenswerten Eindruck bestimmte Antworten auf Emotionsfragen sind häufig.

Die **verbale Emotionsmessung** ist also z.T. fehleranfällig, weil die Befragten nicht richtig antworten können oder wollen. Dennoch sind zur Gefühlsmessung in der Marktforschungspraxis einfache Ratingskalen besonders verbreitet. Damit sollen Emotionsintensität, -richtung und -qualität erfaßt werden. Da selten a priori Hypothesen über die Gefühlsqualität vorliegen, verwendet man gern sogenannte **Polaritätsprofile ("Semantische Differentiale")**. Das sind Sätze von Ratingskalen, die nicht eine bestimmte Dimension messen, sondern ein ganzes Spektrum abdecken. Die Befragten können abgestuft angeben, inwieweit die einzelnen Begriffe auf ihr Gefühl zutreffen. Die folgenden Ratings sind dem Emotionsprofil (der Autor nennt es Eindrucksdifferential) von ERTEL (1965) entnommen:

Ruhe	O-O-O-O-O	Bewegung
Klarheit	O-O-O-O-O	Trübung
Anziehung	O-O-O-O-O	Abstoßung

Als Profil bezeichnet man die graphische Verbindung der Bewertungen auf den einzelnen Ratingskalen. Die Profilmethode wird bei der Einstellungsmessung

(5.5) näher erklärt. Der Vorteil des Emotionsprofils ist die einfache und flexible Anwendung. Dagegen steht die besagte Problematik einer verbalen Gefühlsmessung.

Als Alternativen zu den verbalen Methoden kommen spezielle nichtverbale, z.T. psychophysiologisch-apparative Indikatoren in Betracht, sofern sie über die Aktivierungsmessung hinausgehen. NEIBECKER (1985) hat für die Marktforschung ein Instrumentarium zur **nichtverbalen Gefühlsmessung** zusammengestellt, theoretisch begründet und praktisch validiert. Der wichtigste Baustein dieses Systems ist die computerkontrollierte **Magnitudeskalierung**. Die Testpersonen drücken die **Stärke** ihrer Empfindung oder den Grad ihrer Zustimmung durch ein physisches Intensitätsmaß aus, z. B. durch die Länge einer zu zeichnenden Linie, die einzustellende Helligkeit einer Lampe, die Kraft, mit der man eine Feder zusammenpreßt usw. Diese Maße werden unmittelbar (online) in den Computer eingespeist und auf der statistischen Grundlage aller Reaktionen einer Testperson in metrische Meßwerte transformiert. Abgesehen vom hohen Skalenniveau ist das Verfahren besonders sensibel, in diversen Validierungsstudien bewährt, für die Testpersonen interessant zu gestalten und auch bei großen Stichproben ökonomisch zu handhaben.

Die **Richtung** (positiv/negativ) von Gefühlen läßt sich relativ problemlos messen, weil der Mensch gewohnt ist, Urteile dieser Art abzugeben, sei es verbal oder auch nichtverbal. Zum Beispiel müssen bei der Methode des **Programmanalysators** (NEIBECKER 1985) Hebel oder Knöpfe bedient werden, um positive oder negative Einschätzungen von Filmen auszudrücken. Noch weniger durch die Testperson willentlich zu beeinflussen ist die Emotionsmessung auf der Grundlage der Beobachtung physiologischer Begleiterscheinungen wie der Pupillenweitenveränderung: Die **Pupillometrie** nutzt die Tatsache, daß starke positive Emotionen zur Erweiterung und zugleich negative Emotionen zur Verengung der Pupillen führen (HESS 1977). In dieser Doppelindizierung liegen allerdings wiederum Gültigkeitsprobleme.

Zur Messung der **Qualität** von Gefühlen bringt die Magnitudeskalierung gegenüber der Profilmethode Verbesserungen hinsichtlich des Skalenniveaus und der Erhebungstechnik. Aber sie bringt keinen Durchbruch, weil weiterhin sprachliche Gefühlsumschreibungen als Stimuli verwendet werden, denen man mehr oder weniger stark zustimmen kann. Nichtsprachliche Meßinstrumente zur Erfassung von (nichtsprachlichen!) Gefühlen, z. B. über Assoziationen zu Klängen oder Bildern, sind noch nicht genügend weit entwickelt. Auf Bilderskalen zur Messung "innerer Bilder" gehen wir unter 3.4 bzw. 3.5 ein.

Die **Art** und zugleich auch die Stärke der Gefühle lassen sich an beobachtbaren Merkmalen wie Gesichtsausdruck, Körperhaltung und -bewegung ablesen (WEINBERG 1983). Die automatischen und schwerlich bewußt unter Kontrolle zu haltenden körperlichen Begleitreaktionen und Ausdrucksformen der Gefühle sind prinzipiell für willentlich unbeeinflußte Messungen von Bedeutung. Erkenntnisse über Gesichts- und Körpersprache bilden die Grundlage (BEKMEIER 1989). Diese **Beobachtungsverfahren** brauchen auch keinen eigenen Stimulus für die Messung wie z. B. eine Frage. Sie sind in diesem Sinne **nichtreaktiv** und damit grundsätzlich frei von befragungstypischen Fehlertendenzen.

Außerdem ist die Beobachtung der Gesichts- und Körpersprache für Untersuchungen im Feld geeignet, weil kein direkter Kontakt zum Untersucher und keine körperliche Verbindung mit irgendwelchen Apparaten nötig ist. Schließlich sind die nichtreaktiven Verfahren auch als zusätzliche Indikatoren neben Befragungsindikatoren einsetzbar und im Sinne des Mehrindikatorenansatzes nützlich. Eine relativ bewährte Beobachtungsmethode zur Emotionsmessung ist die **FAST-Technik** (facial affect scoring technique) nach EKMAN u.a. (1971). Bestimmte Kombinationen von Muskelspannungen in den einzelnen Gesichtszonen sind charakteristisch für bestimmte Emotionen. Das ist die theoretische Basis für den Emotionskatalog bzw. "Gesichtsatlas" nach EKMAN. Grundlage dieser Methode ist die Einteilung des Gesichts in drei Zonen und die Einteilung der Emotionen in sechs Kategorien:

Gesichtszonen	**Emotionskategorien**
• Augenbrauen und Stirn	• Glück
• Augen und Augenlider	• Trauer
• Untere Gesichtspartie	• Überraschung
(Wangen, Nase, Mund, Kinn)	• Angst
	• Ärger
	• Ekel

Die Beobachter vergleichen die Ausdrücke der drei Gesichtspartien einer Beobachtungsperson mit beispielhaften Photographien und ordnen Ähnlichkeitskennzahlen zu. Man verrechnet diese Kennzahlen zu einem Index "zutreffende Emotion". In einer **Anwendungsstudie** konnte WEINBERG (1983) mit dieser Methode feststellen, ob Konsumenten von einem Produktangebot emotional angesprochen wurden und einen Impulskauf tätigten oder ob sie auf einen Einkauf verzichteten. Es wurde mit einem Verkaufsstand gearbeitet, an dem Käufer mit versteckter Videokamera beobachtet werden konnten. Nach Verlassen des Standes wurden die Personen befragt (und aufgeklärt). Die Videoaufnahmen wurden anschließend trainierten Codierern vorgeführt. Danach unterschieden sich Impulskäufer mimisch klar von Nichtkäufern. Die Selbst- und Fremdeinstufungen (durch die Codierer) stimmten mit r = 0.43 einigermaßen gut überein. Den Ergebnissen zufolge ist es "möglich, durch Beobachtung des Gesichtsausdrucks von Konsumenten Auskunft über emotionale

Haltungen zu bekommen, die das Kaufverhalten steuern" (KROEBER-RIEL 1984, S. 518).

Einwände gegenüber diesen großenteils nichtverbalen Methoden betreffen u.a. methodische Probleme wie das Auseinanderhalten "benachbarter" Emotionen. Für die Marktforschung fehlen noch Standardanweisungen für Erhebung und Auswertung. Die Methode ist relativ zeitintensiv in der Erhebung. Im übrigen mag man sich fragen, ob die Methode der versteckten Beobachtung ethisch zu rechtfertigen ist.

Für die Messung von Stimmungen trifft eine ähnliche Problematik wie für Emotionen zu. Auch hier wurden Skalen zur Messung von Stimmung entwickelt. Die Stimmungsskala von BOHNER, HORMUTH & SCHWARZ (1991) dient beispielsweise zur Messung der Dimensionen Wertigkeit und Dynamik. Den Probanden werden 15 subjektive Statements vorgelegt. Sie müssen ihre persönliche Übereinstimmung zu den Statements in eine Fünf-Punkte-Skala mit den Endpunkten 1 ("trifft auf mich überhaupt nicht zu") und 5 ("trifft auf mich ganz genau zu") einordnen. Von den Antworten der Testpersonen wird auf ihre Stimmung geschlossen.

Die Meßmethode von BROCKMEIER & ULRICH (1993), vergleichbar mit der FAST-Emotionsmethode von EKMAN (1971), basiert auf der Symmetrie bzw. Asymmetrie des Gesichtsausdrucks, denn:

- in guten Stimmungen sind mehrere Regionen der linken Gehirnhälfte stärker aktiviert als die entsprechenden Regionen der rechten Gehirnhälfte und
- Stimmungen zeigen sich besonders im unteren Teil des Gesichts.

Ein symmetrischer Gesichtsausdruck läßt auf eine neutrale Stimmung schließen während ein asymmetrischer Gesichtsausdruck entweder gute Laune (bei rechtsschief angehobenen Mundwinkeln) oder schlechte Laune (bei linksschief heruntergezogenen Mundwinkeln) anzeigt.

DAVIDSON (1993) zieht zur Messung von Stimmungen die Gehirnaktivitäten (vgl. auch Hemisphärenspezialisierung, 8.2) heran und stützt sich hierbei auf Erkenntnisse des 19. Jahrhunderts, wonach Menschen, deren linke Gehirnhälfte geschädigt ist, häufiger an Depressionen leiden als Menschen mit geschädigter rechter Hirnhälfte. Bei guter Stimmung ist das Gehirn im vorderen linken Bereich aktiver als im vorderen rechten Bereich. DAVIDSON verwendet als Indikatoren dieses Verfahrens vor allem die Unterschiede zwischen Gehirnströmen in zwei verschiedenen Gehirnregionen, die mittels EEG aufgenommen werden. Diese apparative Methodik läßt sich zwar im Labor einsetzen, aber nicht im normalen Geschäftsalltag.

3 Wissen

3.1 Überblick

In diesem Kapitel werden Wissenszustände (Kognitionen) behandelt. Nach einer Definition werden Kognitionen zunächst von den anderen behandelten Zustandskonstrukten abgegrenzt. Weitere Abgrenzungen werden zum Informationsbegriff, zu den betreffenden kognitiven Prozeßkonstrukten und zur Intelligenz getroffen. Die Vielfalt der Kognitionen wird geordnet nach formalelementaren Inhalten, nach Strukturen, nach marketingrelevanten Kriterien wie Schlüsselinformations- und Schemafunktion sowie nach Dauer und Veränderlichkeit. Schließlich werden als Modelle der physiologischen Repräsentation der Kognitionen das Drei-Speicher- und das Gedächtnisspuren-Modell gegenübergestellt.

Kognition als Zustandskonstrukt

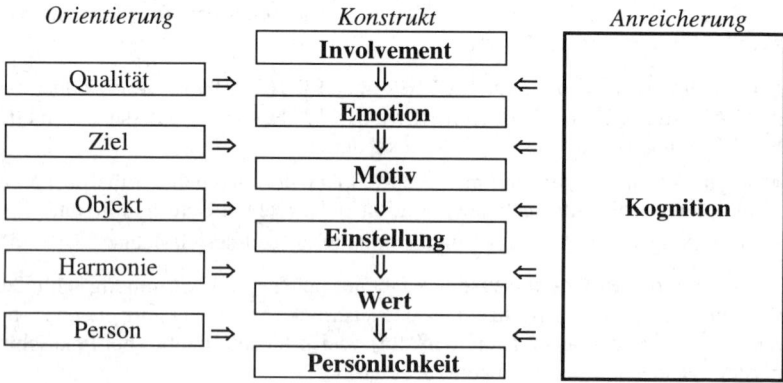

In dem längeren Abschnitt über Produkt- und Preiswissen wird zunächst eine Systematik dieser Kognitionen gegeben, die eine grundsätzliche Trennung zwischen Qualitätsmerkmalen und Preisen obsolet werden lassen. Unter den Arten des Produktwissens werden die Schlüsselmerkmale (information chunks) besonders herausgestellt. Die Rolle des Schlüsselmerkmals Preis (auch als Indikator für Qualität) führt zu der Darstellung der Preiskenntnisforschung, die über die wissenschaftlichen Grundlagen der klassischen Preistheorie hinausgeht und praktische Konsequenzen für das Marketing nahelegt.

Der Abschnitt "Fehlvorstellungen" analysiert den wirtschaftlich und wettbewerbsrechtlich bedeutsamen Tatbestand der "Irreführenden Werbung". An mehreren Beispielen wird deutlich, daß die Rechtsprechung nicht immer von den Befunden der Konsumentenforschung ausgeht. Insbesondere fehlen genauere Vorstellungen über die Wirkung von schwach ausgeprägten Kognitionen und von Low-involvement.

Der übliche Meßmethodenabschnitt behandelt exemplarisch die verbale Wissensmessung für prägnante Kognitionen anhand der Recall-Methode, die besonders zur Messung von spontanen Marken- Alternativen und relevanten Produktmerkmalen sowie von Preisvorstellungen eingesetzt werden kann. Über einen Vergleich mit der Recognition-Methode kommt der Abschnitt dann zur nichtverbalen Erfassung der "inneren Bilder" des Konsumenten, die für Marktsegmentierungsfragen bei homogenen Konsumgütern und für die Werbewirkungskontrolle Aufschluß geben können.

3.2 Kognitionstheoretische Grundlagen

Kognitionen werden für den Verwendungszusammenhang Marketing definiert als eigenständig bewußt zu machende Wissenseinheiten, d.h. als subjektives Wissen, das bei Bedarf zur Verfügung steht, sei es intern als gespeicherte Information, die durch Erinnern (Abrufen) verfügbar ist, sei es als externe Information, die durch Wahrnehmen (Aufnehmen) verfügbar wird. Damit ist ein Konstrukt von großer Bandbreite abgesteckt. Es umfaßt beliebig viele Inhalte und diese in sehr unterschiedlichen Formen, z. B. Ausprägungen, Bewertungen, Schemata, Düfte, Klänge, Regeln etc. Wissen unterscheidet sich von benachbarten Konstrukten wie folgt:

Die erste **Abgrenzung** ist gegenüber der Folge der Konstrukte "Aktiviertheit/Emotion/Motiv/Einstellung/Wert/Persönlichkeit" vorzunehmen. Die Folge ist durch die zunehmende Komplexität bzw. Anreicherung mit kognitiven Elementen gekennzeichnet. Zur Erklärung einer Einstellung muß z. B. gleichermaßen auf emotionale wie auf kognitive Elemente zurückgegriffen werden. Damit können Kognitionen als Anreicherungselemente von Antriebskonstrukten verstanden und so von diesen abgegrenzt werden. Zum Beispiel sind (die später zu behandelnden) Motive und Einstellungen als komplexe Systeme aus kognitiven und emotionalen Elementen zu verstehen.

Zweitens sind Kognitionen streng genommen von **Informationen** abzugrenzen. Im engeren Sinne verstehen wir unter Informationen objektive Sachverhalte, z. B. ein Preisschild "DM 2,98", wogegen Kognitionen deren gedankliche Entsprechungen (Repräsentationen) sind, z. B. die Einordnung eines Preises in Höhe von DM 2,98 als "günstig". Unmittelbar wird das Konsumentenverhalten nicht von objektiven Gegebenheiten bestimmt, sondern davon, wie diese wahrgenommen und verarbeitet werden. Zum Beispiel mag man eine Einkommenssenkung in seinem Konsumverhalten weitgehend ignorieren und sich verschulden, wenn man sie nicht als Senkung des Konsumbudgets wahrnimmt. Für die Theorie des Konsumentenverhaltens ist es jedenfalls angemessen, die sogenannten objektiven Determinanten (z. B. geographische, konjunkturelle, ökologische Umfeldeinflüsse) als Information i.w.S., als subjektives Wissen, zu behandeln. Dieser weite Informationsbegriff paßt zu entsprechenden Prozeßkonstrukten wie Informationsaufnahme und -verarbeitung. Wenn der Begriff Information hier überhaupt verwendet wird, dann wird er von uns jedoch synonym mit Wissen/Kognition genutzt.

Die dritte Abgrenzung betrifft **Wahrnehmung, Lernen, Denken**. Das sind im Unterschied zu Kognitionen Prozeßkonstrukte. Die Theorie des Konsumentenverhaltens steht in der Tradition der kognitiven Psychologie. Sie überbetont die Prozesse, indem sie das Fachwissen unter "Wahrnehmung, Lernen, Denken" rubriziert. Dadurch ist das Interesse an den Zuständen, insbesondere an den Kognitionen, in den Hintergrund getreten. Die psychologischen Grundlagen für zustandsbezogene Marketinginstrumente (z. B. die Marktsegmentierung) sind durch dieses Etikettierungsproblem zu kurz gekommen. Kognitiven Zuständen gilt deshalb hier ein eigenes Kapitel.

Die vierte Abgrenzung betrifft den Unterschied zwischen Kognition und **Intelligenz**. Wir haben es an dieser Stelle mit Kognitionseinheiten selbst zu tun. Intelligenz ist dagegen als Fähigkeit zur Problemlösung zu definieren. Dazu gehört der Umgang mit Wissen. Nach der Modellvorstellung der Forschung zur Künstlichen Intelligenz ist die Wissensbasis nur ein Systemelement von Intelligenz. Wir begegnen der Intelligenz bei den Merkmalen der Persönlichkeit (7.2) und bei den Prozessen der Informationsverarbeitung (9.2).

Zu den Formen und Inhalten von Kognitionen kommt als Einteilungskriterium die neurophysiologisch lokalisierbare und funktional unterscheidbare Kategorie verschiedener Gedächtnisse in Betracht:

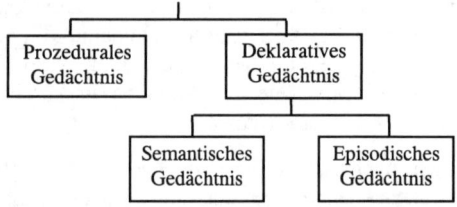

Das entwicklungsgeschichtlich ältere **prozedurale Gedächtnis** enthält Handlungsabläufe wie das Laufen oder Kauen. Es ist im Stamm- und Kleinhirn lokalisiert. Gespeicherte Prozeduren laufen unbewußt ab und lassen sich sprachlich schlecht beschreiben. Das prozedurale Gedächtnis ist für den Marketing-Verwendungszusammenhang weniger interessant.

Das **deklaratorische Gedächtnis** trägt diese Bezeichnung, weil es möglich ist, seine Inhalte sprachlich zu deklarieren. Seine beiden wichtigsten Teilsysteme sind das semantische und das episodische Gedächtnis. Das **semantische Ge-**

dächtnis umfaßt das Wissen über die Dinge, sprachliche Bedeutungen eingeschlossen. Zu den Inhalten des semantischen Gedächtnisses zählen auch das Faktenwissen, Interpretationsregeln und analytische Problemlösungsmuster. Das **episodische Gedächtnis** umfaßt erlebte (auch nach-erlebte) Abläufe. Sie sind nicht analytisch, sondern ganzheitlich und überwiegend in Bildern gespeichert, während im semantischen Gedächtnis die verbalen Begriffe dominieren. Die Subsysteme des deklarativen Gedächtnisses stehen über Begriffe und Erlebnisse miteinander in wechselseitigen Beziehungen.

Neben dieser elementaren Einteilung der Kognitionen ist ihre Struktur von Interesse, d.h. die Systematik, nach der sie gespeichert sind. Wissensstrukturen sind nicht bei allen Personen gleich. Zum Beispiel haben Experten sorgfältiger ausgearbeitete Strukturen als Laien (JOHNSON & RUSSO 1981). WALKER, CELSI & OLSON (1987) unterscheiden Wissen strukturell nach Dimensionalität, Artikuliertheit und Abstraktionsgrad. Experten haben mehr kognitive Dimensionen und je Dimension ein differenzierteres Wissen als Laien. Auch bezüglich Artikuliertheit und Abstraktionsgrad ist Expertenwissen überlegen.

Zur Differenzierung für **Marketingzwecke** sind folgende Kognitionsarten geeignet:

- sprachlich und anders kodiertes Wissen
  (bildlich, episodisch, musikalisch usw.)
- mehr oder weniger bewertetes Wissen
  (Abgrenzungsproblem zu Gefühlen, Motiven, Einstellungen)
- Objektwissen und Metawissen
  (über ein Produkt oder Kriterien zur Produktbeurteilung)
- mehr oder weniger detailliertes Wissen
  (alle technischen Informationen oder ein Gesamturteil)
- mehr oder weniger sicheres Wissen
  (zwischen Überzeugung und Vermutung)
- mehr oder weniger klar bewußtes und prägnantes Wissen
  (zwischen "schwarz-auf-weiß-" und "grau-in-grau-Wissen").

Diese Begriffe werden bei den nachfolgenden marketingpraktischen Abschnitten und in den nachfolgenden Kapiteln zu den komplexeren Konstrukten wieder aufgegriffen. Besonders hervorzuheben ist die erste Unterscheidung (sprachlich oder nichtsprachlich). In der Marketingliteratur wird vornehmlich auf sprachliches, verbalisiertes und abfragbares Wissen Bezug genommen. Allerdings sind andere **Wissensformen** für das Konsumentenverhalten bedeutsamer. Vor allem ist der Einfluß innerer Bilder (siehe 3.4) inzwischen überzeugend bestätigt worden (KROEBER-RIEL/WEINBERG1996, S. 342 ff.).

Besondere Bedeutung für das Marketing hat die Form des Konsumenten-wissens. Es wird zur Vereinfachung der Informationsverarbeitung soweit wie möglich kompakt in Form der Schlüsselinformation (**information chunk**) behandelt und nicht so differenziert wie möglich. Subjektiv sinnvoll zusammengefaßte Einzelinformationen sind im semantischen Gedächtnis organisiert und stehen als Einheit stellvertretend für viele einzelne Kognitionen. Wichtige Konsumenten-Schlüsselinformationen sind:

- Markenname/Herstellername
- Logo
- Preis
- Testbericht
- Bekanntheit der Werbung
- geographische Herkunft.

Mit der besonderen Bedeutung des Preises als Schlüsselinformation für Qualität befaßt sich Abschnitt 3.3. Allgemeine Aussagen über die Verwendung von Schlüsselinformationen im Rahmen der Konsumenten-Informationsverarbeitung stehen in Abschnitt 9.3.

Kognitive **Schemata** haben als Substrukturen des Wissens noch allgemeinere Bedeutung als Schlüsselinformationen. Schemata sind Wissensmuster, die kognitive Prozesse wie Wahrnehmungen, Bewertungen und Entscheidungen organisieren, z. B. für das schematisierte Einkaufen im Supermarkt. Schemata sind kognitive Programme, nach denen Informationen auf eine vorbestimmte Art und Weise verarbeitet werden. Schemata werden in der Marketingkommunikation gezielt angesprochen, um die Wahrnehmung von Werbebotschaften zu erleichtern oder um ein gelerntes Problemlösungsverhalten auf das angebotene Produkt zu richten. Es kann daher ein Marketingziel sein, Schemata zu vermitteln. **Modelle** (Testimonials, Celebrities) sind personale Schemata, kognitive Muster der Erscheinung und des Verhaltens von Personen in der Werbung. Über das Gesagte hinaus werden sie als Vorbilder für imitierendes Konsumentenverhalten eingesetzt (vgl. 7.7).

Kognitionen können nach der **Dauer** ihrer Verfügbarkeit im Gedächtnis unterschieden werden. Es gibt Kognitionen, die sehr lange im Gedächtnis verfügbar bleiben und solche, die nach wenigen Minuten vergessen sind. So weiß man häufig den Preis eines gerade gekauften Produktes nur für kurze Zeit, den Markennamen behält man jedoch über Jahre (zur Verfügbarkeit von Preisen vgl. 3.3).

Nach dem heutigen Wissensstand ist davon auszugehen, daß Kognitionen unterschiedlich lange, aber auch in unterschiedlicher Menge gespeichert werden. Dazu wird auf das **Drei-Speicher-Modell** zurückgegriffen (vgl. 0.6, S. 34), dem die Vorstellung zugrundeliegt, alle Kognitionen seien in einem von drei Speichern vorhanden.

Die Vorstellung eines Systems aus drei Speichern, in denen Informationen mehr oder weniger dauerhaft gespeichert sind, und zwischen denen Informationstransfer- und Verarbeitungsprozesse ablaufen, entspricht weitgehend der Hardware einer Computer-Zentraleinheit. Das Modell ist anschaulich und hat sich insofern als nützlich erwiesen. Eine seiner **Grenzen** liegt aber bei der Darstellung der Kognitionen selbst. Die Vorstellung von elektronischen (oder auch chemischen) "bits" als Wissenseinheiten ist mit der heute geltenden Gedächtnisspuren-Theorie nicht vereinbar.

Um eine Weiterverarbeitung zu ermöglichen, werden neu aufgenommene Kognitionen im "Ultra-Kurzzeitspeicher" nur für Sekundenbruchteile zwischengespeichert. Im Arbeitsspeicher werden die dann schon selektierten Kognitionen für maximal 18-20 Sekunden gespeichert. Allerdings ist die Speicherkapazität im Arbeitsspeicher um ein vielfaches geringer als im Ultra-Kurzzeitspeicher, in dem die gesamte einströmende Informationsmenge zwischengespeichert werden kann. Die Speicherdauer und Kapazität des Langzeitspeichers ist nahezu unbegrenzt. Nach der neueren Gedächtnistheorie werden Kognitionen allerdings verändert und damit auch – im umgangssprachlichen Sinne – vergessen. Die "Videorecordertheorie" (**Interferenztheorie**) hingegen geht davon aus, daß das Gehirn das gesamte Erleben speichert. Erinnerungslücken entstehen nur durch Probleme beim Wiederauffinden von Informationen.

BARTLETT (1932) ging durch Analyse von nacherzählten Geschichten der Frage nach, warum wir so ungenau behalten, selbst unter den subjektiv besonders wichtigen Kognitionen. Er stellt dabei fest, daß Begebenheiten unabsichtlich und unbemerkt in Richtung auf die Interessen, Kenntnisse, Einstellungen und Stimmungen der Nacherzähler modifiziert werden. Die **Erinnerungen** liegen danach nicht als feste Speicherinhalte vor, sondern werden um einige wenige Schlüsselinformationen herum jeweils neu konstruiert.

Wissen ist in Form von **schematischen Netzwerken** zusammengesetzt und gespeichert. Beispiele für solche Kognitionsnetze sind "Einkauf im Supermarkt", "Urlaub", "Kochen" usw. Neue Informationen werden möglichst in ein vorhandenes Schema eingebaut. Wenn die neuen Informationen zu fremd sind, werden sie entweder nicht gespeichert (wieder vergessen) oder vorhandene Schemata werden entsprechend verändert, erweitert bzw. neue werden gebildet, so daß die neuen Informationen eingefügt werden können. Gedächtnisinhalte werden auch überlagert und miteinander verschmolzen. Aus solchen Veränderungen und Interferenzen wird die behauptete grundsätzliche Veränderlichkeit aller Kognitionen erklärt.

Schließlich stellt sich die Frage nach der **physischen Repräsentation** der Kognitionen im Gehirn. Zwar können Wissensbereiche z.T. neurophysiologisch lokalisiert werden. Seit langem sind funktional spezialisierte **Hemisphären** und Gehirnareale bekannt. So kann das episodische und bildhaft-ganzheitliche Wissen überwiegend der rechten Hemisphäre, das semantische und sprachlich-analytische Wissen der linken Hemisphäre zugeordnet werden. Im Zuge einer immer weiter verfeinerten "Kartierung" des Gehirns ging man bis vor wenigen Jahren sogar noch davon aus, daß jede Kognition im Gehirn lokal durch eine spezifische Eiweißverbindung als "Gedächtnismolekül" repräsentiert sei. Aber die Vorstellung einer strikt lokalen Speicherung stößt auf Widersprüche mit Erkenntnissen über die Informationsaufnahme und -verarbeitung. Aus didaktischen Gründen behalten wir das Drei-Speicher-Modell für die Prozeßabschnitte dieses Buches bei.

Die neuere psycho- und neurophysiologische Forschung hat zu einem plausibleren Modell geführt. Es baut auf der Tatsache auf, daß Informationen elektrochemisch über Schnittstellen ("Synapsen" und "Dendriten") von benachbarten Nervenzellen auf bestimmten, für diese Information spezifischen, Bahnen weitergeleitet werden. Die Erregung einer Synapse durch einen Informationsvorgang bewirkt eine physiochemische Veränderung, eine Art Verstärkung ihrer Verbindung zwischen den beiden betreffenden Nachbarzellen. Dadurch hinterläßt die Information eine **"Gedächtnisspur"**, eine bestimmte Bahn in dem dichten Netzwerk von Nervenzellen. Im Falle einer Wiederholung wird die Information aufgrund der Spur leichter verarbeitet. Intensive (involvierte) Beschäftigung mit der Information führt zu "tiefen" Gedächtnisspuren. Erinnern entspricht einem erneuten Durchlaufen der Spur. Jede Kognition kann so als Repräsentation einer Gedächtnisspur verstanden werden. Durch die Tiefe der Gedächtnisspuren lassen sich unterschiedliche Grade an Präsenz/Prägnanz des Wissens erklären. Ebenso lassen sich Wissensverbindungen wie Assoziationen und Schlüsselinformationen durch miteinander verknüpfte Gedächtnisspuren erklären.

Means-end-chains-Theorie und kognitive Netzwerke

Es wurden verschiedene Modelle entwickelt, um die Repräsentation von Wissen und Erfahrung im Gedächtnis abzubilden. Vor allem die **Theorie der Ziel-Mittel-Ketten** (Means-end-chains) (vgl. u.a. GUTMAN 1982, OLSON & REYNOLDS 1983, OLSON 1995) und das **Modell der kognitiven Netzwerke** (vgl. u.a. QUILLIAN 1968, ANDERSON 1983, GRUNERT 1990, 1991, 1994) haben sich zur Erklärung kognitiver Strukturen der Organisation von Wissen und Erfahrung im Gedächtnis von Konsumenten bewährt. Zentrale Fragen gelten dem Aufbau und der Entwicklung der konsumrelevanten Strukturen, ihrer Beeinflußbarkeit durch Marketingstimuli und ihrem Einfluß auf Kaufentscheidungen.

Das **Modell der Ziel-Mittel-Ketten** (OLSON & REYNOLD 1983, PETER & OLSON 1990) geht davon aus, daß kognitive Strukturen grundsätzlich hierarchisch aufgebaut sind. Man unterscheidet folgende Typen kognitiver Elemente einer Ziel-Mittel-Kette (GRUNERT 1994, S. 216):

	Beispiel:
terminale Werte	Selbstbewußtsein
instrumentale Werte	respektiert werden
psychosoziale Konsequenzen	schön sein
funktionale Konsequenzen	schlank bleiben
abstrakte Produktmerkmale	kalorienarm
konkrete Produktmerkmale	fettarm

Hiernach ist die kognitive Struktur als hierarchische Kette darstellbar und kann mit der sogenannten Laddering-Technik (vgl. 3.5), einer assoziativen Befragungsmethode, gemessen werden (GRUNERT 1991, S. 14). GRUNERT betrachtet Produktmerkmale, die nicht zu Produktanwendungen in Beziehung gesetzt werden können, als unbedeutend. Daß ausnahmslos von einer hierarchischen Struktur ausgegangen wird und daß Kaufentscheidungen stets durch anwendungsbezogene Produktmerkmale vermittelt werden, ist eine Gültigkeitsbeschränkung des Modells, die im Marketing oft nicht akzeptiert werden kann.

Das **Anwendungen/Alternativen/Merkmale-Modell** nach GRUNERT (1990) basiert auf **Netzwerkmodellen**, die in der Psychologie entwickelt wurden (Vertreter sind u.a. QUILLIAN 1968, ANDERSON 1983). In diesem Modell sind die für die Kaufentscheidung wichtigen kognitiven Kategorien (graphisch als Knoten dargestellt) die Produktalternativen (z. B. Marken, "Blendamed"), die Produktanwendungen (z. B. der Verwendungszweck, "Kariesvorsorge") und die Produktmerkmale (z. B. die Eigenschaften, "Minzegeschmack"). Zwischen diesen Konzepten bestehen Assoziationen (graphisch als Kanten dargestellt) Produktkenntnis (das Produkt "hat" bzw. "ist"), Produktanforderungen ("erfordert", "erleichtert") und Produkterfahrungen ("ist geeignet für").

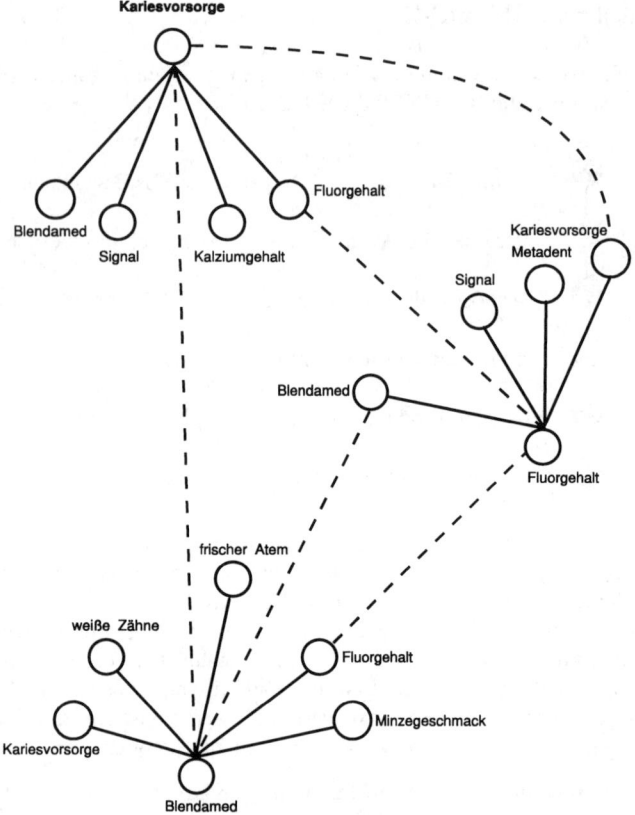

Bei obigem Beispiel gibt die **Alternativenebene** ("Blendamed") an, für welche Anwendungen diese Marke als geeignet gilt und mit welchen Merkmale sie assoziiert wird. Die **Merkmalsebene** ("Fluorgehalt") zeigt, welche Produktalternativen zugeschrieben und für welche Anwendungen dieses Merkmal für erforderlich gehalten wird. Die **Anwendungsebene** ("Kariesvorsorge") zeigt, welche Merkmale gefordert und welche Produktalternativen für diese Anwendung als geeignet empfunden werden (GRUNERT 1990, S. 71 f.). Die zugrundeliegende **Hypothese** lautet: Je enger zwei kognitive Konzepte im Netzwerkmodell nebeneinander stehen, desto stärker sind die beiden Sachverhalte assoziativ miteinander verknüpft.

Die Kenntnis des kognitiven Netzwerkes eines Konsumenten kann Hinweise auf Beeinflussungsmöglichkeiten durch Anlagerung neuer Sachverhalte an bestehendes Wissen geben. Beeinflussende Kommunikation kann auch neue Al-

86

ternativen zu der individuell spontan erinnerten und für relevant erachteten Alternativenmenge, dem sogenannten Evoked-set (siehe unten) hinzufügen.

In unterschiedlichen Entscheidungsvorbereitungssituationen des Konsumenten können bestimmte Typen kognitiver Strukturen mehr Motivation zur Informationsaufnahme (Involvement, vgl. 1.4) freisetzen als andere. Zum Beispiel zeigt ein Konsument hohes Produktinvolvement, wenn die Produktanforderungen stark, das Produktwissen und die Produkterfahrung jedoch schwach ausgeprägt sind (GRUNERT 1991). Sind alle drei Kanten der kognitiven Struktur schwach ausgeprägt, so ist das Involvement geringer, und die Relevanz zur Prüfung der Produkttauglichkeit wird dem Konsumenten nicht bewußt. Um die Chance der Informationsaufnahme zu steigern, sollten die Produktanforderungen ausgebaut werden, d.h. neben Informationen über Produktmerkmale sollten auch solche in bezug auf die Produktanwendungen vermittelt werden (siehe hierzu im obigen Beispiel die Anwendung "Kariesvorsorge"). Dies ist vor allem für High-involvement-Produkte eine aussichtsreiche Strategie. Bei Low-involvement-Produkten ist die Konditionierungstechnik sinnvoller, die den Konsumenten zu einem Probekauf veranlaßt. So können die Produkterfahrungen ausgebaut und spätere Kaufentscheidungen beeinflußt werden.

Die Forschung hat Instrumente zur Messung solcher Netzwerke entwickelt. GRUNERT beispielsweise führte 3 Studien zur Überprüfung des Modells und zur Entwicklung der Erhebungsmethoden durch (zu den Meßverfahren vgl. 9.5):

(1) Eine Studie über Fotoapparate ergab als sinnvollste Erhebungsmethode das Einzelinterview mit den höchsten Reliabilitätswerten, gefolgt von der Gruppendiskussion. Die freie Wortassoziation lieferte nur unbefriedigende Werte.

(2) Eine Studie über Bier mit dem Schwerpunkt auf der Ermittlung von Kaufwahrscheinlichkeiten über Vernetzungsgrade.

(3) Eine Untersuchung über Heizungen zur Änderung von Wissensstrukturen durch Werbung und Verbraucherinformationen.

Zudem wurde der "Cognitive-mapping"-Ansatz (vgl. 9.5) entwickelt, um die Beziehungen zwischen Äußerungen von Probanden (z. B. Kausalzusammenhänge) zu visualisieren.

Funktion und Inhalt des Konsumentenwissens zu kennen, kann in vielfältiger Weise Grundlage für Marketingentscheidungen sein. Die folgenden Stichworte können das nur andeuten: **Markenbekanntheit** (Bekanntheitsgrad) wird als quantitative Größe neben ökonomischen Indikatoren wie Marktanteil häufig als Marketing-Zielkriterium verwendet. **Werbebekanntheit** bzw. Kenntnis bestimmter Aussagen der Werbung wird als Werbewirkungskriterium erfaßt. Preiskenntnis als Spezialfall des Produktmerkmalswissens (siehe 3.3) ist darüber hinaus als Anhaltspunkt für die Preispolitik bedeutsam. **Produktmerk-malswissen** (beliefs) kann als Kriterium zur Marktsegmentierung und als Grundlage zur gezielten Einstellungsänderung benutzt werden. Wenn es sich um ein einzelnes, abgehobenes belief handelt, spricht man von Alleinstellungs-(Unique Selling Proposition-, USP) Strategie. Zum Beispiel versuchten sich nachstehende Markenfirmen mit den genannten USPs zu positionieren:

BMW	⟶	sportlich
Aldi	⟶	preiswert
Swatch	⟶	jugendlich
Benetton	⟶	international-verbindend

Eine andere Strategie bemüht sich um relatives, mit dem Wettbewerb verglichenes Wissen (Vergleichende Werbung). Zum Beispiel vergleichen sich in den USA viele Markenartikler wie Pepsi und Coca Cola offen und z.t. aggressiv miteinander; in Deutschland nimmt die vergleichende Werbung eher subtilere Formen an, z. B. warb die Firma BMW während der Einführungsphase der neuen Mercedes S-Klasse für ein neues Lichtsystem der 7er-Reihe mit dem Slogan: "Heller als jeder Stern". Eine Form der offen vergleichenden Werbung ist die Publikation von vergleichenden Mediadaten durch Zeitschriftenverlage.

Argumente, die früher einmal gelernt wurden und die als Wissenseinheiten bereitstehen, können abgerufen und für oder gegen eine aktuelle Beeinflussung verwendet werden (kognitive Reaktionen). **Problemlösungsschemata** können Voraussetzung für die Akzeptanz eines auf ein bestimmtes Problem zielenden Angebots sein und wiederum der Marktsegmentierung und Werbeplanung dienen.

Kognitionen liegen in kategorisierter Form vor. Daher können sogenannte **Evoked-sets** als Entscheidungsalternativen simultan zur Verfügung stehen. Ein Evoked-set ist die individuell spontan erinnerte und für relevant erachtete Alternativenmenge. Sie legt definitiv fest, welche Alternativen (Marken) eines Produktes überhaupt in Betracht gezogen werden. Die Zugehörigkeit der eigenen Marke und der Wettbewerbermarken zum Evoked-set von Konsumenten drückt die Wettbewerbsverhältnisse aus und dient der Zielgruppenabgrenzung. Das Marketing hat daher Anlaß, sich intensiv mit den Evoked-sets in den Zielgruppen zu befassen. Als dafür wichtige Arten von Evoked-sets können bewußte und **akzeptierte Sets** unterschieden werden. Das **bewußte Set** (Awareness-set) umfaßt alle Alternativen (Marken), deren sich der Konsument bewußt ist. Darunter sind akzeptierte und nicht akzeptierte Alternativen sowie solche, bei denen man unsicher bzw. indifferent ist. Das akzeptierte Set (accepted set) umfaßt alle Alternativen (Marken), die für einen Kauf subjektiv grundsätzlich in Frage kommen, weil man weder eine negative Einstellung dazu hat noch ein zu großes Risiko empfindet (zu unsicher ist). Beide Arten werden umgangssprachlich als Erfahrung bzw. als Vertrautheit (familiarity) bezeichnet. Mehr

Erfahrung bzw. mehr Vertrautheit in einer Produktklasse bedeutet prägnantere Sets und damit vereinfachtes Konsumentenverhalten.

Entsprechend sind die Umfänge der bewußten und der akzeptierten Sets von der Produktklasse abhängig: Je weniger Produktmerkmale zu beachten sind (Komplexität, Homogenität), je vielseitiger ein Produkt eingesetzt werden kann (Problemlösungspotential) und je reifer das Produkt ist (Lebenszyklusphase), desto kleiner ist das Evoked-set (SCHOBERT 1979, S. 51). Je höher das Involvement, desto kleiner ist der akzeptierte Anteil am Evoked-set (vgl. 1.5, Involvementmessung nach SHERIF).

Ein Sonderfall des Evoked-set ist die sogenannte **Top-of-mind**-Position. Für den Konsumenten kommt dann nur eine Marke in Frage. Beispiel: Konsument A benötigt Medikamente gegen seinen grippalen Effekt. Er wählt wie immer die Apotheke an der Ecke als Einkaufsstätte. Seine Wahl beschränkt sich ausschließlich auf das Merkmal "Erreichbarkeit". Nur wenn "seine" Apotheke geschlossen wäre, würde er die nächstgelegene Apotheke besuchen. Ein solches Evoked-set von der Größe eins stellt also die Spitze eines hierarchisch strukturierten Evoked-set dar. Es ist die Grundlage für absolute Markentreue.

Als weiterer Sonderfall innerhalb eines Evoked-set kann der Fall angesehen werden, daß bestimmte Alternativen eindeutig negativ beurteilt und daher abgelehnt werden. Nicht nur die für relevant erachtete Alternativenmenge drückt die Wettbewerbsverhältnisse der eigenen Marke gegenüber der Konkurrenz aus, sondern auch die Alternativenmenge "die auf keinen Fall" akzeptiert wird. Daher sollte sich das Marketing auch mit diesem Teil des Evoked-sets befassen.

Aus drei Untersuchungen hat SCHOBERT (1979, S. 58) die Umfänge von individuellen Evoked-sets nach Produktgruppen zusammengestellt. Zusätzlich wird die Anzahl verschiedener genannter Produkte über alle Befragten (aggregierte Evoked-sets) aufgeführt.

Produktgruppe	individuelles Evoked-set (Median)	aggregiertes Evoked-set	Quelle
Bier	4	27	N
Kanadisches Bier	7	15	U
Deodorant	3	20	U
Deodorant	2	15	N
Hautcreme	5	30	U
Nichtverschreibungspflichtige Arzneimittel	3	20	U
Schmerzlinderungsmittel	3	18	U
Antacid	3	35	U
Shampoo	4	30	U
Mundwasser	1	8	N
Zahnpasta	3	14^+	C
Zahnpasta	2	9	N
Waschmittel	5	24^+	C
+ Alle im regionalen Teilmarkt verfügbaren Marken			

(Quellen: U = URBAN 1975; C = CAMPBELL 1969; N = NARAYAN & MARKIN 1975)

Wegen der besonders großen marketingpraktischen Bedeutung gehen die nachfolgenden Abschnitte auf die Marketing-Kognitionsbereiche "Produkt- und Preiswissen", "Innere Bilder" und "Fehlvorstellungen" näher ein.

3.3 Produkt- und Preiswissen

Beispiele aus der preispolitischen Praxis

(1) Versandhäuser wissen, daß ihre Kataloge als Grundlage für Preisvergleiche mit Angeboten anderer Betriebsformen des Einzelhandels genutzt werden ("Was darf es denn kosten?"). Der Katalog bekommt dadurch die Eigenschaft eines externen Langfristspeichers für die Preiskenntnis. Er wird in dieser Funktion auch dann benutzt, wenn die Ware woanders gekauft wird. In diesem Zusammenhang hat sich die damalige Werbeagentur für Quelle (McCANN-ERICKSON) den Slogan einfallen lassen: "Erst mal seh'n was Quelle hat".

(2) Das Gesetz gegen unlauteren Wettbewerb (UWG) sieht seit 1986 ein Verbot von mißbräuchlicher "blickfangmäßiger Werbung mit durchgestrichenen Preisen" vor. Diese Preisauszeichnung von Sonderangeboten mit geänderten Preisschildern hatte ursprünglich den Sinn, eine Preisänderung für den Ausverkauf technisch einfach zu gestalten. Zum Teil ist dieser Sinn verlorengegangen. Die Werbung mit durchgestrichenen Preisen ist immer mehr zum Verkaufstrick geworden: Der aktuelle Preis soll besonders günstig erscheinen, indem der Konsument ihn mit einem (zuvor nicht immer gültigen) wesentlich höheren "Normalpreis" vergleichen

kann. Der Trick entfaltet dann seine Wirkung, wenn die Konsumenten in der betreffenden Produktklasse keine ausgeprägten Preiskenntnisse haben und wenn der durchgestrichene höhere Preis als Hinweis auf gute Qualität verstanden wird.

(3) Während der 70er Jahre galt in Deutschland ein Benzinpreis von einer Mark als psychologische Schwelle, oberhalb derer die Autofahrer plötzlich mit Verbrauchseinschränkungen reagieren würden, während die permanenten Preiserhöhungen unter einer Mark keine merkbaren Sparmaßnahmen verursachten. Als die vermutete Preisschwelle überschritten wurde, war tatsächlich ein Verbrauchsrückgang zu registrieren. Aber schon nach wenigen Wochen hatten sich das Niveau und die geringe Preiselastizität der Nachfrage wieder eingestellt. Anfang 1986 näherten sich die Benzinpreise wegen des zerfallenden OPEC-Kartells wieder der Eine-Mark-Schwelle, aber diesmal von oben her. Diejenigen Tankstellen, die als erste wieder unter einer Mark anboten, erlebten einen wahren Ansturm. Die Preisreaktionen der Autofahrer waren diesmal besonders scharf, aber wiederum nicht nachhaltig. Inzwischen scheinen an die Stelle absoluter Benzinpreisschwellen relative getreten zu sein: Die Wettbewerber tolerieren Konkurrenzabweichungen von 1 Pfennig, darüber befürchten sie deutliche Nachfragereaktionen.

Produkt- und Preiskenntnis und Konsumentenverhalten

Die Marketingtheorie bestand früher vorwiegend aus Modellen zur Preispolitik. Der Preis (und ggf. die Qualität) wurde als zu optimierende, objektive Größe behandelt. Diese Sichtweise erlaubte keine differenzierte Angabe von Marketingzielen und -maßnahmen hinsichtlich der das Konsumentenverhalten bestimmenden Produktkognitionen. Darunter kommen viele subjektiv mehr oder weniger nützliche und mehr oder weniger abträgliche Produkteigenschaften in Betracht. Hohe Preise gehören oft zu den abträglichen, niedrige Preise zu den nützlichen Merkmalen. Das von hohen Preisen ausgehende Prestige kann aber durchaus "nützlich" sein (vice versa). Preise haben wie andere Produktmerkmale eine objektive und eine subjektive Seite. Konsumenten denken bei Preisen nicht so sehr in exakten Zahlen, sondern in Kategorien wie "teuer", "preiswert", "günstig" etc. Die Theorie des Konsumentenverhaltens hat sich primär mit den subjektiven Preis- und Qualitäts-Kognitionen zu befassen. Im übrigen sind Preis und Qualität, Nutzen- und Kostenmerkmale weder aus Anbietersicht noch in der Wahrnehmung der Konsumenten unabhängig voneinander.

Produktinformationen stehen meist nur teilweise aktuell als wahrnehmbare Stimuli zur Verfügung. Außer solchen Stimuli liegen Informationen als **gespeicherte Kognitionen** vor, als mehr oder weniger sichere, reale, präzise Eindrücke. Allgemeingültige Aussagen über das Wissen der Konsumenten zu den relevanten Qualitätsmerkmalen der Produkte sind rar, weil die Verhältnisse von Produkt zu Produkt, über die Marktsegmente und über die Zeit hinweg höchst unterschiedlich sind. Die meisten dieser für Marketingentscheidungen sehr bedeutsamen Informationen müssen durch spezifische Marktforschung gewonnen werden.

Der **Inhalt des Produktwissens** kann grob unterschieden werden in Alternativenkenntnis und Merkmalskenntnis. Eine subjektiv vollständige Informationsbasis für den Käufer eines Kühlschranks kann dann als Matrix dargestellt werden, z. B.:

Informationsmatrix		Alternativen		
		Marke A	Marke B	Marke C
Merkmale	Techn. Stand Prestige Lebensdauer Investition Lfd. Kosten	15 bestimmte Ausprägungen		

Die Ausprägungen können unterschiedlich präsent, sicher, genau, quantifiziert ("schwierig") sein, je nachdem, wie das Wissen verfügbar bzw. zu beschaffen ist. Jedenfalls sind umfangreiche und vollständige Informationsmatrizen der (ideale) Ausnahmefall. **Umfang und Qualität** der Informationsbasis hängen vor allem vom Involvement des betreffenden Konsumenten in der betreffenden Situation ab: Unter hohem Involvement besteht das Produktwissen aus mehr Alternativen, auch wenn im Endeffekt von diesen nur wenige Alternativen akzeptiert werden, sowie aus mehr und schwieriger zu verarbeitenden Merkmalen als bei Low-involvement. Die Verarbeitung der Kognitionen zur Bewertung und Entscheidung wird als Prozeß bei 9.4.1 dargestellt. Bereits an dieser Stelle interessant und "entscheidend" ist, wie viele und welche Alternativen und Merkmale als Produktwissen zur Verfügung stehen. Im allgemeinen verfügen Konsumenten über einen Satz (Evoked-set) von spontan kaufrelevanten Marken und Merkmalen. Dieses spontane Wissen kann durch Nachdenken, durch gestütztes Nachfragen (aided recall) oder durch Marketingstimuli verändert werden.

Deshalb ist auf solchen Märkten für den Anbieter wichtig, einen hohen Bekanntheitsgrad und entsprechende Verfügbarkeit (Distribution) der betreffenden Marke zu gewährleisten. Der Zusammenhang zwischen **Bekanntheitsgrad und Akzeptanz** ist nicht auf homogene Konsumgütermarken beschränkt, er gilt auch bei hochtechnologischen Produkten. Der Wissensstand über eine bestimmte Technologie beeinflußt an sich schon ihre Akzeptanz. Zum Beispiel bilden die heute 15- bis 25-jährigen, die mit dem computertechnologischen Wissen aufgewachsen sind, Kernzielgruppen für Mikrocomputer, obwohl ältere und kaufkräftigere Zielgruppen größeren wirtschaftlichen Nutzen aus dem Besitz eines PC ziehen könnten (Haushaltsverwaltung, Finanzplanung etc.). Sie sind nur wegen fehlenden Produktwissens schwerer zu überzeugen.

Die Zellen der Matrix des Produktwissens sind meist sehr lückenhaft besetzt. Häufig kann noch nicht einmal davon ausgegangen werden, daß das Wissen im Einzelfall sinnvoll als Matrix abzubilden ist, weil z. B. Alternative A durch andere Merkmale gekennzeichnet ist als Alternative B. Im Grenzfall hat jede Alternative ihr eigenes (singuläres) Attribut. Das ist bei erfolgreich durchgeführten **Unique-selling-proposition-** (USP-) bzw. **Positioning**-Strategien (RIES & TROUT 1986) der Fall: Hier versucht jeder Wettbewerber, für seine Marke aus dem Low-Involvementbereich ein einzigartiges Attribut in den Köpfen zu verankern, so daß die Marke nicht direkt mit anderen verglichen werden kann (TROMMSDORFF 1992). Diese Strategien sind nicht zu verwechseln mit einer "emotionalen Variante" der Produktdifferenzierung, der emotionalen Konditionierung (vgl. 2.5 und 8.4).

Produktwissen kann mehr oder weniger detailliert sein. Bestenfalls sind dem Konsumenten alle technisch-wirtschaftlichen Details seiner Alternativen bekannt bzw. verfügbar. Das kommt aber nur bei ausgesprochen hohem Involvement vor. In der Regel strebt der Konsument wegen der mühsam zu beschaffenden Information nach möglichst geringem Informationsaufwand und bevorzugt deshalb grob strukturiertes (aber subjektiv hinreichend verläßliches) Wissen. Deshalb faßt er möglichst mehrere Produktmerkmale zu einem **Schlüsselmerkmal** zusammen (chunking), d.h. zu einem Globalmerkmal. Den Prozeß des chunking beschreibt Kapitel 8.4. Hier gehen wir davon aus, daß Produktwissen nach Möglichkeit aus Ausprägungen von information **chunks** besteht. Um im Bild der Informationsmatrix zu bleiben: Ihre Spalten bestehen aus Merkmalen, mit denen Alternativen nur so differenziert wie nötig, aber so grob wie möglich beschrieben werden können. In den Zellen der Matrix stehen entsprechend chunks, oftmals Ausprägungen des Marken- und Herstellernamens, eines Testurteils, Gütesiegels oder des Preises.

Unter den Schlüsselmerkmalen spielen Preise als Substitute für Produktwissen eine besondere Rolle. Daß u.U. von einem hohen Preis auf gute **Qualität** geschlossen wird, hat die Konsumentenforschung beschäftigt, um ansteigende, scheinbar paradoxe Preis-Absatz-Funktionen erklären zu können. Neben der ökonomischen Wirkung ist die positive Wirkung hoher Preise auf die Einstellung zu beachten (LICHTENSTEIN & BURTON 1989): Bei der Einstellungsbildung wird die Kostenbelastung nicht unbedingt berücksichtigt. ZEITHAML (1987) hat deshalb vorgeschlagen, mit einem neuen Konstrukt "Wert" zu arbeiten, das den Kostenaspekt mit dem Nutzenaspekt integriert. Die nachstehende Grafik gibt den komplexen Gedanken einfach wieder:

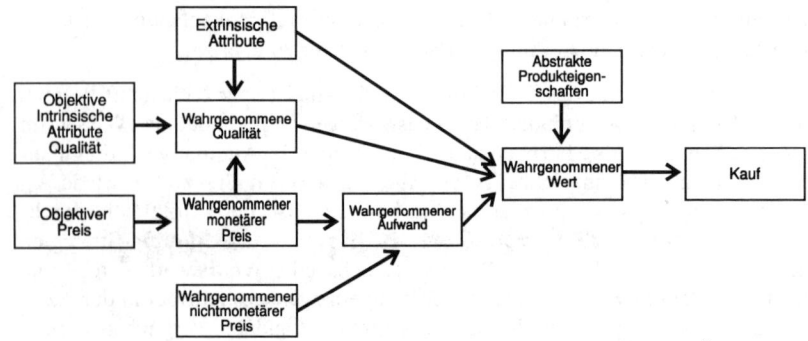

Quelle: ZEITHAML 1987 (dt. Übersetzung)

Ob ein Preis als Qualitätsindikator benutzt wird oder nicht, hängt nach Forschungsbefunden von der gleichzeitig externen Verfügbarkeit anderer Produktinformationen ab. Wenn gut strukturierte und verläßliche andere Qualitätshinweise verfügbar sind, ist der Preis als Schlüsselmerkmal unbedeutend. Natürlich hängt die Indikatorfunktion des Preises auch davon ab, über welche vorhandenen Kognitionen der Konsument in der betreffenden Situation verfügt. Das wiederum hängt u.a. davon ab, wie involviert man sich früher mit dem Produkt auseinandergesetzt hat. Andererseits ist die Benutzung vorhandener Kognitionen vom aktuellen Involvement (dem Wollen) und von der spezifischen Intelligenz (dem Können) abhängig. So ist die Funktion des Preises als Schlüsselmerkmal doppelt (aktuell und historisch) involvementbedingt. Abgesehen von der wichtigen subjektiven Funktion des Preises als Qualitätsindikator: DILLER (1988) weist anhand von Warentests nach, daß wenig Anlaß besteht, dem Preis als Qualitätsindikator zu trauen.

Zur **Bekanntheit von Preisen**: Wegen der negativen Funktion der Preise als Kosten müßten Preisinformationen um so eher als Kognitionen parat sein, je größer der Anteil der betreffenden Produkte am Haushaltsbudget ist, d.h. je teurer das Produkt ist und je mehr davon konsumiert wird. Empirische Befunde über das Preiswissen der Konsumenten bestätigen diese Hypothese nur teilweise. Zum Beispiel können die Preise von billigen Produkten – absolut betrachtet – genauer angegeben werden als von teuren Produkten. Eine Begründung dafür gibt das Weber-Fechnersche Gesetz der Psychophysik, wonach das Intervall wahrnehmbarer Unterschiede zwischen zwei verschieden intensiven Reizen mit zunehmender Reizstärke breiter wird (vgl. 8.2).

Der allgemeine Preis-Kenntnisstand ist sehr gering, selbst bei bekannten Marken. Nur die regelmäßigen Käufer ganz bestimmter Marken können das **Preisniveau** "ihrer" Marke genauer benennen. Nennenswerte Preiskenntnisse sind nur bei häufig gekauften Artikeln vorhanden. So konnten nach einer Untersuchung von MÜLLER-HAGEDORN (1986) Verbraucher bei zehn häufig gekauften Lebensmitteln zu 90% Preislagen richtig nennen. Systematisches Wissen ganzer Preissysteme innerhalb einer Produktklasse kommt aber praktisch nicht vor. So haben Konsumenten auch ohne objektive Preiskenntnisse für fast alle Produktklassen Vorstellungen darüber, was es ungefähr kostet bzw. was es subjektiv kosten darf (**Preisbereitschaft**). Die folgende Übersicht bildet die subjektiven Preiskenntnisse und -erwartungen für einen sehr speziellen Markt ab (Quelle: MÜLLER-HAGEDORN 1986, S. 219).

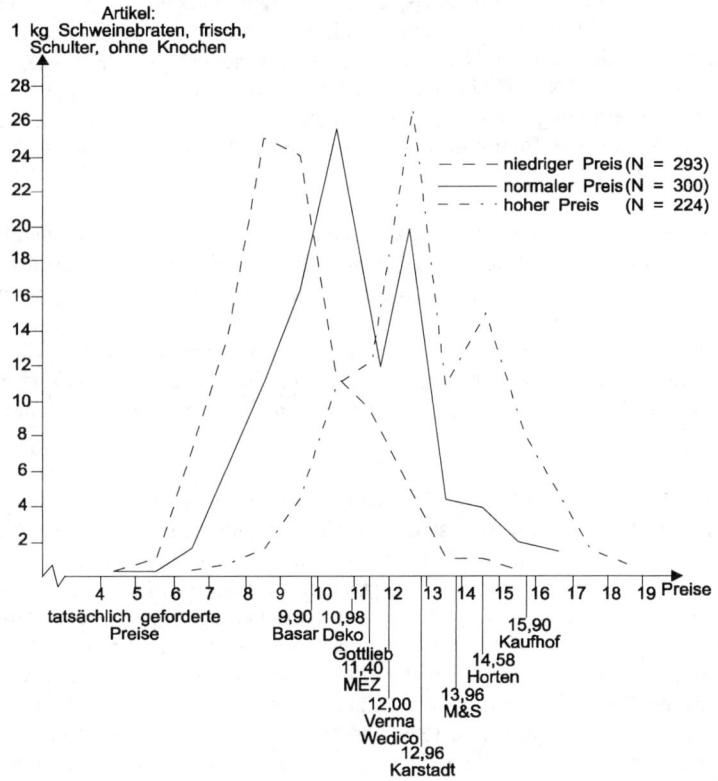

Preisschwellen

Häufig ist bei objektiv geänderten Preisen keine besonders elastische Preis-Absatz-Reaktion zu beobachten, aber in der Nähe einer "**Preisschwelle**" (vgl. das Benzin-Einleitungsbeispiel) zeigt der einzelne Konsument starke Kaufverhaltensreaktionen (KAAS & HAY 1984). Wenn in einer Zielgruppe homogene Schwellenvorstellungen existieren, dann wird das in besonders elastischen

Nachfrageverläufen sichtbar, wie sie etwa GUTENBERG als "doppelt geknickte Preis-Absatz-Funktion" postuliert hat.

Nach dem Konzept der Preisschwellen ist das Reagieren auf einen Preis Ergebnis eines Vergleichsprozesses. Der Vergleichspreis kann eine aktuelle Information über einen Wettbewerberpreis sein, eine früher erworbene Preiskenntnis, eine Vorstellung vom Normalpreis oder einer Preisober- bzw. Untergrenze. Die im Einführungsbeispiel 3 gezeigte Verschiebung von Preisschwellen bei Benzinpreisen kann durch die Theorie der Anspruchsniveauanpassung erklärt werden. Nach der Anpassung gelten neue "normale" Vergleichspreise. PETROSHIUS & MONROE (1987) haben gezeigt, daß die gesamte Preisverteilung der von einem Anbieter im Sortiment gehaltenen substitutiven Marken die Beurteilung eines einzelnen Preises systematisch beeinflußt.

Konsumenten haben wegen der unübersehbaren und ständig variierenden Fülle von Preisinformationen nur äußerst wenige Preise genau im Kopf. Ersatzweise haben sie aber meist gut ausgeprägte Vorstellungen (prägnante Kognitionen) über derartige Vergleichspreise, also allgemeine **Preis-Bezugsgrößen**. Sie sind von Produkt zu Produkt und je nach Konsumententyp verschieden. Zu ihrer Messung kommt das Recall-Verfahren (vgl. 3.5) in Betracht. Man erfragt obere und untere Preisschwellen, ggf. differenziert für Premium-, Konsum- und Billigprodukte.

Preisschwellen werden bei starker **Markentreue** von Zeit zu Zeit überprüft. Nach DILLER (1987) prägen sich die nicht markentreuen Konsumenten Preisschwellen ein, um in der Kaufsituation urteilen zu können: z. B. untere Schwelle zur Absicherung gegen schlechte Qualität, Zwischenstufen preisgünstig, normal usw., obere Grenze zur Absicherung gegen Übervorteilung. Insbesondere bei kurzfristigen Verbrauchsgütern dient diese Preiskognition zur Bestimmung akzeptabler und nicht akzeptabler Marken, solange die Marken bestimmte Qualitätsanspruchsniveaus zu erfüllen scheinen. Produkte mit stark streuenden Preisen werden zu Preisklassen zusammengefaßt. Als Vorstufe zur Wahl findet die Entscheidung für bestimmte Preisklassen statt. Das **Vorhandensein von Preisschwellen** scheint nicht davon abzuhängen, ob die Produkte absolut viel oder wenig kosten, ob man sie häufig oder selten kauft oder ob man sie gebraucht oder verbraucht. Die meisten Konsumenten haben aber allgemeine Vorstellungen darüber, unter welchen Umständen man preisgünstig einkauft (Sonderangebote, Zweitplazierungen, Großpackungen, no-names, Discountgeschäfte usw.). Im allgemeinen vertrauen Verbraucher auf die Günstigkeit von Sonderangeboten, eine Überprüfung erfolgt selten, und die Kenntnis der normalen Preise ist dabei gering.

Die umfassendste und aktuellste Untersuchung des Konsumenten- Preiswissens stammt von DILLER (1987). Er behandelt Preiskognitionen darin differenziert und unterscheidet:

Einfache Preiskognitionen	Komplexe Preiskognitionen
• Einzelpreise	• Preisrangfolgen
• Preis zuletzt gekaufter Marke	• Preisverteilungen
• Sonderangebote	• unterschiedliche Preise
• Urteilsanker/Vergleichsmaßstäbe	in diversen Geschäften
• Preisbereitschaftsschwellen	• relative Preise

Befunde zur Konsumgüter-Preiskenntnis nach DILLER (1987)

Von 320 befragten Konsumenten ...

• wußten, ob der letzte Kauf ein Sonderangebot war	93%
• konnten den Preis der zuletzt gekauften Marke nennen	62%
• beschafften sich vor dem Kauf Preisinformationen	31%
• konnten Preise eingrenzen "nicht zu teuer, nicht zu billig"	85%
• konnten eine obere Preisbereitschaftschwelle angeben	79%
• kannten den "üblichen" Preis (kein Sonderangebot)	38%
• konnten ungestützt keine Marke nennen	56%
• nannten mindestens zwei Marken mit Preis	16%
(durchschnittlich wurden 1,4 Marken mit Preis erinnert)	
• nannten Preisrangfolgen vorgegebener Marken	39%
• nannten selbst eine Reihe von Marken mit Preisrangfolge	21%
• kannten für bestimmte Marken den genauen Preis	17%
• kannten Preise der Stammarke in verschiedenen Geschäften	9%
• konnten Preisunterschiede zwischen Geschäften nennen	78%
• kannten Preisrangfolgen vorgegebener Geschäfte	24%

Zusammenhänge mit Produktmerkmalen:
- Starke Abhängigkeit von der Art des Produkts, z. B. streute die Markenpreiskenntnis von 7% (Speiseöl) bis 74% (Salz).
- In Produktgruppen mit vielen Markenartikeln war die Genauigkeit größer als in weniger markenbesetzten Gruppen.
- In häufig gekauften Produktgruppen waren die Preiskenntnisse besser als in selten gekauften Produktgruppen.

Zusammenhänge mit Personenmerkmalen:
- Keine geschlechtsspezifischen Unterschiede.
- Markenpreiskenntnisse nahmen zunächst mit dem Alter zu, später wieder ab (umgekehrte U-Kurve).
- Personen, die das Produkt oft kauften, hatten eine bessere Preiskenntnis als Personen, die es selten kaufen.
- "Informationsbeschaffer" hatten bessere Preiskenntnisse.

Diese Befunde konvergieren mit denen anderer Untersuchungen (vgl. insb. HAY 1987) und können wie folgt zusammengefaßt und bewertet werden: Absolut gesehen sind die Markenpreiskenntnisse von Konsumenten relativ schlecht. Preiskenntnisse bestehen vor allem aus vereinfachten Kognitionen, die relativ unpräzise und allgemein, aber einprägsam und leicht abrufbar sind. Für exakte Preiskenntnisse ist ein beträchtliches Involvement Voraussetzung. Die befundenen Ungenauigkeiten der Preiskenntnisse werden angesichts des beträchtlichen Informationsaufwandes in Kauf genommen und scheinen auszureichen, um große Fehlkaufrisiken auszuschließen.

3.4 Innere Bilder

Beispiele aus der Marketingpraxis

Der Hoechst Konzern hat eine **neue Struktur** entwickelt: um markt- und kundennäher ausgerichtet zu sein und um die Wettbewerbsfähigkeit nachhaltig sichern und steigern zu können. Die Hoechst AG übernimmt die strategische Führung des Konzerns und die Verantwortlichkeit der rechtlich eigenständigen Konzerngesellschaften, die ausschließlich als operative Unternehmen tätig sind. Ab dem 1. Juli 1997 tritt die Hoechst Gruppe mit einem neuen Erscheinungsbild als Ausdruck einer neuen Unternehmensidentität auf. Folgende Unternehmen treten unter eigenem Namen, jedoch mit dem Konzernhinweis "Ein Unternehmen der Hoechst Gruppe" und dem Hoechst Firmenzeichen auf: Hoechst Marion Roussel (Pharma), Behring Diagnostics (Diagnostika), Hoechst Roussel Vet (Tiergesundheit), Celanese (Chemikalien, Trevira (Polyester-Produkte), Ticona (Technische Kunststoffe), Messer (Industriegase) und Herberts (Lacke).

Der tiefgreifende Wandel des Unternehmens ist auch in einem **neuen Firmenzeichen** sichtbar, das an das alte angelehnt ist: Turm und Brücke, architektonische Elemente des Peter-Behrens-Baus im Werk Hoechst, die im Mittelpunkt des alten Zeichens standen, verschmelzen zu einem vollen Quadrat. Die ursprüngliche Flächenform bleibt also erhalten, wird jedoch reduziert und in eine hervorragende Position gerückt, um auch auf internationalen Märkten ein inneres Bild in den Köpfen der Konsumenten aufbauen zu können, die keine Verbindung zu diesem Bauwerk herstellen können. Die Schrift wird schmaler und dadurch leichter und offener, der Blauton des Schriftzeichens wird durch einen höheren Rot-Anteil wärmer und die Position des Quadrates rechts oben soll positive Assoziationen wie

- Ideenpotential,
- Qualität,
- Weiterentwicklung und
- Kreativität

vermitteln.

Hoechst   Hoechst ■

Firmenzeichen   1982 - 1997   Firmenzeichen seit 1997

Für die Mitarbeiter der operativen Konzerngesellschaften sollen die neuen Namen und Zeichen das Identifikationssymbol mit ihrem Arbeitgeber sein, der Einheit, in der sie arbeiten. Das neue Firmenzeichen ist visuelles Erkennungszeichen für die Hoechst Gruppe insgesamt (Hoechst Persönlich, März 1997, Targets Hoechst International Management News 03/97).

Diese Auszüge aus der Einweisung in das neue Erscheinungsbild nehmen vorweg, was in den Köpfen der Kunden passieren soll: Mit einem Firmenzeichen verbinden sich bestimmte Vorstellungen über das dahinterstehende Unternehmen. Anstelle der Beschreibung aller wesentlichen Einzelheiten des Unternehmens soll ein Symbol als Schlüsselinformation (information chunk) stehen. Von seiner bildlichen Gestaltung und ihrer Vermittlung in Druckschriften, Geschäftspapieren, Visitenkarten usw. hängt es mit ab, welches Image von dem Unternehmen entsteht.

1981 erschien im MANAGER MAGAZIN ein kritischer Artikel über die Zukunft von Audi: "...fehlen Leitbild, Selbstbewußtsein und Identität. ..Das Audi-Profil verschwindet." Zwei Jahre später erschien in der gleichen Zeitschrift ein positiver Artikel zur Zukunft von Audi. Besonders herausgestellt wurde das systematisch entwickelte neue **Erscheinungsbild** des Unternehmens. Briefpapier, Broschüren und Embleme, sogar die Arbeitsplätze waren nach einem einheitlichen Farb- und Formkonzept gestaltet worden. Für die Anzeigenwerbung hatte man einen eigenen Fotostil entwickelt usw. ... "Einen Preis für das beste Marketing verdient...Audi." Seit 1983 ist bei Audi die Philosophie "Vorsprung durch Technik" unverändert und offenbar erfolgreich Grundlage der Corporate Identity.

Innere Bilder als Konsumentenwissen

Das Audi-Beispiel zur Bedeutung des Erscheinungsbilds als Teil einer stimmigen Corporate Identity (HORMUTH & TROMMSDORFF 1990) unterstreicht die Bedeutung der Kommunikation über Bilder. Zur Erklärung dieser Aussage wenden wir den Blick vom äußeren Bild des Unternehmens (z. B. seiner Presse) zum inneren Bild, das dem Konsumenten erscheint, wenn er Wissen über Unternehmen abruft. Wenn wir bestimmte Vorstellungen von einem (Meinungs-) Gegenstand haben, sind wir "im Bilde", d.h. wir haben konkrete visuelle Vorstellungen. KROEBER-RIEL (1983) hat den Begriff "Inneres Bild" eingeführt und dokumentiert in seinem Buch "Bildkommunikation" (1993) die enormen Potentiale von Bildern und die Möglichkeiten der erfolgreichen Nutzung für das Marketing. Er unterscheidet es als "Gedächtnisbild" vom "Wahrnehmungsbild" und stützt damit unsere Trennung der Zustands- und Prozeßkonstrukte. **Wahrnehmungsbilder** sind die subjektiven Umsetzungen des Gegenständlichen in Bildinformationen. Wir beschreiben das als **Prozeß** des (Bild-) Informationserwerbs (vgl. 8.2). Mit inneren Bildern selbst befaßt sich der vorliegende Abschnitt. Es geht um **Gedächtnisbilder**, ohne daß das Objekt selbst zugegen ist.

Innere Bilder können nicht nur inhaltlich unterschieden werden, was wegen der unendlichen Vielfalt der Bilder eine kaum lösbare Aufgabe bedeuten würde, sondern sie können auch formal von sehr verschiedener Qualität sein. Die bei 3.3 vorgenommene Trennung der Produktkognitionen in Merkmale und Alternativen läßt sich z.t. auch auf die inneren Bilder übertragen. So visualisiert das erste Einleitungsbeispiel dieses Abschnitts ein Merkmal, das zweite bezieht sich auf Audi als Alternative. Andererseits haben die Bilder gerade eine Eigenschaft, die eine Auflösung in solche Elemente problematisch macht: die **Ganzheitlichkeit**.

Die für das Marketing wichtigsten formalen Unterscheidungen sind **Prägnanz**, **Lebendigkeit** (vividness, RUGE 1988, S. 201 ff.) und **Komplexität**. Die durch Marketing zu vermittelnden Bilder müssen sich durch Prägnanz deutlich von den im Wettbewerb stehenden Bildern abheben. Lebendigkeit von Bildern drückt ihre Aktivierungsfähigkeit aus und ist für die Aufmerksamkeit wichtig. Komplexität macht ein Bild vielleicht intellektuell interessant, erschwert aber die eindeutige Entschlüsselung. Hier zeigt sich eine interessante Parallele zur Theorie der Textverständlichkeit (vgl. 9.3.2). Daher kann vereinfacht gefordert werden, daß Markenbilder möglichst prägnant, lebendig und nicht zu komplex sein sollen. Im Mittelpunkt der sogenannten Imagery-Forschung stehen die Rahmenbedingungen:

(1)   Bilder haben überlegene aktivierende und emotionale Wirkungen,

(2)   sie werden weitgehend automatisch wahrgenommen und verarbeitet und

(3)   sie werden besser behalten als Texte.

Bilder sind daher insbesondere bei Low-involvement-Produkten einzusetzen, denn sie erleichtern die Aufnahme, Verarbeitung und Speicherung von Werbeinhalten und erhöhen die Bereitschaft des Konsumenten, sich der Botschaft zuzuwenden (RUGE/ANDRESEN 1994, S. 140).

KRUGMAN (1965) hat einen radikalen Kommunikationswandel westlicher Industriegesellschaften vom Text zum Bild vorhergesagt und das u.a. mit der Ausbreitung des Fernsehens begründet. Die Prognose ist mit der Diffusion weiterer **Bildmedien** (Video, Bildplatte, Shop-TV etc.) weiterhin aufrechtzuerhalten. Im Marketing ist aus technologischen Gründen mit der Ausbreitung relativ billiger und sehr hochwertiger Bildmedien ein starker Wandel zu den Bildmedien im Gang. Ein anderer Indikator für die allmähliche Veränderung der Welt von der Textkultur zur Bildkultur ist der außerordentliche Anstieg der Wertschätzung von Museen und Ausstellungen. So stieg die Zahl der jährlichen Museumsbesuche in der Bundesrepublik Deutschland und West-Berlin von 1981 bis 1987 um über 15% auf 62 Millionen und bis 1995 auf 69 Millionen Besuche. Zusammen mit den neuen Bundesländern kann Deutschland 1995 eine Besuchszahl von rund 91 Millionen verzeichnen (INSTITUT FÜR MUSEUMSKUNDE 1984, 1996).

Bildwissen stößt kaum auf Kapazitätsgrenzen und ist besonders leicht zu reproduzieren. Wir können z. B. leicht und sicher unter hunderten von Portraitfotos entscheiden, welche Fotos wir schon einmal gesehen haben. Für verbale Personenbeschreibungen ist das nicht der Fall. Es gilt als sicher, daß sprachliche und bildliche Informationen in zwei physisch separaten Bereichen gespeichert werden, den beiden lateralen Gehirnhemisphären. Im Normalfall sind sprachliche Informationen links zu lokalisieren, Bildinformationen rechts. Beide Hemisphären stehen über einen zentralen Nervenstrang (corpus callosum) miteinander in Verbindung. Die Arbeitsteilung und Wechselwirkung zwischen den Hemisphären ist grundlegend für die Annahme von "doppelt codierten" Kognitionen, die dadurch besonders leistungsfähige Informationsträger sind. Wie bereits allgemein aus der Theorie der Gedächtnisspuren (3.2) bekannt, sind außerdem (in diesem Fall über sprachliche und bildliche Spuren) parallel geschaltete Kognitionen leichter abrufbar als einfache Gedächtnisspuren. Dem Einsatz von visuellem Wissen für das Marketing sind viele Vorzüge und relativ wenige Nachteile zu bescheinigen.

Stärken und Schwächen von Bild- und Textwissen

Visuelles Wissen	Semantisches Wissen
• dient der Orientierung	• dient kritischer Analyse
• fast unbegrenzte Kapazität	• begrenzte Kapazität
• leichter, schneller Zugriff	• aufwendiger Zugriff
• kann Texte vertreten	• kann Bilder kaum vertreten
• eher angenehm empfunden	• eher als Last empfunden

Bei den **Folgerungen für das Marketing** geht es an dieser Stelle nicht um gezielte Veränderung des (Bild-) Wissens, also der Anwendung der Informationserwerbs- und -verarbeitungsprozesse (Kapitel 8. und 9., vgl. insbesondere den Abschnitt über Bildbeeinflussung und kognitive Reaktionen in 9.2). Eine Bestandsaufnahme wird in der Regel mit Hilfe der Befragungsmethode durchgeführt. Speziellere Marktforschungsmethoden, z. B. das Arbeiten mit Bildern bei der Messung von Textwissen, werden nur selten angewendet. Die Begründung liegt in der bis heute immer noch wenig entwickelten Methodologie.

Bei **Produktinnovationen** ist es oft sehr schwierig, die Vorzüge sprachlich zu vermitteln. Neue Produkte treffen selten gleich auf hohes Involvement, weil noch keine kognitive Struktur im Hinblick auf das Neue ausgeprägt ist. Das Marketing für Innovationen muß daher zunächst einmal darauf abzielen, daß sich die Konsumenten ein Bild machen können. Das kann durch visuelle, bildhafte Information besser geleistet werden als durch Sprache und Schrift. Bilder sind deshalb auch das ideale Mittel zur Bekanntmachung von Markennamen. Die Marke sollte als Bild gespeichert, mit dem Namen verknüpft und im entscheidenden Moment präsent sein. Ein Beispiel ist die Marke "Jumbo-Elefantenhaut" von der Fa. Quandt Bitumenbahnen, für Bauabdichtungen. Das Produkt visualisiert sich im Namen und im Firmenzeichen mit einem Elefanten. Weitere Beispiele sprechen für sich: Eine schneebedeckte Bergkuppe für "Schneekoppe", ein kleiner Bär auf saftigen Wiesen für "Bärenmarke", der schwarze Frauenkopf der Firma "Schwarzkopf".

Zur Abbildung emotionaler Konsumerlebnisse sind Bilder besser geeignet als Texte. Das gilt besonders für Low-involvement-Produkte, bei denen es nicht auf die Detailkenntnisse über Produktmerkmale ankommt, sondern auf angenehme Eindrücke und positive Gefühle. Bilder lösen eher angenehme Gefühle aus als Texte (BEHRENS & HINRICHS 1986). Wie wichtig derartige Bildkognitionen für das Konsumgütermarketing sind, zeigt z. B. die Kinowerbung für Langnese Eiscreme:

Die witzigen kurzen Szenen setzen sich als innere Bilder fest und werden in der Zielgruppe wachgerufen, wenn sie einen Stimulus "Eisessen" empfängt. Mit dem Spot "like ice in the sunshine" ist Langnese übrigens neben der optischen auch eine auditive Verankerung "innere Melodie" gelungen. Das Lied gelangte sogar bis in die Hitparaden. Beim Erklingen der Melodie assoziiert man die inneren Bilder des Films und "Langnese". In einem Erinnerungstest (Day-after-recall-Test) erreichte der Langnese-Kino-Spot einen spontanen Erinnerungswert von 62% (Durchschnittswert über alle Marken im Test: 29%) und einen gestützten Erinnerungswert von 97% (Durchschnitt aller Marken: 75%). Auch die Erinnerungswerte für einzelne Bildszenen und damit verknüpfte Werbeaussagen waren höher als für andere Marken (FACHVERBAND FILM- UND DIAPOSITIVWERBUNG E.V., 1987).

Bildgestaltung ist zwar **aufwendiger** als Textgestaltung, es gibt aber viele Produkte, deren kaufentscheidende Eigenschaften wirtschaftlicher bildlich als verbal zu kommunizieren sind. So wirbt z. B. die Autoindustrie viel mit hervorragenden Fotografien und mit Probefahrten, weil es darauf ankommt, Bild- (und Erlebnis-) Informationen zu vermitteln. Ärzte werden heutzutage mit verbalen Informationen dermaßen überflutet, daß schriftliche Werbemittel kaum noch zur Kenntnis genommen werden. Die Pharmaindustrie arbeitet an verschiedenen Modellen, um die Werbung auf elektronische bildhafte Informationen umzustellen.

Auch für den **Einzelhandel** wird die Bildplatte als visuelles Kommunikationsmittel am Verkaufspunkt (Point of Sales, POS) entdeckt: Zum Beispiel führt bei Rosenthal-Produkten die Vielfalt der Dekore dazu, daß ein einzelner Porzellanfachhändler nie alle Variationen ausstellen kann. Einen festlich gedeckten Tisch mit Blumenschmuck, angerichteten Menüs etc. kann der Händler bestenfalls andeuten. Mit einem Bildplattensystem kann sich der Kunde am POS auf Knopfdruck auch die nicht ausgestellten Produkte im realen Umfeld ansehen.

3.5 Zur Messung von Wissen

Preiswissen, Markenbekanntheit und Kenntnis sachlicher Produkteigenschaften können abgefragt werden, wenn dieses Wissen präsent und bewußt ist. Die Marktforschung verfügt dazu über ein großes Arsenal von Befragungsmethoden. Es reicht von ganz offenen (Befragte formulieren die Antwort selbst) bis zu geschlossenen Fragen (Befragte entscheiden sich unter alternativ vorgegebenen Antwortformulierungen, kreuzen Ratings oder Zahlen an).

Das Hauptproblem bei verbalen Wissensabfragen besteht darin, daß aus den Antworten nicht unmittelbar zu erkennen ist, ob es sich um "präsentes Wissen" handelt oder um **Ad-hoc-Antworten**. Solche situativ bedingten Antworten, die z. B. aus dem Zusammenhang mit vorangegangenen Fragen oder mit der Einschätzung des Untersuchungsziels oder der Meinung des Interviewers zu erklären sind statt durch die betreffende Kognition, werden bei sogenannten **Faktfragen** besonders leicht fehlinterpretiert. Fakten sind scheinbar weniger verzerrungsverdächtig als Einstellungen und Meinungen. So wurden z. B. in einem Rechtsstreit um die Bezeichnung "Kölsch" für ein Bier aus Bilstein Verbraucher nach der Herkunft der strittigen Marke gefragt, um eine mögliche Irreführung zu erfassen. Man muß davon ausgehen, daß die Antworten z.T. aus den Stimuli der Frageformulierung abgeleitet wurden und nicht aus dem (dann möglicherweise irrigen) Wissen über den Standort der Brauerei (TROMMSDORFF 1979).

Nach der Rechtsprechung und im Einklang mit der Theorie des Konsumentenverhaltens werden Fehlvorstellungen ("**Irreführung**") durch die Gegenüberstellung der Realität mit dem subjektiven, durch Werbeaussagen induzierten Wissen festgestellt. Es genügt nicht, den Wortlaut der Werbeaussage mit der Realität zu vergleichen, die Messung muß "empfängerbezogen" sein. So plausibel diese Norm ist, so schwierig ist sie zu erfüllen. Eigentlich müßte jeweils ein streng kontrolliertes Experiment durchgeführt werden, um Fehlvorstellungen zu messen und sie der umstrittenen Werbeaussage zuzurechnen (vgl. das Untersuchungsdesign von RAFFÉE 1976)

Die klassische Marktforschungsmethodik enthält auch für die Erfassung der Vorstellungen bzw. Images von Marke oder Firma fast nur verbal-sprachliche Meßmodelle. Die Gültigkeit sprachlicher Meßmodelle für die **Erfassung von bildlichen Vorstellungen** ist besonders zu bezweifeln: Sie gehen (oft zu Unrecht) davon aus, daß bildliche Vorstellungen bewußt und in Worte faßbar sind. Oft gilt gerade das Gegenteil. Aber selbst sehr prägnante bildliche Vorstellungen müssen durchaus nicht verbalisiert sein; z. B. ist es schwierig, unser Bild von der Welt des Marlboro-Cowboys sprachlich auszudrücken.

Die Wiedergabe von Einzelheiten einer Werbeanzeige ist als Kriterium der Werbewirkungsforschung stark verbreitet, und zwar als Erinnerungstest (**recall**). Die Befragten sollen beschreiben, an welche Einzelheiten sie sich erinnern. Nach der Zahl der richtig erinnerten Einzelheiten wird für jeden Befragten ein Recall-Index berechnet. Dieser Index mißt die im Langzeitspeicher bewußt vorhandenen und mit dem Meßstimulus, in der Regel einem Markennamen, verbundenen Kognitionen. Recall kann aber als Meßmodell zur Erfassung innerer Bilder nicht akzeptiert werden. Die Befragten sind in aller Regel mit der erforderlichen Verbalisierung der Einzelheiten des Bildes überfordert und neigen zu rationalisierten, für das innere Bild nicht gültigen Antworten. Ein Ausweg scheint in Methoden der Eindrucksmessung zu liegen, die keine Verbalisierung der gespeicherten Kognitionen erfordern. Im einfachsten Fall versucht man, durch das Verfahren der Wiedererkennung des zu testenden Werbeposts (**recognition**) herauszufinden, welche inneren Bilder sich eingeprägt haben und welche nicht. Wiedererkennung sagt aber nichts über Einzelheiten des inneren Bildes aus. In der üblichen Form kommt recognition zwar als Indikator für erfolgte Werbekontakte in Frage, aber nicht als differenziertes Instrument für die Beschreibung innerer Bilder.

Realistischer ist die Methode der Eindrucksmessung mit eigens konstruierten Skalen, die **Bilderskalen** einschließen. Bei herkömmlichen Bilderskalen wird als Meß-Stimulus eine größere Zahl von Bildern vorgelegt, die der Befragte "gefühlsmäßig" mit seinem inneren Bild vom Objekt vergleichen und entsprechend zuordnen soll. Die vorgelegten Bilder sind so ausgewählt, daß sie wichtige Merkmalsdimensionen des inneren Bildes (bzw. des Images) in übertragener Weise (metaphorisch) wiedergeben. Dazu ist in einer empirischen Voruntersuchung eine Skalierung der Bilder nach ihren Ausprägungen auf den interessierenden Dimensionen erforderlich (KROEBER-RIEL/WEINBERG 1996, SCHWEIGER 1985).

RUGE (1988) hat eine integrierte Standardskala (**Imagery-Differential**) entwickelt, die verbale Skalen und Bilderskalen enthält, um die folgenden wichtigen Dimensionen von Bildwissen zu messen:

- Vividness (Klarheit, Prägnanz),
- Bewertung (Gefallen, Attraktivität),
- Intensität (Lebhaftigkeit, Bewegtheit),
- Komplexität (Vielfältigkeit) und
- Neuartigkeit (Ungewöhnlichkeit).

Der Befragte ordnet seinem Bildwissen vorgelegte Bilder sowie Ausprägungen auf entsprechenden Ratingskalen zu, wie sie seinem inneren Bild am nächsten kommen. Durch die Ähnlichkeitsentscheidung teilt er indirekt mit, welche Ausprägungen sein inneres Bild hat. RUGE hat die Skala empirisch geprüft und gute Zuverlässigkeit und Gültigkeit festgestellt, besonders im Vergleich zu klassischen Meßverfahren.

Die sogenannte Imagerymessung hat sich aber in der Praxis nicht recht durchgesetzt. Die bisher genannten Methoden beschränken sich darauf, einzelne wichtige Dimensionen eines (inneren) Bildes zu erfassen. Darüber hinausgehende Bemühungen, umfassendere inhaltliche bzw. ganzheitliche Meßmethoden zu entwickeln, konnten bislang nicht befriedigen. So hat die GfK Marktforschung, Nürnberg, ihr Produkt „Messung innerer Bilder" wegen mangelnder Gültigkeit 1993 wieder eingestellt. Man kann Bilder nicht über einige wenige Dimensionen hinreichend beschreiben. Niemand kann sich ein Gemälde vorstellen, von dem er die Abmessungen, die Farbverteilung und den Kontrastwert oder die Ausprägungen des Imagery-Differentials mitgeteilt bekommt. Genausowenig ist es möglich, über solche Skalen innere Bilder für Zwecke der Marketingkommunikation gültig und genau genug zu beschreiben. Es erscheint uns sogar prinzipiell unmöglich, Bilder in Zahlen und Wörter so zu übersetzen, daß sich daraus der ganzheitliche Eindruck erschließt. Vielleicht wird es mit der wachsenden Leistungsfähigkeit der (Bild-) Informationstechnik jedoch künftig möglich sein, (innere) Bilder ganzheitlich über schnelle, multimediale Recognitionmethoden zu messen, also nicht auf dem Umweg über die sprachliche Kodierung, sondern direkt durch Bild-zu-Bild-Zuordnung.

Jüngere Studien erlauben es, kognitive Strukturen mit Hilfe der sogenannten **Laddering-Technik** (Leitertechnik) zu messen, eine assoziative Befragungsmethode. Ziel-Mittel-Assoziationen (Means-end-chains) (vgl. 3.2) können mit diesem Verfahren dargestellt werden. Die Leitertechnik kann subjektives, motivationales Wissen zum Produktkauf sichtbar machen (KROEBER-RIEL/WEINBERG 1996, S. 148). Die Laddering-Technik unterstellt hierarchische, kognitive Strukturen aus konkreten Produktmerkmalen, abstrakten Produktmerkmalen, funktionalen Konsequenzen, instrumentellen Werten und terminalen Werten. Die Befragungstechnik veranlaßt den Konsumenten, seine Ziel-Mittel-Vorstellung zu äußern, beginnend mit der untersten konkreten Ebene der Produktvorteile, bis zur obersten, abstrakten Ebene der terminalen Werte als hierarchisches Motivationssystem zum Produktkauf. Die Befragten sollen zunächst aufgrund eines Triadenvergleiches relevante Produktmerkmale identifizieren. Mit weiteren "Warum-Fragen" (Warum ist dieses Produkt für Sie wichtig? etc.) werden die Befragten "die Leiter emporgeschoben" (GRUNERT 1991, S. 14). Damit werden die Positionierung neuer Produkte und Umpositionierungen über in der kognitiven Struktur vorhandene Assoziationen erleichtert und verbessert. Die Ladderingtechnik erlaubt es zugleich auf die subjektiven Produktvorteile der Konsumenten und nicht nur auf die objektiven Produkteigenschaften einzugehen und Strategien zu entwickeln, die konkreten Motivationsstrukturen entspricht. Nachfolgendes Beispiel zeigt das Ergebnis einer Ziel-Mittel-Analyse über die Wahl des Ski-Urlaubs-Ortes mit Hilfe der Leitertechnik (GENGLER/KLEONSKY/MULVEY 1995, S. 250) (vom Autor übersetzt):

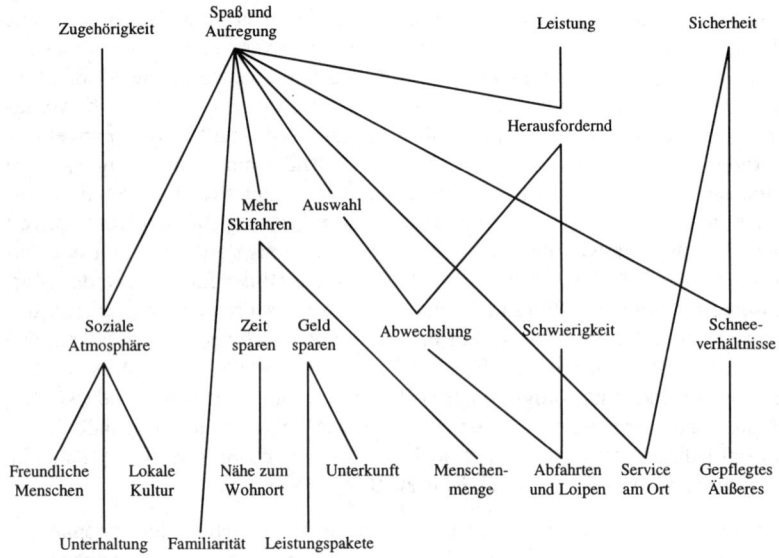

4 Motive

4.1 Überblick

Warum verhalten sich verschiedene Konsumenten in derselben Situation oft völlig unterschiedlich? – Seit einem halben Jahrhundert geht die Konsum-Motivforschung dieser Frage nach. Das vorliegende Kapitel zeigt u.a., daß bisher keine universelle Antwort gefunden wurde. Die Frage ist auch so allgemein gestellt, daß sie in dieser Form nicht beantwortet werden kann. Wohl aber führt eine Differenzierung des Motivbegriffs weiter und ermöglicht zumindest die Bildung grober Motivklassen, die für bestimmte Produkte und Konsumenten spezifisch sind. Um ein Urteil darüber zu ermöglichen, wird einführend ein begrifflicher und theoretischer Hintergrund dieser Forschungsrichtung vermittelt.

Motiv als Zustandskonstrukt

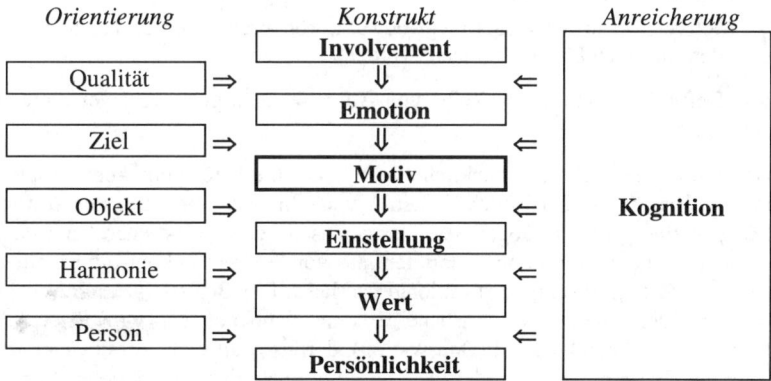

In den einzelnen Abschnitten werden zunächst relativ verallgemeinerungsfähige Konsummotive erörtert (Konsummotive mittlerer Reichweite). Dann wird ein Überblick über die Funktionen des Konsums im Sinne einer Klassifikation etwas größerer Reichweite gegeben. Der Abschnitt 4.5 über Zufriedenheit, Unzufriedenheit und Dissonanz befaßt sich mit einer wichtigen Determinante für Wiederholkauf- und Langzeitwirkungen des Marketing. Die Begriffe werden gemeinsam auf verschiedene Theorieansätze zurückgeführt, und es werden ausgewählte Instrumente zur Steigerung von Kundenzufriedenheit aufgezeigt. Ausführlich wird die Theorie der kognitiven Dissonanz zur Erklärung von Marketing-gesteuerten Konsumentenemotionen (und damit -motivationen) herangezogen. Schließlich wird auf ein sehr differenziertes und wenig verallgemeinerungsfähiges Bündel von Moderatorvariablen eingegangen, die je nach Situation unterschiedliche Konsummotive aktivieren können. Wir versuchen hier die vielfältigen Einflüsse der Kauf- oder Konsumsituation etwas zu ordnen. Allgemeingültige Antworten auf die Frage nach den Gründen des Konsumentenverhaltens erweisen sich häufig als unbrauchbar, weil situationsbedingte Konsummotive (vgl. 4.6) durchschlagen. Wie üblich ist der letzte Abschnitt des Kapitels den Meßmethoden gewidmet.

4.2 Motivtheoretische Grundlagen

Zur zweckmäßigen **Begriffsbestimmung** sind drei Aspekte wichtig:

(1) Motive sind wie Emotionen und Kognitionen Eigenschaften, die erst aktiviert werden müssen, ehe sie sich auswirken können.

(2) Motive haben emotionale und kognitive Komponenten. Die Gefühlskomponente liefert die Grundlage für die Auslösung eines (Handlungs-) Prozesses. Die Wissenskomponente liefert die Grundlage für die zielgerichtete Art der Handlung.

(3) Motive sind in der Regel nicht bewußt, können aber durch Nachdenken oder Abfragen bewußt gemacht werden.

Diese Definition erlaubt eine Reihe von Abgrenzungen gegenüber verwandten Begriffen:

Triebe sind "tierische", gedanklich nicht kontrollierbare Verhaltensantriebe. **Ziele** sind (im betriebswirtschaftlichen Verständnis) emotionsfrei aus Anforderungen (Bedürfnissen) abgeleitete Verhaltensantriebe. So besehen kann man Motive auf einem Kontinuum einordnen, das von "extrem unkontrolliert, emotional" bis "extrem kontrolliert, rational" verläuft. Der Begriff **Bedürfnis** liegt auf einer anderen theoretischen Ebene. Er kennzeichnet als **Motivauslöser** den empfundenen Mangelzustand (Deprivation), der insoweit nicht auf ein Ziel gerichtet ist. Erst durch (mehr oder weniger emotionale und gedankliche) Verarbeitung dieser Empfindung erlangt ein Bedürfnis Motivqualität – im Extremfall Trieb- oder Zielqualität. Der Begriff **Persönlichkeit** steht wegen einer teilweise gemeinsamen Forschungstradition mit dem Motivbegriff in Beziehung. Beide Begriffe gelten als latente Variablen zur Erklärung von Verhalten. Von anderen Menschen wahrgenommene Persönlichkeit geht u.a. darauf zurück, daß man der Person Motive zuschreibt. Abgrenzungen gegenüber Einstellungen und Werten ergeben sich aus den entsprechenden Kapiteln 5 und 6.

Würde man unter Motiven "Gründe für Verhalten" verstehen, dann wäre die gesamte Psychologie Motivforschung; jeder Reiz und jedes verhaltenswissenschaftliche Konstrukt wären Motive. Der Begriff muß pragmatisch so eingeengt werden, daß Motive zur praxisnahen Definition von und Kommunikation mit (motivspezifischen) **Zielgruppen** verwendet werden können, z. B. zur Differenzierung der Segmente "Prestigekäufer", "Neugierkäufer" usw. Dazu müssen Motive relativ allgemeingültig definiert sein – ein schwieriger Anspruch.

Wird ein sehr allgemeines Motiv definiert, z. B. "Selbstverwirklichung", dann erhält man auf eine typische Frage der Praxis (Was motiviert unsere Kunden, Mercedes zu kaufen?) aus einem solchen Motiv Antworten, mit denen man im Marketing nichts anfangen könnte, weil die Ergebnisse nicht zwischen den Käufern von Mercedes und von Porsche differenzieren würden. Die wohl allgemeinste **Einteilung der Motive** unterscheidet z. B. Machtmotive, soziale Anpassungsmotive und Leistungsmotive. Ähnlich allgemein ist die Einteilung der Motive von MASLOW, die weiter unten diskutiert wird. Die Erklärungskraft so allgemeiner Motive ist für die meisten Marketingbelange unzureichend. Wird dagegen aber ein sehr **spezielles** Motiv definiert, um präzise erklären zu können, warum Mercedeskäufer Mercedes kaufen, ist das im Grenzfall das "Mercedes-Kauf-Motiv". Etwas anderes kann damit nicht erklärt werden, z. B. das Buchen von Kreuzfahrten oder der Kauf von Eigenheimen. Man braucht dann für jede Marke, jede Marketingsituation ein eigenes Motiv.

Das Dilemma zwischen zu allgemeinen und zu speziellen Motiven hat zwei klare Konsequenzen. Erstens müssen **Motive mittlerer Reichweite** definiert und ggf. erforscht werden. Das sind Motive, die zur Erklärung einer größeren Klasse von (Konsum-) Verhaltensweisen taugen. Damit befaßt sich Abschnitt 4.3. Zweitens wird ein Meßinstrumentarium für Motive geringerer Reichweite benötigt, dessen sich die Marktforschung bei aktuellem Bedarf bedienen kann, wenn die allgemeineren Motive nicht genügend differenzieren. Praktische Hinweise für diesen Weg gibt der Meßabschnitt (vgl. 4.7).

Motivpsychologische Forschungsrichtungen sind zunächst nach Konstrukten und Prozessen zu unterscheiden. Die Prozeß-Forschungsrichtung wird auch als Motivationspsychologie bezeichnet. Sie ist innerhalb der Betriebswirtschaftslehre besonders für die Organisations- und Personallehre von Bedeutung. Mit dem Prozeß der Motivation befassen wir uns an verschiedenen Stellen des Prozeßteils dieses Lehrbuchs. An dieser Stelle geht es um den Zustand der Motive.

Innerhalb der psychologischen Grundlagenwissenschaft können vier große **Strömungen der Motivforschung** unterschieden werden:

- die psychoanalytisch-persönlichkeitspsychologische,
- die sozial- und kognitionspsychologische,
- die lernpsychologische und
- die emotionspsychologische.

In der von FREUD begründeten **Psychoanalyse** werden die in einer Persönlichkeit manifestierten Motive auf (ggf. gestörte) Triebentwicklungen zurückgeführt, die großenteils im frühen Kindesalter ablaufen. Dabei wird dem Geschlechtstrieb eine überragende Bedeutung zugeschrieben. Verhaltensweisen auch des Erwachsenen können nach Ansicht der Vertreter dieser Schule auf solche tief in der Persönlichkeit verborgenen Motive zurückgeführt werden. Die Kritik an der Psychoanalyse bezieht sich vor allem auf ihre unscharfe Begriffs- und Hypothesenbildung sowie auf ihre weichen und kaum prüfbaren Aussagen.

Der bekannteste Marketing-Anwender von Gedankengut aus dem Umfeld der Psychoanalyse ist ERNEST DICHTER (z. B. 1964). Seine aus praktischen Fällen abgeleiteten Kaufmotive enthalten zahlreiche aus der Psychoanalyse entlehnte Vermutungen.

Ausgewählte Kaufmotive nach DICHTER

Produkt	Kaufmotive
Spargel	Sexualität
Bohnen, Reis	Fruchtbarkeit
Wurst, Speiseeis	Geborgenheit, Sicherheit
Sahne	Reichtum, Überfluß
Ketchup	Unabhängigkeit und Freiheit
Kuchenweckmännerbacken	Kannibalismus
Zucker-Produkte, große Frühstücke, Bowling, elektrische Eisenbahn, Kaffee, rohes Fleisch, schwere Schuhe, Waffen-Spielzeuge	Macht-Männlichkeit-Potenz, Kraft des Bullen erlangen
Delikatessen, ausländische Autos, Wodka, Parfüm	Individualität
Süßigkeiten (zum Lutschen), Handschuhe (deren Ausziehen – als eine Form des Entkleidens)	Erotik
Zigaretten, Süßigkeiten, Alkohol, Eis, Plätzchen	Belohnung
Kuchen und Plätzchen, Puppen, Seide, Tee	Weiblichkeit

Die spekulativen, teilweise amüsanten DICHTERschen Kaufmotive genießen hohe Popularität, ihre Erklärungskraft ist wie in der Astrologie Glücksache. Ein zeitgemäßer, konkreterer und auf Bildwerbung beschränkter Ansatz zur Nutzung psychoanalytischer Motive im Marketing wird von KROEBER-RIEL vertreten (DIETERLE 1992).

In der **sozialpsychologisch-kognitiven** Richtung werden Motive besonders unter dem Blickwinkel der gedanklich-rationalen Zielrichtung untersucht: Bedürfnisse und Verhaltensalternativen werden wahrgenommen und gedanklich verarbeitet. Modelle, die den Zusammenhang zwischen Motivstruktur und Verhaltensergebnis darstellen, sehen dem normativen Grundmodell der Entscheidungstheorie mehr oder weniger ähnlich. Diese Schule unterscheidet sich, zusammen mit den beiden nachfolgend genannten, von der tiefenpsychologischen Schule durch mehr Präzision, operationalere Definitionen ihrer Konstrukte und empirische Prüfungen ihrer Hypothesen. Letztere werden sogar z.T. mathematisch formalisiert. Beispiele für solche Modelle geben wir im Einstellungskapitel (vgl. 5.2). Überhaupt wird die sozialpsychologisch-kognitive Strömung hauptsächlich in der **Einstellungsforschung** für das Thema Konsumentenverhalten bedeutsam. Im vorliegenden Kapitel gehen ihre Aussagen z.T. in die Konsummotive mittlerer Reichweite (vgl. 4.3) ein.

Die **lernpsychologische Strömung** hat den Gesichtspunkt betont, daß Motive als vermittelnde Konstrukte = Intervenierende Variablen (I) zwischen offenen Reizen (S) und offenen Verhaltensweisen (R) wirken (S-I-R) und daß sie auf gelernte Belohnungserwartungen zurückzuführen sind. Für die Theorie der Konsummotive sind zwei lerntheoretische Hypothesen hervorzuheben:

(1) **Konsum motiviert Konsum**: Die Ausführung des motivierten Verhaltens (Konsum) wirkt als belohnender Verstärker für zukünftiges Verhalten. Die Hypothese hat Bedeutung für die Erklärung von Wiederholkaufverhalten und speziell Markentreue.

(2) **Anspruchsanpassung**: Die Ausprägung von Motiven hängt u.a. davon ab, inwieweit es bei entsprechenden früheren Gelegenheiten zur Erfüllung gekommen ist (vgl. 2.4). Je besser der Grad der Motivbefriedigung war, desto höher wird der Anspruch beim nächsten Mal sein. Die Hypothese hat besondere Bedeutung bei dauerhaften Konsumgütern (vgl. 4.4, Konsumfunktionen).

Im übrigen sind die teilweise formalisierten lernpsychologischen Motivtheorien so verzweigt, daß nur wenige Anwendungen in der Konsumentenforschung in Frage kommen. Auf die Prinzipien der Lern**prozesse** kommen wir im Zusammenhang mit dem Informationserwerb zu sprechen (vgl. 8.).

Die **emotionspsychologische Strömung** hat innerhalb der Motivforschung bisher noch geringe, aber wachsende Bedeutung. Ihre zentrale Aussage behauptet einen starken Einfluß der gefühlsgesteuerten Verhaltensantriebe, z. B. den von Lust und Neugier, auf das Konsumentenverhalten. Damit stehen "Motive" dieser Art an der Schnittstelle zwischen Gefühlen und Motiven im engeren Sinn. Sie werden im vorliegenden Buch in beiden Kapiteln angesprochen, als eine der Basisemotionen (vgl. 2.2) und als eins der "Konsummotive mittlerer Reichweite" (vgl. 4.3). Der Grund dafür liegt in unserer Motivdefinition, die Emotionen und Motive anhand des Kriteriums "Zielgerichtetheit" unterscheidet. Man kann von einer fließenden Grenze zwischen konsumrelevanten Emotionen und Konsummotiven sprechen, je nachdem, wie stark die kognitive Zielorientierung ausgeprägt ist, die sich mit einem Gefühl verbindet. Ist sie schwach, sprechen wir eher von einem Gefühl, ist sie stark, von einem Motiv. Bei manchen "Motiven" spielt die Zielorientierung kaum eine Rolle, z. B. bei dem unbestimmten "Gefühl", etwas unternehmen zu wollen. Wenn dieses "Gefühl" etwas gezielter, z. B. auf einen Einkaufsbummel ausgerichtet ist, kann es auch als Motiv verstanden werden.

Aufgrund unserer kausalanalytischen Sicht halten wir die psychoanalytisch-persönlichkeitspsychologische Strömung der Motivforschung für zu spekulativ und wenig geeignet, praktisch verwertbare Erkenntnisse für das Marketing zu liefern. Deshalb beschäftigen wir uns mit den verbleibenden drei Strömungen, z.T. in anderen Kapiteln, näher. Im Rest des vorliegenden Kapitels befassen wir uns eingehender mit den Motiven im definierten engeren Sinne. Zur Vorbereitung darauf werden nachstehend einige wichtige **Einteilungskriterien für Motive** gegeben.

Wenn unter Motiven landläufig Gründe für Verhalten verstanden werden, ist es nicht verwunderlich, daß Motivforscher oft so vorgegangen sind, wie der psychologische Laie das Verhalten seiner Mitmenschen erklärt (vgl. 9.2.3, Attributionstheorie): Aus wenigen unsystematischen Verhaltensbeobachtungen werden gewisse Regelmäßigkeiten gefolgert. Die gefundene Regelmäßigkeit erhält dann einen Motiv-Namen, z. B. das Naschmotiv, das Anti-Fettaugen-auf-der-Suppe-Motiv. Die Gültigkeit des Motivs wird meist nur aus der Untersuchung "bewiesen", aus der seine Entdeckung erfolgte. Auf diese Weise sind, nicht nur bei ERNEST DICHTER hunderte von Motivbegriffen zusammengekommen.

Um nun innerhalb der heterogenen, nicht überschneidungs- und widerspruchsfreien Sammlung von Motiven etwas Ordnung zu schaffen, sind diverse Kategoriensysteme vorgeschlagen worden. Ein gutes Kategoriensystem ist im Frühstadium der Entwicklung einer Theorie Voraussetzung für systematisches Weiterforschen. Um ein solches Kategoriensystem aufzustellen, braucht man übergreifende, theoretisch wie pragmatisch sinnvolle Kriterien, nach denen die "Motive" zu ordnen sind. Hier kommen u.a. die Kriterien Allgemeinheitsgrad, Hierarchiestufe, Entstehung, Bewußtheit und Privatheit in Frage.

Der **Allgemeinheitsgrad** von Motiven drückt aus, wie generell oder speziell das zu erklärende Verhalten ist. Zu Beginn dieses Kapitels wurde die Problematik von zu allgemein oder zu speziell definierten Motiven bereits erörtert. Die **Hierarchiestufe** drückt die Stellung von Motiven in MASLOWs System aus, das in Abstufungen von primären, niederen, physischen, biologischen Motiven zu sekundären, höheren, psychischen, sozialen Motiven reicht:

Selbstver-
wirklichung

Selbstwertschätzung

Zuwendung/Liebe

Sicherheit/Geborgenheit

Physiologische Motive

Auf diese Motivhierarchie trifft allerdings eine ähnliche **Kritik** zu wie auf die psychoanalytische Motivforschung (unpräzise Begriffe und Hypothesen, mangelnder Gehalt). Außerdem ist die Unterscheidung von niederen und höheren Motiven bedenklich. Das damit verbundene Werturteil ist hinter wissenschaftlicher Neutralität versteckt. Trotz aller Probleme hat "**MASLOWs Bedürfnishierarchie**" außerordentlich breiten Eingang in die Wirtschaftswissenschaften gefunden, besonders bei nicht verhaltenswissenschaftlich arbeitenden Forschern. Die Motivhierarchie ist auch zur Grundlage der deutschen Verbraucherpolitik gemacht worden (SCHERHORN 1975).

Die **Entstehung von Motiven** fragt hauptsächlich danach, ob ein Motiv (genetisch) ererbt oder (durch Sozialisation) erworben ist. Nach Ansicht einiger engagierter Autoren ist menschliches Verhalten nur unwesentlich genetisch bedingt. Die empirische, biologische, experimentelle und kulturvergleichende Forschung hat aber Belege, daß ganz erhebliche Anteile der Motive ererbt sind. Das wird z. B. in diesem Buch immer wieder deutlich, wenn es um unbewußte und unkontrollierte Prozesse geht. Auch für den Verwendungszusammenhang Marketing ist das Kriterium der Motiventstehung wichtig: An überwiegend erblich bedingte Motive kann man sich nur anpassen, dafür ist aber zielgruppen-unabhängig Verlaß auf diese Motive. Überwiegend erworbene Motive können grundsätzlich auch durch Kommunikation beeinflußt werden, denn so sind sie ja hauptsächlich auch entstanden. Dafür muß bei diesen Motiven mit Zielgruppenheterogenität gerechnet werden.

Das Kriterium der **Bewußtheit von Motiven** ist aus den Bemerkungen über bewußtes und unbewußtes Konsumentenverhalten im Einleitungskapitel bekannt (vgl. 0.4). Der Vorwurf, das Marketing manipuliere unbewußte Kaufmotive, ist alt und seit PACKARDs Buch über die "geheimen Verführer" höchst populär. Die angegriffenen Marketingforscher haben etwas hilflos darauf reagiert: Werbung wolle ja nur informieren und richte sich an bewußte, ja rationale Motive. Dieses Buch zeigt, daß dem nicht so ist. Längst nicht alle Motive sind durch das Bewußtsein kontrolliert. Beim Erstkauf vielleicht einmal bewußt gewesene Motive werden vergessen. Es gibt gesellschaftlich tabuisierte Motive. Viele Motive kann man nicht abfragen, weil die Befragten sie nicht nennen können oder wollen. Jedenfalls ist die Bewußtheit von Motiven offenbar sehr wichtig für das praktische Marketing.

Das zuletzt genannte **Motivkriterium Privatheit** fragt danach, ob ein Motiv auf individuelles Verhalten oder auf soziales (Austausch-) Verhalten abzielt. Auf ein Ziel gerichtet zu sein, ist ja Definitionsbestandteil des Motivbegriffs. Ob dieses Ziel nur mit der eigenen Person zu tun hat oder auch mit anderen, kann für das motivativbezogene Marketing entscheidend sein. Entsprechende Zusammenhänge sind aber in starkem Maße von der Person (z. B. introvertierte oder extrovertierte Zielgruppe) und vom Produkt abhängig (z. B. individuell motivierte Zahnpastakäufe oder sozial motivierte Parfümkäufe).

Vier Ordnungskriterien für Kaufmotive

		primär		sekundär	
		bewußt	unbewußt	bewußt	unbewußt
ererbt	individuell				
	sozial				
erworben	individuell				
	sozial				

4.3 Konsummotive mittlerer Reichweite

Wie würden Sie die paarweise gemeinsamen Konsummotive bezeichnen, die durch je zwei verschiedene Werbeslogans angesprochen werden?

Motiv 1:
- Sparsamkeit nimmt neue Formen an (Stromsparleuchten)
- Kennen Sie den sparsamsten Weg zu bester Persil-Reinheit und -Pflege? (Waschmittel)

Motiv 2:
- Niveau. Von Anfang an. (Bier)
- Ein bißchen sollte man Ihnen den Erfolg schon ansehen (Herrenmode)

Motiv 3:
- Leichte Linie. Neue Linie. (Konserven)
- Glätten Sie Falten sichtbar (Kosmetik)

Motiv 4:
- Faszinierend fruchtig. Aufregend herb. Erfrischend anders. (Likör)
- Geschmack erleben (Zigaretten)

Motiv 5:
- Lernen Sie jemand kennen, der Player's raucht (Zigaretten)
- EIN ZARTER HAUCH nicht nur für "eine Nacht im Mai" (Schiesser Unterwäsche)

Motiv 6:
- Hoffentlich Allianz versichert (Versicherung)
- Sicher ist sicher (Kondome)

Motiv 7:
- Ich rauche gern (Zigaretten)
- Sie haben gut gewählt (Packungsbeilage)

Bei der Beantwortung kann die nachstehende Einteilung helfen.

Theoretisch begründete und praktisch verwendbare Konsummotive

Im vorausgegangenen Abschnitt über motivtheoretische Grundlagen wurde gezeigt, daß die Theorie des Konsumentenverhaltens nicht auf eine allgemeine Motivtheorie zurückgreifen kann. Der vorliegende Abschnitt beschreitet einen der beiden genannten Auswege, die Bestimmung von **Konsummotiven mittlerer Reichweite**. Es sollen Motive als zielgerichtete, emotional und kognitiv gesteuerte, relativ allgemeingültige und theoretisch begründetete Antriebe des Konsumentenverhaltens gefunden werden. Damit wird sichergestellt, daß Konsummotive nicht nur ad-hoc erklären, sondern etwas zur Theorie des Konsumentenverhaltens beitragen. Motive mittlerer Reichweite sollen bei unterschiedlichen Produkten und Zielgruppen Bedeutung haben. Das trifft auf die folgenden Konsummotive zu. Wahrscheinlich erkennt der Leser gewisse Überschneidungen mit unserer Einteilung der Basisemotionen. Vergleiche dazu die Erläuterung im letzten Abschnitt, die sich auf die mehr oder weniger stark ausgeprägte Zielorientierung von Emotionen bzw. Motiven bezieht.

(1) Ökonomik/Sparsamkeit/Rationalität

(2) Prestige/Status/soziale Anerkennung

(3) Soziale Wünschbarkeit/Normenunterwerfung

(4) Lust/Erregung/Neugier

(5) Sex/Erotik

(6) Angst/Furcht/Risikoneigung

(7) Konsistenz/Dissonanz/Konflikt

Ökonomik/Sparsamkeit/Rationalität bezeichnet das wirtschaftliche Grundmotiv des "homo oeconomicus". Besonders ausführlich wird das Motiv als Prämisse der Mikroökonomie beschrieben:

- Zweck des Kaufverhaltens ist die Deckung eines Bedarfs
- Ein festes Wertsystem ordnet die Bedarfsstruktur

- Man kennt alle Alternativen mit allen ihren Eigenschaften
- Zur Entscheidung hat man eine konsistente Präferenzstruktur
- Man strebt nach maximalem Nutzen bei gegebenen Kosten.

Der ökonomisch-rationale Konsument, dessen Verhalten sich aus diesem Motiv erklären läßt, ist zwar eine fiktive Idealfigur, aber je nach Produkt, Person und Situation kommt das ökonomische Motiv doch unterschiedlich stark zur Geltung. Manche verhalten sich beim Waschmaschinenkauf relativ ökonomisch, aber nicht beim Autokauf. Zum Beispiel läßt sich die auf dem deutschen Markt erfolgreiche Entwicklung des privaten Geländewagens nicht rational erklären; es gibt hier kaum Gelegenheiten zum Off-Road-Fahren. Die Erklärung gelingt nur über stark gefühlsmäßig bestimmte Motive, z. B. frei von den Bindungen der Straße zu sein und jederzeit vom gewohnten Wege abweichen zu können. Manche Menschen sind sparsamer und beim Kaufen gewissenhafter als andere. Im Urlaub kauft man eher ein farbenfrohes Modehemd als im Alltag.

Allgemein hängt die Erklärungskraft des ökonomischen Motivs vom **Involvement** ab (vgl. 1.4). Selbst bei Geldanlageentscheidungen, bei denen man hohes Involvement voraussetzen möchte, scheint das ökonomische Motiv in den Hintergrund zu treten. So weist etwa FREY (1986) nach, daß Finanzanlagen in Bildender Kunst bei höherem Risiko eine geringere Rendite erzielen als in Wertpapieren. Die Anleger lassen sich also mehr von nichtökonomischen Motiven leiten. Im Gegensatz zur mikroökonomischen Theorie des Haushalts ist davon auszugehen, daß ökonomisches Konsumentenverhalten die Ausnahme und die nachfolgenden Motive die Regel sind.

Prestige/Status/Anerkennung sind Umschreibungen eines einflußreichen sozialen Motivs. Man strebt nach Wertschätzung durch andere. Das Motiv ist auf soziale Belohnung gerichtet, Prestige verleiht sozialen Status. In der Soziologie wird untersucht, unter welchen Bedingungen Personen ein bestimmter Status zugewiesen wird und welche äußeren Merkmale (Statussymbole) das anzeigen. Sichtbarer Besitz und demonstrativer Konsum sind als Statussymbole geeignet. Zum Beispiel kann der Kauf eines auffällig teuren Autos die Unausgewogenheit zwischen Statusempfindung und Statusanspruch ("Statusinkongruenz") beseitigen helfen.

Das Prestigemotiv wirkt sich nur dann auf das Konsumentenverhalten aus, wenn der Kauf oder Konsum des Prestigeprodukts auffällig ist, d.h. von Bezugspersonen des Konsumenten wahrgenommen werden kann. Das ist häufig z. B. bei Autos, Urlaubsreisen und Kleidung der Fall (das Krokodil auf dem Hemd kostet mehr als das bloße Hemd), selten bei Matratzen, Waschmaschinen oder Vollkornbrot. Die **Prestigeeignung** der Produkte hängt davon ab, wie eng die statuszuweisende Bezugsgruppe in das Privatleben einbezogen ist und welche Werte (vgl. 6.5) sie hält. Prestigeprodukte sind hochpreisig meist besser abzusetzen als billig. Das Ergebnis widerspricht der allgemeinen Annahme einer fallenden Preis-Absatz-Funktion. LEIBENSTEIN (1966) gab der Ökonomie diese Hypothese schon 1950 zu bedenken. Das führte aber nicht zur Überarbeitung der Modellannahmen, sondern diente der Rechtfertigung von Ausnahmen. Dazu gehören auch Hypothesen über "externe Effekte", das sind nicht in der Person des Konsumenten liegende soziale Einflüsse auf das Konsumentenverhalten (weiterführend vgl. ADLWARTH 1983).

Soziale Wünschbarkeit/Normenunterwerfung wird für verschiedenartigste Verhaltensweisen als Motiv verantwortlich gemacht. Es beruht auf Streben nach Freundschaft und Zugehörigkeit zu einer Familie oder einem Kreis von Freunden, Kameraden, Kollegen. Personen, bei denen das Motiv stark ausgeprägt ist, verhalten sich nicht autonom, sondern in Abhängigkeit von der erwarteten Zustimmung der anderen. Dieses "sozial abhängige" Verhalten zeigt sich auch beim Konsum. Marken, die der Bezugsgruppe gefallen, werden wiedergekauft. Man kauft etwas "gegen die eigene Überzeugung", um dem Verkäufer zu gefallen. Man beachtet eine Werbung besonders, die an die soziale Anerkennung in der Familie appelliert. Außerdem spielt das Motiv in der Marktforschung eine Rolle, nämlich als Fehlerquelle beim Befragen: Der sozial abhängige Befragte antwortet verzerrt in Richtung auf die maximale Beifallserwartung. Das kann mit einigem Aufwand kontrolliert werden, aber Untersuchungsergebnisse sollten immer im Hinblick auf soziale Erwünschtheit der Antworten kritisch interpretiert werden. Das Motiv wird im Zusammenhang mit Einstellungen und Werten wieder aufgegriffen.

Lust/Erregung/Neugier knüpft an die beiden positiven Basisemotionen "Interesse, Erregung" und "Freude, Vergnügen" an (vgl. 2.2). SCITOVSKY (1977) grenzt das Lustmotiv ab vom Behagen, d.h. der ökonomisch verstandenen Freiheit von Mangel. Ziel ist das Erreichen eines Erregungsoptimums, des angenehmen Zustands zwischen Langeweile und Streß. Emotionale Stimulierung kann zum Selbstzweck werden und die "eigentliche" Bedürfnisbefriedigung in den Hintergrund treten lassen. Lust ist weniger das Ergebnis von Mangelfreiheit als von Mangelbeseitigung. Weniger der Zustand der Zufriedenheit als die Erregung beim Prozeß der Befriedigung liefert den Antrieb. Weniger der Status als der mögliche Aufstieg motiviert. Weniger geschlossene Informationslücken als die Neugier treiben das Verhalten an. Die Tätigkeiten bei der Mangelbeseitigung werden als Lust empfunden, z. B. das Kauen von Erdnüssen, das über die Kalorienaufnahme hinaus zum (Erdnuss-) Syndrom werden kann. Es ist einfacher, nichts zu essen als wenig zu essen. Konsumieren bedeutet oft Selbstbelohnung, sei es beim Einkaufen oder beim Verbrauchen. Auch im Handelsmarketing ist das Motiv recht bedeutend (vgl. 2.4 Konsumerlebnis).

Neuere Erkenntnisse zu diesem Motiv liefert die Forschung über **"Variety-seeking"**. Durch den Wiederholkauf einer Marke bekundet ein Konsument seine Zufriedenheit und positive Einstellung zu "seiner Marke". Was bedeutet es jedoch, wenn statt eines erwarteten Wiederholkaufs ein Markenwechsel vollzogen wird? Variety-seeking erklärt, daß ein Käufer bei einem wiederholten Produktkauf eine Marke nicht aufgrund von äußeren Zwängen oder Präferenzen wechselt, sondern weil der Markenwechsel als solcher Nutzen stiftet (TSCHEULIN 1994, S. 54). Nach KAHN (1994, S. 1) ist Variety-seeking die Tendenz eines Individuums, bei dessen Produkt- und Dienstleistungsauswahl in kürzeren und mittleren Zeiträumen nach Abwechslung zu streben. Änderungen im langfristigen Bereich sind eher einem Wertewandel zuzuschreiben (BÄNSCH 1995, S. 343). Es wurden verschiedene Taxonomien zur Einordnung von Variety-seeking entwickelt, wobei McALISTER und PESSIMIER (1982) die meiste Beachtung fanden. Ausgangspunkt ihrer Forschung ist das wechselnde Verhalten (varied behavior) eines Individuums. Ihre Erklärung von "Varied-behavior" geht in zwei Richtungen:

1. Direkte Motivation

Direkt motiviertes Wechselverhalten wird entweder auf **intrapersonelle** Motive zurückgeführt, die das Streben eines Individuums nach einem als ideal empfunden Maß an Stimulation widerspiegeln, oder auf **interpersonelle** Motive, z. B. nach Aufnahme in eine soziale Gruppe. Es scheint zudem eine klare Verbindung zwischen dem Wunsch nach sozial anerkannter Unverwechselbarkeit und dem Kauf neuer Produkte vorzuliegen.

2. Abgeleitete Motivation

Die andere Richtung versteht Variety-seeking als Ergebnis abgeleiteter Motivationen, aus externen Einflüssen oder internen Kräften, die nichts mit dem Streben nach Abwechslung selbst zu tun haben.

KAHN (1994, S. 23) hat bezugnehmend auf McALISTER und PESSEMIER die unterschiedlichen Motivationen in einer Matrix dargestellt:

	Unzufriedenheit mit dem Status Quo	Zufriedenheit mit dem Status Quo
Extern	Präferenzunsicherheit	Externe Situation
Intern	Sättigung / Langeweile	Anregung / Neuheit

Die eine Dimension stellt wie bei McALISTER und PESSIMIER externes (abgeleitetes) und internes (direktes) Variety-seeking gegenüber. Die zweite Dimension nimmt neuere Annahmen auf, z. B. Unsicherheit bezüglich der Präferenzen oder falsche Einschätzung des Geschmacks (KAHN 1994, S. 2). Sie beruht auf der Annahme, daß die Motivation für Variety-seeking davon abhängt, wie zufrieden der Käufer mit einer konsumierten Wahl bzw. dem Status Quo ist.

Einflußfaktoren lassen sich in drei große Gruppen aufteilen: Personenmerkmale, Produktcharakteristika und situationale Einflüsse. BÄNSCH (1965) benennt als **personenbezogene Einflußfaktoren** in erster Linie Alter, persönliche Grundeinstellung, Geschlecht, Bildungsstand, Einkommensniveau und Introversion/Extroversion, Risikoaversion/Risikofreude, Rationalität/Emotionalität) (BÄNSCH 1995). Diese Faktoren können miteinander verbunden sein. Zur **Identifizierung von Produkten**, die von Variety-seeking tangiert werden, unterscheidet man subjektive und objektive Merkmale (HOYER/RIDWAY 1983, BÄNSCH 1995). Zu den objektiven Merkmalen zählen die Größe der verfügbaren Alternativenzahl und die Kauffrequenz. Sie können jedoch individuell unterschiedlich wahrgenommen werden. Die These der objektiven Wahrnehmung ist problematisch (KROEBER-RIEL/WEINBERG 1996). Subjektive Merkmale, die das Variety-seeking begünstigen, sind ein niedriges Involvement, niedriges wahrgenommenes Risiko, geringe wahrgenommene Unterschiedlichkeit der Alternativen und eine intensive Ansprache menschlicher Sinne (HOYER/RIDWAY 1983). Soziale Auffälligkeit wie Modeaffinität der Produkte können ebenfalls einen Einfluß haben. KAHN (1994) weist auf ein **situationales Merkmal** hin: Der Konsum des Produkts beeinflußt das Varietyseeking, die Wahl einer Marke kann vom Konsum anderer Produkte abhängen. So wird die Wahl eines alkoholfreien Erfrischungsgetränkes auch durch den Konsum von Früchten oder Süßigkeiten beeinflußt (HERRMANN/GUTSCHE 1994, S. 78).

Dem Variety-seeking kann durch Segmentierung begegnet werden, die beim Markenwechselverhalten der Konsumenten ansetzt (vgl. u.a. HERRMANN/ GUTSCHE 1994). Die Zahl der Gegenstände, die bei einem üblichen Einkauf einer Produktkategorie gekauft werden, sollten Beachtung finden. Im Falle der Unsicherheit des Konsumenten bezüglich seiner Präferenzen könnte das Marketing mit einem Bündel gleichartiger Produkte reagieren. Die Kaufentscheidung könnte erleichtert werden, indem beispielsweise ein Six-Pack Erfrischungsgetränk sowohl Coca-Cola als auch Sprite enthält. Ein bestehendes Produkt könnte in der Weise differenziert werden, daß neben das ursprüngliche Produkt noch abgewandelte Varianten treten. So kann der Konsument innerhalb einer Dachmarke wechseln, ohne daß dem Unternehmen Marktanteile verloren gehen (BÄNSCH 1995).

Sex/Erotik wird sowohl als individuelles, biologisches wie auch als soziales Motiv bezeichnet, weil es auf das Miteinander gerichtet ist. Es gehört zwar zu den primären Motiven, hat aber durch kulturelle Einflüsse zahlreiche sekundäre Erscheinungs- und Signalformen angenommen, z. B. Flirt, Tanz, dezente Beleuchtung, Kleidung. In der Psychonalyse spielt das Motiv eine überragende

Rolle, weil es auch als versteckte Ursache für viele (Fehl-) Verhaltensleistungen verantwortlich gemacht wird. Im Unterschied zu anderen "primären" Motiven bringt es wenig, die Erregung des Sexualmotivs mit Deprivation (z. B. Dauer der Enthaltsamkeit) zu begründen. Vielmehr wird es überwiegend durch direkt oder indirekt wirkende Reize ausgelöst, die allerdings auch die Form innerer Vorstellungen haben können. Über die kulturelle Sozialisation können diese Reize oft raffiniert verschlüsselt sein (das Auto als modernes Balzgerät). Andererseits sind auch unverschlüsselte erotische Reize und Schemata (vgl. 3.4) besonders treffsichere Motivauslöser. Dafür liefert die Werbung für Kosmetika, manche Alkoholika und sogar für technische Produkte viele Beispiele. Die häufigste Verwendung des Motivs in der Werbung zielt nicht auf eine Befriedigung des angesprochenen sexuellen Bedürfnisses, sondern benutzt das Motiv zur Aktivierung. Diese simple Technik ist zunehmend in der Form der Blickfangwerbung mit dem weiblichen Körper kritisiert worden. So hat z. B. der Deutsche Werberat (Institution der Werbeselbstkontrolle) mehrfach zu Fällen dieser Art Stellung genommen, und so ist das Frauenbild in der Werbung immer wieder Gegenstand von Auseinandersetzungen.

Angst/Furcht/Risikoabneigung bezeichnen Konstrukte, die in ihrem jeweiligen theoretischen Zusammenhang unterschiedliche Bedeutung haben. Die Psychoanalyse hat die Hypothese der Angstverdrängung geliefert. Furcht wird als negatives, auf Flucht gerichtetes Abwehrmotiv angesehen, Angst als weniger spezifisches Risiko spielt auch eine Rolle als Konstrukt in der normativen (rationalen) Entscheidungstheorie. Angst und Furcht unterscheiden sich vom Risikobegriff insofern, als Risikoforscher den Emotionsgehalt ihres Konstrukts vernachlässigen und z. B. in subjektiven Wahrscheinlichkeiten denken. Trotzdem kann man hinter allen drei Begriffen ein gemeinsames motivationales Konstrukt annehmen. Das Konstrukt ist für diverse Theorien fruchtbar geworden: Die Entscheidungs- und Verhandlungstheorie hat das Motiv in Form der personenabhängigen Risikopräferenz und des situationsabhängigen Risikoschubs berücksichtigt. Die Psychophysiologie interessiert sich für die angstinduzierte Aktivierung, die Kommunikationsforschung für die (im Hinblick auf Beeinflussung) optimale Angststärke einer Botschaft. Die Verbraucherforschung geht von der Hypothese aus, Angst/Furcht/Risiko steigere die Informationsneigung. Wird das Kaufrisiko als zu hoch empfunden und ein innerer Spannungszustand erzeugt, entsteht eine **Motivation zur Risikominderung**. Die Schwelle, ab der ein Risiko Handeln auslöst, hängt vom (situativen) Involvement und von der (persönlichen) Risikobereitschaft ab. Als Maßnahmen im Konsumentenverhalten kann man z. B. Umtauschmöglichkeiten oder Rückkaufgarantien ausnutzen, man kann mieten statt zu kaufen, sich gegen gewisse Risiken versichern oder einfach das Anspruchsniveau senken. Risikokontrolle kann schließlich auch über den Informationserwerb erfolgen, z. B. über entsprechende information chunks (z. B. Preis als Qualitätsindikator) oder durch aktive Suche nach Information.

"Je höher das vor dem Kauf wahrgenommene Risiko, desto größer die nachgefragte Informationsmenge". Die Basishypothese hat keine durchschlagende Bestätigung gefunden, vgl. die Metaanalyse von GEMÜNDEN (1985). Ob Konsumrisikoreduzierung durch aktive Informationssuche erfolgt, hängt danach (GEMÜNDEN 1985, S. 34) von der Komplexität der zu treffenden Entscheidung ab und dabei wiederum davon, ob es um geringwertige oder höherwertige Produkte geht. Statt aktiv nach Information zu suchen, kauft man geringwertige Produkte (beim Erstkauf) eher probeweise (LOCANDER & HERMAN 1979) oder (beim Wiederholkauf) habituell (WEINBERG 1980). Auch komplexere Konsumentscheidungen werden nur begrenzt durch Informationssuche gestützt. Zusätzliche Informationsaufnahme kostet mehr Geld, Zeit und Mühe. Informationen werden wohl generell nur über wenige Alternativen und in beschränktem Umfang besorgt. Das Risikomotiv ist entscheidend für die verzögerte Adoption von neuen Produkten (vgl. 9.4). Die ökonomische Theorie berücksichtigt das Motiv bei den Entscheidungsregeln unter Unsicherheit. Einen kausalanalytischen Theorieentwurf zur Erklärung des Konsum-Risikomotivs hat ASCHE (1990) entwickelt.

Das wahrgenommene Kaufrisiko kann zudem durch eine differenziertere Betrachtung der informationsökonomischen Eigenschaftstypologie (vgl. 9.4.1 "Inspektions-, Erfahrungs- und Vertrauenseigenschaften) erfaßt werden. Hiernach kann man die Qualität eines Produktes problemlos vor dem Kauf (**Sucheigenschaft**), erst durch den Ge- bzw. Verbrauch eines Produktes (**Erfahrungseigenschaft**) oder nur zu überproportional hohen Kosten bzw. gar nicht (**Vertrauenseigenschaft**) feststellen. Durch die so detaillierter beschriebene Risikosituation ist es möglich, die Unsicherheit bei einzelnen Eigenschaften zu reduzieren, z. B. durch das Hinzuziehen von Testurteilen bei Vertrauenseigenschaften.

Das Angstmotiv wird im Marketing selten offen angesprochen. Der Erfolg von **Angstwerbung** hängt davon ab, ob das Produkt etwas mit Gefahr zu tun hat. Angstthemen im Marketing finden sich als körperliche Risiken (Beispiele bei Zahnpastamarken), gesellschaftliche Mißachtung (Beispiele bei Deodorantmarken), Ablehnung innerhalb der Familie (Beispiele bei Weichspülermarken) und materieller Verlust (Beispiele bei Versicherungen). Am meisten Wirkung wird der Angstwerbung in der Abfolge zugeschrieben:

(1) Angstauslösung (z. B. durch Bilder)

(2) Auswegempfehlung (mit Hinweis auf das Produkt).

Im übrigen ist bekannt, daß der Einsatz von Angst ungünstige Nebenwirkungen haben kann: Überaktivierung mit Verdrängungswirkung, negative Auslese der bedrohlichen Kommunikation, gesellschaftliche Kritik an solch offener "Manipulation". Besonders bei stark verfestigten Verhaltensweisen (z. B. dem Rauchen) kommt man mit dem Angstmotiv nicht weiter (TROMMSDORFF 1984). Ein Spezialfall des Motivs ist die Beeinflussungsabwehr (Reaktanz). Sie ist gegen die Bedrohung der Entscheidungsfreiheit durch eine wahrgenommene Beeinflussung gerichtet. Der betreffende Prozeß und seine Bedingungen werden im Rahmen der beeinflussenden Kommunikation behandelt (vgl. 9.3).

Die Ausdrücke **Konsistenz/Dissonanz/Konflikt** umschreiben ein Motiv, das das allgemeine Harmoniestreben des Menschen konkretisiert. Es geht hier immer um die Beziehung zwischen zwei oder mehr verschiedenen, aber miteinander verbundenen Zustandseinheiten, z. B. zwei widerstreitenden Gefühlen oder zwei widersprüchlichen Kognitionen oder einem in sich nicht mehr stimmigen System von Einstellungen. Es könnte z. B. die Ursache dafür sein, daß der Marktanteil der Marke Tempo unter den Zellstofftaschentüchern in Apotheken und Drogerien wesentlich höher ist als im Lebensmitteleinzelhandel: Das gesundheitsbetonte Markenimage von Tempo ist konsistent mit dem Image von Apotheken und Drogerien (Imagetransfer), während im Lebensmitteleinzelhandel die "no names" ihren Preisvorteil zur Geltung bringen können.

Unter **Konflikt** verstehen wir hier dieselbe Art innerer Zustände (intrapersonelle Konflikte). Konflikte zwischen Personen (interpersonelle Konflikte) sind nicht gemeint. Die konflikttheoretischen Ansätze der Motivpsychologie klassifizieren, unter welchen Bedingungen welche Arten von Konflikt auftreten. Wenn man z. B. zwischen zwei Automarken wählen kann, von denen jede ein paar Vor- und Nachteile hat, liegt ein "doppelter Appetenz-Aversionskonflikt" vor. Die Wahl wird u.U. zur Qual, weil nicht nur Vor- und Nachteile innerhalb einer Alternativen abgewogen werden müssen, sondern auch die Vorteile und Nachteile zwischen den Alternativen.

Das Motiv ist vor allem für die Einstellungstheorie wichtig (vgl. 5), weil es als einer der wenigen Anlässe gilt, eine ausgeprägte Einstellung zu ändern. Dabei dachte man primär an die Konsistenz von Kognitionen: **"Kognitive" Dissonanz** (vgl. 4.5) ist inzwischen auch in der Praxis ein bekannter Begriff. Aber auch Einstellungen, Bewertungen, Gefühle können miteinander widerstreiten. Wenn eine empfundene Inkonsistenz/Dissonanz eine gewisse Schwelle überschreitet, wird ein Prozeß zur Wiederherstellung des Gleichgewichtszustands in Gang gebracht. Die Zielrichtung kann verschieden sein: Wahrnehmungsverzerrung, Vergessen oder Umbewerten eines der in Widerspruch geratenen Elemente, Herabspielen der ganzen Inkonsistenz, gezielte Suche nach neuen Informationen, Einstellungen, Gefühlen. Die Theorie läßt eine Menge möglicher Verhaltensweisen als Konsequenz von Inkonsistenzen zu, z. B. Markenwahl, Nichtkauf, Informationssuche, Entscheidungsverschiebung usw. Durch diese

Präzisionsmängel bleibt der motivtheoretische Gehalt der Dissonanztheorie und anderer konflikttheoretischer Aussagen relativ gering.

4.4 Konsumfunktionen

Eine Strömung der Konsumentenforschung untersucht „Funktionen" des Konsums im Sinne einer Konsummotivklassifikation etwas größerer Reichweite. Den gegenwärtigen Stand dieser Forschung allgemein gibt HOLT (1995) wieder.

Danach gibt es zwei unterschiedliche Funktionen von Konsumhandlungen: (1) Funktionen, die auf den Konsumenten selbst gerichtet sind (autotelic actions), (2) außengerichtete Funktionen, so daß der Konsum Mittel zu einem anderen Zweck ist (instrumental actions). Dieser beiden grundsätzlichen Funktionen werden weiter nach der Handlungsstruktur (structure of action) unterteilt in (a) solche, bei denen Konsumenten einen Konsumgegenstand direkt nutzen (object actions) und (b) solche, bei denen das Konsumobjekt Gegenstand einer sozialen Interaktion ist (interpersonal actions). Die Kombination dieser beiden Funktionsdimensionen liefert vier Ausprägungen, denen metaphorisch folgende Begriffe zugeordnet werden:

Konsum als ...	Handlungszweck	
	selbstgerichtet	außengerichtet
Struktur objektbezogen	Erlebnis	Integration
der Handlung interpersonell	Spiel	Klassifikation

Die **Erlebnis**funktion des Konsums stimuliert eigene Emotionen. Die **Integrations**funktion stellt eine Verbindung zwischen dem Konsumenten und dem Konsumobjekt her; indem das Konsumobjekt Identität des Konsumenten gewährt (symbolische Selbstwahrnehmung). Die **Klassifikations**funktion dient der Darstellung einer sozialen Zugehörigkeit, z. B. zu einer Subkultur wie der eines Lebensstil-Typus (vgl. 7.5). Die **Spiel**funktion ermöglicht soziale Interaktion mittels des Konsumobjekts – nicht nur bei Spielen im engeren Sinne, sondern auch auch bei Konsumobjekten wie Musikinstrumenten, Sportausrüstungen, Kommunikationselektronik, Reisen usw.

In dieser Klassifikation sind die Ordnungskriterien der Motivforschung (S. 119) „primär/sekundär" und „individuell/sozial" wiederzuerkennen. Sie ermöglicht auch die Einordnung der „externen Effekte" des Konsums, wie sie LEIBENSTEIN (1966) als Mitläufereffekt, Snobeffekt und Veblen-Effekt („Theorie der feinen Leute") beschrieben hat. Außerdem bietet sie Ansatzpunkte zur Erklärung des Phänomens „Mode", dem wir uns nun zuwenden.

Die Modetheorie (SOLOMON 1985) ist eigentlich eine für den Konsumbereich „Kleidung und outfit" spezifische Klassifikation von Konsumfunktionen. Hier geht es u.a. um die Motive ("Funktionen") von Modeverhalten. Unter der Vielzahl von Theorieansätzen sollen die wichtigsten erwähnt werden.

Das Tragen einer Mode kann im Motiv begründet sein, der Umwelt etwas über die eigene Persönlichkeit zu sagen (**Ausdrucksmotiv**). Besonders die einem bestimmten Stil entsprechende Kleidung drückt die für eine Person verbindlichen Einstellungen und Werte aus, ohne daß es der Sprache bedarf. Das ist auch im Sinne der Selbstwahrnehmung zu verstehen: Mode hat nicht nur Ausdruckswirkung nach außen, sie kann auch zur Bekräftigung des Selbst-Image des Konsumenten dienen. Außerdem signalisiert Mode Zugehörigkeit. In ungewohnten bzw. schwach strukturierten Situtationen ist (ein der Mode) angepaßtes Auftreten hilfreich. Ein Hochschulabsolvent, der sich als junger "High-Tech"-Unternehmer selbständig gemacht hat, kann den ihm wichtigen Kompromiß zwischen seiner Rolle als Innovator und seiner Rolle als Unternehmer durch Anpassung an eine Mode ausdrücken: Turnschuhe und Jeans nebst Schlips und Kragen ("Turnschuhunternehmer"). Zugehörigkeit ist besonders wichtig für Jugendliche, die ja entwicklungsbedingt besondere Rollenprobleme haben. Die vielfältigen Moden der Popper, Punks, Yuppies usw. belegen das.

Eine verwandte "Funktion" der Mode entspricht dem **Konformitätsmotiv** für modisches Verhalten. Konformität hilft, innerhalb der Bezugsgruppe Konflikte zu vermeiden. Sie wird selten negativ gewertet, z. B. in Subkulturen mit besonderem anti-modischen intellektuellem Selbstverständnis. Aber selbst dort entpuppt sich das Auftreten oft als "modisch". Ein Beispiel ist die Uniformiertheit des Rucksacktourismus, z. B. in Griechenland. Ferner wird Veränderung als Funktion der Mode genannt. Dem entspricht das Motiv Lust/Erregung/Neugier.

Außerdem kann das **Prestigemotiv** beteiligt sein: Man zeigt, es sich leisten zu können, noch Brauchbares vorzeitig durch Neues zu ersetzen. Die Durchsickerungstheorie (trickle down, SPROLES 1985) besagt, daß neue Moden von der Oberschicht kreiert und allmählich von den unteren Schichten übernommen werden. Das veranlaßt die Oberschicht zur erneuten Differenzierung durch die nächste Mode. Gegen diese ältere Theorie sprechen heutzutage Beispiele wie das Diffundieren der Mini-Mode von unten nach oben. Früher war das Mitmachen in der Mode schichtbedingt. Die Mittel- und Oberschicht konnte sich Mode leisten, Unterschichtangehörige nicht. Mittlerweile kann in vielen Industrieländern kein schichtspezifischer Unterschied beim Interesse an Mode mehr gefunden werden. Aber nach wie vor gibt es unterschiedliche modische Ausprägungen in Abhängigkeit von der Schicht. Im Einklang mit der Durchsickerungstheorie steht VEBLENs Theorie der feinen Leute (1958), wonach Moden aus dem "Klassenkampf" um gesellschaftliche Überlegenheit zu erklären sind: Mode ist Vehikel für den sozialen Aufstieg. Die Zugehörigkeit zur nächst höheren Schicht kann man durch Konformität mit deren Mode erkaufen.

4.5 Zufriedenheit und Anspruchsniveau

Beispiele aus der Marketingpraxis

"Ich lebe ganz einfach – ich wähle immer nur das Beste" (OSCAR WILDE)

Wenn Sie ein langlebiges Gebrauchsgut kaufen, z. B. einen Fotoapparat, einen Fernseher, eine Küchenmaschine, finden Sie beim Auspacken meist einen Beipackzettel. Er hat oft die Form eines "Geräte-Passes", eines Garantiedokuments oder eines Gutscheins. Die ersten gedruckten Worte lauten etwa: "Zum Kauf Ihrer neuen Kamera beglückwünschen wir Sie sehr herzlich. Wir selbst sind von der Qualität, der Zuverlässigkeit und dem hohen technologischen Standard dieser Kamera absolut überzeugt und deshalb auch sicher, daß bereits Ihre ersten Aufnahmen ein voller Erfolg werden." Oder: "Herzlichen Glückwunsch. Sie haben sich für ein Qualitätsprodukt entschieden" usw. Solche Maßnahmen des sogenannten Nachkaufmarketing (After-sales-Marketing) dienen in erster Linie der Unterstützung der Zufriedenheit des Käufers.

Seit 1987 betreibt der amerikanische Eisproduzent Häagen Dazs in Deutschland Eisdielen in bevorzugten Einkaufsgegenden. Häagen Dazs verkauft hohe Qualität zu sehr hohen Preisen. Seit Sommer 1990 versuchte Häagen Dazs sein Premium-Konzept im Einzelhandel umzusetzen. Großportionen werden im Becher in separat aufgestellten Kühltruhen angeboten, die ausschließlich Häagen Dazs Eis enthalten. Unterstützt wurde diese Einführung im Einzelhandel mit einer Werbekampagne der Werbeagentur Springer & Jakoby, die mit ihren flotten Premium-Werbesprüchen (z. B. "Mit Geschmack dick werden") viel Aufsehen erregt haben.

Zufriedenheit-Unzufriedenheit-Forschung (Z-U-Forschung)

Zufriedenheit ist ein positives Gefühl als Ergebnis einer Entscheidung oder Handlung. Bestimmte negative Emotionen können Unzufriedenheit bewirken, indem sich das negative Gefühl mit dem betreffenden Objekt bzw. Verhalten verbindet. Z-U ist marketingrelevant, weil sie einerseits Folge von Konsumentenverhalten ist und andererseits künftiges Konsumentenverhalten beeinflußt. Z-U ist als theoretisches Konstrukt berechtigt, weil die Verhaltensforschung über bewährte Hypothesen zu Bedingungen und Wirkungen von Z-U verfügt. Das Konstrukt steht im engen Zusammenhang mit mehreren Basisemotionen (siehe 2.2):

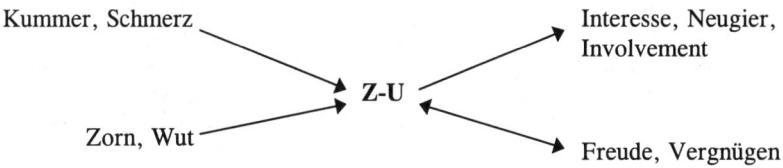

125

Unzufriedenheit löst Interesse/Erregung bzw. Involvement aus. Positive Emotionen fördern Zufriedenheit, negative Emotionen fördern Unzufriedenheit. Unzufriedenheit übt eine **motivationale Kraft** zur (Wieder-) Herstellung von Zufriedenheit aus. Zufriedenheit verstärkt dagegen das Verhalten, mit dessen Ergebnis man zufrieden war: Zufriedenheit entlastet bzw. desinvolviert. Z-U bezieht sich auf einen Gegenstand oder eine Handlung. Daher steht das Konstrukt auch in engem Zusammenhang mit dem objektgerichtet wertenden Konstrukt Einstellung (siehe 5.). Ferner hängt ein aktueller Z-U-Wert auch davon ab, wie zufrieden die Person im allgemeinen ist: Z-U ist auch persönlichkeitsbedingt (siehe 7.), z. B. sind ältere Personen tendenziell zufriedener als jüngere.

Verhaltenswissenschaftliche Z-U-Theorieansätze

Kundenzufriedenheit kann als Ergebnis eines komplexen psychischen **Soll-Ist-Vergleichsprozesses** zwischen den Kundenerwartungen und den vom Kunden wahrgenommenen Leistungen erklärt werden. Sind die Erwartungen und Wahrnehmungen identisch, so folgt stabilisierende Kundenzufriedenheit. Werden die Erwartungen übererfüllt und wird der Kunde damit von den Leistungen des Unternehmens überzeugt, entsteht progressive Kundenzufriedenheit, u.a. mit der möglichen Folge einer Anpassung künftiger Erwartungen. Werden die Erwartungen nicht erfüllt, entsteht Unzufriedenheit (SCHARNBACHER/KIEFER 1996, S. 7).

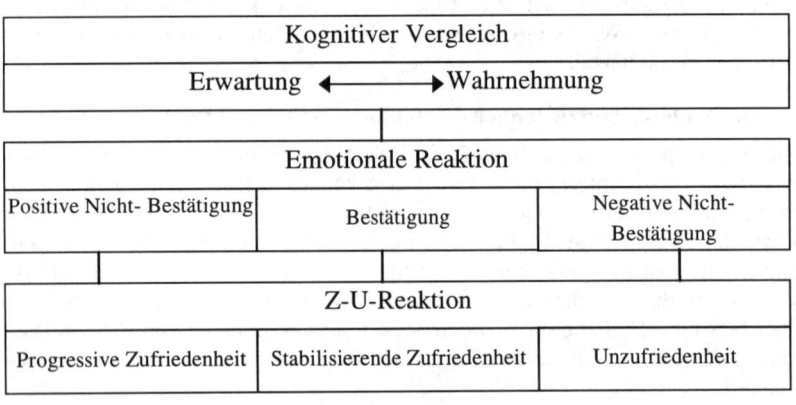

Unter den Erklärungsansätzen zum Verständnis von Z-U sind die Kontrasttheorie, die Assimilations-Kontrast-Theorie, die Theorie der kognitiven Dissonanz, die Gleichgewichtstheorie (Equity-theory), die Anspruchsniveautheorie und die Attributionstheorie besonders hervorzuheben (HOMBURG/RUDOLPH 1995, S. 31,33).

Nach der **Kontrasttheorie** korrigiert der Konsument seine Wahrnehmung nachträglich, falls die Erwartung von der Ist-Leistung abweicht. Differenzen werden übertrieben. Übersteigt die empfundene Leistung die Erwartung, so wird der Konsument die Produktwahrnehmung von seinen Erwartungen weg bewegen und das Produkt bzw. die Dienstleistung besser wahrnehmen, als sie tatsächlich ist. Daraus folgt Zufriedenheit (HOMBURG/RUDOLPH 1995, S. 32 f.).

SHERIF & HOVLAND (1961) erweitern die Aussagen der Kontrasttheorie zur **Assimilations-Kontrast-Theorie**. Danach bestimmt die Größe der Diskrepanz zwischen Soll- und Ist-Leistung die Reaktion. Bei nur geringfügigen Abweichungen tendiert der Konsument dazu, seine Wahrnehmung an die Erwartung anzugleichen. Geringfügig höhere Erwartungen führen noch zu Zufriedenheit. Kontrast: Eine zu starke Diskrepanz (höhere Erwartungen) führt zu einer niedrigeren wahrgenommenen Leistung und damit zu Unzufriedenheit. Naheliegende Konsequenzen für das Marketing ist die Steuerung der Erwartungen der Konsumenten auf ein realistisches Niveau.

Eine Art der Unzufriedenheit ist die **Nachkauf-Dissonanz (NKD)**. Während Unzufriedenheit allgemein aus der Diskrepanz zwischen Erwartung und Ergebnis erklärt wird, ist die NKD speziell aus der Gegenüberstellung der gewählten und der ausgeschlagenen Alternative(n) zu erklären. Angenommen, jemand entscheidet sich zwischen zwei Angeboten A und B für den Kauf von A. Damit hat er sich auf (mehr oder weniger richtig erwartete) Vorteile von A festgelegt und B erwartete Vorteile ausgeschlagen. Wenn die mit A und B verbundenen Erwartungen nicht gerade identisch sind, besteht eine Diskrepanz durch Vergleich der bei A gewonnenen Vorteile mit den bei B ausgeschlagenen Vorteilen. Wenn A z. B. modischer und B haltbarer ist, verursacht das Bewußtsein, mit der Entscheidung für A auf Haltbarkeit verzichtet zu haben, das Gefühl der Unzufriedenheit, das hier als NKD bezeichnet wird. Allgemein ist NKD **definiert** als negatives Gefühl infolge einer wahrgenommenen Diskrepanz beim Vergleich zwischen den Vorzügen der gewählten und der ausgeschlagenen Alternative. Es kann nach einer Entscheidung für eine Alternative auftreten. Wesentliche Voraussetzung für NKD ist Bewußtheit, Aktiviertheit und Involvement bei der Entscheidung. Die **Dissonanztheorie** von FESTINGER (1957) befaßt sich mit den Bedingungen und Konsequenzen von "kognitiver" Dissonanz allgemein. Danach entsteht ein negatives und aktivierendes Gefühl, wenn zwei Wissenseinheiten (Kognitionen), die miteinander verbunden sind, als diskrepant empfunden werden (wie im Fall der NKD). Die in der Theorie genannten **Konsequenzen** von kognitiver Dissonanz sind sehr verschiedenartig. Es kommen im Grunde alle Maßnahmen in Betracht, die auf Beseitigung des Gefühls gerichtet sind, also Änderung der einen oder der anderen Kognition, ggf. durch Suche nach entsprechenden Informationen, Auflösung der Beziehung zwischen den beiden Kognitionen, Herunterspielen der Wichtigkeit der betreffenden Kognitionen, unbewußt machen durch Ablenkung oder Vergessen usw. Diese Unbestimmtheit der Konsequenzen einer kognitiven Dissonanz ist einerseits Anlaß zur **Kritik** an der Dissonanztheorie. Eine Theorie, die alle möglichen Konsequenzen als Dann-Komponente zuläßt, ist unpräzise und hat nur geringe Aussagekraft. Andererseits ist die Offenheit der Konsequenzen charakteristisch für die hier behandelte Gruppe der Zustandskonstrukte: Gefühle sind im Unterschied zu den Motiven nicht zielgerichtet. Aussagen über die Konsequenzen von Emotionen sind daher typischerweise und "per definitionem" relativ offen. Diese Überlegungen zeigen im übrigen, daß kognitive Dissonanz im allgemeinen und NKD im besonderen als Grenzfall zwischen den Emotionen und den Motiven verstanden werden können (vgl. auch 4.3). Außerdem spielt die Dissonanztheorie eine Rolle bei der Erklärung von Informationsaufnahme (8.2) und von Einstellungsänderungen (9.3.1).

Nach der sozialpsychologischen **Gleichgewichtstheorie** (Equity-Theorie, MÜLLER & CROTT 1978) ist man dann mit einem Austauschvorgang zufrieden, wenn man fühlt, daß das Resultat die eigenen Erwartungen erfüllt und wenn der subjektive Vergleich mit der eigenen sozialen Bezugsgruppe nicht negativ ausfällt. Wird die Erwartung enttäuscht, bestimmt die Größe der Abweichung den Grad der Unzufriedenheit. Zugleich wird das Anspruchsniveau, d.h. die zukünftige Erwartung im Hinblick auf eine Wiederholung des Verhaltens, herabgesetzt. Durch eine **Anspruchsanpassung** kommt es in Zukunft mit geringerer Wahrscheinlichkeit zu einer Abweichung und eher zu Zufriedenheit. Die Hypothese von der Anpassung der Ansprüche an die Realität erklärt z. B., daß ältere Befragte sich in Umfragen meist zufriedener äußern als jüngere, und zwar auch dann, wenn es ihnen in bezug auf den Meinungsgegenstand "objektiv" eigentlich schlechter geht.

Oft streben Konsumenten nach einem qualitativ höheren als dem von ihnen bereits erreichten Konsumstandard. Wer als Musikfreund mit einer mittleren Stereoanlage begonnen hat, wird nach einer Weile Qualitätsnuancen entdecken, die den Wunsch nach einer besseren Anlage wecken. Die Erfüllung des ursprünglichen Anspruchs induziert eine Anspruchssteigerung. Nach der **Anspruchsniveautheorie** steigt das Niveau eines Handlungsziels, wenn eine vorangegangene gleichartige Handlung als erfolgreich erlebt wurde. Auf den ersten Blick scheint diese Aussage der Erfahrung zu widersprechen, daß Zufriedenheit mit einem Verhalten eine Wiederholung dieses, nicht eines noch anspruchsvolleren, Verhaltens wahrscheinlich macht (so auch eine lerntheoretische Erklärung des Wiederholkaufverhaltens, vgl. 9.4.3). Der Widerspruch löst sich aber auf, wenn wieder einmal zwischen automatischem, nicht involviertem Verhalten und reflektiertem, involviertem Verhalten unterschieden wird: Die lerntheoretische Hypothese gehört in den Bereich der Verhaltensbiologie und bezieht sich auf nicht involviertes Verhalten: Zufriedenheit begünstigt Habitualisierung. Die Anspruchsniveau-Hypothese bezieht sich auf **involviertes** Verhalten, dessen Ergebnis man (mehr oder weniger bewußt) mit dem gesetzten Anspruch vergleicht. Wird der Anspruch nicht erfüllt, entsteht Unzufriedenheit (mit verschiedenen möglichen Folgen). Wird er erfüllt, besteht die Neigung, das Anspruchsniveau zu erhöhen. Auf diese Weise kommt es auf Highinvolvement-Märkten (z. B. Autos, Oberbekleidung, Feinkost, Wein und Spirituosen, aber auch in Unterhaltungs-, Sport- und Kulturmärkten) dazu, daß Konsumenten nach Maßgabe der finanziellen Möglichkeiten ihre Ansprüche nach und nach steigern.

Premium-Marketing (wie beim eingangs erwähnten Beispiel) richtet sich nicht nur an Zielgruppen, die aufgrund ihres Involvements höhere Ansprüche stellen, sondern auch an solche, die es wegen ihres Einkommens und allgemeinen **Konsumstandards** tun. Daß einkommensstarke Konsumenten höherwertig kaufen, ist zwar nicht überraschend, interessant ist aber die Möglichkeit einer produktspezifisch genauen Beschreibung der kaufkräftigen Zielgruppen für höherwertige Produkte in den kommerziellen Typologiestudien. Es gilt daher, sich anhand demographischer Analysen über solche Zielgruppen klarzuwerden (vgl. 7.3).

Eine **preisbezogene Typologie der Käufer** bietet BÖCKER (1988) an. Die Typologie basiert hauptsächlich auf zwei Käufermerkmalen:

(1) Produkte, die man "demonstrativ" verwendet, werden billig oder teuer gekauft,

(2) Produkte, die man "privat" konsumiert, werden billig oder teuer gekauft.

Aus der Kombination der beiden Merkmale (demonstrativ, privat) werden vier Segmente definiert und beschrieben (Billig-Käufer, Demonstrativ-Käufer, Bescheiden-Käufer und Teuer-Käufer). Billig-Käufer kaufen grundsätzlich niedrigpreisig, Demonstrativ-Käufer kaufen z. B. teure Kleidung, aber billige Lebensmittel, Bescheiden-Käufer kaufen für den Privatkonsum nur das Beste, machen sich aber nichts daraus, nach außen "sozial inadäquat" in Erscheinung zu treten. Teuer-Käufer kaufen grundsätzlich eher die teurere Ware. (Zur Skalierung dieser Typen mit Hilfe von Umfragedaten vgl. 7.8).

Die **Attributionstheorie** geht auf KELLEY (1967) zurück und wurde von anderen (u.a. HEIDER 1958, BEM 1972, WEINER 1986) maßgeblich weiterentwickelt. Mittelpunkt dieser Theorie sind kognitive Prozesse, auf deren Basis Personen eigenem oder fremdem Verhalten Ursachen zuschreiben (ausführlich hierzu in 9.2.3). Z-U resultiert nach dieser Theorie, wenn der Konsument beobachteten Erfolg/Mißerfolg nicht sich selbst oder der Konsumsituation zuschreibt, sondern dem Produkt bzw. Anbieter. Kann der Anbieter anscheinend den Erfolg/Mißerfolg kontrollieren, folgt eher Verärgerung und Unzufriedenheit als ohne wahrgenommene Anbieterkontrolle.

Theorieansatz	Charakteristika
Kontrasttheorie (HELSON 1964)	Bei einer Differenz zwischen Wahrnehmung und Erwartung korrigiert der Konsument seine Wahrnehmung nachträglich. Er neigt dazu, die Unterschiede zu übertreiben (im Gegensatz zur Dissonanztheorie).
Assimilations-Kontrast-Theorie (SHERIF/HOFLAND 1961)	Bei einer geringfügigen Differenz gleicht (assimiliert) der Konsument seine Wahrnehmung an die Erwartung an. Bei Überschreiten seines Toleranzbereichs setzt der Kontrasteffekt ein (höhere Erwartungen führen zu einer niedrigeren wahrgenommenen Leistung und verstärken die Unzufriedenheit).
Theorie der kognitiven Dissonanz (FESTINGER 1957)	Der Konsument erlebt die Nichtbestätigung seiner Erwartungen als Dissonanz und versucht diese abzubauen, z. B. indem er die Wahrnehmung der Leistung in Richtung seiner Erwartungen anpaßt.
Equity Theory (MÜLLER/CROTT 1978)	Die Zufriedenheit des Konsumenten hängt von der Interpretation der "Gerechtigkeit" bezüglich der investierten Kosten und dem Nutzen eines Austauschvorganges ab.
Anspruchsniveautheorie	Das Anspruchsniveau eines Handlungsziels steigt, wenn eine vorangegangene gleichartige Handlung als erfolgreich erlebt wurde.
Attributionstheorie (KELLEY 1967, u.a.)	Konsumenten schreiben dem Erfolg/Mißerfolg eines Kaufes Gründe zu. Werden diese im Produkt/Anbieter gesehen, nicht in der Situation oder bei sich selbst, entsteht Z-U.

Auswirkungen von Kundenzufriedenheit

Das einführende Beispiel demonstriert das **Marketingziel**, Zufriedenheit mit dem Kauf zu erzeugen bzw. bewußt zu machen und damit Loyalität, Markentreue und Wiederkaufabsicht zu fördern und zu erhalten, denn zufriedene Kunden wählen gern den gleichen Anbieter. Unzufriedene Konsumenten wählen leicht die Möglichkeit der Abwanderung bzw. des Markenwechsels. Sie stellt die endgültige Form der Reaktion auf Unzufriedenheit dar, da sie kaum reversibel ist und der Anbieter keine Chance hat, den Grund der Unzufriedenheit zu erkennen und zu beseitigen. Außerdem möchte das Unternehmen die negativen Konsequenzen einer unzufriedenheitsbedingten Aktivierung vermeiden, die sich in negativer Mundwerbung auswirkt.

Unzufriedenheit, **Beschwerdeverhalten** und Wiederholkaufverhalten hängen eng zusammen. TARP (1981) hat Verbraucher befragt, die sich bei einer Getränkefirma beschwert hatten. 7% antworteten, sie würden seitdem mehr bei dieser Firma kaufen, 69%, es habe sich nichts geändert und 24%, sie kauften jetzt dort weniger oder gar nicht mehr. Unzufriedenheit mit der Folge von Beschwerden hat also einen negativen Einfluß auf das Wiederholkaufverhalten (siehe auch WIMMER 1985). Unbefriedigende Ergebnisse einer Beschwerde werden besonders stark durch negative Mund-zu-Mund-Werbung weiterverbreitet. Der genannten Untersuchung von TARP zufolge führt z. B. ein unbefriedigender Beschwerdeverlauf zu durchschnittlich mehr als neun Personen, denen man es weitersagte, dagegen ein befriedigender Beschwerdeverlauf nur zu durchschnittlich vier bis fünf Personen, denen man es weitersagt (BRUHN 1982). Während sich die Beschwerde und die Abwanderung lediglich auf den einzelnen Konsumenten beziehen, kann sich die Mund-zu-Mund-Werbung auf andere Konsumenten des Unternehmens, im Extremfall auf das gesamte Unternehmen auswirken. Ebenso kann auf diesem Wege jedoch auch Zufriedenheit kommuniziert werden. STAUSS (1989) hat diverse Studien ausgewertet (neben TARP auch ANDREASEN & BEST 1977; RESNIK u. a. 1977; GILLY & GELB 1982; LEWIS 1983 und GILLY 1987) und faßt als ein zentrales Ergebnis aller Untersuchungen zusammen, daß Konsumenten mit ausgeprägter **Beschwerdezufriedenheit** ein hohes Maß an Unternehmens- bzw. Markenloyalität entwickeln.

Eine Übersicht über die Arten der Kundenreaktion auf Unzufriedenheit gibt SCHÜTZE (1992):

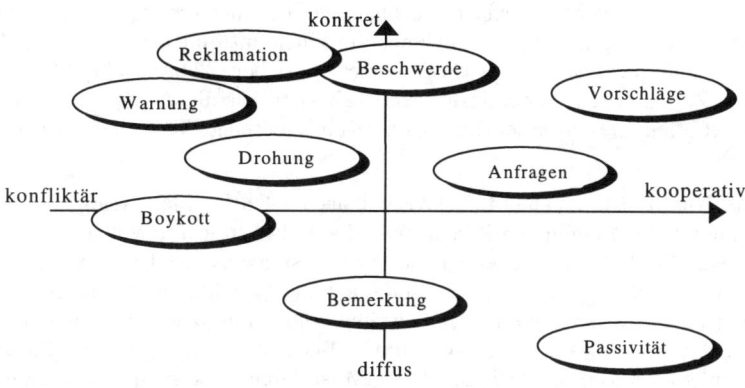

Die wichtigsten bis hierher genannten Hypothesen über Ursachen und Folgen von Z-U können als kausalgraphische Übersicht wie folgt dargestellt werden:

131

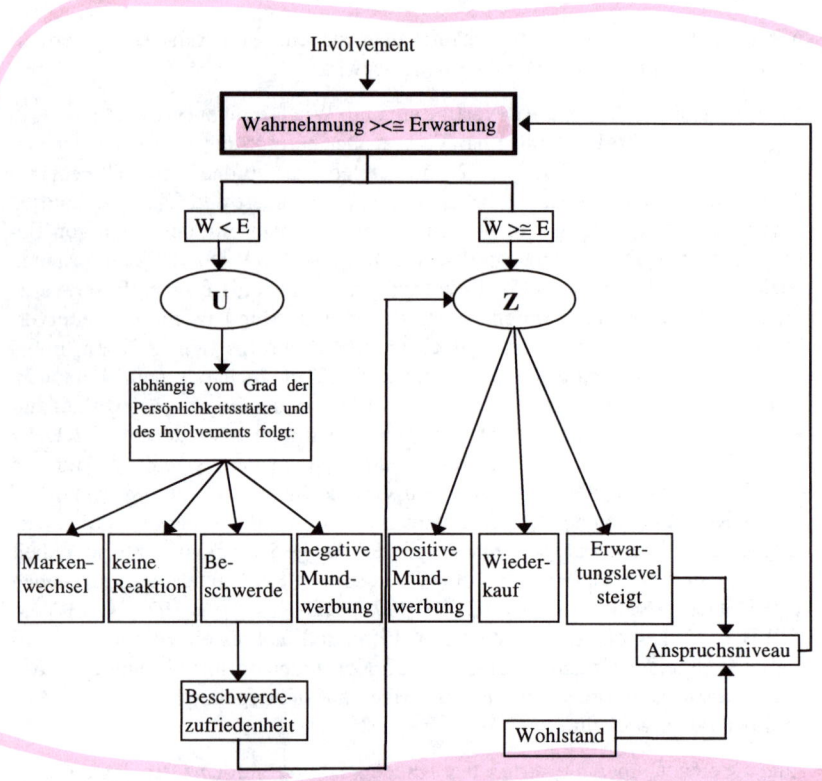

Ausgewählte Instrumente zur Steigerung von Kundenzufriedenheit

Zur Steigerung von Kundenzufriedenheit wurden mehrere Instrumente entwickelt. Nachfolgend geht es zum einen um solche Instrumente, die sich i.w.S. auf das Führungssystem eines Unternehmens beziehen (Total Quality Management). Zum anderen werden Instrumente behandelt, die direkt den Kundenkontakt betreffen (Beschwerdemanagement, Kundenbesuche, Wartezeitenmanagement).

Total Quality Management (TQM) (vgl. auch 5.4) ist ein langfristig angelegtes, integriertes System von Prinzipien und praktischen Instrumenten, das dazu dient, die Qualität von Produkten und Dienstleistungen eines Unternehmens in allen Funktionen und auf allen Ebenen durch die Mitwirkung aller Mitarbeiter zu günstigen Kosten, fehlerfrei und termingerecht zu gewährleisten sowie kontinuierlich zu verbessern, um die optimale Bedürfnisbefriedigung der Kunden zu ermöglichen (OESS 1993, S. 89). TQM ist durch die konsequente Ausrichtung der unternehmerischen Prozesse und Leistungen auf Kundenanforderungen und -bedürfnisse charakterisiert, denn Qualität wird als die Erfüllung von

Anforderungen zur dauerhaften Kundenzufriedenheit verstanden. Es fehlt jedoch noch an der verhaltenstheoretischen Fundierung des TQM-Ansatzes und seiner Einbindung in den betriebswirtschaftlichen Theoriezusammenhang, insbesondere die Zusammenhänge zwischen dem Ziel der Kundenorientierung und den Organisations- und Führungsaktivitäten (STAUSS 1994, S. 150, 156 f.).

Im Zuge der Verlagerung der Marketingaktivitäten von der immer selbstverständlicher werdenden Kern-Leistungspolitik auf kommunikative Nebenleistungen setzt sich der Begriff **"Nachkaufmarketing"** (After-sales-services, ASS) durch. Das **Beschwerdemanagement** ist Teil des Nachkaufmarketing. Es erscheint zunehmend wichtig, Zufriedenheit nach dem Kauf herzustellen und systematisch zu pflegen – nicht nur wegen der Wiederkäufe, sondern auch wegen der Kooperation im Sinne von Meinungsführerschaft, Mundwerbung und Referenzfunktion. Die meisten Kunden reagieren nicht mit einer Beschwerde auf ihre Unzufriedenheit, wechseln zur Konkurrenz oder äußern sich negativ (HOMBURG/RUDOLPH 1995, S. 44). Der größte Teil dieser "stillen Beschwerden" (unvoiced complaints) kann auf zwei Gründe zurückgeführt werden: auf das subjektiv empfundene Fehlen eines Ansprechpartners und auf die vermutete Wirkungslosigkeit oder Frustration in Folge einer Beschwerde. Es geht beim Beschwerdemanagement also um geäußerte und nicht artikulierte Kundenunzufriedenheit (GÜNTER 1995, S. 279). Ziel ist es, unzufriedene Konsumenten (wieder) zu zufriedenen Konsumenten zu machen, also den Zufriedenheitsgrad zu erhöhen. Die bewußte Stimulation von offenen Beschwerden im Sinne der Aufdeckung von sonst stillen Beschwerden ist entscheidend. Konsumenten könnten z. B. für die Formulierung von Schwachstellen im Nachkaufmarketing belohnt werden. Aktives Beschwerdemanagement umfaßt die Beschwerdeanimierung und -kanalisierung. Dabei weisen die Mitarbeiter aktiv auf die Beschwerdemöglichkeiten, wie Meckerkästen in Verkaufsräumen oder Beschwerdetelefone hin. Zudem werden die Möglichkeiten auf Gebrauchsanweisungen, Rechnungsformularen, Plakaten, in Anzeigen, Direct Mailings etc. propagiert (PETER/SCHNEIDER 1994, S. 8 ff.). Um die Mitwirkung der Konsumenten zu verbessern, sind Anreize notwendig. Mögliche Instrumente sind die Aussicht auf verbesserte Angebote, Garantie- und Kulanzerwartungen, Senkung von Reklamations- bzw. Nachbesserungskosten, Beschleunigung von Nachkauf-Vorgängen und Rückkopplung sowie Informationsfeedback auch für den Konsumenten selbst (KLEINALTENKAMP 1996, S. 67 ff.). Das Aussprechen einer Zufriedenheitsgarantie oder die persönliche Betreuung durch die Geschäftsleitung sind weitere Instrumente. Anschließende Beschwerdeanalysen helfen, Schwachstellen aufzudecken und somit zukünftiger Unzufriedenheit vorzubeugen (PETER/SCHNEIDER 1994, S. 8 ff.).

Ein weiteres Instrument zur Steigerung von Kundenzufriedenheit sind **Kundenbesuche**. Sie unterstützen die qualitative Marktforschung und erlauben es, Kundenzufriedenheit zu messen. Zum anderen haben Kundenbesuche das eigentliche Ziel, die Kundenzufriedenheit zu verbessern bzw. auf einem hohen Niveau zu halten. Kundenbesuche können die Marktorientierung, aber auch die Organisationskultur des Unternehmens fördern, in der Kundenzufriedenheit zum zentralen Aspekt wird. Zu den Vorteilen von regelmäßigen Kundenbesuchen zählen motiviertere Mitarbeiter, bessere Nutzung von Marktinformationen, genauere Erkenntnisse über versteckte Erfahrungen der Kunden und ein besseres Verhältnis zu den Kunden (McQUARRIE 1995, S. 304).

Abschließend sei noch ein spezielles ausgewähltes Instrument des Kundenzufriedenheitsmanagement genannt, das **Wartezeitenmanagement**. Konsumenten empfinden Wartezeit zunehmend als zu lang und störend. Zur Aufrechterhaltung der Kundenzufriedenheit kann nicht nur die Bearbeitung der individuellen Transaktion so kurz wie möglich gehalten werden. Auch kommunikative Maßnahmen gegenüber den Konsumenten kommen in Betracht (KATZ/LARSON/LARSON 1991, S. 21 ff.):

- Die subjektiv annehmbare Wartezeit ermitteln.
- Wartezeitverkürzungs-Innovation (z. B. elektronische Anzeigetafeln, die für Ablenkung sorgen) für zeitsensible Kundensegmente.
- wahrnehmbare Warteschlangen vermeiden.
- Freundliches Personal kann subjektive Wartezeitbelastung teilweise kompensieren.
- Notfalls die Bereitschaft, Wartezeiten in Kauf zu nehmen, beeinflussen.

4.6 Situationsmotivierter Konsum

Beispiel aus der Marketingpraxis

Zeiten ändern sich – Motive bleiben. Zeiten sind Situationen. Während noch 1965 ein Arbeitnehmerhaushalt mit mittlerem Einkommen fast 40% seiner Ausgaben des privaten Verbrauchs für Nahrungsmittel aufwendete, betrug der Anteil am Budget 1995 nur noch knapp 22%. Der Anteil bei Bekleidung und Schuhen, Möbeln und Hausrat ist ebenfalls zurückgegangen. Ausgaben für Auto, Reisen, Versicherungen, Bildung und Unterhaltung haben hingegen zugenommen. Nach Mitteilung des Statistischen Bundesamtes stieg der Anteil der Ausgaben für Wohnungsmieten zwischen 1950 und 1995 von 7 auf 24%, der für Verkehr und Nachrichtenübermittlung ebenfalls von 7 auf 17%. Die Zusammensetzung des Warenkorbes eines durchschnittlichen Haushalts ändert sich kontinuierlich, so daß das Amt regelmäßig die Berechnungsbasis für Lebenshaltungskosten den tatsächlichen Konsumgewohnheiten anpassen muß. Die letzte Änderung erfolgte 1991 (Stand: Januar 1997).

Situationsmerkmale moderieren Konsummotive

Konsummotive kommen als primäre Ursache für derartige Umwälzungen weniger in Betracht. Das für den Konsum verfügbare Einkommen steckt den finanziellen Spielraum zur Befriedigung dieser Motive ab und begrenzt die Entfaltung der Konsummotive. Andererseits wird die Struktur der Motive mit erheblichen Änderungen der Lebensumstände auch qualitativ verändert. Das Einkommen ist nur ein Beispiel für solche Moderatoreffekte. Viele äußere (situative) Lebensbedingungen wie Wohnort, Familienstand, Berufstätigkeit haben ähnliche Bedeutung. Es sind "Makro-Situationsmerkmale".

Die allgemeine Moderatorfunktion von Situationsmerkmalen gilt aber auch im kurzfristigen Bereich (Mikro-Situation). Befunde der Konsumenten-Motivforschung gelten zunächst nur für die Situation der betreffenden Untersuchung. In einer anderen als der dort wahrgenommenen Kaufsituation oder (unterstellten/geplanten) Verbrauchssituation können andere Motive aktiviert werden oder Motivstärken verändert sein. Das kann zur Berücksichtigung anderer Produktmerkmale führen und/oder zur Veränderung der Gewichtung dieser Merkmale bei der Kaufentscheidung. Einen denkbaren Zusammenhang bildet die folgende Übersicht ab.

Hypothetische Situationswirkungen

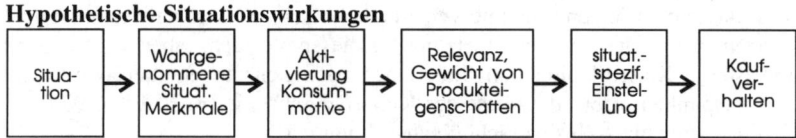

Wenn das Kaufverhalten in dieser Weise mit von der vorgesehenen Konsumsituation beeinflußt wird, dann liegt eine zusätzliche Varianzquelle vor. In der Fachliteratur gibt es einen Disput darüber, ob die **Situationsvarianz** des Konsumentenverhaltens größer oder kleiner ist als die **Personenvarianz**. In einer Reanalyse früherer Studien über zahlreiche Konsumgüter hinweg stellt LUTZ (1986) dazu fest, daß die Situationsvarianz den größeren Anteil habe. In diesem Disput wird übersehen, daß auch die Situationsvarianz personenbedingt ist, denn die Wahrnehmung bzw. Antizipation einer Konsumsituation ist genauso subjektiv wie die Wahrnehmung eines Preises oder einer Produkteigenschaft.

BELK (1979) unterscheidet nach der Art des Produktes drei Arten des **situativen Einflusses** auf das Konsumentenverhalten:

(1) Verbrauchsgüter, die für den **kurzfristigen Konsum** gekauft werden. Genau ein geplanter Verwendungszweck bestimmt das Kaufverhalten, z. B. einer Mahlzeit im Restaurant. Abends wird eine andere Wahl getroffen als mittags, mit Freunden eine andere als allein usw.

135

(2) Höherwertige Verbrauchsgüter, die zu **mehreren Zwecken** gekauft werden. Die verschiedenen diesen Zwecken entsprechenden situationsspezifischen Motive bestimmen zugleich das Kaufverhalten, z. B. beim Fahrrad, das für Ausflüge und für den Kurzstreckentransport gekauft wird.

(3) Ge- und Verbrauchsgüter, die **auf Vorrat** gekauft und situationsbedingt verwendet werden, z. B. Schallplatten. Man hat eine ganze Auswahl davon und kann je nach Situation darunter eine zum Abspielen wählen.

Damit ist für die überwiegende Zahl der Konsumgüter klar, daß die unterschiedlichen Konsumsituationen (auf verschiedene Weise) Einfluß auf das Kaufverhalten haben. Der Konsument macht sich allerdings diese Situationsbedingtheit (wie seine Konsummotive allgemein) kaum klar, allenfalls unter hohem Involvement. Es ist daher schwierig, situative und personenkonstante Motive zu trennen, denn es kommt nicht auf die objektiven Situationsbedingungen an, sondern auf die wahrgenommenen bzw. antizipierten.

Wenn die Vertreter des situativen Ansatzes feststellen, es werde bei der Erklärung des Konsumentenverhaltens zu wenig auf den Faktor Situation geachtet, dann weckt das falsche Aussichten. Es gibt keinen eigenen "Faktor" Situation. Man kann nur versuchen, verallgemeinerungsfähige **situationsspezifische Motiv-Faktoren** zu finden – als Intervenierende Variablen zwischen Situation und Konsumentenverhalten. Voraussetzung für diesen Versuch, (aber nicht Ergebnis) ist die Klassifikation von Situationen nach konsumverhaltensrelevanten Gesichtspunkten. Über die Phase des Klassifizierens wie bei BELK (1979) ist die Forschung hierzu bisher nicht hinausgekommen.

Der **Verwendungsnutzen** von Wissen über situationsspezifisches Konsumentenverhalten liegt in der Idee der Produktdifferenzierung und Marktsegmentierung. Man kann neue Marktnischen entdecken, wenn bei der Differenzierung der Konsumententypen situationsspezifische Merkmale einbezogen werden. Es gibt viele Beispiele dafür, daß neue Produkte für einen ganz speziellen Verwendungszweck erfolgreich lanciert wurden, obwohl "situativ unspezifischere Produkte" am Markt waren (Hosen zum Autofahren, Zahnpasten für morgens und für abends usw.). Diese Beispiele können aber nicht auf allgemeingültiges Wissen über Situationsbeeinflussung des Konsumentenverhaltens zurückgeführt werden, sondern nur auf kreative Ideen und explorative Marktforschung.

4.7 Zur Messung von Motiven

Die Marktforschung verfügt über ein ganzes Arsenal von Instrumenten zur **Motivmessung**. Auf die Messung der **Motivstärke** braucht hier nur hingewiesen zu werden. Es kommen alle Indikatoren in Betracht, die Intensität messen, also Aktivierungs- und Emotionsstärkeindikatoren. Wegen der verhaltenssteuernden Zielrichtung von Motiven wäre es besonders plausibel, motorische Maße einzusetzen (Muskelspannung, Körperkrafteinsatz); die Stärke des Hungermotivs von Ratten ist z. B. schon mit dem Indikator "physisch aufgewandte Kraft" gemessen worden: Wenn die Tiere versuchten, sich ihrem Futter zu nähern, expandierten sie über ein Geschirr eine Federwaage. Meistens verwendet die Motivmarktforschung einfache Ratingskalen zur Messung der Motivintensität, z. B.:

mein Hunger ist jetzt

gering   O-O-O-O-O   groß

Zur Messung der **Qualität von Motiven** ist man in Ermangelung von geeichten Skalen überwiegend auf explorative ad-hoc-Operationalisierungen angewiesen. Der Marktforscher muß wissen, daß Antworten auf seine Motivfragen davon abhängen, welche Konsumsituation der Befragte bei der Beantwortung (bewußt oder unbewußt) unterstellt. Gegebenenfalls sollte(n) die Situation(en) bereits in der Frage spezifiziert sein. Das bedeutet bei unbewußten Situationsbedingungen allerdings eine u.U. suggestiv wirkende Lenkung der Beantwortung. Auch in vielerlei anderer Hinsicht handelt es sich bei den Methoden zur Motivmessung der Natur der Sache gemäß meistens um relativ weiche, wenig standardisierte und selten validierte Verfahren. Diesen Vorbehalt sollten Auftraggeber und Marktforscher nicht aus den Augen verlieren. Über die gebräuchlichen Standardverfahren geben wir nachstehend einen Überblick. Motive können mit Tiefeninterviews, Gruppendiskussionen und mit sogenannten Tests erfaßt werden. Darüber hinaus verweisen wir auf den Meßabschnitt des nächsten Kapitels (5.5). Dort wird u.a. die Gittertechnik beschrieben, mit der man auch Motive messen kann.

Das **Tiefeninterview** ist eigentlich eine diagnostische Methode der Psychoanalyse. Hauptzweck ist die Aufdeckung von "ins Unbewußte verdrängten", d.h. nicht (mehr) bewußten Motiven durch "Explorieren" der tieferen Bewußtseinsschichten. Die dazu erforderliche Fragetechnik setzt fundierte Psychologiekenntnisse voraus. Die Übertragung auf die Konsumentenforschung wird mit Hinweis auf die mangelnde Bewußtheit vieler Konsumentenmotive gerechtfertigt. E. DICHTER bedient sich oft dieser Methode, wenn es ihm um die Aufdeckung von Konsummotiven geht. Nun sind allerdings frühkindlich erworbene Sexualprobleme anders "unbewußt" als Motive, die man sich (wegen geringen Involvements) selbst nicht klarmacht. Insofern bleibt das Tiefeninterview als Methode der Motivforschung problematisch.

Für viele spezifische Kaufmotive kommen so direkte explorative Methoden nicht in Betracht. Weniger aufdringlich und in der praktischen Konsumentenforschung besser bewährt ist die **Gruppendiskussion.** Trotz der gemeinsamen methodischen Grundlage qualitativer verbaler Daten ist die Gruppendiskussion theoretisch und praktisch anders einzuordnen als das Tiefen-

137

interview. Das Verfahren stammt aus der Sozialpsychologie der Kleingruppe und ist dem natürlichen Kommunikationsablauf in solchen Gruppen angepaßt – im Unterschied zur Analysesituation des Psychiaters. Sachverhalte, die durch aufdringliches Fragen nicht zutage gefördert werden können, werden durch Gesprächsbeiträge in der behutsam moderierten Gruppe fast von selbst deutlich.

Die Technik verlangt einen geschulten Gesprächsführer, der die sechs bis zwölf Teilnehmer anregt, über das (Konsum-) Thema zu sprechen. Er lenkt anhand eines losen Leitfadens so, daß Themenbezug, Unbefangenheit, Klima und Rollenverteilung angemessen sind. Die sprachlichen (und möglichst auch die nichtverbalen) Beiträge der Teilnehmer werden aufgezeichnet und später nach motivpsychologisch relevanten Kriterien ausgewertet. Der Auftraggeber kann Gruppensitzungen persönlich verfolgen. Das trägt zum Vertrauen in die Marktforschung bei. In der Praxis der Konsumgütermarktforschung werden Standardversionen der Methode angeboten und mit Erfolg angewendet, z. B. EPSY (FRINK 1992).

Schließlich ist eine Anzahl verschiedenartiger **"Testmethoden"** zu nennen, die zur qualitativen Motivforschung eingesetzt werden. Allen ist der Versuch gemeinsam, statt durch offene Abfrage auf mehr oder weniger versteckte Weise hinter die Motive zu kommen – sei es durch Äußerungen der Testpersonen, die sie selbst nicht als Antworten auf Motivfragen durchschauen, sei es durch nichtsprachliche Reaktionen, denen der Testleiter aufgrund seines theoretischen Vorwissens Antworten zuordnet. Bei einer Variante, dem **Einkaufslistenverfahren**, werden Testpersonen mit scheinbar identischen Einkaufslisten versehen, die sich jedoch in einem – motivtypischen – Punkt unterscheiden, z. B. dem Markennamen eines Produkts auf der Liste. Die abgefragten Urteile sind indirekt, z. B. soll die Hausfrau beurteilt werden, die die Liste geschrieben habe. Unterschiede in den zustimmenden oder ablehnenden "Kauf"-Reaktionen werden als nicht bewußtseinskontrollierte Reaktionen auf den (experimentell manipulierten) motivationalen Reiz hin gedeutet. Da sich das Verfahren gut in Umfragen unterbringen läßt, ist es in der Marktforschung recht verbreitet.

Wenig Verzerrung durch bewußte Kontrolle der Testpersonen wird den Verfahren der **Bildassoziation** zugeschrieben. Dahinter steht die Annahme, daß Bildinformationsverarbeitung im Unterschied zur Textinformationsverarbeitung gehirnphysiologisch nicht direkt mit gedanklicher Kontrolle verbunden ist. In der Konsumentenforschung findet sich dieser Testtyp meistens in der Form, daß gezeichneten oder fotografierten Personen Marken oder Motivformulierungen zugeordnet werden sollen. Damit befinden sich diese Tests in der Nähe von projektiven Tests, die aus der Psychoanalyse kommen: Tabuisierte Motive werden eher artikuliert, wenn man sie nicht sich selbst, sondern anderen zuschreiben kann. In der Konsumenten-Motivforschung wird die Methode meist als einfache **Projektionsfrage** gestellt ("Was denken Ihre Freundinnen so über die verschiedenen Verhütungsmittel") oder als Cartoon-Test, bei dem man seine Motive einer gezeichneten Person im Rahmen einer Bildergeschichte in den Mund legen darf.

Ansätze zur **Messung von Zufriedenheit** sind in der nachfolgenden Abbildung systematisiert (in Anlehnung an HOMBURG/RUDOLPH 1995, S. 43):

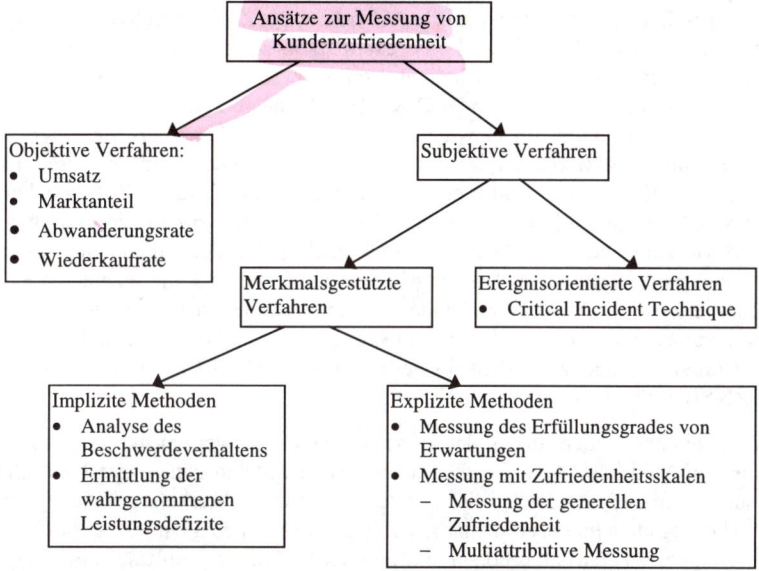

Man unterscheidet objektive und subjektive Verfahren. **Objektive** Verfahren messen Zufriedenheit durch Indikatoren, die eine hohe Korrelation mit der Zufriedenheit aufweisen und nicht durch subjektive Wahrnehmungen verzerrt sind. Diese Einschränkungen sind in der Praxis schwer einzuhalten. **Subjektive** Verfahren ermitteln die vom Konsumenten subjektiv wahrgenommenen Zufriedenheitswert, wobei merkmalsorientierte und ereignisorientierte Verfahren unterschieden werden (NIESCHLAG/DICHTL/HÖRSCHGEN 1994, S. 952). Zu den **ereignisorientierten Verfahren** zählt die Critical Incident Technique (Methode der kritischen Ereignisse). Dabei zerlegt man die Anbieter-Kunde-Interaktion in einzelne Episoden und liefert Informationen über Kontakterlebnisse, die außerhalb der Toleranzzone des Konsumenten liegen, also zu hoher Zufriedenheit oder Unzufriedenheit führen (STAUSS/SEIDEL 1995, S. 201). Als Beispiel für **merkmalsorientierte, implizite** Methoden sei hier der Report von STANDOP & HESSE (1985) erwähnt. Dabei wird die Kundenzufriedenheit aus "impliziten Messungen" erschlossen, d.h. es wird nicht ausdrücklich nach Zufriedenheit gefragt. Wenn Reparaturen häufig wiederholt werden müssen, experimentell präparierte Fahrzeuge nicht korrekt repariert werden, Mängel spontan gerügt werden, dann kann auf Unzufriedenheit geschlossen werden. Man kann zur Messung der Zufriedenheit die Reparaturaufträge auswerten oder spontane Mängelrügen der Kunden analysieren. Das ist preiswert, aber nicht voll valide, denn Unzufriedenheit führt nicht immer zur Beschwerde. JUNG (1995) stellt ebenfalls fest, daß mit Beschwerden-Monitoring allenfalls "die Spitze des Eisberg" erkennbar wird. Außerdem hängt die Beschwerdehäufigkeit vom Preis eines Produktes, der Feststellbarkeit von Mängeln sowie von der Wiederholkauffrequenz ab. Der Indikator müßte produktspezifisch geeicht werden. Deshalb empfehlen STANDOP & HESSE die mehrdimensionale Erfassung der Zufriedenheit mit Gewichtung der einzelnen Leistungsdimensionen. Die **merkmalsgestützten, expliziten** Verfahren messen den Erfüllungsgrad der Konsumentenerwartungen oder erfragen direkt die empfundene Zufriedenheit (HOMBURG/RUDOLPH 1995, S. 43). Herauszuheben sei hier die multiattributive Messung, bei der alle relevanten Einzelaspekte der angebotenen Leistung abgefragt werden. Das Leistungsbündel wird also in seine relevanten Bestandteile zerlegt. Die entsprechenden Attribute sollten den jeweiligen Leistungsparameter in der Sprache der Konsumenten beschreiben. Für jedes Attribut werden Kundenzufriedenheitswerte erhoben (HOMBURG/RUDOLPH/ WERNER 1995, S. 321).

Zufriedenheits-Studien, die in der Praxis durchgeführt werden, bestehen meist aus einem Methoden-Mix. Zu den bekanntesten Studien zählen das Deutsche Kundenbarometer, das seit 1992 von der Deutschen Marketing-Vereinigung e.V. (Düsseldorf) in Zusammenarbeit mit der Deutschen Post AG (Bonn) als Exklusivsponsor jährlich erhoben und publiziert wird, und Auftragsanwendungen der Standard-Methode Tri:M von der Infratest Sozialforschung GmbH (München). Das **Deutsche Kundenbarometer** ist als Instrument der strategischen Früherkennung konzipiert und liefert Informationen und Zusammenhänge über Kundenzufriedenheit (bzw. Customer Value/Kundennutzen) und Kundenbindung bzw. Goodwill (Wiederwahl, Nutzungshäufigkeit, Weiterempfehlung, Cross-Buying-Potential etc.). Die Studie enthält Kundenzufriedenheits- und Kundenbindungsdaten von über 700 namentlich erfaßten Anbietern von Waren und Dienstleistungen aus über 40 Branchen. Die Befragten sind repräsentativ für Deutschland (MEYER/DORNACH 1995, 1996). **Tri:M** wird für einzelne Unternehmen im Auftrag durchgeführt. Der Kern besteht aus drei "M", zur Optimierung von Kundenbeziehungen: Messen/Measuring (Status Quo und Perspektiven), Machen/Managing (sinnvolle Aktivitäten entwickeln und einführen) und Mitteilen/Monitoring (Entwicklungen zeitnah überwachen). Tri:M liefert Kundenbindungsdaten. Im Mittelpunkt steht der Tri:M-Index, der den Grad der Kundenbindung ausdrückt. Er läßt sich durch Vergleiche mit anderen Kundenbindungsstudien, die von der Infratest Sozialforschung durchgeführt wurden, bewerten. Zweiter zentraler Punkt der Analyse ist der Tri:M-

Grid, bei dem in einem Chart die Bedeutung der einzelnen Qualitätsmerkmale und deren Erfüllungsgrad durch das jeweilige Unternehmen in Beziehung gesetzt werden. Tri:M ist im Dienstleistungsbereich weit verbreitet, u.a. als Standardinstrument bei der Deutschen Telekom AG.

5 Einstellungen

5.1 Überblick

Einstellungen spielen unter den Konsumentenverhaltenskonstrukten in Theorie und Praxis eine herausragende Rolle. Theoretisch gelten Einstellungen als besonders verhaltensprägend und zugleich als zugänglich für Messung (Typisierung) und Beeinflussung, insbesondere durch Kommunikation. Praktisch wird in der Marktforschung am meisten in die Erkundung von Einstellungen und in der Werbung in die Beeinflussung von Einstellungen investiert.

Einstellung als Zustandskonstrukt

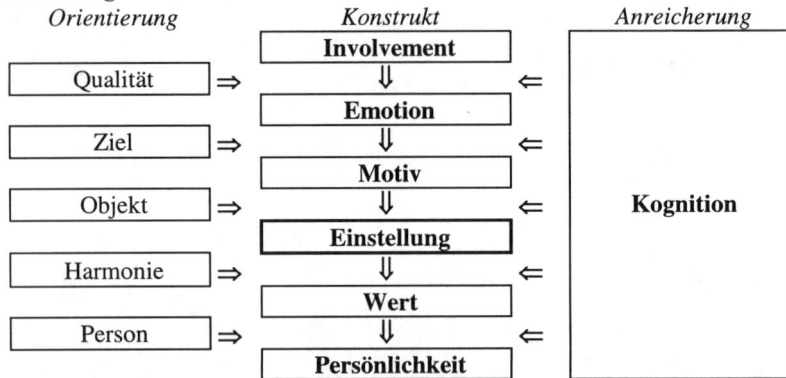

Der erste Abschnitt dieses Kapitels faßt die wichtigsten Aspekte der Einstellungsforschung zusammen, soweit es nicht um Theorien der Einstellungsänderung geht, die Gegenstand des entsprechenden Prozeß-Kapitels (vgl. 9.) sind. Besonders geht es um den Unterschied zwischen globalen und differenzierten Einstellungen, die auch modelltheoretisch abgebildet werden. Als bedeutende Hypothesen der Einstellungsforschung werden die der drei Komponenten und der Einstellung-Verhalten-Beziehung behandelt.

Der zweite Abschnitt befaßt sich, soweit Besonderheiten gegenüber mehrdimensionalen Einstellungen bestehen, mit Produktimages. Der dritte Abschnitt behandelt die Marketingperspektive von Produktqualität. Es wird herausgearbeitet, daß diese Sicht von Produktqualität derjenigen der mehrdimensionalen Einstellung entspricht. Das Hauptproblem dabei besteht in der Korrespondenz zwischen objektiven Produkteigenschaften und der Einstellung.

Der vierte Abschnitt stellt, umfassender als in den Meßabschnitten anderer Kapitel üblich, eine Systematik der Einstellungsmeßmethoden dar. Vertiefend

142

wird auf je ein eindimensionales und ein mehrdimensionales unter den besonders gebräuchlichen Verfahren der Einstellungsmeßmethoden eingegangen.

5.2 Einstellungstheoretische Grundlagen

Wir **definieren** eine Einstellung (attitude) als "Zustand einer gelernten und relativ dauerhaften Bereitschaft, in einer entsprechenden Situation gegenüber dem betreffenden Objekt regelmäßig mehr oder weniger stark positiv bzw. negativ zu reagieren". Damit bezieht sich eine Einstellung immer auf ein Objekt. Das Objekt kann auch in einem Verhalten bestehen, z. B. "sich naß rasieren". Einstellungen erbt man nicht, sondern erlernt sie – in der Regel unbewußt. Sie stehen untereinander in verträglichen (konsistenten) Beziehungen und bilden ein System, so daß die Änderung einer Einstellung Konsequenzen für andere Einstellungen hat. Einstellungen sind gespeichert und in entsprechender Situation abrufbar. Damit vereinfachen sie das Verhalten in einer bestimmten Situation (Nützlichkeitsfunktion der Einstellung). Außerdem können Einstellungen geäußert und damit auch zur Selbstdarstellung benutzt werden (man wird auch nach seinen Einstellungen beurteilt).

Zur **Abgrenzung**: Im Gegensatz zu Gefühlen sind Einstellungen relativ beständig und mit Kognitionen verknüpft. Motive fließen in Einstellungen mit ein, sind aber nicht wie Einstellungen an ein Objekt gebunden. Meinungen (opinions) sind sprachlich formulierte (verbalisierte) Einstellungen. Überzeugungen (beliefs) sind die gedankliche (kognitive) Grundlage von Einstellungen. Vorurteile und Stereotype sind Einstellungen besonderer Art. Sie enthalten häufig stark negativ wertende Attribute und können als besonders rigide, schlecht begründete, unreflektiert übernommene und pauschale Einstellungen verstanden werden: BMW-Fahrer sind rücksichtslos, Handelsmarken minderwertig usw.. Selten sind Vorurteile positiv (z. B. Spanierinnen sind temperamentvoll). Images werden als mehrdimensionale Grundlagen von Einstellungen verstanden, als differenzierteres (aber ganzheitliches) Bild des Einstellungsobjekts. Wir befassen uns damit näher in Abschnitt 5.3. Präferenzen sind relativierte Einstellungen: Im Marketing stehen Einstellungsgegenstände meistens miteinander im Wettbewerb. Der präferierte Gegenstand hat einen Wettbewerbsvorsprung. Einstellungsforschung im Marketing ist daher häufig Präferenzforschung (BÖCKER 1986) und betrachtet Einstellungen zu Wettbewerbsprodukten im Zusammenhang, z. B. in Form von Positionierungsmodellen.

Die Einstellung ist das am besten erforschte Konstrukt der Theorie des Konsumentenverhaltens. Einstellungen sind besonders **praktikable Zielgrößen** für das Marketingmanagement, wie die folgende Überlegung zeigt: Die behandelten Konstrukte sind in der Wirkungskette von den Marketingstimuli (S) zu den ökonomischen Ergebnissen des Kaufverhaltens (R) mehr oder weniger direkt instrumentell bedingt (nahe an S) und mehr oder weniger direkt ergebnisverantwortlich (nahe an R). Die Marketingforschung lebt wegen der langen Wirkungskette von S zu R mit einem **Zurechnungsdilemma** zwischen instrumenteller Bedingtheit und Ergebnisverantwortung. Entweder hat ein Konstrukt nur entfernte Beziehungen zum Unternehmensergebnis, ist aber gut auf Marketingentscheidungen zuzurechnen (z. B. die Bekanntheit eines Slogans) oder es ist ergebnisnah, hat aber außer dem Einsatz eines Marketinginstruments noch viele andere mögliche Ursachen (z. B. die Kaufwahrscheinlichkeit). Es gibt also kein Konstrukt, das perfekt auf die Maßnahmen und die Wirkungen des Marketing zuzurechnen wäre.

Den besten Kompromiß zwischen ergebnisnahen (ökonomischen) und instrumentennahen (psychologischen) Beeinflussungszielen liefern Einstellungen. Sie sind schon relativ nahe am ökonomischen Ziel und noch nicht zu weit weg vom Einsatz der Marketinginstrumente. Die zentrale Stellung des Einstellungskonstrukts in einem einfachen Modell der intervenierenden Variablen zwischen Stimulus und Reaktion zeigt die auf der nächsten Seite folgende Übersicht.

Zum **Verwendungszusammenhang** der Einstellungsforschung muß man zwischen globalen und differenzierten Einstellungen unterscheiden. **Globale** Einstellungen (z. B. wie gut findet man Marke XYZ) werden u.a. verwendet für die Preispolitik (z. B. hohe Preisklasse bei guten Einstellungen), als Zielvorgabe für die Werbung (z. B. Verbesserung bestimmter Einstellungen) oder zur Verbesserung von Absatzprognosen (z. B. durch Korrekturen von Trendextrapolationen).

Die Einstellung im neobehavioristischen Modell

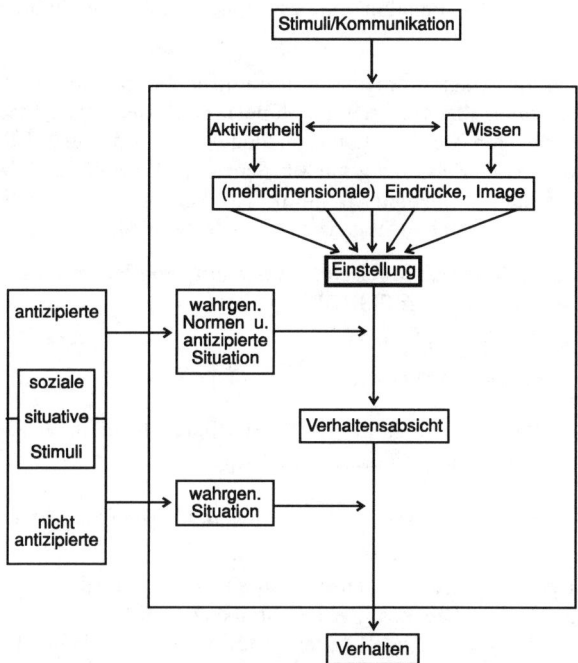

Die Prognose des allgemeinen Konsumverhaltens kann sich auf ein bewährtes und aufwendig untersuchtes Instrument stützen. In Nordamerika und Europa werden regelmäßig repräsentative Konsumentenbefragungen nach globalen Einstellungen zum Konsum durchgeführt. Die Befragungsergebnisse werden zu einem einfachen Index verknüpft, der die Konsumneigung mißt und für kurz- bis mittelfristige Vorhersagen der Konsumausgaben einer Volkswirtschaft geeignet ist. Diese Forschung ist von KATONA in den USA und von SCHMÖL-DERS in Deutschland entwickelt worden (KATONA 1951; SCHMÖLDERS 1953). Die wichtigsten Vertreter heute sind CURTIN (1982) und STRÜMPEL (1987). Ein ähnliches Instrument für das Investitionsgüter-Kaufverhalten ist der Investitionsklima-Index des IFO-Institut für Wirtschafts-Forschung.

Differenzierte Einstellungen (z. B. Imagemeßwerte) stellen die kognitive und motivationale Struktur dar, die hinter einer Einstellung steht. Entsprechende Informationen werden z. B. zur Entdeckung von Marktnischen, zur inhaltlichen Werbeplanung oder zur Marktsegmentierung verwendet. Die Zusammenhänge zwischen Kognitionen und Emotionen einerseits und Einstellungen andererseits lassen sich auch formalisieren. Solche Formeln sind zugleich **Meßmodelle** für

Einstellungen, d.h. theoretisch begründete Vorschriften, Einstellungen durch Erhebung und ggf. Kombination von bestimmten Indikatoren indirekt zu erfassen (vgl. 5.5).

Besonders verbreitet sind kompensatorische Modelle, bei denen negative Bewertungen einzelner Eigenschaften durch positive Bewertungen anderer Eigenschaften aufgewogen werden. Grundsätzlich ist zu beachten, daß diese Art Strukturmodell einer Einstellung nur für den Ausnahmefall des bewußten, involvierten Verhaltens theoretisch gültig ist. Unbewußte Einstellungs- und Werteeinflüsse lassen sich nicht ganz so einfach abbilden.

Das bekannteste **kompensatorische Einstellungsmodell** stammt von FISH-BEIN (1966, auch AJZEN & FISHBEIN 1980):

$$A_{ij} = \Sigma\, B_{ijk} * a_{ijk}$$
Einstellung der Person i zum Objekt j

B_{ijk} = Person i hält es mit der Wahrscheinlichkeit B für gegeben, daß das Objekt j die Eigenschaft k hat

a_{ijk} = Person i würde es mit a bewerten, wenn Objekt j die Eigenschaft k hätte.

Das Modell geht von Objekteigenschaften aus, die vorhanden oder nicht vorhanden sein können. Die kognitiv-beschreibende Seite der Einstellung wird durch subjektive Wahrscheinlichkeiten erfaßt (wie wahrscheinlich ist die Eigenschaft vorhanden). Die motivational-wertende Seite der Einstellung wird durch eine Notenskala erfaßt. Sie gewichtet eine Eigenschaft – genaugenommen das als sicher unterstellte Vorhandensein der Eigenschaft. Damit werden die für eine Einstellung relevanten Eigenschaften auf den gemeinsamen Nenner gebracht. Beide Komponenten werden durch Ratings gemessen. Die eindrucksbeschreibenden (deskriptiven) Überzeugungsratings werden von 1 bis 5 kodiert, die Bewertungsratings von -2 bis +2.

Überzeugungsrating B:

Daß der Opel Kadett sparsam ist, ist

sehr unwahrscheinlich   O-O-O-O-O   sehr wahrscheinlich
Bewertungsrating a:

Wenn der Opel sparsam ist, so ist das

sehr schlecht   O-O-O-O-O   sehr gut

Zur **Kritik** an FISHBEINs Modell ist viel zu sagen (TROMMSDORFF 1975). Abgesehen von der Frage der empirischen Bewährung und Gültigkeit ist vor allem die Übertragbarkeit vom ursprünglichen Untersuchungsgegenstand auf das Marketing dubios: FISHBEIN als Sozialpsychologe wollte Vorurteile gegenüber sozialen Ideen (wie übersinnliche Wahrnehmung) und Minderheiten (wie Farbige in den USA) messen. Es ist zweifelhaft, daß Konsumenten ihre Produkteindrücke als subjektive Wahrscheinlichkeiten über das Vorhandensein von Eigenschaften bilden. Konsumenten denken eher in mehr oder weniger stark ausgeprägten Produkteigenschaften als in Wahrscheinlichkeiten. Außerdem ist es schädlich, die (immer fehlerbehafteten) Ratings miteinander zu multiplizieren, so daß die Fehler zum Quadrat in das Ergebnis eingehen.

Ein theoretisch besser fundiertes und im Marketing bewährtes Modell stammt von TROMMSDORFF (1975).

$$A_{ij} = \Sigma \mid B_{ijk} - I_{ik} \mid$$

B_{ijk} = Einstellung der Person i zum Objekt j
Person i nimmt an Objekt j die Ausprägung B von Merkmal k wahr

I_{ik} = Person i hält bei dererlei Objekten die Ausprägung I von Merkmal k für ideal (I = Idealausprägung)

Das Modell wird durch standardisierte Konsumentenbefragung mit dem Imagedifferential (ID) operationalisiert (vgl. 5.5). Sie beurteilen statt der Existenzwahrscheinlichkeit von Eigenschaften deren Ausprägungsgrad bei dem fraglichen Produkt. Die Eindrucksbewertung ergibt sich beim ID nicht wie bei FISHBEIN durch direktes Abfragen, sondern durch den Abstand zum (ebenfalls abgefragten) individuell idealen Produkt oder Lieblingsprodukt. Die Multiplikation von Ratings wird vermieden. Stattdessen werden individuelle Fehlertendenzen beim Beantworten von Ratingskalen neutralisiert, indem die Differenz der beiden Ratings gebildet wird. Eine weitere Gewichtung der einzelnen Summanden des Modells ist meistens überflüssig, zumal nur wichtige (zuvor ermittelte) Komponenten eingehen und jede Gewichtung wieder Verzerrungen durch Multiplikationen mit sich bringt (ausführlich TROMMSDORFF 1975). Auch empirisch erweist sich das Modell dem von FISHBEIN gegenüber als überlegen (HILDEBRANDT 1983a).

Die beiden dargestellten (kompensatorischen) Meßmodelle erfassen die Struktur einer Einstellung. Bei der Darstellung von Prozessen, die zu einer Einstellung führen können (z. B. Bewertung und Entscheidung, vgl. Kapitel 9), sind allerdings auch Abweichungen von der Kompensationsregel zu beachten, die an dieser Stelle noch nicht interessieren.

147

Einstellungsforschung

Der größte Teil der Einstellungsforschung untersucht die Bedingungen der Änderung von Einstellungen. Dabei werden wichtige Prozeß-Konstrukte (z. B. Attribution, kognitive Reaktionen) angesprochen, die wir in Kapitel 8 und 9 behandeln. Die wichtigsten marketingrelevanten **Quellen der Einstellungsforschung** sind die:

- Vorurteils-/Stereotypenforschung, besonders zur Ergründung des Faschismus und der Diskriminierung von Minderheiten
- Meinungs-/Kommunikationsforschung, besonders zur Ergründung des Wählerverhaltens und seiner kommunikativen Beeinflussung
- Imageforschung als Kritik an der ökonomischen Theorie des Haushalts bzw. der Homo-oeconomicus-Annahmen
- Methodologie der Messung Intervenierender Variablen. Skalierungsverfahren wurden für Einstellungsmessungen entwickelt.

Ziemliche Verwirrung hat die sogenannte **Dreikomponententheorie** der Einstellung gestiftet. Danach hat jede Einstellung (E) eine gefühlsmäßige (affektive, A), eine wissensbasierte (kognitive, K) und eine handlungsbezogene (intentionale, I) Komponente. Es existieren verschiedene Interpretationen der Dreikomponententheorie mit unterschiedlichen Annahmen über die Kausalstruktur der Komponenten (BAGOZZI & BURNKRANT 1978; STEFFEN-HAGEN 1984). Hier wird die Auffassung vertreten – nachfolgend kausalgraphisch dargestellt –, daß eine Einstellung affektiv und kognitiv bedingt ist.

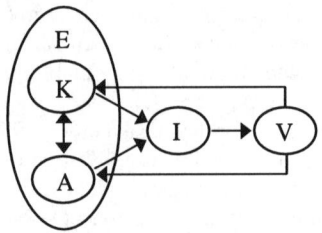

Sie beeinflußt direkt Verhaltensintentionen und indirekt Verhalten (V), das im Zeitablauf auf die Einstellung zurückwirkt. Die Einstellung kann also aus einer affektiven, einer kognitiven und einer intentionalen Perspektive betrachtet werden. Es ist nicht gemeint, daß Affekte, Kognitionen und Intentionen voneinander unabhängige (!) Faktoren "hinter einer Einstellung" sind. Einige Autoren sind diesem Mißverständnis aufgesessen und haben faktoranalytisch versucht, die drei Einstellungskomponenten als hinter einem Satz von Einstellungs-Ratingskalen stehende Dimensionen wiederzufinden. Faktoren oder Dimensionen einer Einstellung sind aber von anderer Qualität als Komponenten im Sinne der Dreikomponententheorbgie. Zum Beispiel sind Faktoren für Einstellungen im Öffentlichen Personennahverkehr (ÖPNV) Kosten, Geschwindigkeit, Unabhängigkeit, physische Enge. Komponenten einer ÖPNV-Einstellung E im Sinne der Einstellungstheorie wären dagegen

A: das mehr oder weniger positive Gefühl gegenüber dem ÖPNV
K: die mit dem ÖPNV verbundenen Gedanken, z. B. zur Pünktlichkeit
I: die Absicht/Neigung, den ÖPNV auch zu nutzen.

Die drei "Einstellungskomponenten" sind auch in diesem Beispiel keine unabhängigen Faktoren. Recht verstanden, bildet die Dreikomponententheorie eine wichtige begriffliche Grundlage für die konsistenztheoretische Erklärung von Einstellungsänderungen. Es wäre angebracht, die "Dreikomponententheorie" in "Dreiperspektiventheorie" umzubenennen.

Der Zusammenhang zwischen **Einstellung und Verhalten** ist seit Anbeginn der Einstellungsforschung strittig. Eine populär gewordene Veröffentlichung von LAPIERE (1934) hat an einem spektakulären Beispiel von Diskrepanz zwischen Einstellung und Verhalten die wissenschaftliche Debatte ausgelöst. Der Autor war wochenlang zusammen mit einem Chinesenehepaar der sozialen Oberschicht in Amerika herumgereist. Man wurde in allen Hotels und Restaurants gut aufgenommen und bewirtet. Später befragte der Autor schriftlich die betreffenden Gastronomiebetriebe, ob sie auch Chinesen aufnehmen würden. In den meisten Fällen wurde das verneint. Die geäußerten Einstellungen waren also mit dem tatsächlichen Verhalten anscheinend nicht konsistent.

Die Kernfrage dieser Debatte lautet: Bedingen Einstellungen von heute (E) das Verhalten von morgen (V)? Naive Befürworter beantworten diese Frage (tautologisch) mit Hinweis auf die Definition: Einstellungen sind Verhaltens-Prädispositionen. Bestenfalls verweisen sie auf die Konsistenztheorie, nach der auch Einstellungen und Verhaltensweisen nicht grundsätzlich und nicht auf Dauer auseinanderklaffen können. Naive Gegner der E-V-Hypothese stützen sich auf empirische Befunde mit geringen Korrelationen zwischen je einer Variablen für Einstellung und Verhalten.

Eine differenziertere Antwort kann schon anhand der Übersicht des graphischen Einstellungsmodells (am Anfang dieses Abschnitts 5.2) gefunden werden. So hängt die E-V-Beziehung von vielen anderen Verhaltensdeterminanten ab. Außerdem haben, wie bei Befragungen üblich, auch Meßfehlertendenzen (Artefakte) Einfluß. Abweichungen können im Untersuchungsdesign liegen: Korrelative statt kausale, Querschnitts- statt Längsschnitts-, aggregierte statt individuelle, Langzeit- statt Kurzzeit-Untersuchungsdesigns verschlechtern die gefundene E-V-Beziehung.

Abweichungen sind oft auch auf die **Operationalisierung** zurückzuführen: Allgemeine Gültigkeitsprobleme, oberflächliche Verhaltensmessung, unterschiedliche Spezifikation des Einstellungs- und Verhaltens-Objekts, zwei unvergleichbare Meßmodelle usw. Besonders der Verhaltenskomponente muß in E-V-Studien mehr Beachtung gewährt werden, zumal dazu meist nur eine einzige Frage gestellt wurde. Im allgemeinen geht es bei V aber um Konstrukte wie Markentreue, Wiederkaufsrate, Verwendungsintensität. Sie sind bisher nicht genauso sorgfältig operationalisiert worden wie E.

Die Abweichung kann auch im **Inhalt** liegen: Der Unterschied zwischen einer Einstellung zum Objekt und einer Einstellung zum Verhalten kann die E-V-Beziehung beeinflussen. Der Gegenstand der Einstellungsmessung kann ein anderer sein als der Gegenstand der Verhaltensmessung. Zum Beispiel werden Einstellungen oft allgemeiner definiert (Einstellung zur Familienplanung oder zur Zahnpflege), das Verhalten dagegen sehr speziell (Wahl des Verhütungsmittels oder der Zahnpastamarke).

In diesen Zusammenhang gehört auch die **"Symmetriefalle"**: Eine positive Einstellung, z. B. zum Energiesparen, verhält sich zu positivem Verhalten, z. B. Isolierfenster kaufen, nicht wie eine entsprechende negative Einstellung (gegen das Energiesparen) zu negativem Verhalten, also der Ablehnung von Isolierfenstern:

		Einstellung zum Energiesparen	
		positiv	negativ
Verhalten:	ja	a)	b)
Isolierfensterkauf	nein	c)	d)

Wenn in einer Untersuchung des E-V-Zusammenhangs die im Feld b) enthaltenen Fälle wie die im Feld c) gezählt werden, dann zu Unrecht gegen die E-V-Hypothese. Die Kritiker der E-V-Hypothese haben sich hauptsächlich an den manchmal recht geringen Korrelationen zwischen gemessenen Werten für Einstellungen und Verhalten orientiert. Angenommen, diese Beziehung habe die Stärke 0,38. Folgende Übersicht zeigt in Anlehnung an ALWIN (1973) die für diesen Wert realistisch zu unterstellenden Zusammenhänge zwischen zeitgleichen E-V-Beziehungen (0,6 und 0,7) und zwischen der zeitverschiedenen E-E-Beziehung (0,9). Die gemessene E-V-Beziehung von 0,38 (= 0,6 * 0,9 * 0,7) "untertreibt" den Einfluß der Einstellung auf das Verhalten.

Kausalstruktur einer E-V-Beziehung

Interpretation vieler Einstellungskritiker

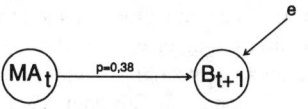

Zusammenhang nach Alwin (1973):

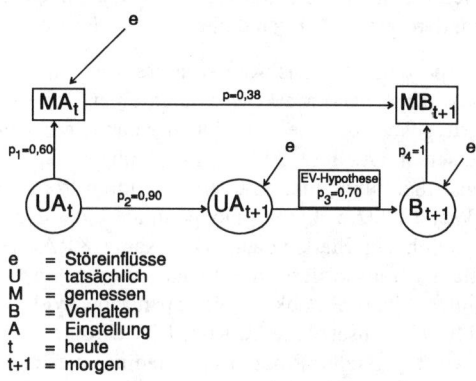

e = Störeinflüsse
U = tatsächlich
M = gemessen
B = Verhalten
A = Einstellung
t = heute
t+1 = morgen

Es kann trivial sein, in der Marketingforschung möglichst hohe E-V-Beziehungen zu "produzieren": Man wählt ein sehr spezielles Einstellungs- und Verhaltensobjekt, schaltet alle anderen Verhaltensdeterminanten experimentell aus und kommt zu äußerst hohen Übereinstimmungen zwischen Einstellung und Verhalten. In einer praxisnahen Ausgangssituation kann ein Anbieter kaum andere Determinanten des Konsumentenverhaltens beeinflussen, wohl aber in gewissem Umfang die Einstellungen. Auch wenn Einstellungen dann absolut nur einen kleinen Anteil an der Erklärung des individuellen Kaufverhaltens haben (z. B. $r = 0,3$ entsprechend 9% Varianzaufklärung), kann die Einstellung als Marketing-Zielvariable höchst bedeutsam sein. Angenommen, auch die Wettbewerber könnten nur durch Werbung über Einstellungsänderungen **Marktanteile** verschieben: Eine Einstellungsänderung der Zielpersonen nur um eine halbe Einheit auf einer Fünfpunkteskala zugunsten des betrachteten Anbieters könnte zu sehr großen Marktanteilsverschiebungen führen – auch wenn das individuelle Verhalten nur zu 9% aus Einstellungen erklärt werden kann.

5.3 Produktimage

Im Jahre 1979 begann nach dem Ende der Kulturrevolution die wirtschaftliche Öffnung der VR China gegenüber dem Westen. Eins der ersten (und das erste deutsche) Unternehmen, das sich mit einer investiven Unternehmenskooperation (Joint-venture) in China engagierte, war 1984 die Wella AG Darmstadt. Wella-Produkte wurden nach deutscher Rezeptur in Tianjin produziert. Die Produktpalette des Unternehmens umfaßte hauptsächlich Haarpflegemittel, die mit separaten Marketingprogrammen an Endverbraucher und Friseure verkauft wurden. Den Zutritt zum chinesischen Markt schaffte Wella primär über Frisiersalons. Die deutschen Wella-Produkte haben das Image besonders guter Qualität – insbesondere gegenüber den einheimischen Produkten.

Das wichtigste Exportland für das Joint-venture war Japan. Der japanische (Friseur- und Endverbraucher-) Markt war durch einen doppelten Imagevorteil der Wella-Produkte gekennzeichnet. Die Japaner haben eine sehr positive Einstellung zur deutschen Qualität. Außerdem verbinden sie mit China Vorstellungen von Naturheilkunde und Kräutern, die ihren Wertvorstellungen entgegenkommen. Wella stützte dieses "Doppelimage" der Haarpflegeprodukte aus Tjanjin u.a. durch ein Markendach: Der Name KRÄUTERTRAUM (in deutschem Wortlaut!) transportierte das Image eines guten (=deutschen) und natürlichen (=chinesischen) Produkts. Die japanische Wella-Tochter machte mit KRÄUTERTRAUM zusätzliche 10 Mio. DM Umsatz (SCHNEIDEWIND 1986). Ab 1987 wurde dasselbe Produkt aus Tianjin unter einem chinesischen Namen auch auf dem deutschen Markt angeboten, wobei man sich einen positiven asiatischen Imageeffekt erhoffte.

Das **Image** eines Gegenstandes wird **definiert** als "mehrdimensionale und ganzheitliche Grundlage der Einstellung einer Zielgruppe zum Gegenstand". Es besteht aus mehr oder weniger wertenden Eindrücken von der Marke, die zu einem ganzheitlichen "Bild" verbunden sind. Images sind somit subjektiv, durchaus nicht voll bewußt, aber mehr oder weniger bewußt zu machen, durchaus nicht nur sprachlich codiert, sondern auch bildhaft, episodisch, metaphorisch. Images sind nicht nur kognitiv, sondern auch emotional, erlebnisbezogen, wertend.

Images haben größte Bedeutung für das erzielbare **Preisniveau** einer Marke. Viele Produktmanager haben das erfahren, wenn die betreute Marke einen Imageverfall zu verzeichnen hatte und zur Aufrechterhaltung des Absatzes eine Preisklasse darunter angesiedelt werden mußte. Images werden vom Markt bezahlt. Es ist daher vernünftig, Produktimages wie einen Gegenstand des Anlagevermögens zu betrachten. Er wird auch als **Goodwill** bezeichnet. Laufende Investitionen in Form von Imagewerbung sind zur Erhaltung des (permanent dem Verschleiß unterliegenden) Goodwills notwendig. Wie bei anderen Investitionen führen Einzahlungen von heute über den (sonst allmählich schwindenden) Goodwill zu Erträgen von morgen.

Images sind entscheidend für Einstellungen, Käufe, Marktanteile, erzielbare Preise und Gewinne. Das gilt besonders in Käufermärkten mit funktional und technologisch weitgehend homogenen Produkten (z. B. Waschmittel, Betablocker, Bankkonten, Spirituosen usw.), zumal wenn die tatsächlichen Unterschiede zwischen den Wettbewerbsangeboten nicht einfach zu erfassen sind. Ein Image kann dann die Grundlage für die subjektive Unterscheidung und Präferenzbildung unter den Wettbewerbsmarken sein. Im Marketing wird das Imagekonstrukt kaum mehr auf der individuellen Ebene betrachtet, sondern aggregiert auf Marktsegment-Ebene. Das zeigt sich auch an den nachstehenden Erkenntnissen der praktischen Imageforschung.

5.3.1 Produktpositionierung

Objekte eines Images im Marketing können Firmen (wie HENKEL), Produktgruppen (wie Diagnostica) oder Marken (wie PERSIL) sein. Das Interesse der Marktforscher richtet sich vor allem auf die relative Position eines Images. Für ein gültiges Positionierungsverfahren kommt es darauf an, den Eigenschaften von Images zu entsprechen und ihre Wirkung auf Einstellungen und Präferenzen zu erfassen. Für die Umsetzung einer Positionierungsstrategie kommt es darauf an, die Position durch Qualitäts- und Kommunikationsmaßnahmen gezielt zu verändern.

Solange die Vorstellung von einer räumlichen Abbildung der Markenimages akzeptiert wird, sollen die konkurrierenden Marken auf möglichst wenigen, aber auf allen wettbewerbsrelevanten, voneinander unabhängigen Imagedimensionen abgebildet werden. Bei weniger als vier Dimensionen kann diese Abbildung in einer einzigen Graphik repräsentiert werden.

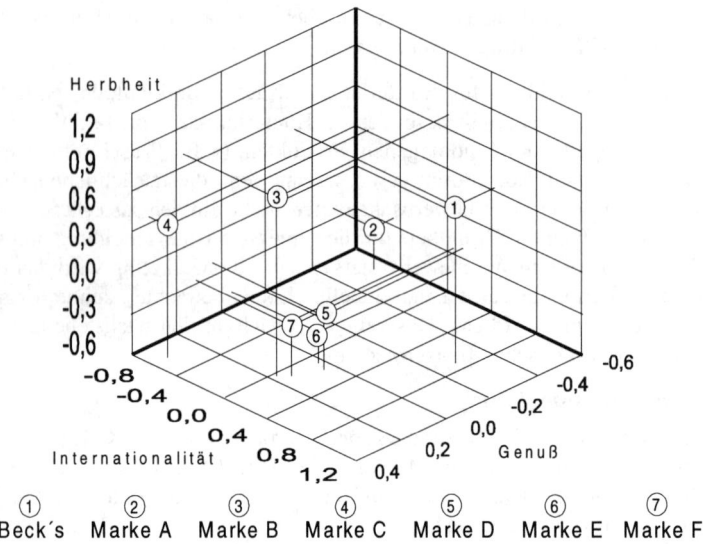

① ② ③ ④ ⑤ ⑥ ⑦
Beck´s Marke A Marke B Marke C Marke D Marke E Marke F

Eine solche räumliche Abbildung enthält diverse Prämissen (metrische Meßbarkeit, Unabhängigkeit usw.), die mit den genannten Image-Eigenschaften
(teilweise unbewußt, nicht nur sprachlich usw.) nicht voll im Einklang stehen.
Soweit man von diesem Problem absehen kann, geben die Marken-Positionen
die marketingstrategisch relevanten Eigenschaften an. Ihre Lage zueinander
und ihre Distanzen informieren über die Wettbewerbsverhältnisse. Je näher die
Marken beieinander liegen, desto ähnlicher sind ihre Images, desto austausch-
barer werden sie wahrgenommen.

5.3.2 Positionierungsstrategien

Von der Positionierung als Abbildung eines Marktes ist die Positionierung im
Sinne von Imagegestaltung zu unterscheiden (TROMMSDORFF 1994, S. 353).
Anlaß könnte die Planung einer neuen Marke oder die wettbewerbsstrategische
Veränderung der bisherigen Position der Marke sein. Wenn eine solche Ver-
änderung praktisch auf einen neuen Start hinausläuft, spricht die Praxis auch
vom **Relaunch der Marke.**

Grundsätzliche strategische Alternativen der Neu- oder Repositionierung einer
Marke liefern die beiden **Hauptziele** der Imagepositionierung:

- Möglichst nahe ins Zentrum der Idealvorstellungen der Konsumenten bzw.
  eines starken Marktsegments (Marktpotentialziel),
- möglichst weit weg von den Positionen der Wettbewerber (Differenzierungsziel)

Das Differenzierungsziel kann im Rahmen des vorliegenden Imageraumes verfolgt werden, indem man die Marke auf einer oder mehreren wettbewerbsbedeutsamen Dimensionen "wegpositioniert", man kann aber die Marke auch auf einer ganz anderen Dimension profilieren und sich damit aus dem Imageraum "herauspositionieren".

In diesem Zusammenhang ist eine ausgeweitete imagestrategische Stoßrichtung (3) zu erwähnen: Umpositionierung nicht der (realen) Marke, sondern der (idealen) Vorstellungen der Konsumenten. Darauf wird aus zwei Gründen nicht weiter eingegangen. Erstens kommt der Aufwand einer solche Veränderung der Wertvorstellungen im Markenartikelbereich selten in Frage, zweitens hat sich dieses ausgeweitete Verständnis von Positionierung in der Praxis nicht durchgesetzt.

Marktpotentialziele und Differenzierungsziele stehen im Konflikt, wenn auch die Wettbewerber Marktpotentialziele verfolgen und deshalb eine Positionierung nahe dem Zentrum der Idealvorstellungen zugleich eine Positionierung bei den Wettbewerbern wäre. Der Zielkonflikt kann auf höherer Ebene durch Marktanteilsmaximierung gelöst werden, wenn die Wirkungsbeziehungen von Distanzen zwischen einer potentiellen Position und den Wettbewerberpositionen einerseits sowie den idealen Konsumentenpositionen andererseits quantifiziert werden können. Man kann dann die Position mit dem größtmöglichen Marktanteil durch mathematische Optimierung herausfinden, z. B. indem man eine Funktion zwischen relativen Real-Ideal-Distanzen und Kaufwahrscheinlichkeiten annimmt.

Wenn man außerdem die unterschiedlichen Kosten für potentielle Positionen ins Kalkül einbezieht, kann auch die gewinnmaximale Position geplant werden. Schließlich kann ein Imagepositions-Optimierungsmodell unter Einbeziehung möglicher Wettbewerberaktionen und -reaktionen dynamisch gestaltet werden.

Um die Position der Marke zu verändern, kann man qualitätsorientiert-physisch oder kommunikationsorientiert-psychisch vorgehen: Entweder werden hinter den Imagedimensionen stehende Eigenschaften der Marke geändert (**physische Produktdifferenzierung**). Diese Strategie setzt voraus, daß die Konsumenten die physische Produktvariation auch wahrnehmen. Oder es können über das kommunikative Marketinginstrumentarium Eindrücke ohne objektive Produktvariation verändert werden (**psychologische Produktdifferenzierung**). Auf den meisten Märkten führt die zunehmende technische Produkthomogenisierung durch Ausschöpfung aller Qualitätsverbesserungsmöglichkeiten dazu, daß die relative Bedeutung der psychischen Produktdifferenzierung wächst. Das Seifenbeispiel FA ("Die wilde Frische der Limonen") zeigt, wie beide Ansätze aufeinander abgestimmt sein können. Zur psychischen Produktgestaltung gehörte ein frischer Limonenduftzusatz, zur psychischen Imagepolitik gehörte die

Frische-Suggestion durch Bilder eines Mädchens am südlichen Strand und in tosender Brandung.

Die Differenzierungsstrategie auf neuen, noch atypischen Eigenschaften, also außerhalb des bisherigen Wahrnehmungsraumes liegt nahe, wenn die Position der "besten" Marke schon besetzt oder hart umkämpft ist und eine Profilierung mit etablierten Eigenschaften nicht zu einer Erfolgspositionierung führen würde. Die Alternative heißt **"Positioning"** auf einer andersartigen, alleinstellenden Dimension außerhalb des herkömmlichen Imageraumes (vgl. auch 5.3.3). Positioning bedeutet, die Marke mit einem einzigartigen Eindruck unverwechselbar zu machen. Dazu muß eine einfach zu verstehende neue Aussage über die Marke gefunden und stark penetriert werden. Positioningstrategien (RIES & TROUT 1986) haben vier Merkmale:

(1)   USP (Unique Selling Proposition, Konkurrenzvorteil),

(2)   KISS ("keep it simple and stupid"),

(3)   FIRST (als erster am Markt) und

(4)   VOICE (mit großer "Lautstärke").

Dadurch besteht auch auf homogenisierten, informations- und werblich überfluteten und gesättigten Märkten noch eine Chance zur Markenprofilierung. Die zunehmende Neigung zu Positioning-Strategien bedeutet, daß die meisten Positionierungsmodelle nicht mehr zu gebrauchen sind, weil sie die Profilierung von Marken auf ihren eigenen, nicht gemeinsamen, Dimensionen ausschließen. Eine Alternative für diesen Fall bildet die Wettbewerbs-Image-Struktur-Analyse WISA (TROMMSDORFF 1992).

5.3.3 Wettbewerbs-Image-Struktur-Anlayse (WISA)

Die Vorstellung, daß alle Wettbewerbsmarken nach denselben Kriterien beurteilt werden, entspricht einer restriktiven Theorie, nicht der Praxis des Marketing. Tatsächlich profilieren sich Wettbewerber oft auf ganz unterschiedlichen Dimensionen. Der eine versucht eine technische Innovation, der andere konditioniert seine Marke mit erotischen Emotionen, der dritte stellt den Preis heraus usw. Von einem gemeinsamen Imageraum im Wettbewerb kann in einem solchen Markt nicht die Rede sein. KROEBER-RIEL/WEINBERG (1996, S. 127) sprechen von einer "Entmaterialisierung des Konsums", da die Produkte weniger wegen ihres sachlichen und funktionalen Nutzens, sondern immer mehr wegen ihres immateriellen (und damit emotionalen Konsumerlebnissen vermittelnden) Nutzens gekauft werden. Der starke Wettbewerb technisch homogener Marken wird verlagert von objektiven Eigenschaften zur emotionalen Positionierung, indem die Marken psychisch vom Wettbewerb weg in eigenständige Dimensionen hinein bewegt werden. Ziel ist es, die Produkte durch emotionale Erlebnisse unterscheidbar zu machen.

Herkömmliche Positionierungsmodelle können diese USPs nicht abbilden (vgl. auch 5.3.2), weil die betreffende Imagedimension für keine andere oder nur für einige wenige andere Marken relevant ist. Die Wettbewerbsbeziehungen lassen sich jetzt nicht mehr durch einfache Distanzen im euklidischen Raum veranschaulichen. Die **Wettbewerbs-Image-Struktur-Analyse** (WISA) ist eine Analyse vernetzter Wettbewerbsverhältnisse. WISA versucht, den Bedarf an vernetzter Information für komplexe strategische Entscheidungen zu erfüllen. Dabei treten folgende Eigenschaften auf, die durch die traditionellen Positionierungsmodelle nicht erfüllt werden:

- **Positioning**: Image-Wettbewerbspotentiale werden nicht auf allen Imagedimensionen zugleich aufgebaut, sondern auf einer oder auf wenigen Dimensionen, die im Rahmen der Strategie dazu bestimmt wurden. Im Extremfall muß eine WISA die eindimensionale Markenprofilierung auf einer eigenen, einzigartigen Dimension abbilden.

- **Wettbewerbsorientierung**: Auf den ersten Blick beziehen auch traditionelle Positionierungsstudien den Wettbewerb mit ein, weil Wettbewerbermarken mitpositioniert werden. Für die strategische Planung muß aber über so globale Wettbewerbsrelationen hinaus im einzelnen bekannt sein, welche Beziehungen zwischen bestimmten Wettbewerber-Imagemerkmalen bestehen und wie sie zur Stärkung der eigenen Wettbewerbsposition verändert werden können.

- **Differenzierung**: Klassische Positionierungsmodelle unterstellen, daß eine Imagedimension bei allen Marken dieselbe Relevanz hat. Statt dieser unrealistischen Annahme werden bei einer WISA alle relevanten Wettbewerbseffekte einzeln analysiert und somit in ihrer wechselseitig differenzierten Bedeutung erfaßt.

- **Querwirkungen**: Bei klassischen Imageanalysen beeinflussen Eigenschaften einer Marke nur die eigene Position, aber nicht den Erfolg oder Mißerfolg von Wettbewerber-Marken. Eine WISA bildet dagegen auch die in der Praxis wichtigen Wettbewerbswirkungen von Imagedimensionen einer Marke auf Einstellungen, Kaufabsichten und Marktanteile einer anderen Marke ab.

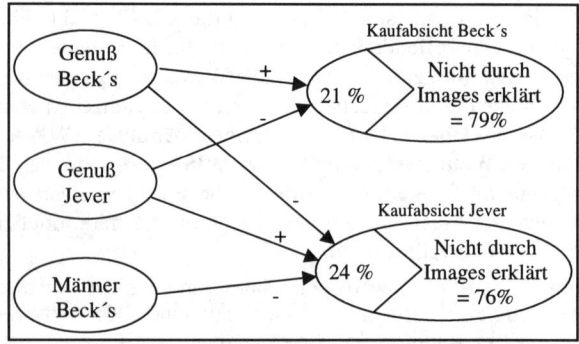

Die WISA analysiert den Ist-Zustand des Imageswettbewerbs und bietet damit die Grundlage zur Ableitung von Strategieempfehlungen mit Hilfe der WISA-WI (siehe unten).

In die WISA gehen individuelle Kaufanteile je Marke ("Unsere Wettbewerbsposition") sowie Beurteilungen der imagerelevanten Eigenschaften aller Wettbewerbsmarken ein. Die Einzelitems werden mittels Faktorenanalyse zu übergeordneten Imagedimensionen zusammengefaßt. Die USP's einzelner Marken können dabei von denjenigen Imagedimensionen unterschieden werden, die von mehreren oder allen Wettbewerbern beansprucht werden.

Die weitere Auswertung kann dann entweder konventionell durch Regressionsanalyse erfolgen oder – anspruchsvoller und weniger durch die Begrenzungen des Regressionsmodells beeinträchtigt – durch linearstrukturelle Kausalanalyse (LISREL u.a. Programme). Dabei werden *simultan* die Kausalstruktur (Einfluß eigener und fremder Imagedimensionen auf den Marktanteil) und die Operationalisierungen der Imagedimensionen (die Items) geschätzt und auf Gültigkeit getestet. Die Pfade eines WISA-Kausalmodells können als Effektstärken interpretiert werden: Wie stark wirken wettbewerbsrelevante eigene und fremde Wettbewerbspositionen auf den Marktanteil jeder Marke? Das Modell gibt somit Aufschluß über die eigenen und die von Wettbewerbern kontrollierten Erfolgspotential-Faktoren und deren Einflußstärken. **Ergebnis** ist ein Struktur-Einflußmodell, das die Imageposition einer Marke aus den wettbewerbsentscheidenden Einflüssen eigener und konkurrierender Imagemerkmale erklärt.

Die WISA wurde in den letzten Jahren insoweit weiterentwickelt, daß nur die wirklich in den Köpfen der Konsumenten vorhandenen Wettbewerbsbeziehungen gemessen und modelliert werden. Wettbewerb spielt sich letztlich in den Köpfen der Zielkunden ab. "Das einzig Objektive ist das Subjektive". Segmente werden danach gebildet, daß Zielkunden identische Evoked-set-Segmente (zu Evoked-set vgl. 3.2) haben, z. B. ein Segment, für das genau die Marken Mercedes, BMW und Audi in Frage kommen. Konsumenten dieser

Evoked-set-Segmente haben teilweise recht unterschiedliche Image-Wettbewerbsstrukturen im Kopf.

WISA-WI - What-if-Strategieanalysen auf WISA-Basis

Die WISA dient anschließend als Input für What-if-Untersuchungen (WISAWI). TROMMSDORFF und HARMS entwickelten speziell für die WISA eine Simulationssoftware (HARMS 1997). Mittels dieser gehen die Marktforschungsergebnisse in die strategische Markenführung ein. Durch die Simulation von Positionierungsstrategien werden die Konsequenzen von erwogenen Handlungsalternativen aufgezeigt. Das Verhalten eines EDV-basierten Image-Wettbewerbs-Modells ersetzt nicht die Strategiediskussion, sondern unterstützt und versachlicht sie.

Die Ergebnisse der WISA sind als Abbild der gegenwärtigen Marktsituation Grundlage für die Planung der weiteren Entwicklung einer Marke. Eigene potentielle Markenstrategien und mutmaßliche Wettbewerberaktionen werden in ihren künftigen Auswirkungen abgeschätzt. Erfahrungen und Erwartungen des Markenmanagements über zukünftige Wettbewerbsentwicklungen werden durch die Simulation ebenso erfaßt wie die Ergebnisse der Marktforschung.

Für den Einsatz der Simulation in einer Image-Strategiesitzung sprechen gute Argumente:

- Die Nutzung der Simulation diszipliniert die Strategiediskussion, da Handlungsalternativen explizit formuliert und getestet werden können.
- Die Szenarien sind reproduzierbar, da auf bestehende Modelle jederzeit zurückgegriffen werden kann.
- Der Verlauf des Imagewettbewerbs kann im Zeitraffer während der Strategiesitzung über mehrere Perioden hinweg verfolgt werden.
- Strategie-Auswirkungen sind leicht, schnell und billig abzuschätzen – ohne die Risiken eines Feldversuches.
- Konfliktäre Strategiediskussionen werden objektiviert.

Zur Führung einer Marke steuert der Anwender die einzelnen Imagedimensionen durch Kommunikationsbudgets für Um- und Neupositionierungen. Verschieden hohe Budgets entsprechen unterschiedlichen Veränderungen auf einzelnen Dimensionen. Diese Imageveränderungen können über mehrere Perioden hinweg durchgespielt werden. Eine Markenstrategie kann nicht nur bestehende Images verändern, sondern auch neue Imagedimensionen hinzufügen oder bestehende Imageausprägungen abschwächen. Die Veränderungen und ihre (zeitlich verteilten und verzögerten) Auswirkungen können über die Zeit hinweg verfolgt werden. Sättigungspunkte und nichtlineare Wirkungszusammenhänge der Modellgrößen können berücksichtigt werden.

Wettbewerberreaktionen auf eigene Positionierungsstrategien können berücksichtigt werden. In gleicher Weise, wie eigene Strategien getestet werden, sind auch Wettbewerberaktionen zu simulieren. Mögliche eigene Abwehrmaßnahmen können in erneuten Simulationsläufen getestet werden.

5.3.4 Imagetransfer

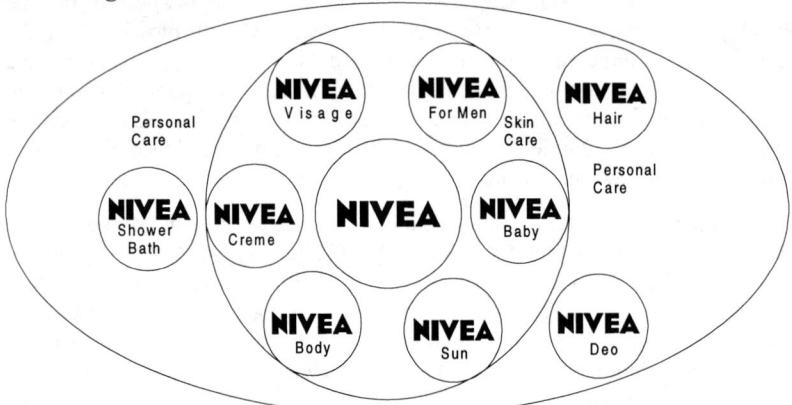

Das **Beispiel** NIVEA zeigt mustergültig, wie der **Transfer eines Markenwerts** für den Aufbau einer Marken-Großfamilie genutzt werden kann. Gegen den Druck von Wettbewerb und Produkthomogenität, von Informationsflut und Zielgruppenzersplitterung hat die Marke, ausgehend von dem ursprünglichen Produkt – die NIVEA Creme -, einer Vielzahl zusätzlicher Produkte zum Erfolg verholfen, zugleich das Überlaufen des Markenspeichers (Evoked-set) umgegangen und die Positionierung der Marke gestärkt. Ab 1970 verfolgte Beiersdorf eine Zwei-Wege-Strategie: Erstens sollte die Marktführerposition verteidigt und gestärkt und zweitens sollte das positive Image der NIVEA für eine großangelegte Markenexpansion – auch im internationalen Rahmen – genutzt werden. Eine Image-Studie für die Länder im europäischen Raum zeigte, daß NIVEA ein großes Maß an Vertrauen hatte, sie galt als ehrliche Marke mit hohem Qualitätsanspruch. Grundlage für das Gelingen der Brand-Extension-(Markenerweiterungs-) Politik in den achtziger Jahren war es, daß alle neuen Produkte dem positiven Image der Kernmarke entsprechen mußten: Zuverlässige Qualität, gutes Preis-/Leistungsverhältnis, unkompliziert, überall erhältlich, mild, hohes Pflegeversprechen. Die Internationalisierung gelang mit einer einheitlichen Sortimentsgestaltung und einer übergreifenden Kommunikationsstrategie (Nivea-Musik, -Typographie, -Farbe). Bis heute entwickelte sich NIVEA – vertreten in 150 Ländern – zur internationalen Dachmarke und zur größten Körperpflegemarke der Welt (o.V. 1995).

Das Image einer Marke läßt sich unter bestimmten Voraussetzungen auf ein anderes, u.U. technisch-funktional völlig andersartiges, Produkt übertragen bzw. verallgemeinern (zusammenfassend vgl. HÄTTY 1989, MAYERHOFER 1995). Unter realen Bedingungen gewonnene experimentelle bzw. feldexperimentelle Erkenntnisse über die Voraussetzungen und Bedingungen des Imagetransfers wurden bei werbeintensiven Konsumgütern wie z. B. Zigaretten und Kaffee (SCHWEIGER 1982) gewonnen. Es gibt viele praktische Beispiele, so die Übertragung des Images der Zigarettenmarke Camel auf Kleidungs- und Schuhprodukte oder von Davidoff-Zigarren auf Davidoff-Cognac und -Parfüm.

Zur Nutzung des Imagetransfers werden verschiedene Strategien verfolgt, die wie folgt abgegrenzt werden können:

Strategie	Abgrenzung
Line-extension	Ausweitung der eigenen Produktgruppe mit einem neuen Produkt unter Ausnutzung eines bereits gut eingeführten und gängigen Markennamens (z. B. Diet Coke).
Brand-extension/ Markenerweiterung	Unter einem geläufigen, gut eingeführten Markennamen wird eine komplett unterschiedliche Produktgruppe positioniert (z. B. Nivea).
Dachmarkenstrategie	Sonderform der Brand-extension: Ein und derselbe Markenname wird für zahlreiche Produkte aus unterschiedlichen Produktgruppen verwendet (z. B. Siemens).

Es ist schwierig, neue Marken in der überladenen Markenwelt zu positionieren. Zum einen besteht ein Engpaß in den Köpfen der Konsumenten, weitere Marken aufzunehmen und zum anderen wird es immer schwieriger, rechtlich einwandfreie und zugleich wirkungsvolle Markennamen zu finden. Imagetransfer wird daher als Mittel zur Positionierung neuer Produkte in einer bereits bestehenden Markenwelt gesehen. Imagetransfer spart Kosten, die zur Etablierung einer neuen Marke in eine neue Produktgruppe notwendig wären. Insbesondere starke Marken (wie NIVEA) sind bei Brand-extension in der Lage, durch das Vertrauen, das die Konsumenten in die Marke setzen, das Kaufrisiko der Konsumenten zu reduzieren (MAYERHOFER 1995, S. 293). Brand extensions profitieren von dem Overflow der Werbung für andere mit der Marke verbundene Produkte, Markteintrittsbarrieren werden reduziert und der vorhandene Goodwill bei den Konsumenten, der durch den bestehenden Markennamen aufgebaut wurde, kann von der Stammarke auf andere Produkte übertragen werden. Aber auch die Stammarke kann durch ihre Ausdehnung ihre Bedeutung und den Markenwert erhöhen (MAYERHOFER 1995, S. 108).

Erfolgsfaktor des Brand-extension ist das Auftreten der Marke unter einem funktionalen, symbolischen oder verwendungsbezogenen Markenkonzept und die wahrgenommene Ähnlichkeit zwischen Stammprodukt und Markenerweiterung. Die Ähnlichkeit ist auf der Produktebene (z. B. Duschgel und Badezusatz) oder auf der Imageebene (z. B. NIVEA und Körperlotion) denkbar (MAYERHOFER 1995, S. 293 f.). Ist eine solche Ähnlichkeit nicht vorhanden, so kann sich eine Markenerweiterung durchaus als Flop erweisen und unglaubwürdig erscheinen. NIVEA hat beispielsweise die Segmente "Parfüm" und "Zahnpasta" für sich ausgeschlossen. NIVEA steht für ein Produkt mit einem kaum wahrnehmbaren Duft, und das Image von NIVEA als Hautpflegeserie ist zu stark, als daß eine "innere" Anwendung (Zahnpasta) für den Verbraucher akzeptabel wäre. Beiersdorf stellte daher 1968 die Produktion von Zahnpasta für die Marke NIVEA ein.

Imagetransfer ist nicht nur im Falle einer Line-extension, Brand-extension oder als Dachmarkenstrategie möglich, sondern kann ebenfalls ausgelöst werden, indem Innovationen bzw. eindrucksstarke Produkte (Exklusivgüter wie z. B. digitale Produkte im Gegensatz zum portablen Radio) mit einer Image-Werbekampagne auf "normale" Produkte des Sortiments ausstrahlen. Eine Verbindung der beiden grundsätzlichen Werbeziele (Umsatz-/Marktanteilssteigerung und Image-Aufbau) innerhalb einer Werbekampagne ist schwer möglich. Eindrucksstarke Produkte verzeichnen meist nur ein sehr geringes Absatzvolumen, wohingegen Massenprodukte in der Regel kaum beeindrucken. Nach LACHMANN (1993, S. 842 f.) sollte eine Image-Werbung (bei potentiellen Konsumenten außerhalb der High-involvement-Entscheidungsphase) für Produkte der linken Seite der nachfolgenden Abbildung verfolgt werden. Abverkaufs-Werbung (bei Konsumenten in der Entscheidungsphase) ist bei Produkten der rechten Seite angezeigt.

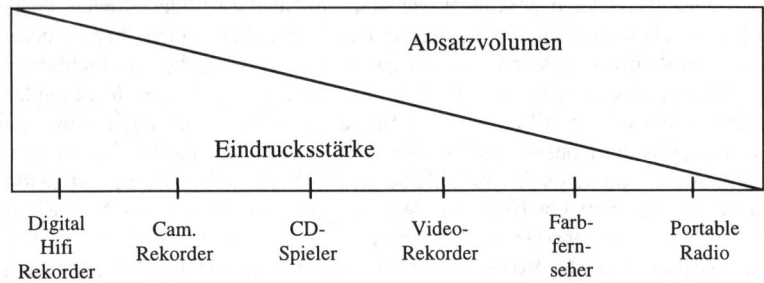

In der klassischen Medienwerbung sollten die innovativen Top-Produkte herausgestellt werden. Eine zu starke Betonung der Produkte der rechten Seite kann leicht eine Imageverschlechterung in Richtung "mittelmäßig, nichts besonderes, Massenprodukte" mit sich bringen. Die Herausstellung von Innovationen mit Hilfe einer Image-Werbungstrategie kann jedoch nicht nur das Ziel des Image-Aufbaus verfolgen, sondern zugleich das Ziel des Imagetransfers auf die "normalen" Produkte des Sortiments (LACHMANN 1993, S. 842).

Wie bereits in Kapitel 2.4 erläutert, geht aus Imageuntersuchugen die besondere Bedeutung des Erlebniskaufs hervor. **Erlebniswerte** sind auch Ansatzpunkte einer eigenständigen Positionierung von Marken. Stärker noch als Qualitätsmerkmale können emotionale Werte transferiert werden. Ziel ist es, der Marke ein eigenständiges Erlebnisprofil zu geben und in der Erlebniswelt der Konsumenten zu positionieren (MAYERHOFER 1995, S. 101).

5.4 Produktqualität

"Imagination is more important than knowledge" (ALBERT EINSTEIN)

Beispiele aus der Marketingpraxis

"Muß es sich immer erst um Bier, um deutsches Bier mit seinem Reinheitsgebot handeln, damit sich so etwas wie ein Qualitätsverlangen regt? Wird ein Aromagebot beim Käse, ein Zartheitsgebot beim Fleisch, ein Feinheitsgebot beim Gemüse nicht verlangt, solange solche Kriterien nicht mit dem Adjektiv "deutsch" kombiniert sind?" (SIEBECK, Zeitmagazin 1987, Nr. 16).

Das Prüfprogramm der Stiftung Warentest für Geschirrspülmaschinen umfaßt Sicherheits-, technische, Funktions- und Handhabungsprüfungen. Die folgende Übersicht zeigt (ohne Sicherheitsprüfung) die Kriterien des Prüfprogramms (o.V.1987).

Prüfprogramm Geschirrspülmaschinen (Auszug)

Technische Prüfung	Funktionsprüfung	Handhabung
• Programme	• Allgemeine Prüfbedingungen	• Gebrauchsanweisung
• Verbrauchswerte	• Reinigungprüfung	• Programmwahl
• Programmdauer	• Trocknungsprüfung	• Öffnen und Schließen der Tür

• Impulsdruckfestigkeit
  • Schlauchleitungen
  • Verbindungen
	• Beschädigung von Gläsern bei Teilbeladung	• Reinigerzugabe

• Geräusch	• Selbstreinigend	• Klarspülerzugabe
• Arbeitsplatz		• Wasserenthärter
• Schutz im Störungsfall		• Gestaltung der Geschirrkörbe
• Funk-Entstörung		• Reinigung
• Salzverbrauch des Wasserenthärters		• Reinigen des Siebes
		• Besonderheiten

Ein "Bürgergutachten Testkriterien und Testplanung" (GARBE & GROTHE 1985, S. 89) stellt diesem Testprogramm Aussagen gegenüber, die aus Gruppendiskussionen in sogenannten Planungszellen stammen. Es kommt – teils zusätzlich, teils stattdessen – zu folgenden Prüfkriterien für Geschirrspülmaschinen (Auszug):

• technische Konstruktion zur Erleichterung der Dosiermenge
• Ökofilter
• Kindersicherheit
• rohstoffarme Herstellung (Recycling)
• Gesundheitsverträglichkeit: Essen und chemische Reste, Risse in der Glasur und ihre Auswirkungen
• Wartungskosten
• Anleitung zur optimalen Ladung
• Handhabung für Behinderte, Blinde
• Bedarfsreflexion: Größe des Haushalts

Qualität als mehrdimensionale Einstellung

Der Qualitätsbegriff spielt in der aktuellen Managementdiskussion eine eminente Rolle. Qualitätsmanagement (Quality Circles, TQM = Total Quality Management, vgl. 4.5) wird als Grundlage für Wettbewerbsvorteile angesehen, die insbesondere der japanischen Konkurrenz entgegengehalten werden müssen.

Qualität in diesem Sinne ist zwar zunächst rein technisch zu verstehen (Abwesenheit von Fehlern usw.), aber TQM ist, richtig verstanden, ein Marketingkonzept, das in letzter Konsequenz von einem kundenorientierten Qualitätsbegriff auszugehen hat. Was bedeutet das?

Der Qualitätsbegriff war früher allein auf eine möglichst objektive Erfassung der Funktionstauglichkeit und des Werts der Komponenten von Produkten bezogen. Um eine Aussage über die Qualität eines Produktes machen zu können, mußte man

(1)   die dafür wichtigen objektiven Eigenschaften kennen,

(2)   ihre physikalisch-technischen Ausprägungen messen,

(3)   die Meßwerte in eine gemeinsame Qualitätsdimension transformieren (Gewichtung mittels Nutzwertfunktionen) und

(4)   diese Teilwerte zu einer Qualitätsmeßzahl aggregieren.

Die Qualitätsmessung beanspruchte, objektiv zu sein, ohne diesen Anspruch durchhalten zu können. Die Gegenüberstellung von Testkriterien im Eingangsbeispiel zeigt Grenzen des Qualitätsbegriffs, wenn man damit Objektivität (wissenschaftliche Meßbarkeit) und Relevanz (Bedeutung für die Kaufentscheidung) verbindet. Verschiedene Konsumenten können unterschiedliche Eigenschaften für wichtig halten; es kann sein, daß technisch erfaßbare, aber für den Nutzen des Konsumenten unwesentliche Produktmerkmale dabei sind, aber subjektiv wesentliche Merkmale fehlen; es kann sein, daß die Nutzengewichte für verschiedene Nutzer unterschiedlich sind; außerdem kann es sein, daß die Addition von Nutzwerten wenig Sinn macht, z. B. wenn ein Merkmal einen Mindest-Qualitätsanspruch nicht erreicht. **Die Objektivitätsansprüche** dieses Qualitätsbegriffes sind brüchig. Ein offen **subjektiver Qualitätsbegriff** ist für Marketingbelange "objektiver", weil auf empirisch nachprüfbare und verhaltenswirksame Daten bezogen:

(1)   Die für die Zielgruppe relevanten Eigenschaften werden ermittelt,

(2)   ihre empfundenen Ausprägungen erfragt,

(3)   die Bewertung der Ausprägungen (Eindruckswerte) festgestellt,

(4)   die "Eindruckswerte" zu einer Meßzahl der subjektiven Qualität aggregiert.

Dieses Vorgehen entspricht genau der im Meßabschnitt (5.5) vorgeschlagenen Einstellungsmeßmethode. Mit dieser Identität der Operationalisierungen könnten aus Marketingsicht **Qualität und Einstellung** eigentlich gleichgesetzt werden (TROMMSDORFF u.a. 1980). Wenn man dennoch Qualität und Einstellung begrifflich trennt, dann um den Unterschied zwischen der Marktforschungsseite (Einstellungen, Images) und der instrumentellen Seite des Marketing (Produktgestaltung, Qualitätspolitik) beizubehalten.

Eine entscheidende Frage betrifft die Schnittstelle zwischen beiden Perspektiven: Wie werden objektive Produkteigenschaften durch Marketingmaßnahmen in subjektive Eindrücke transformiert? Diese Frage kann nicht allgemeingültig beantwortet werden. Das **Qualität-Einstellung-Verhältnis** ist so stark situationsbedingt, daß man im Einzelfall (meist eher kreativ als deduktiv) entscheiden muß, wie ein Zielimage bei bestehenden Produkteigenschaften zu erreichen ist. Dabei ist zu beachten, daß Konsumenten bzw. Zielgruppen ihren Einstellungen womöglich verschiedene Qualitätskriterien zugrundelegen bzw. diese unterschiedlich gewichten.

Untersuchungen dieser Art sind unter der Bezeichnung **benefit segmentation** bekannt. Ein Beispiel liefert der nachstehende komprimierte Auszug aus der Analyse von MORITARY & REIBSTEIN (1986). Sie konnten bei Computerkäufern vier Marktsegmente danach abgrenzen, welche Qualitätskriterien für sie herausragend wichtig (+) bzw. unwichtig (-) sind (die übrigen, hier nicht genannten Qualitätskriterien sind, wie bei vielen anderen Märkten auch, über die Zielgruppen hinweg recht homogen ausgeprägt). Die Tabelle zeigt in den Spalten die Interpretation der Segmente aufgrund der herausragenden (+ bzw. -) Wichtigkeitsausprägungen.

Qualitätsmerkmal	Segments-Charakteristikum			
	Hardware	**Marken**	**Personen**	**Sortiment**
Operateur-Erfordernis			+	
Lieferbedingungen	+			
absoluter Preis	+			
Preisflexibilität	+			-
Softwareangebot				+
breites Sortiment				+
Herstellerbekanntheit		+		
Verkäuferkompetenz	+		+	

Der Preis taucht typischer Weise unter den segment-konstitutiven Merkmalen mehrmals auf. Wieder zeigt sich die Funktion des Preises als Schlüsselmerkmal (vgl. 3.3), d.h. nicht nur als Komponente von, sondern auch als Indikator für Qualität. Ferner zeigt das zitierte Untersuchungsbeispiel erneut, daß Qualitätskriterien nicht immer voneinander unabhängig sind und auch nicht immer auf der gleichen Urteilsebene liegen. Eine theoretische Klassifikation der Qualitätsmerkmale von Computern wäre logisch stringenter als die vorliegende empirische. Die Kriterien der benefit segmentation entsprechen jedoch der so marketingbedeutsamen psychischen Realität (Psycho-Logik).

5.5 Zur Messung von Einstellungen und Images

In diesem Abschnitt wird zwischen **eindimensionalen** und **mehrdimensionalen Operationalisierungen** unterschieden. Der Unterschied betrifft die Frage, ob der Anwender die zusammenfassende Bewertungsdimension (gut/ schlecht) einer Einstellung oder die differenzierte Struktur (hinter) einer Einstellung (bzw. ein Image) messen möchte. Für beide Arten der Einstellungsmessung wird ein Überblick gegeben, und es wird je ein gängiges Verfahren exemplarisch näher dargestellt. Das ist die eindimensionale LIKERT-Skala und das mehrdimensionale Imagedifferential.

Alle erwähnten Verfahren beruhen auf **standardisierten Befragungen**. Das entspricht der Forschungspraxis. Besonders die verbale Imagemessung muß unbefriedigend und unvollständig bleiben, solange auch die ganzheitlich-bildhaften Komponenten lediglich mit Sprache statt mit Bildern gemessen werden. Ganzheitliche Images müßten zumindest ergänzend in Bildern, Bewegungen, Klängen usw. kodiert sein. Auch willige Befragte können bildhafte, episodische, musikalische Eindrücke nicht ohne weiteres auf Fragebogenitems übersetzen.

An nichtsprachlichen Imagemeßmethoden wird gearbeitet. Vielversprechend sind z. B. die Bilderskala von KROEBER-RIEL (1986) und das Imagery-Differential von RUGE (1988) (vgl. 3.5). Den bekannten Bedenken gegenüber Verzerrungen bei verbalen Messungen konnte jedoch noch kein brauchbares Konzept der nichtverbalen Einstellungsmessung als Alternative entgegengesetzt werden. Bislang ist sprachliche Einstellungsmessung nicht ersetzbar, allenfalls zu ergänzen.

Eindimensionale Einstellungsmessung

Häufig werden Einstellungen einfach direkt abgefragt ("wie finden Sie xyz?"). Die Antworten auf solche Fragen enthalten hauptsächlich Bewertungen des Objekts xyz. Insofern handelt es sich um eindimensionale Einstellungsmessungen. Solche ad-hoc-Fragen sind allerdings über Befragte, über Einstellungsobjekte und über Situationen hinweg schlecht vergleichbar. Man weiß praktisch nichts über die **Meß-Charakteristik,** d.h. über den genauen Zusammenhang zwischen der Ausprägung der zu messenden Einstellung einerseits und den Ausprägungen der Antwort andererseits. Das Ziel besteht deshalb in der Entwicklung von standardisierten, unter verschiedenen Bedingungen gültigen und wiederverwendbaren Meßvorschriften für die global wertende Komponente einer Einstellung.

Zum Beispiel haben MÜLLER-BÖLING u.a. (1984) eine Skala zur Erfassung von Einstellungen Verantwortlicher und Betroffener gegenüber der Einführung von EDV in Organisationen entwickelt. Diese **EDV-Einstellungs-Skala** besteht aus einer größeren Zahl von Statements (Items) zum Thema, auf die Befragte mehr oder weniger zustimmend oder ablehnend reagieren können. Die EDV-Einstellungsskala ist standardisiert und ihre Zuverlässigkeits- und Gültigkeitswerte sind bekannt. Sie kann zur Erfassung der EDV-Einstellungen in allen möglichen Unternehmen, Behörden, Forschungsinstituten usw. verwendet werden.

Die eindimensionale Einstellungsmessung ist der Musterfall, an welchem die moderne Psychometrie und insbesondere eine Reihe von eindimensionalen **Skalierungsverfahren** entwickelt wurden. Skalierungsverfahren sind Vorschriften zur Gewinnung einer Standard-Skala aus theoretischem Vorwissen und Meßerfahrungen über den Einstellungsgegenstand. Üblicherweise werden zur Konstruktion einer Skala zunächst zahlreiche Aussagen (Statements, Items) über den Einstellungsgegenstand gesammelt. Sie sollen entweder möglichst genau bestimmte Positionen auf dem Kontinuum der Einstellungen zwischen "sehr gut" und "sehr schlecht" repräsentieren, so daß ein Item die Position eines Befragten möglichst genau wiedergibt (nichtmonotone Items), oder die Items sollen die Extremwerte der Einstellungsskala repräsentieren, so daß man die Position eines Befragten daraus ersehen kann, wie mehr oder weniger intensiv er den Items zustimmt (monotone Items).

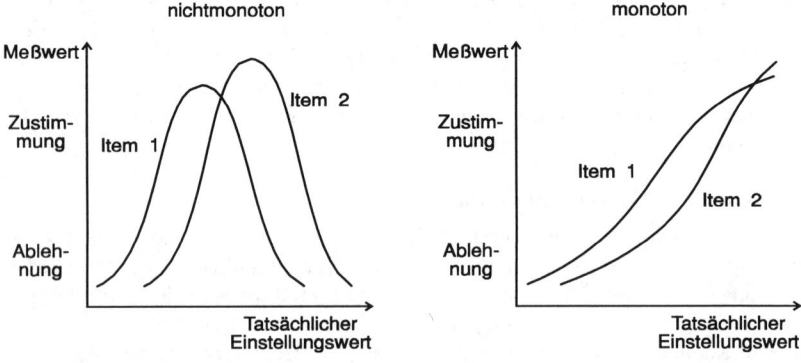

Im Mittelpunkt der Skalierung stehen Vorkehrungen, Schätzungen der Skalenwerte von Items (Eichungen) und empirische Prüfungen zur Sicherstellung der jeweiligen Qualitätsansprüche an die Messungen mit dieser Skala. Die beiden wichtigsten Qualitätskriterien sind in diesem Zusammenhang

Gültigkeit	einschließlich	Objektivität
		Wiederholbarkeit
		Zuverlässigkeit
		Eindimensionalität
		Sensitivität
Skalenniveau	zumindest	quasimetrisches Ordinalniveau
	normalerweise	Intervallniveau
	bestenfalls	Rationalniveau.

168

Der Überblick charakterisiert vier klassische Skalierungsverfahren nach Vorgehen, Anspruch und Sicherstellung dieser Kriterien.

Klassische Skalierungsverfahren

Verfahren (Autor) Kriterium	Gleichbreite Intervalle (THURSTONE)	Summierte Ratings (LIKERT)	Paarvergleichs- skalierung (EDWARDS)	Skalogramm- analyse (GUTTMAN)
Skalenniveau	metrisch	quasi-metrisch	metrisch	ordinal
Sicherung des metrischen Skalenniveaus	subjektiv: durch Beurteiler	subjektiv: durch Befragte	theoretisch: Law of com- parative Judge- ment	keine
Prüfung der Eindimen- sionalität	Streuung der Itemskalenwerte	Diskriminanz- fähigkeit der Items	Transitivität der Paarvergleiche	Fehlerzahl der Items
Itemtyp	nichtmonoton	monoton	nichtmonoton	kumulativ mo- noton
Vorstudie	zwingend	nein	zwingend	nein
Erhebungs- aufwand	hoch	gering	mittel	gering

Exemplarisch ist kurz das **LIKERT-Verfahren** zu skizzieren, weil es besonders geringen Aufwand erfordert und entsprechend stark in der Praxis verbreitet ist. Man sammelt 20 bis 50 monotone Items, etwa je zur Hälfte positive und negative Aussagen über den Einstellungsgegenstand. Jedem Item wird eine fünfstufige Ratingskala von "starke Ablehnung" (-2) bis "starke Zustimmung" (+2) beigegeben. Der entsprechende Fragebogen wird möglichst einem Pretest unterzogen, um untaugliche Items für die Hauptuntersuchung zu eliminieren. Die Vorzeichen der Antwortwerte bei negativ formulierten Items werden umgedreht. Alle Werte werden addiert. Durch die Summation sollen aufgrund des Fehlerausgleichs (zentraler Grenzwertsatz) die Einflüsse anderer als der zu messenden Dimension herausgemittelt werden. Um ungültige Items auszuschließen, werden sämtliche Korrelationen zwischen Itemwerten und dem Summenwert berechnet. Items mit niedrigen oder negativen Korrelationen werden eliminiert. Eine besondere Prüfung des Skalenniveaus erfolgt nicht, man begnügt sich mit der für Ratingskalen üblichen Annahme eines quasimetrischen Ordinalniveaus.

Diese einfache Vorgehensweise und der geringe Skalierungsaufwand sind der Grund für die große Verbreitung des Verfahrens. Es ist aber zu kritisieren, daß LIKERT-Skalen in der Marktforschung oft gar nicht mehr im oben definierten Sinne der Skalierung eingesetzt werden, sondern nur noch ad hoc, so daß kein Standardisierungseffekt eintritt.

169

Mehrdimensionale Einstellungsmessung

Bei den mehrdimensionalen Verfahren wird zwischen komponierenden und dekomponierenden Verfahren unterschieden. Bei den **komponierenden Verfahren** erfaßt das Meßmodell die Integration von Einzeleindrücken zum Gesamteindruck. Dazu muß bekannt sein, welche Merkmale für eine Einstellung relevant sind. Lediglich ihre Ausprägungen müssen gemessen werden. Unter der Annahme eines einfachen Modells wird die Zusammensetzung der Merkmalseindrücke zu einem individuellen Gesamteindruck mathematisch abgebildet. Als komponierendes Verfahren wird das **Imagedifferential** (ID) näher dargestellt.

Einen Ausgangspunkt bildete das **Semantische Differential** (SD) von OS-GOOD u.a. (1957). Ursprünglich sollten damit Wortbedeutungen gemessen werden. Das SD besteht aus einem Standardsatz von Ratingskalen aus bestimmten Adjektiv-Gegensatzpaaren wie eckig-rund, laut-leise, schön-häßlich als zweipolig bezeichnete Items. Die Zuordnung der semantisch zu messenden Wörter wie Vater, Liebe o.ä., erfolgte durch Ankreuzen von Ratingpositionen zwischen den beiden Polen. Da immer dieselben zufällig ausgewählten Items verwendet werden, sind diese nur im übertragenen (metaphorischen) Sinn zu verstehen. Dadurch ergibt sich fast immer derselbe dreidimensionale "semantische Raum", in dem alle Wörter positioniert sind. In Deutschland hat HOFSTÄTTER (z. B. 1959) ein dem SD ähnliches Instrument entwickelt, um damit Eindrücke und Vorurteile zu messen. Er nannte es Polaritätsprofil. Im Abschnitt 2.6 wurde ein Polaritätsprofil zur Emotionsmessung vorgestellt. Für die Praxis abgewandelte Polaritätsprofile sind in der Marktforschung verbreitet.

Im Zuge der Weiterentwicklung der Einstellungstheorie gab es methodische **Kritik** am Semantischen Differential und seiner unreflektierten Übertragung. Vor allem geht das SD von semantischen Metaphern aus, während sich die Einstellungs- bzw. Imagemessung auch buchstäblich auf Produkteigenschaften beziehen soll. Außerdem gibt es starke theoretische und empirische Argumente gegen die zweipolige Form der SD-Ratings. Schließlich fehlte ein standardisiertes Itemselektions- und Datenauswertungsverfahren für die Belange des Marketing. Deshalb wurde auf der Grundlage der jüngeren Einstellungstheorie für die praktische Marktforschung das **ID** entwickelt (TROMMSDORFF 1975). Es ist die Operationalisierung des im Abschnitt 5.2 dargestellten kompensatorischen Einstellungsmodells mit Real-Ideal-Eindrucksdifferenzen. Folgende praktischen Schritte sind für dieses Meßmodell erforderlich:

Schritte zum Imagedifferential

(1) Festlegung der Objekte (Marken, Firmen) der Imagemessung

      Problem: Vergleichbarkeit, Zugehörigkeit zu den individuell als Alternativen betrachteten Objekten (Evoked-set) (vgl. 3.3)

Lösung: Beschränkung auf strategisch interessante Wettbewerber, Evoked-set-Voruntersuchung
(2) Sammlung eventuell für das Image relevanter, nicht nur metaphorischer und nicht nur wertneutraler Aussagen (Items) über solche Objekte
Problem: Bei unbekannten Images sind auch die relevanten Items unbekannt
Lösung: Großen Itempool aus verschiedenen Quellen sammeln und später empirisch selektieren bzw. verdichten (Zu den Methoden siehe untenstehende Vertiefung)
(3) Festlegung der äußeren Form der Fragenbatterie
Problem: Diverse von der Form abhängige Fehlertendenzen
Lösung: Fünfstufige Ratingskala je Item, einpolige Formulierung mit abgestuftem Zustimmen, Antwortforcierung durch Aufteilung einer Punktesumme
(4) Erhebung und Auswertung
Problem: Angemessene Verdichtung über die n Befragten zu N Marktsegmenten und über die k Items zu K Imagedimensionen
Lösung: Faktorenanalyse über die Items, Clusteranalyse über die Befragten. Räumliche Darstellung der Faktorwerte je Cluster.

Beispiel für die Messung mit dem Modell von Trommsdorff

(1) Wie sparsam ist der Opel Corsa?

überhaupt nicht sparsam   O-O-O-O-O   sehr sparsam

Wie sparsam ist das ideale Auto dieser Klasse?

überhaupt nicht sparsam   O-O-O-O-O   sehr sparsam

(2) Wie komfortabel ist der Opel Corsa?

überhaupt nicht komfortabel   O-O-O-O-O   sehr komfortabel

Wie komfortabel ist das ideale Auto dieser Klasse?

überhaupt nicht komfortabel   O-O-O-O-O   sehr komfortabel

(n) Wie sportlich kann man mit dem Opel Corsa fahren?

überhaupt nicht sportlich   O-O-O-O-O   sehr sportlich

171

Wie sportlich kann man mit dem idealen Auto dieser Klasse fahren?
überhaupt nicht　　　O-O-O-O-O　　　sehr sportlich
sportlich

$$E_{ij} = \sum_{k=1}^{n} \left| B_{ijk} - I_{ik} \right| = \left| 2 - 1 \right| + \left| 3 - 2 \right| + \ldots + \left| 3 - 3 \right|$$

$$= 1 + 1 + \ldots + 0$$

Je kleiner der errechnete Zahlenwert ist, desto besser ist der Einstellungswert.

Vertiefung zu 2) Item- bzw. Merkmalsselektion

Um herauszufinden, welche (auch subjektiven!) **Produktmerkmale** für die Einstellungen der Konsumenten oder bestimmter Zielgruppen von Bedeutung sind, kann man vorgehen wie bei der Motivmessung (vgl. 4.7). Insbesondere kommen nachstehende Meßprinzipien in Frage:

- direktes Abfragen der Merkmale,
- indirektes Befragen, z. B. Gittertechnik,
- qualitative Exploration, z. B. Gruppendiskussion.

Beim **direkten Abfragen** soll der Konsument seine Einstellungsstruktur verbal beschreiben. Ob das gelingt, ist in starkem Maße vom Wollen und Können der Befragten abhängig. Je nach Produktklasse kann es zu starken Verzerrungen kommen. Eine Variante ist die **Spontanassoziationstechnik**. Dabei wird der Befragte gebeten, schnell und unbefangen alles zu sagen, was ihm bei Nennung des Markennamens einfällt. Darunter findet man besonders die für ihn hervorspringenden (salienten) Merkmale.

Durch **indirekte Befragung** versucht man verbal dahinterzukommen, welche Merkmale den Befragten wichtig sind. Das Ziel bleibt aber im Hintergrund. Damit entfällt z.t. auch der Anreiz zur Verzerrung. Eine bewährte und gut begründete Methode dieser Art ist die **Gittertechnik** (repertory grid). Dabei vergleichen Befragte Dreiergruppen (Triaden) von Marken eines Produkts. Bei jedem einzelnen dieser Vergleiche ist es ihre Aufgabe, ein Merkmal zu nennen, das jeweils zwei Marken einander ähnlich und zugleich von der dritten Marke verschieden erscheinen läßt. Bei der meist großen Zahl möglicher Zusammenstellungen von Marken zu Triaden ist es wahrscheinlich, daß alle subjektiv relevanten Merkmale für Einstellungsunterschiede unter den Marken entdeckt werden. Zugleich ergibt sich eine Gewichtung durch die Reihenfolge und die Häufigkeit der Merkmalsnennungen in der Befragtenstichprobe. Zur theoretischen Begründung und zu methodischen Feinheiten der Methode vgl. MÜLLER-HAGEDORN & VORNBERGER (1979). Die Gittertechnik vermeidet manche Nachteile der direkten Befragung. Außerdem realisiert sie auf elegante

Weise das Doppelkriterium "Wichtigkeit und Unterscheidungsrelevanz zwischen Marken", das ALPERT (1971) für die Selektion gültiger Merkmalserhebungen voraussetzt.

Dekomponierende Verfahren (Mehrdimensionale Skalierung MDS)

Diese Gruppe mehrdimensionaler Einstellungsmeßmodelle geht nicht von Einzeleindrücken, sondern von vergleichenden globalen Bewertungen von Einstellungsobjekten aus. Es wird analytisch versucht, ein Modell zu finden, das möglichst gültig beschreibt, wie die gemessenen Globaleinstellungen aus Einzeleindrücken auf verschiedenen (in diesem Falle nicht von vornherein bekannten) Merkmalen zusammengesetzt sind.

Die **MDS** ist ein indirektes, daher nicht so leicht willentlich vom Befragten zu verzerrendes Verfahren. Man kann z. B. zu einer Anzahl von Marken Präferenz- oder Ähnlichkeitsurteile erfragen. Hinter solchen Urteilen stehen im allgemeinen Vergleiche, die die Befragten mit Bezug auf verschiedene Merkmale anstellen. Welche Merkmale das im einzelnen gewesen sein müssen, versucht man statistisch aus den Präferenz- oder Ähnlichkeitsurteilen zu rekonstruieren. Dazu zerlegt (dekomponiert) man die Globalurteile in angenommene Merkmalsurteile so, daß sich aus den angenommenen merkmalsbezogenen Urteilen die Globalurteile möglichst genau wieder berechnen lassen. Das Dekomponieren globaler Einstellungen kann folglich nicht nur als eigenständige Methodik der mehrdimensionalen Einstellungsmessung betrachtet werden, sondern auch als Hilfsmittel zur Aufdeckung der relevanten Merkmalsdimensionen (siehe Problem 2. im Abschnitt über komponierende Verfahren) oder zur Wirkungsmessung bei gezielten Prozessen der Beeinflussungen (vgl. 8.5).

Es kommt bei den dekomponierenden Verfahren hauptsächlich auf statistische Einzelheiten der Datenanalyse an. Sie gehen über das Thema Konsumentenverhalten hinaus. Deshalb wird auf die genaue Darstellung eines dekomponierenden Verfahrens hier verzichtet.

6 Werte

6.1 Überblick

Werte sind das nach Einstellungen nächst komplexere Konstrukt in unserer Hierarchie. Die größere Komplexität machen drei Aspekte aus:

(1) Objektkomplexität: Werte umfassen viele Einstellungen, damit auch viele Objekte,

(2) normative Komplexität: Werte sind verbindlicher, stehen mit Belohnung und Bestrafung in Verbindung,

(3) soziale Komplexität: Werte verbinden den Einzelnen mit seiner Umwelt.

Der erste Abschnitt befaßt sich mit der wertetheoretischen Grundkonzeption. Umstrittenen Aussagen über den Wertewandel wird dann der Aspekt der zielgruppenspezifischen Wertedynamik gegenübergestellt.

Wert als Zustandskonstrukt

Orientierung		Konstrukt		Anreicherung
Qualität	⇒	**Involvement** ⇓	⇐	
Ziel	⇒	**Emotion** ⇓	⇐	
Objekt	⇒	**Motiv** ⇓	⇐	**Kognition**
Harmonie	⇒	**Einstellung** ⇓	⇐	
Person	⇒	**Wert** ⇓	⇐	
		Persönlichkeit		

Der Marketingaspekt wird im folgenden Abschnitt "Konsumwerte" weiter konkretisiert. Die in den letzten Jahren wesentlichsten, aus der Werbung, der Produktgestaltung und aus der Marktforschung ableitbaren zielgruppenspezifischen Änderungen in der Wertestruktur werden referiert. Besonders hervorgehoben werden Umwelt- und Freizeitwerte und deren Auswirkungen auf das Marketing.

Anschließend wird in einem eigenen Abschnitt das Thema "Normen" spezifisch für das Konsumentenverhalten behandelt, weil die normative Komponente von Werten für das praktische Marketing interessant ist, speziell für die Marktsegmentierung. Das wird am Beispiel des um die normative Komponente erweiterten Einstellungsmodells von FISHBEIN gezeigt. Abschließend werden marketingrelevante Normen besonderer Art behandelt: Fairness- und Modenormen.

Wie üblich bildet ein Meßabschnitt den Schluß des Kapitels. Es werden Standardskalen für die Wertemessung sowie Forschungsansätze für die Erfassung des Wertewandels diskutiert. Die Messung von Normen wird am Beispiel der Modenormen und der Methode der Inhaltsanalyse dargestellt.

6.2 Wertetheoretische Grundlagen

Der **Begriff** Werte kommt in verschiedenen Wissenschaften vor und wird schon deshalb in unterschiedlicher Bedeutung verwendet. Für das Konsumentenverhalten genügt die folgende **Arbeitsdefinition:** Ein Wert ist ein konsistentes System von Einstellungen (eine "Über-Einstellung") mit normativer Verbindlichkeit. Entsprechend der Definition von Einstellungen ist ein Wert der Zustand der Bereitschaft, sich (einer ganzen Klasse von) Einstellungsobjekten gegenüber konstant positiv oder negativ zu verhalten. Zum Beispiel beeinflußt der Wert "sportlich leben" die Kleidung, die Ernährung, die Wahl des Autos und der Urlaubsreise usw. Werte sind geeignet als **"Breitband-Vorhersager"** (-Prädiktoren) für Verhaltensmuster, also für Aussagen relativ großer Reichweite, z. B. zur Erklärung von Einrichtungsstilen, aber nicht der Wahl eines bestimmten Einrichtungsgegenstandes in einer bestimmten Situation.

Werte sind wesentlich durch die Zugehörigkeit zu einer sozialen Einheit (Kultur, Schicht, Familie) geprägt. Deshalb findet man innerhalb solcher Einheiten recht einheitliche (homogene) Werte, während zwischen solchen Gruppen so unterschiedliche Werte herrschen können, daß ihre Abgrenzung untereinander geradezu an bestimmten Werten festgemacht wird. Das gilt nicht etwa nur für sogenannte Subkulturen. Es gibt keine eindeutige und allgemein anerkannte **Kategorisierung** aller Werte. Verschiedene Werteforscher haben aber, meist im Zusammenhang mit der Entwicklung von Werteskalen, Listen aufgestellt, z. B. die nachstehende (HILDEBRANDT 1983a, S. 293)

- Freiheit (Unabhängigkeit/Freizügigkeit)
- Ausgeglichenheit (Harmonie/konfliktfrei)
- nationale Sicherheit (Schutz gegen Angriffe)
- Vergnügen/Genuß (Unterhaltung/Muße)
- Selbstachtung (eigene Wertschätzung)
- gute Freundschaft (Kameradschaft)
- ein religiöses Leben (Erlösung)
- soziale Anerkennung
- Weisheit (Reife)
- ein angenehmes Leben (komfortabel/wohlhabend)
- ein interessantes Leben (anregend, aktiv)
- ein erfülltes Leben (sinnhaft)

• ein friedvolles Zusammenleben (konfliktfrei)
• Zufriedenheit (Glück/Freude)
• Liebe (sexuelle und geistige Vertrautheit)
• eine schöne Welt (schöne Natur, schöne Künste)
• Gleichheit (Chancengleichheit, Gleichberechtigung)
• Sicherung der Familie

Von besonderem Interesse für die Verwendung des Konstrukts im Marketing ist der **Wertewandel** (SILBERER 1985, RAFFÉE 1986, WINDHORST 1985). Wenn ganze Einstellungssysteme von einem Wert abhängen und Werte innerhalb sozialer Einheiten (Zielgruppen) homogen sind, dann haben Werteänderungen ein besonders hohes Auswirkungspotential, u.a. auch auf den Absatz ganzer Produktgruppen. Voraussetzung für eine Einstellung des Marketing auf den Wertewandel ist die Messung aktueller Werte (vgl. 6.5) bzw. die Prognose künftiger Werte sowie deren Einfluß auf den Absatz bestimmter Produktklassen. Die Frage nach der Möglichkeit, Wertewandel zu prognostizieren, wird noch kurz zurückgestellt. Es wäre viel gewonnen, wenn wenigstens alle bereits eingetretenen Veränderungen zuverlässig erfaßt würden. Zumindest liegen zahlreiche aktuell beschreibende Ergebnisse der Wertewandelsforschung vor.

Quelle: A. Podulka. Cartoon-Caricature-Contor, München

Mehr oder weniger wissenschaftlich anspruchsvolle und mehr oder weniger differenzierte Aussagen dieser Art liefert weniger die akademische als die kommerzielle Forschung durch verschiedene Institute bzw. Firmen. Dazu gehören die Publikationen des BAT Freizeitinstituts, die Shell-Jugendstudien, die Jugendstudien der Werbeagentur McCann-Erickson, Auftragsarbeiten für Zeitschriftenverlage, z. B. DIALOGE 4 (Gruner & Jahr 1995) sowie Eigenpublikationen von Marktforschungsinstituten, wie die Sinus-Studie.

Zu einer **Vorhersage des Wertewandels** gehört entweder ein eindeutiger Trend oder besser eine Theorie, die den Wandel aufgrund von allgemeinen WENN(heute)-DANN(morgen)-Aussagen aus geänderten Bedingungen von heute ableitet. In den letzten Jahren war viel die Rede von der "stillen Revolution" – einem globalen Wandel von materialistischen zu sogenannten postmaterialistischen Werten. Vereinfacht gesprochen stützt sich der Urheber dieser Hypothese (INGLEHART 1979) auf folgende Behauptungen:

(1) Werte sind hierarchisch angeordnet – unten die primitiveren biologischen und materiellen Werte, weiter oben die sozialen Werte und ganz oben die "Selbstverwirklichung" (MASLOWs Hierarchie der Motive, 4.2)

(2) Westliche Industriegesellschaften streben einer Sättigung mit materiellen Gütern zu.

(3) Je weniger Mangel es bei den unteren Werten gibt, desto wichtiger werden die höheren Werte.

(4) Die Nachkriegsgenerationen kennen weniger materiellen Mangel als ältere Generationen.

(5) Daher werden insgesamt materielle Werte immer unwichtiger zugunsten der postmateriellen Werte (wie Mitbestimmung, Umweltschutz, Selbstverwirklichung).

Der skizzierte Ansatz hat, abgesehen von der Frage seiner empirischen Gültigkeit, einen Denkfehler. Die Vorkriegsgenerationen müßten heute subjektiv eher weniger materiellen Mangel empfinden als die Nachkriegsgenerationen, denn ein empfundener gegenwärtiger Mangel relativiert sich an der Lebenserfahrung. Gemessen an den damals schlechten Zeiten empfinden diese Generationen heute kaum einen Mangel. INGLEHART unterstellt dagegen, daß der große Mangel von damals zusammen mit dem geringen Mangel von heute zu einer relativ großen Mangelempfindung bei älteren Generationen kumuliert sei, wogegen die Nachkriegsgeneration kaum je einen Mangel verspürt hätte und deshalb heute wenig Mangel empfinde.

Auch die Fakten widersprechen dieser Hypothese. Nach vielen Meinungsumfragen sind ältere Menschen eher zufrieden als jüngere – was allerdings auch mit einer Tendenz älterer einhergeht, Fragebögen eher positiv zu beantworten (vgl. 4.5, Konsumentenzufriedenheit). Die Trendaussagen über den Wertewandel zum Postmaterialismus sind auch nach repräsentativen zeitlichen Längsschnittdaten wie denen von JAGODZINSKI (1996) nicht haltbar.

Postmaterialismus in sechs westeuropäischen Ländern, 1970-93

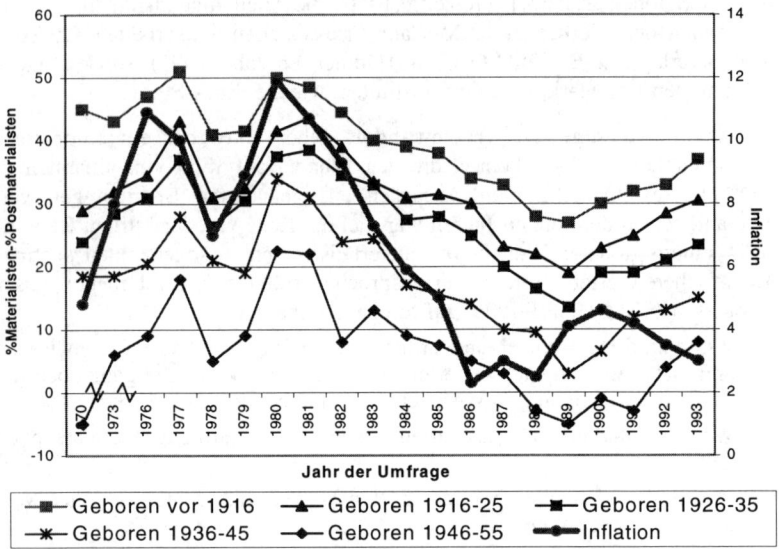

- ■— Geboren vor 1916   ▲— Geboren 1916-25   ■— Geboren 1926-35
- ✳— Geboren 1936-45   ◆— Geboren 1946-55   ●—Inflation

Quellen: EC-Studien und Eurobarometer im Zentralarchiv (Köln)

Es wird nicht abgestritten, daß sich heutige Werte von früheren unterscheiden. Dafür sind nicht nur gesellschaftliche Prozesse verantwortlich, sondern auch technologische Veränderungen. Andererseits ist der moderne westliche Technologiewandel schwächer und langsamer als man denkt. Die meisten Menschen neigen dazu, sich geänderten Rahmenbedingungen, z. B. bei der allgemeinen Entlastung von körperlicher Arbeit, nur schleppend anzupassen.

Traditionsreiche kulturelle Werte wirken konservativ dagegen. Auch **rückwärtsgerichtete** Werte können sich durchsetzen: Der Islam breitet sich nicht nur im Nahen Osten, sondern auch in westeuropäischen und südostasiatischen Ländern weiter aus (KORNADT 1986). Traditionelle Werte wie Familiensinn, Heimatverbundenheit, Besitz und Sicherheit schienen nach Repräsentativumfragen der ersten Hälfte der 80er Jahre in Deutschland rückgängig zu sein. Seit der Mitte dieses Jahrzehnts ist eine Renaissance konservativer Werte zu erkennen, was u.a. den erstaunlichen Erfolg von Fernsehserien erklären würde, welche diese Werte in den Mittelpunkt rücken (z. B. "Schwarzwaldklinik").

Von einer theoretisch **fundierten Wertewandelsvorhersage** kann keine Rede sein. Vor allem mangelt es an gesetzesartigen Aussagen, die eine Verbindung zwischen der heutigen Situation und der morgigen Ausprägung von Werten herstellen. Die zahlreichen Aussagen der Wertefuturologen können bestenfalls als anregende und intelligente Spekulation bezeichnet werden. Naheliegenderweise ist die Diskussion um den Wertewandel nicht frei von politischen Interessen. Werte können wegen ihrer "normativen Verbindlichkeit" (s.o.) Ansatzpunkte für politische Beeinflussung sein. Beispiele dafür liefert nicht nur der "reaktionäre" Islam, sondern auch die "progressive", konsumkritische Diskussion im Westen. Stichhaltige Einwände gegen umweltbelastende Produkte, gegen Kriegsspielzeug und Minderheiten-diskriminierende Massenkommunikation werden zu stereotypen Werten verschmolzen, deren Verhaltenskomponente nicht mehr in konstruktiven Einzelmaßnahmen besteht, sondern in politischen Machtzielen. Zum Beispiel wird der Handel gelegentlich aufgefordert, bestimmte Produkte zu sabotieren. Eine politische Sortimentspolitik mag gegenüber bestimmten Zielgruppen erfolgreich sein. Welche Sortimentspolitik im Markt erfolgreich ist, muß die Marktforschung sagen, nicht der Politiker.

Für das Marketing ist die Frage der **Wertesegmentierung** (Querschnittsanalyse) interessanter als die Frage des **Wertewandels** (Längsschnittanalyse). Abschnitt 7.5 (Lebensstile) geht auf konsumbezogene Aspekte solcher Querschnittsanalysen ein. An dieser Stelle genügt exemplarisch ein Verweis auf die sogenannte Milieuforschung (Sinus-Institut), wonach die Verteilung in der deutschen Bevölkerung (hier exemplarisch bezogen auf die alten Bundesländer) auf die verschiedenen Milieutypen im Jahre 1995 folgendes Bild ergab (SPIEGEL-Verlag 1996):

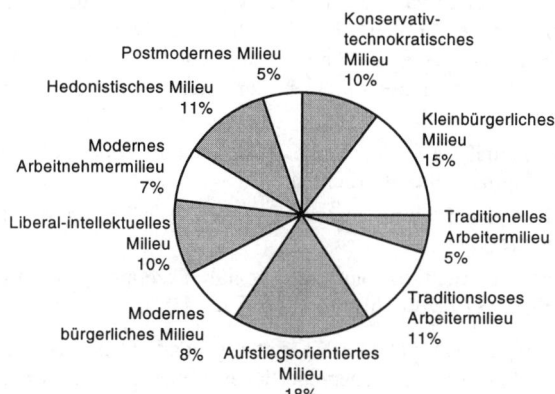

Die Milieustudien des Sinus-Institutes haben sich als sehr bedeutungsvoll erwiesen und sind Grundlage vieler weiterer Studien, u.a. Spiegel-Dokumentation "Soll und Haben" sowie "Outfit", geworden.

Die nachfolgenden Abschnitte behandeln Subkonstrukte des Werte-Konstrukts, soweit sie für die Theorie des Konsumentenverhaltens wichtig sind. Das sind einige speziell den Konsum beeinflussende Werte (Konsumwerte 6.3) und Normen (Konsumnormen 6.4) sowie deren Implikationen für das Marketing.

6.3 Konsumwerte

Im Sommer 1986 erfuhr die Zigarettenmarke Camel durch Austausch der Leitfigur und Überarbeitung des gesamten Werbekonzepts eine gewisse Umpositionierung. Ausgangspunkt für das Umdenken in der Strategie war eine im ersten Halbjahr 1985 fertiggestellte Image-Studie, die zusammen mit den Ergebnissen vom Consumer Trend Monitor gravierende **Werteverschiebungen** innerhalb der Bevölkerung aufzeigte:" ... vor allem bei Jugendlichen ein Anwachsen konservativer und konformistischer Werte ... gestiegene Leistungsorientierung ... zunehmende Präferenz für gepflegte Kleidung ... Eskapismus und Ziellosigkeit deutlich an Boden verloren."

Aus all den Untersuchungsergebnissen zog Reynolds den Schluß, daß die Basispositionierung (Männlichkeit, Freiheit und Abenteuer) besonders bei der jüngeren Altersgruppe noch über eine hohe Attraktivität verfügt. Der Wertewandel und die damit einhergehende Bereitschaft der jungen Menschen, die Denkgewohnheiten der Erwachsenen frühzeitiger zu übernehmen ..., erforderte also eine Ergänzung der Strategie bei Beibehaltung der Grundpositionierung. Folgende drei Einzelelemente als Summe der gewonnenen Untersuchungs- und Gruppendiskussions-Ergebnisse sollten in der neuen Kampagne realisiert werden:

(1) Verstärkte Annäherung der Camel-Welt an die Verbraucherwelt durch Berücksichtigung zeitnaher Elemente.

(2) Stärkere Berücksichtigung sozialer Bezüge durch Einfügen kommunikativer Elemente.

(3) Deutlichere Ausrichtung auf die sozial akzeptierte Erfolgsorientierung.(Quelle: A+I 25/86 16. Juni 1986, 7 ff.)

Der früher meilenweit nur für seine Zigaretten gehende Camel-Mann verrichtet jetzt nützliche Arbeit, die zum abenteuerlichen Leben paßt. Das neue Modell erscheint weniger rustikal und trägt einen modisch-lockigen Haarschnitt. Gepflegt-saloppe Kleidung ersetzt den Khaki-Anzug und die derben Stiefel. Das Sujet wirkt jetzt leistungsorientierter.

Dynamik der Konsumwerte

Ein **Wertewandel** kann zwar kaum vorausgesagt, aber doch festgestellt werden. Gegenüber einem eventuellen fundamentalen Wertewandel in einer Konsumgesellschaft ist die Marketingforschung wegen der potentiell großen Bedeutung sehr sensibel geworden. Das Schlagwort Wertewandel beherrschte die Marketingfachzeitschriften der achtziger Jahre.

Umpositionierungen einzelner Marken lassen gelegentlich auf (zumindest zielgruppenspezifische) Veränderungen von Konsumwerten schließen, siehe das einleitende Beispiel (Camel). Allerdings sind Umpositionierungen oft auch reine Reaktionen auf die geänderten Wettbewerberstrategien. Außerdem kann man konsumbezogenen Wertewandel relativ frühzeitig am **Stil der Werbung** erkennen. In einem Vergleich von Werbeanzeigen für dasselbe Produkt zwischen 1974 und 1984 stellt CARLBERG (1984) starke Veränderungen fest. Sie werden interpretiert als Wandel der Werte. (Beispiele aus der Werbung für bestimmte Produkte in Klammern):

* von der Leistung zur Freizeit (Betten, Spielwaren)
* von der Funktion zum Erlebnis (Küchen, Post)
* von weiblicher Abhängigkeit zur Selbständigkeit (Zigaretten)
* von Prestige zu Fröhlichkeit (Pfeifentabak, Autos)
* von der Realität zum Mythos (Kräuterbitter, Jeans).

Eine ähnliche Untersuchung aus den USA (KÖHLER 1985) zeigt

* gestiegenes Qualitäts-, Service- und Garantiebewußtsein
* gestiegenes Benzinsparbewußtsein (vor Ölpreisverfall 1986)
* gewachsene Bedeutung der Natürlichkeit
* anderes (verantwortungsbetonteres) Verhältnis zum Luxus
* freieres Verhältnis zum Sex.

Redaktionelle Beiträge in großen deutschen Illustrierten haben mehrfach einen signifikanten Wandel der Konsumwerte in Richtung auf Genuß- **(Hedonismus-)** und Luxuskonsum herausgestellt. Diese Artikel sind plausibel, aber wissenschaftlich nicht belegt. Es kann nicht ausgeschlossen werden, daß Zeitschriftenredaktionen mit solchen Trendaussagen ihren hochpreisig anbietenden Anzeigenkunden Mut machen möchten (SCHNIBBEN 1986). Jedenfalls sind wohl die erlebnis- und statusorientierten, einkommensstarken Konsumentensegmente (nicht zuletzt aufgrund demographischer Entwicklungen) gewachsen. Das geht u.a. auch aus empirischen Lebensstilstudien von 1980 bis 1990 hervor (z. B. SPIEGEL-Verlag 1990).

Schon länger ist viel von neuen Werthaltungen der **Frau**, ihrem geänderten Selbst- und Rollenverständnis die Rede. Ein solcher Wandel hat Auswirkungen auf das Konsumentenverhalten von Frauen. Die Wirkungen im einzelnen kön-

nen allerdings wieder nur durch segmentspezifisch differenzierte Zeitver-
gleichsuntersuchungen (Lebensstilstudien, siehe 7.5) festgestellt werden. In
Reaktion auf die Diskussion der "neuen Konsumentin" sind auch entsprechende Studien über den **Mann** erschienen, z. B. METZ-GÖCKEL & MÜLLER
(1985).

Hier sollen anstelle von Spekulationen über den gegenwärtigen und zukünfti-
gen Wertewandel und seine Auswirkungen exemplarisch zwei Werte hervorgehoben werden, die erhebliche Auswirkungen auf das Konsumverhalten bestimmter Zielgruppen haben: Umweltorientierung und Freizeitorientierung.

Umweltwerte

Umweltorientierung i.e.S. ist als Ausrichtung des Konsums an seinen ökologischen Wirkungen zu verstehen, z. B. an der Menge und Abbaufähigkeit von
Verpackungsabfällen (BALDERJAHN 1986). Der umweltorientierte Konsument meidet u.a. Getränke in Einwegflaschen, weil er meint, dadurch weniger
zur Umweltbelastung beizutragen. Nach unveröffentlichten Befragungs-
ergebnissen eines großen deutschen Konsumgüterherstellers auf der Grundlage
einer eigens entwickelten Skala stiegen in den 80er Jahren

- die Umwelt-Sensibilität   von 72 auf 98%
- die Umwelt-Einstellung   von 49 auf 88%
- das Umwelt-Verhalten   von 23 auf 47%

Es kam zu Forderungen engagierter Ökologen an das Marketing, die Ange-
botspolitik entsprechend zu gestalten (kritisch dazu TROMMSDORFF 1986,
DAHLHOFF 1985). Nachdem die Waschmittelindustrie dem Trend zu einer
stärkeren Umweltorientierung anfangs noch durch gemeinsame PR-Kampag-
nen über die "Unschädlichkeit" phosphathaltiger Waschmittel begegnete, fand
eine produktpolitische Anpassung statt. Seit 1983 wird Dixan (Henkel) phos-
phatfrei hergestellt – interessanterweise wurde diese Tatsache in der Dixan-
Werbung aber erst Ende 1985 thematisiert. Einen Marktdurchbruch erzielte das
phosphatfreie Persil. Inzwischen haben nahezu alle bekannten Marken phosphatfreie Varianten. 1988 überholten die phosphatfreien Mittel die anderen im
Marktanteil. Die Anbieterseite nutzte von sich aus neue Chancen auch in anderen ökologischen Marktnischen, z. B. tragen Produkte verschiedener Hersteller
jetzt "Bio-Namen". Es kamen auch neue Verlagsobjekte wie das Umweltmaga-
zin "natur" auf den Markt. "natur" wirbt interessanter Weise mit der konsum-
starken Zusammensetzung seiner Leserschaft um Anzeigenaufträge. Unter den
werblich vermittelten Qualitätskriterien diverser Produkte tauchen zunehmend
Rohstoff- und Energieersparnis auf. Die Werbung spricht auch emotional und
bildhaft zunehmend Umweltaspekte an.

ADELWARTH & WIMMER (1986) untersuchten den Zusammenhang zwischen gewandeltem **Umweltbewußtsein und Kaufverhalten** anhand einer 1985er Welle des 5000 Haushalte umfassenden Verbraucherpanels von G&I. Diese Welle enthielt eine größere Anzahl umweltbezogener Items, die als Ratings zu beurteilen waren. Mittels Faktoren- und Clusteranalyse wurden Segmente gebildet, die weiter so zusammengefaßt wurden, daß 42% als umweltorientierte und 38% als nicht-umweltorientierte Haushalte bezeichnet werden konnten. Anschließend wurde – vermutlich aufgrund der im Panel bekannten Konsumgewohnheiten der Haushalte – geprüft, ob sich das Kaufverhalten der (laut Fragebogen) umweltbewußten von den nicht-umweltbewußten unterschied. Den Ergebnissen zufolge schränkten umweltbewußte Haushalte den Konsum von Produkten ein, denen man umweltbelastende Auswirkungen zuspricht (z. B. Weichspüler, WC-Reiniger, Fensterreiniger). Umweltfreundlichere Produktvarianten (z. B. Mehrwegflaschen, Deo-Sticker/Roller) werden von umweltbewußten Haushalten überproportional gekauft, während umweltproblematische Angebotsformen (z. B. Getränke in Dosen) überproportional stark von Kaufzurückhaltung betroffen sind. In der Produktgruppe der Universalwaschmittel wurde die erwähnte besonders starke Zunahme des Kaufs phosphatfreier Waschmittel festgestellt.

Umweltorientierung in einem erweiterten Sinn wird vielfach mit dem Begriff **"Neuer Konsument"** gleichgesetzt. Diese Idealfigur des umweltbewußten Konsumenten ist besonders kritisch und rational, konsumiert wenig und bedächtig, nutzt Verbraucherinformationen, vertritt selbstbewußt Verbraucherrechte und -interessen, bedenkt die ökologischen, politischen und sozialen Wirkungen des Konsums. Sie wird nach Umfrageergebnissen auch konkreter beschrieben: Mittleres Alter, mittleres bis gehobenes Einkommen, maßvoller Waschmittelverbrauch, wenig Einwegflaschen, Hautpflege mit Naturprodukten, Medikamentenverzicht, Präferenz für Naturtextilien. Je nachdem, wie der Typ genau abgegrenzt wird, machte der "Neue Konsument" Mitte der 80er Jahre in Deutschland nach diversen Konsumententypologiestudien 9% bis 25% aus.

Neuere Daten der Dialoge 3-Studie zeigen interessante Veränderungen bei Einstellungen und Verhalten:

	1985/86 mache ich	1985/86 finde ich nach-ahmenswert	1990 mache ich	1990 finde ich nach-ahmenswert
Umweltbelastenden Sondermüll extra sammeln	-	-	87	12
Einwegflaschen zu Spezialcontainern bringen	76	20	-	-
Verpackungsmaterial sparen/ablehnen, wo es nur geht	43	43	66	30
Ein Katalysator-Auto bzw. schadstoffarmes Auto fahren	8	67	49	48
Statt mit dem Auto lieber mit den öffentlichen Verkehrsmittlen fahren	18	15	22	59

(aus: absatzwirtschaft 12/90, Quelle: Dialoge 3, G+J)

Manche der genannten Charakterisierungen des umweltorientierten Konsumenten sind kommerziell nicht gerade erfreulich. Andererseits bildet der Typ ein kaufkräftiges und für viele (mit diesem Wert harmonierende) Produkte interessantes **Marktsegment**, das einer Beeinflussung durch Marketinginstrumente durchaus zugänglich ist. Auch der "Neue Konsument" ist auf die Vereinfachungen durch Marketinginformationen angewiesen. Den Einflüssen bestimmter emotionaler, bildlicher und musikalischer Stimuli kann er sich grundsätzlich nicht besser entziehen als andere. Anderslautende Behauptungen ("der Konsument wird kritischer und souveräner") sind unbewiesen und ideologieverdächtig.

Freizeitwerte

Freizeit wird allgemein als die übrigbleibende Zeit definiert, wenn von der Gesamtzeit die Zeiten für Arbeit, Wege, Essen, Schlafen und Körperpflege abgezogen sind. Sie ist ein stark in Bewegung geratener sozialökonomischer Faktor. Zwei von fünf Deutschen über 16 Jahre haben wochentags mindestens 6, am Wochenende über 10 frei verfügbare Stunden am Tag (Quelle: GfK 1986). Das subjektiv empfundene Zeitbudget für Freizeit hat sich seit 1970 von durchschnittlich 3 1/4 auf 4 1/4 Stunden pro Tag erhöht (UTTITZ 1984). In den nächsten Jahren wird die Menge an Freizeit im Durchschnitt auch objektiv weiter steigen, weil die Arbeitsproduktivität technologiebedingt weiter wächst und größere Entlastungen am Arbeitsmarkt erst gegen Ende der 90er Jahre einsetzen. Diese Prognose über die Rahmenbedingungen der Freizeitwerte ist relativ sicher.

Genau wie die Umweltorientierung ist **Freizeitorientierung** kein klassischer Grundwert. Es handelt sich hier eher um Stellenwertänderungen bestehender Werte aufgrund geänderter Rahmenbedingungen. Zum Beispiel scheint sich der Grundwert Leistung durch die objektiven Verlagerungen bei der Zeitaufteilung lediglich von der Berufswelt in die private Welt verschoben zu haben. Auswirkungen auf die leistungsbetonten Freizeitmärkte, z. B. die Sportmärkte sind plausibel. In der ersten Hälfte der 80er Jahre sind die Freizeitmärkte doppelt so schnell gewachsen wie der allgemeine Privatverbrauch. Der Freizeitwandel hat aber möglicherweise auch Auswirkungen auf das Wertesystem:

Mehr Freizeit – mehr Freizeitorientierung – mehr Freizeitkonsum.

Mehrere Studien haben **Veränderungen** von Freizeit"werten" empirisch nachgewiesen. OPASCHOWSKI/DUNCKER (1996) stellen aus Umfragen des Institus für Demoskopie Allensbach fest, daß mehr und mehr Tätigkeiten zur Pflichterfüllung werden und ihren Freizeitcharakter verlieren. 1995 betrachteten z. B. 35% der Jugendlichen in Deutschland die Mitarbeit in einem Verein "in keinem Fall" mehr als Freizeit, 1991 waren es nur 17%. Zudem beklagen sich immer mehr Jugendliche heute über mangelnde Freizeitangebote. Dies ist zwar objektiv gesehen falsch (noch nie hat eine junge Generation ein so vielfältiges Netz von Freizeitangeboten vorgefunden), subjektiv jedoch verständlich, denn je mehr Angebote es gibt, desto mehr haben die Jugendlichen den Eindruck, Verzicht leisten zu müssen (zu wenig Taschengeld und freie Zeit). Verzicht bringt Unzufriedenheit.

OPASCHOWSKI/DUNCKER (1996) stellen weiter fest, daß sich der Karrierebegriff in Zukunft nicht auf den beruflichen Bereich beschränkt, sondern auf den Freizeitbereich ausgeweitet wird: Aufnahmerituale, Leistungsanforderungen, Konkurrenzsituationen, Selbstdarstellungen, Erfolgserlebnisse und Aufstiegsmöglichkeiten in der Clique, im Cub, im Verein. Für Jugendliche wird es immer wichtiger "im Trend" zu liegen und "zu wissen was ´in` ist". Das streben nach absoluter Aktualität erklärt die ausgeprägte Konsumhaltung der Jugendlichen, Tendenz steigend:

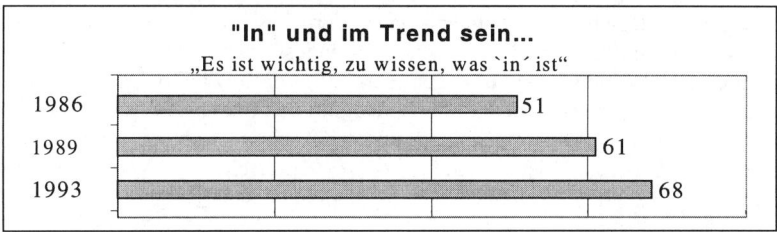

Schon bald gibt es jedoch etwas Neues, Besseres und die Konsumlust wird zur Konsumabhängigkeit. Jugendliche geben zuviel Geld aus, frühzeitige Verschuldungen können die Folge sein (OPASCHOWSKI 1996, S. 24 f.):

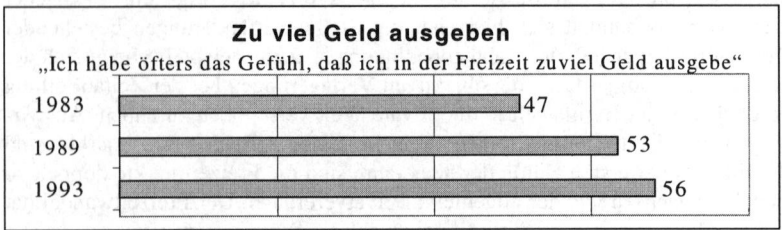

Zu viel Geld ausgeben
„Ich habe öfters das Gefühl, daß ich in der Freizeit zuviel Geld ausgebe"

1983   47
1989   53
1993   56

Plausibel sind auch ganz direkte Wirkungen von der Freizeitmenge auf das Volumen der Freizeitwirtschaft. Das Streben nach **Erlebniswelten** (vgl. 2.4) kann als gemeinsame Konsequenz von drei Entwicklungen verstanden werden: steigende Einkommen, sinkende Arbeitszeit und Verlagerung der Leistungsmotivation in den Privatbereich. Die Tätigkeiten im Arbeitsbereich werden zunehmend funktionalisiert, unmittelbare Erfolgserlebnisse werden seltener. Zur Kompensation sucht der arbeitende Mensch Erfolgs- und Selbstverwirklichungsmöglichkeiten in der Freizeit.

Eine etwas komplexere hypothetische **Wirkungskette** verdeutlicht, daß es bei den (wertebezogenen) Auswirkungen der Freizeitvermehrung nicht nur um qualitative Konsumverschiebungen geht, sondern auch um das (Konsum-) Niveau und letztlich um Geld (interessant am Rande ist der Zusammenhang mit der Schattenwirtschaft):

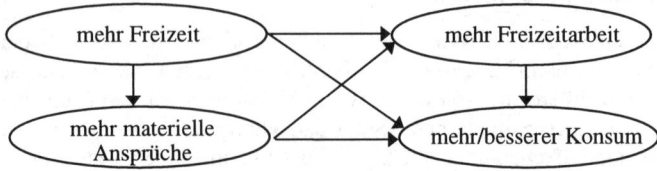

Die praxisnahe Marketing-Fachliteratur enthält laufend weitere, mehr oder weniger plausible Behauptungen über Werteänderungen und ihre Konsum- bzw. Marketingauswirkungen. Die Fülle und teilweise Widersprüchlichkeit dieser Aussagen zeigt, daß die konsumbezogene Werteforschung noch nicht auf festem wissenschaftlichem Boden steht. Zumindest muß man bei der Untersuchung der Wertewandelwirkungen sorgfältig nach Zielgruppen differenzieren. Damit verweisen wir auf die Bedeutung der **Lebensstilforschung**, die im Marketing die Werteforschung großenteils schon verdrängt und vereinnahmt hat. "Lebensstil" ist ein umfassenderes Konstrukt als "Wert". Der entsprechende Abschnitt 7.5 steht deshalb im Kapitel "Persönlichkeit".

6.4 Konsumnormen

Beispiel aus der Marketingpraxis

Der Marktdurchbruch der Personal Computer (PC) im Segment der privaten Nutzer geschah um das Jahr 1984. Von diesem Zeitpunkt an wurde für Hersteller von PC-Software das Problem der vertragswidrigen Weitergabe von Programmen an nicht zahlende Nutzer existenzbedrohlich. Während die Zielgruppe der Firmen- und Behördenkunden größtenteils korrekt nur gekaufte Software nutzt, ist unter privaten Nutzern der Kauf zur Ausnahme und die Raubkopie zur Regel geworden. Ehrenwerte Selbständige, Studenten und Beamte beschaffen sich Programme durch illegales Kopieren, ggf. durch "Knakken" der Schutzvorkehrungen. Die meisten von ihnen würden keinen Ladendiebstahl begehen, Steuern hinterziehen, schwarzfahren oder Schecks fälschen.

Es gibt keinen Anhaltspunkt dafür, daß ein Wert wie Ehrlichkeit bei Selbständigen, Studenten und Beamten geringere Bedeutung hat als bei anderen Berufsgruppen. Man kann aber vermuten, daß diese Gruppen keine starke Norm gegen das objektiv unerlaubte Kopieren halten. Daß sich dennoch nicht alle Mitglieder dieser Zielgruppen genau gleich verhalten (manche kaufen ihre Programme), hat subjektive Gründe. Erstens nehmen nicht alle gleichermaßen wahr, wie stark (oder schwach!) die Norm in ihrer (Sub-) Kultur ausgeprägt ist. Zweitens sind nicht alle gleichermaßen bereit, sich der wahrgenommenen Norm auch zu beugen. Drittens mag ein ökonomisches Kosten-Nutzen-Kalkül die normative Hemmung überlagern: Der Nutzen (hier: die Kostenvermeidung) einer Raubkopie mag als sehr hoch, die Kosten (hier: das Bestrafungsrisiko) als sehr gering empfunden werden.

Normen moderieren Einstellungen

Normen sind definiert als Regeln über Meinungen, Einstellungen, Werte und Verhalten, die von Mitgliedern einer (Sub-) Kultur oder Gruppe akzeptiert, erwartet, kontrolliert und sanktioniert werden.

Jemand hat die weihnachtliche Schenkerei satt, er hat eine schlechte Einstellung zum "Konsumrummel". Dennoch macht er Geschenke, weil es so Sitte ist und von der Bezugsgruppe erwartet wird. Die **Bezugsgruppennorm** hat die Einstellung überlagert (moderiert). Werte und Normen haben viel miteinander gemeinsam. Die Begriffe sollten aber insoweit auseinandergehalten werden, also Normen nur einen Aspekt der Werte darstellen, den Verbindlichkeitsaspekt. Nach unserer Arbeitsdefinition sind Werte "Super-Einstellungen" mit normativer Verbindlichkeit gegenüber der sozialen Bezugsgruppe: Werte sind mit Normen verbunden, d.h. in sich normativ kontrolliert.

Einstellungen sind dagegen nicht unbedingt bereits normativ kontrolliert. Wenn Einstellungen unverzerrt von äußeren normativen Einflüssen gemessen werden, dann kann es bei der Erklärung und Vorhersage von Verhalten aus Einstellungen etwas bringen, verhaltensmoderierende Normen zusätzlich als Verhaltensdeterminante mit einzubeziehen. Das ist einer der Gründe, warum LAPIERE (vgl. 5.2) feststellen mußte, daß Einstellungen und Verhalten im Widerspruch stehen können: Amerikanische Hotel- und Restaurantbesitzer gaben damals zwar an, sie würden Chinesen als Gäste ablehnen, sie bewirteten sie aber (in Begleitung LAPIEREs) gern und freundlich. Die Norm, daß man "anständige" Gäste anständig zu behandeln hat, überkompensierte die damals negative Einstellung gegenüber Chinesen.

Normen werden dann **verhaltenswirksam**, wenn die Einstellung einer Person zu einem möglichen Verhalten anders aussieht, als es eine maßgebliche Bezugsgruppe vermutlich erwartet. Dazu ist es nötig, daß die Person diese Vermutung hat, also die Norm überhaupt wahrnimmt. Außerdem muß die Person bereit sein, sich dieser Norm zu beugen. Die Motivation dazu kommt von den mit Normen verbundenen Sanktionserwartungen. Wenn man in diesem Fall außer der Einstellung auch noch die betreffende "normative Komponente" zur Erklärung eines Verhaltens heranzieht, so ist eine genauere Erklärung des Verhaltens zu erwarten.

Darin liegt der Grund für eine Erweiterung des Einstellungsmodells von FISHBEIN (vgl. 5.2) um die normative Komponente: Zu dem mehrdimensionalen Einstellungsteil des Modells wird ein (ggf. auf mehrere Normen bzw. Bezugsgruppen bezogener) normativer Teil addiert (Summe der motivational gewichteten Einschätzungen, wie andere dieses Verhalten beurteilen würden):

$$BI = w_1 * \text{Einstellung zum Verhalten} + w_2 * \text{Summe } (b_j * m_j)$$

mit:
BI = Verhaltensabsicht

$w_{1,2}$ = Gewichtungsfaktoren

b_j = normative belief (Person meint mit Überzeugungsstärke b, daß Bezugsgruppe j das Verhalten B billige (+)/ mißbillige (-))

m_j = motivation to comply (Person ist mit Motivstärke m bereit, sich den Normen der Bezugsgruppe j zu fügen)

Der Bezugsgruppenindex j kann so viele Werte annehmen, wie Bezugsgruppen mit ihrem Urteil für das betreffende Verhalten subjektiv relevant sind. Bei der Messung der normativen Komponente kann wieder mit einfachen Ratingskalen gearbeitet werden. Dadurch ist die fragebogentechnische Anwendung einfach. Problematischer ist die sprachliche Formulierung der Items. Hier kommt es u.a. auf die genaue Bezeichnung der "Normsender" an, d.h. der relevanten Bezugsgruppe(n). Das kann eng oder auch zu eng erfolgen ("...was Ihre Arbeitskollegen richtig finden") oder weit bzw. zu weit ("...was Leute, die Sie kennen, richtig finden"). Ein Problem besteht darin, daß das Antwortverhalten gegenüber dem Interviewer selbst Normen unterliegen kann. Ferner kann schon bei der Einstellungsmessung eine Abwägung der normativen Seite eingeflossen

188

sein, so daß eine nochmalige Messung die Gültigkeit des Meßmodells beeinträchtigt.

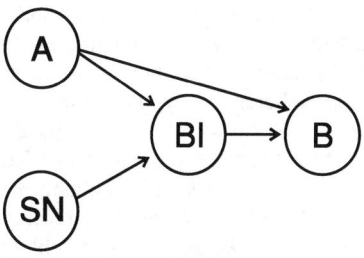

A =Einstellung
SN=Soziale Norm
BI =Verhaltensabsicht
B =Verhalten

Das Modell bildet FISHBEINs Theorie des begründeten Verhaltens ab (theory of reasoned action, AJZEN & FISHBEIN 1980). Die Theorie wird durch Plausibilitätsüberlegungen und durch ausgewählte empirische Beispiele begründet. Sie ist in den Sozialwissenschaften sehr verbreitet, aber es gibt auch theoretische und methodische Kritik. Weil das Grundmodell von FISHBEIN bereits im Einstellungskapitel diskutiert wurde, soll die Debatte hier auf das zusätzliche Problem der normativen Komponente beschränkt bleiben. Normen sind soziale Kontrollinstanzen, die nur im Ausnahmefall einer deutlichen Abweichung zwischen der eigenen Einstellung und der vermuteten sozialen Erwartung greifen. Nach FISHBEINs Modell sind Normen dagegen regelmäßig (und in der Regel mehrere verschiedene) an der Ausprägung des Verhaltens beteiligt. Ein theoretisches Problem besteht weiterhin darin, daß Normen über das Wertesystem auch direkt in die Einstellungen einfließen. Eine Unterscheidung von Einstellungskomponente und normativer Komponente ist dann u.U. nicht mehr aufrecht zu erhalten. Eine empirische Untersuchung, die gegen das um normative Komponenten erweiterte Modell spricht, stammt von HILDEBRANDT (1983b, S. 316).

So ist mit dem normativ erweiterten Modell von FISHBEIN noch kein wesentlicher Beitrag zur Integration von Submodellen des Konsumentenverhaltens gelungen. Dazu fehlte es auch an substantiellem Aussagegehalt über den Inhalt solcher Normen, über die Rahmenbedingungen, unter denen sie wirken (WENN-Komponente), und über die Konsequenzen für das Verhalten (DANN-Komponente).

Beispiele für substantielle Aussagen über Konsumentennormen liefert die junge Forschung zur **Fairness-Norm**, die unter bestimmten Bedingungen das Konsumentenverhalten modifiziert (KAHNEMAN u.a. 1986, HEUSER 1987). Danach verhalten sich Konsumenten "normal", solange sie das Angebot fair

189

finden. "Unfair" in diesem Sinne sind z. B. Preiserhöhungen, die der Anbieter aufgrund einer momentanen Übernachfrage (z. B. Regenschirme während einer verregneten Sport-Großveranstaltung) oder einer monopolistischen Situation (z. B. Benzinpreise an Autobahntankstellen) meint durchsetzen zu können. Die traditionelle ökonomische Theorie postuliert in solchen Fällen höhere Preise. Jedoch lassen sich diese höheren Preise bei fairness-sensiblen Konsumenten nicht durchsetzen, wenn keine für sie akzeptable Erklärung für die Preiserhöhung zu erkennen ist. Als akzeptabel gelten in der Regel eine gleichzeitige Qualitätsverbesserung oder Einstandskostenerhöhung beim Anbieter. So argumentieren Mineralölgesellschaften hauptsächlich mit Kostensteigerungen, wenn sie eine Preiserhöhung bekanntgeben, obwohl doch besonders häufig wettbewerbsorientierte Marktanteilsziele verfolgt werden. Sobald die subjektive Fairnesschwelle überschritten wird, reagieren diese Personen möglichst nicht mehr entsprechend ihrer Nachfragefunktion, sondern mit bestrafendem Verhalten. Man weicht z. B. auf das – ökonomisch ungünstigere – Angebot einer Tankstelle abseits der Autobahn aus, auch wenn der Umweg teurer ist, als die Mehrkosten an der Autobahn. Da für den Anbieter dadurch schließlich ökonomische Konsequenzen spürbar werden, kann es für ihn durchaus interessant sein, sich im Sinne der Konsumenten "fair" zu verhalten. Ähnliche Normen haben sich im Zusammenhang mit den bedeutsamer gewordenen Umweltwerten entwickelt.

In diesen Zusammenhang gehören auch die normativen Effekte der **Mode**, und zwar aus der Sicht zweier sehr konträrer Phänomene. Erstens unterliegen viele Konsumenten bei Kleidung, Kosmetik, Auto, Urlaub, Wohnung usw. mehr oder weniger stark dem modebezogenen Bezugsgruppendruck. Das ist ihnen allgemein nicht bewußt. Die subjektiven Vorteile modebewußten Verhaltens durch Normenkonformität wie emotional-soziale Belohnung und das Gefühl von Lebensqualität wird durch das Marketing vielfach indirekt angesprochen, aber nicht ausgesprochen. Zur rationalen Rechtfertigung der durch Marketing gesteuerten Mode werden volkswirtschaftlich positive Effekte der Mode in den Vordergrund gestellt: Mode ermöglicht Massenproduktion und erschwingliche Preise.

Zweitens haben sich manche Konsumentengruppen von vorgegebenen Moden "emanzipiert". Mode wird hier mit Verschwendung und Diktat assoziiert und als illegitimer Absatzmotor abgelehnt, weil noch brauchbare Ware durch neue ersetzt werden muß, zum Schaden für die Rohstoff- und Umweltsituation. Manche vertreten die Hypothese der geplanten Veralterung (Obsoleszenz) durch Modediktate. Der Konsument werde, ähnlich wie bei gezielter technischer Gebrauchsgüter-Obsoleszenz, zu ungewolltem Konsum genötigt.

Lebensstilstudien (vgl. 7.5), z. B. die Spiegel-Studie "outfit", lassen nicht nur zwischen Konsumententypen mit qualitativ unterschiedlichem Modeverhalten unterscheiden, sondern sie differenzieren auch deutlich Gruppen, deren Verhalten von solchermaßen positiven bzw. negativen modebezogenen Normen bestimmt ist. Interessanterweise bilden sich innerhalb des modekritischen Segmentes eigene Moden aus, die auf die Mitglieder dieser Segmente wiederum positiv-normativ einwirken und die von ihnen wiederum nicht als solche empfunden werden. Man denke nur an die Kleidungs-, Einrichtungs- und Reisemoden der sogenannten Alternativen.

6.5 Zur Messung von Werten

Die Messung von Werten und ähnlichen Konstrukten erfolgt durchweg mit Befragungsmethoden. Dazu werden die Antworten auf eine größere Stichprobe von Wertefragen (Items) zu typischen Mustern (Faktoren) zusammengefaßt. Ein Beispiel ist nachstehend abgedruckt (nach MEFFERT & WINDHORST 1984).

	stark			gar nicht
Viel Freizeit				
Umwelt- und energiebewußt leben				
Ein bequemes Leben führen				
Persönliche und finanzielle Sicherheit				
Ein ausgeprägtes Familienleben führen				
"Alternativ " leben				
Ein genußreiches Leben führen				
Gesellschaftliche Aufgaben übernehmen				
Hoher Bildungsstandard				

Heute = Zukunft =

Aus den Erfahrungen mit solchen Messungen lassen sich Standardwerteskalen entwickeln (vgl. dazu 5.5). Einen kritischen Überblick über verbreitete Werteskalen geben HILDEBRANDT & SCHUSTER (1985) sowie Silberer (1991). Der am meisten verbreitete Vorschlag stammt von ROKEACH (1973). Seine Skala besteht aus je 18 Items für Ziel-Werte (terminal values) und Mittel-Werte (instrumental values), z. B.:

Ziel-Werte	Mittel-Werte

• A comfortable life
  (a proserous life)
	• Ambitious
	  (hard working, aspiring)

• An exciting life
  (a stimulating, active life)
	• Broadminded
	  (open-minded)

• Family security
  (taking care of loved ones)
	• Independent
	  (self-reliant, self-sufficient)

• Social recognition
  (respect, admiration)
	• Responsible
	  (dependable, reliable)

Die Skala ist nicht auf deutsche Verhältnisse und auf Anwendungen im Konsumentenverhalten angepaßt. HILDEBRANDT (1983a) hat unter Bezug auf deutsche Konsumententypologien eine Anpassung vorgenommen und getestet. Sie besteht aus acht Zielaussagen, die zu vier Konsumentenwerte-Faktoren gruppiert sind (vom Autor leicht verändert):

Selbstwertorientierung	1. Selbstachtung (eigene Wertschätzung)
	2. gute Freundschaft (Kameradschaft)
Konsumorientierung	3. Vergnügen/Genuß (Unterhaltung, Muße)
	4. angenehmes Leben (komfortabel, wohlhabend)
Sozialorientierung	5. soziale Anerkennung
	6. interessantes Leben (anregend, aktiv)
Familienorientierung	7. Zufriedenheit
	8. Sicherung der Familie

Die Befragten beurteilen diese Aussagen auf Ratingskalen danach, wie wichtig die betreffenden Werte für sie persönlich sind. Wie die Meßdaten (Items, Indikatoren 1-8 in folgender Abbildung) und die postulierten Konsumwerte (Konstrukte) hypothetisch zusammenhängen, gibt das nachstehende kausale Meßmodell wieder. Es wurde an einer Stichprobe von 847 Personen getestet. Nach üblichen Testkriterien steht das Modell mit den Daten im Einklang. Man kann es für Marktforschungsanwendungen als bewährte Konsumenten-Werteskala übernehmen.

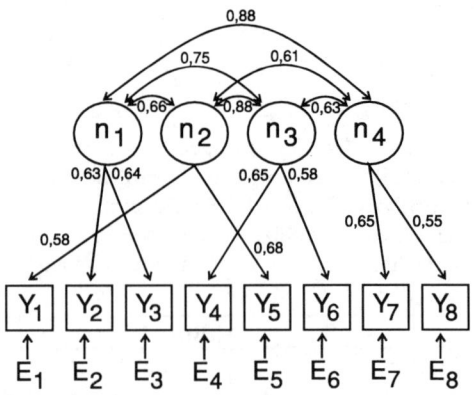

n_1 : Selbstwertorientierung
n_2 : Konsumorientierung
n_3 : Sozialorientierung
n_4 : Familienorientierung

Wenn man Werte messen kann, kann man im Prinzip auch **Wertewandel** messen. Um Wertewandel feststellen zu können, müssen mindestens zwei Zeitpunkte verglichen werden. WINDHORST (1980, S. 80) schlägt als geeigneten Zeitabstand 5 bis 10 Jahre vor. Dabei blieben kurzfristige Schwankungen unberücksichtigt. Nach SILBERER (1985, S. 120) kommen folgende Meßmethoden in Frage:

- **Retrospektion**, z. B. dokumentenanalytische Methoden, die zu einem bestimmten Zeitpunkt durchgeführt werden. Obwohl die Ergebnisse deshalb verzerrt sein können, ist dies oft das einzig mögliche Vorgehen.

- **Panel-Studien** erlauben die Erfassung von Veränderungen auf der individuellen Ebene, sind aber sehr aufwendig und mit den üblichen Problemen der Panelforschung behaftet.

- **Längsschnitt-Studien** sind wiederholte Messungen im Zeitablauf bei jeweils neu gezogenen Stichproben. Individuelle Veränderungen sind nicht erfaßbar. Da Wertewandelsaussagen meist aggregiert verwendet werden, kommt gegenüber der Panelforschung der Vorteil geringeren Aufwands zum Tragen.

Weiterhin gibt es drei Probleme bei der Messung des Wertewandels:

(1) Werte ändern sich im Laufe eines Lebens durch **Reifung** – manche Werte mehr, manche weniger. Ein scheinbarer Wertewandel im Markt kann in Wirklichkeit ein selbstverständlicher biologischer Vorgang sein, der sich nur infolge von Verschiebungen im Altersaufbau der Bevölkerung als Wandel darstellt. Zur Trennung gesellschaftlicher Werte-Umwälzungen von diesem individuell entwicklungsbedingten Effekt sind besondere statistische Verfahren nötig (z. B. die Kohortenanalyse, HÜTTNER 1986, KAAS 1983).

(2) Wertemessungen sind historische **Momentaufnahmen**. Es ist schwierig und aufwendig, diese Ausschnitte aus einer kontinuierlichen Entwicklung vergleichbar zu machen. Ein analoges Problem hat die Meteorologie gelöst: Die früher schwer vergleichbaren täglichen Wetterkarten wurden durch mit kurzen Abständen aufgenommene Satellitenfotos in "Wetterfilme" verwandelt. Seitdem vermittelt der TV-Wetterbericht eine gute Vorstellung vom Wetterablauf. Eine Schwierigkeit bei der Übertragung dieses Vorgehens auf die Wertewandelsforschung liegt in der Standardisierung der Werteskalen: Neu auftauchende Werte, die in der bisherigen Skala nicht enthalten sind. Zum Beispiel enthält weder die ROKEACH-Skala noch die HILDEBRANDT-Skala Fragen zum neu aufgetauchten Konsumentenwert Umweltschutz.

(3) Befragungen liefern immer nur (mehr oder weniger) **verzerrte Bilder**. Das geringere Übel ist die oft mangelnde Repräsentativität. Schlimmer sind Antwortverzerrungen, z. B. in die Richtung, wie man als Befragter gern gesehen werden möchte.

Besonders störend ist ein spezieller Fehler der Wertewandelsforschung: Man weiß nicht, ob geänderte Werteindices auf geänderte Werte zurückzuführen sind oder darauf, daß es zur Zeit gerade schick ist, so zu antworten.

Zur Messung von Normen

Über die Probleme der Wertemessung hinaus besteht ein besonderes Problem bei der Normenmessung darin, daß das Antwortverhalten gegenüber dem Interviewer selbst Normen unterliegen kann. Speziell im Fall der Messung der "normativen Komponente" für FISHBEINs erweitertes Einstellungsmodell tritt das Problem auf, daß schon bei der Einstellungsmessung eine Abwägung der normativen Seite einfließt, so daß eine nochmalige separate Erfassung der Normen die Gültigkeit des Modells beeinträchtigt.

Modenormen: Angenommen, man möchte für die Marktsegmentierung Konsumententypen definieren, die bestimmte modische Vorstellungen haben. Das wäre im Prinzip durch eine zusätzlich den Modebereich betreffende Batterie von Einstellungsfragen möglich, die man in einer der Standard-Lebensstilumfragen (vgl. 7.5) unterbringen würde. Das ist teuer und wegen des normativen Charakters von Modefragen besonders fehleranfällig. Billiger und voraussichtlich gültiger ist es, neben der üblichen Lebensstilanalyse eine Modestilanalyse der einschlägigen Zeitschriften durchzuführen und die Ergebnisse mit dem Lebensstildatensatz (Fragen nach gelesenen Zeitschriften) zu verknüpfen. Das angemessene Verfahren für eine Modestilanalyse ist die **Inhaltsanalyse**. Sie gehört in die Gruppe der nichtreaktiven Erhebungsmethoden, d.h. die Daten kommen nicht als Reaktion auf einen Meßstimulus (z. B. eine Frage) zustande. Dadurch entfallen bei der Messung von Wertekonstrukten gravierende Interviewverzerrungen. Die Analyse kann nach dem allgemeinen Schema der Inhaltsanalyse erfolgen (LISCH & KRIZ 1978, MERTENS 1983)

(1) Auswahl des Untersuchungsmaterials (z. B. je einen Jahrgang sämtlicher deutschsprachiger Illustrierten)

(2) Bestimmung der Zähleinheiten (z. B. alle Abbildungen mit Damen-Oberbekleidungsmode)

(3) Aufbau eines Kategorienschemas (z. B. sämtliche laut Modeexperten relevanten und optisch feststellbaren modebeschreibenden Variablen)

(4) Analyse und Auswertung des Materials (Beschreibung aller festgelegten Abbildungen nach diesen Variablen und Kennzeichnung, zu welcher Zeitschrift die Abbildung gehört)

(5) Erstellung einer Datenmatrix (Kategorien x Abbildungen).

7 Persönlichkeit

7.1 Überblick

Die **Persönlichkeitspsychologie** hat sich einerseits mit den Zügen ("traits") befaßt, die zur Typisierung von Personen geeignet sind (Differentielle Psychologie). Andererseits wird Persönlichkeit in der Psychologie als **ganzheitliche** Erscheinung einer Person gewertet, sei es aus eigener Sicht oder aus der Sicht anderer. Das praktische Interesse des Marketing an den Konsumentenpersönlichkeiten entspricht in beiden Betrachtungsweisen der Psychologie: Es werden Merkmale gesucht, nach denen sich bestimmte Konsumenten unterscheiden lassen, und Konsumentenpersönlichkeiten werden als ganzheitliche Modellpersonen betrachtet und z. B. in der Werbung eingesetzt.

Persönlichkeit als Zustandskonstrukt

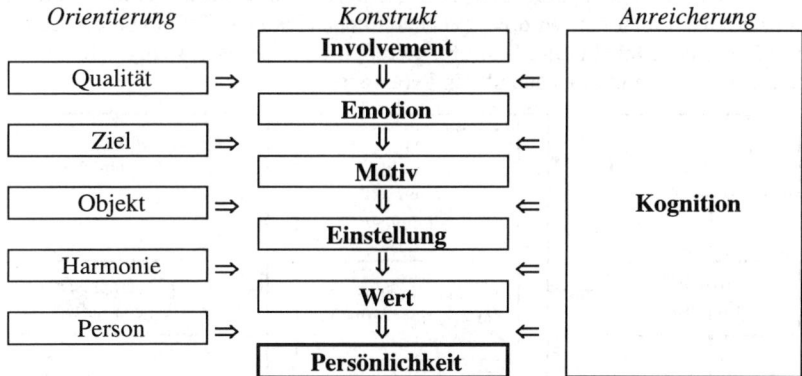

Das Kapitel beginnt in 7.2 nach einer Arbeitsdefinition mit Blickpunkten aus persönlichkeitspsychologischen Gebieten: Die Tiefenpsychologie, die Theorie der Personenwahrnehmung (insbesondere die Selbstkonzepttheorie) und die Differentielle Psychologie. Die beiden letzten erweisen sich als fruchtbar. Am Ende steht ein Bezugsrahmen und eine marketingpragmatische **Persönlichkeitsdefinition**. Persönlichkeit ist das komplexeste der Zustandskonstrukte des Konsumentenverhaltens. Das bringt es mit sich, daß die Subkonstrukte in den Folgeabschnitten recht heterogen sind.

7.3 befaßt sich mit objektiv personenbeschreibenden (**demographischen**) Merkmalen, wie sie sich aus der amtlichen Statistik ergeben. Die derzeitigen starken demographischen Veränderungen haben erhebliche Konsequenzen in und zwischen den Zielgruppen und fordern das Marketing zu Innovationen heraus. Trotz der starken Einflüsse können demographische Merkmale nicht als Zustands-Subkonstrukte akzeptiert werden, weil es keine individualverhaltens-

195

theoretische Basis dafür gibt. Allerdings kann an dieser Stelle ein Subkonstrukt "Lebenszyklus" eingeführt werden, das ausschließlich über demographische Indikatoren operationalisiert wird.

Besonders Kombinationen von Lebenszyklus- und Schicht-Zielgruppen werden in Verbindung mit demographischen Änderungen für die Zielgruppenmarktforschung empfohlen.

Kapitel 7.4 befaßt sich mit konsumrelevanten **kulturellen** und **schichtspezifischen Einflüssen**, also mit angewandter Soziologie. Anliegen des Abschnitts ist die Relativierung der zumeist auf bürgerliche westliche Kulturen und Subkulturen bezogenen Befunde der Theorie des Konsumentenverhaltens. Die Globalisierung von Marketingstrategien wird zur Illustration des Problems angeführt. Entsprechende Relativierungen werden hinsichtlich der sozialen Schichten vorgenommen, insbesondere werden die verschiedenen Versionen der Hypothese "Die Armen zahlen mehr" vorgestellt.

Der Lebensstil- und Typologiebegriff, der noch keinen festen verhaltenstheoretischen Unterbau hat, wird entsprechend der induktiven Typologieforschung in 7.5 definiert. Inhalte und Einflußfaktoren, die in 7.2 bis 7.4 eingeführt werden, wirken folgendermaßen auf den Lebensstil:

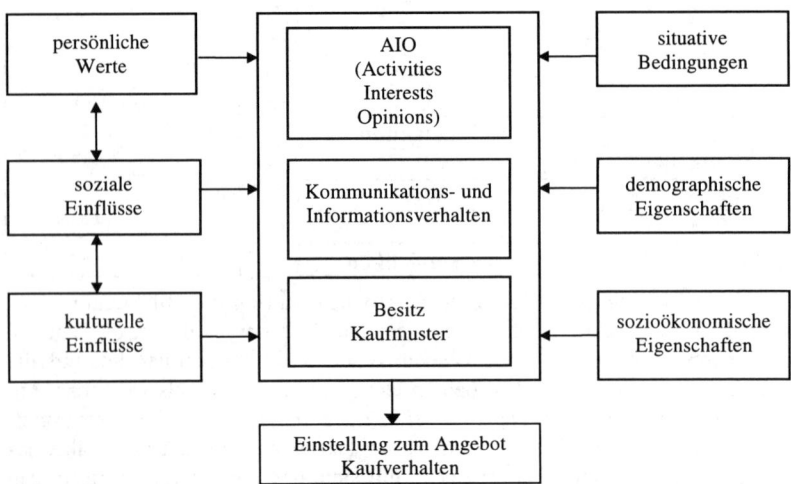

Aus der Persönlichkeitsforschung kommt die Selbstkonzepttheorie für eine theoretische Untermauerung der Lebensstilforschung in Betracht. Weiterhin werden die kommerziellen Lebensstil-Standarduntersuchungen und die auf Spezialsegmente bzw. Produktgruppen zielenden Studien exemplarisch erörtert. Abschließend wird auf Zeit- und Zukunftsorientierung als vernachlässigte Lebensstilvariable aufmerksam gemacht.

Das Thema **Meinungsführung** wird in Abschnitt 7.7 als Konzept der Diffusionsforschung eingeführt. Soweit die Forschung bisher allgemeine Meinungsführermerkmale gefunden hat, werden sie genannt. Das Konstrukt "Persönlichkeitsstärke" als Ergebnis der leistungsstarken gegenwärtigen Meinungsforschung integriert die meisten dieser Befunde. Allerdings wäre es eine Illusion, ohne produktspezifische Meinungsführermerkmale auszukommen. Abschließend zum Meinungsführerkonzept wird auf die Umsetzung als Modellpersonen in der Werbung eingegangen. Im Unterschied zu Meinungsführern werden schließlich Innovatoren und Adoptoren von Imitatoren abgegrenzt, womit sich die Kette zur Diffusionsforschung schließt.

Der obligatorische Meßabschnitt (7.8) kann nach der starken Orientierung der vorangegangenen Abschnitte an Operationalisierungsproblemen nur noch eine Nachlese sein. Die unzulänglichen Methoden zur Erfassung von Kultur und die elaborierten Methoden zur Erfassung der sozialen Schicht werden erörtert, einschließlich der Streitfrage, ob man statt eines Schichtindikators nicht besser das Einkommen verwenden solle. Das Selbsteinschätzungsverfahren der Meinungsführerforschung wird näher dargestellt, ebenso die Skala der Persönlichkeitsstärke und ein neuer, nicht produktspezifischer, aber preisbezogener Konsumstile-Indikator.

7.2 Persönlichkeitstheoretische Grundlagen

Der **Begriff** Persönlichkeit ist einer der schillerndsten in der Verhaltenswissenschaft. Die Begriffsbestimmung hängt anscheinend stark von den – weit gefächerten – wissenschaftlichen Grundpositionen der Forscher ab. Der vorliegende Persönlichkeitsbegriff wird daher erst durch den Zusammenhang des ganzen Kapitels präzisiert. Zunächst genügt eine vorläufige **Arbeitsdefinition**: Die Gesamtheit der für eine Person (von ihr selbst oder von anderen) als typisch angesehenen, fest eingeprägten und normalerweise nicht zu ändernden Verhaltensmuster (insbesondere Reaktions- und Kommunikationsmuster) wird als ihre Persönlichkeit bezeichnet.

Zum Kern der Persönlichkeitsmerkmale gehören **Anlagen und Züge (traits)**, wie Intelligenz, Musikalität usw. Darüber hinaus sind die wesentlichen Persönlichkeitsmerkmale die dauerhaften Komponenten bzw. Muster der schon behandelten Zustandskonstrukte Gefühle, Wissen, Motive, Einstellungen und Werte. Eine noch so sorgfältige Erfassung sämtlicher Merkmale ergibt aber noch kein Persönlichkeitsbild, denn das Persönlichkeitskonstrukt muß auch **ganzheitlich** verstanden werden: Die umfassende Persönlichkeitsbeschreibung muß wechselseitige Verflechtungen der Merkmale berücksichtigen.

Ein alter Streit geht darum, inwieweit Persönlichkeit **erblich** bzw. **umweltbedingt** ist. Bekanntlich wird das Personenmerkmal "Körpergröße" hochgradig erblich geprägt. Schon das Merkmal "Intelligenz" ist in dieser Hinsicht umstritten. Meistens wird heute gesagt, Intelligenz werde je zur Hälfte erblich und durch die Umwelt geprägt. Wenig erforscht ist die Erblichkeit konsumbezogener Persönlichkeitsmerkmale wie Geiz oder Entscheidungssorgfalt. Man kann aber davon ausgehen, daß Konsumstile über die Generationen hinweg relativ konstant sind – sei es durch Vererbung, sei es durch "soziale" Weitergabe. Aus der Sicht des Marketing ist der Streit zwischen Vererbungs- und Sozialisationsvertretern unfruchtbar.

Unbestritten macht jede Persönlichkeit eine **Entwicklung** durch. Die Entwicklungspsychologie untersucht Gesetzmäßigkeiten der Ausprägung und Veränderung der Persönlichkeit im Lebenszyklus, speziell während der Kindheit. Ebenfalls unbestritten haben die soziokulturellen Bedingungen eines Lebens entscheidenden Einfluß auf die Persönlichkeit. Mit den entsprechenden Meßproblemen, insbesondere der Erfassung solcher Bedingungen über soziodemographische Merkmale befaßt sich Abschnitt 7.8.

Die **Persönlichkeitspsychologie** gehört zum Kern der Allgemeinen Psychologie, die im Verwendungszusammenhang gegenwärtig überwiegend als klinische Psychologie verstanden wird. Unter den Persönlichkeitsmerkmalen nehmen die klinischen Konstrukte eine dominierende Stellung ein, z. B. Neurotizismus, Sucht, Schizophrenie. Die Grundströmungen der Persönlichkeitspsychologie unterscheiden sich nicht nur im Hinblick auf die verwendeten Konstrukte und Hypothesen, sondern auch hinsichtlich der Methodologie, letztlich der weltanschaulichen Position. Beispiele sind tiefenpsychologische Ansätze einerseits und behavioristische Ansätze andererseits.

Tiefenpsychologische Ansätze, insbesondere die FREUDsche Psychoanalyse sind – grob – gekennzeichnet durch abstrakte, schwerlich operationalisierte Persönlichkeits-Subsysteme: das Lustprinzip "Es", das Wertesystem "Über-Ich" und das Realitätsprinzip "Ich". Verhaltensgründe werden in unbewußten, tief verborgenen Ausprägungen der Persönlichkeit gesucht. Durch angenommene Mechanismen wie Verdrängung oder Identifikation wird Verhalten "erklärt". Die wichtigsten Anwendungen liegen in der Behandlung von psychischen Problemen. Die wichtigsten Erhebungsmethoden dieser Richtung sind das Tiefeninterview und bestimmte projektive Tests. Die Gültigkeit solcher Methoden ist umstritten. Die Ergebnisaussagen können nicht getestet und verallgemeinert werden.

Im Unterschied zur Psychoanalyse verwenden **behavioristische** Persönlichkeitstheorien operationale, naturwissenschaftlich-experimentelle Methoden. Sie verstehen die Persönlichkeit als System von gelernten personentypischen Reaktionen (R) auf äußere Stimuli (S). Sie müssen sich mit einem anderen Vorwurf auseinandersetzen: Ihr Menschenbild sei mechanistisch. Die jüngeren Varianten des Ansatzes (**Neo-Behaviorismus**) berücksichtigen auch zwischen

Stimuli und Reaktionen vermittelnde (intervenierende) Variablen. S-R-Muster werden u.a. durch gedankliche (kognitive) Prozesse so moderiert, daß unter Persönlichkeit mehr verstanden werden kann als nur ein automatisch ablaufendes Programm.

Mit diesem Stand der engeren Persönlichkeitsfaktorenforschung (Trait-Forschung) kann das Marketing wenig anfangen: Bisher konnte kein bedeutender Varianzanteil des Konsumentenverhaltens durch solche Persönlichkeitszüge erklärt werden (MAYER & GALINAT 1979). Ein **marketingorientiertes Persönlichkeitskonstrukt** sollte nicht von den klinischen Ansätzen abhängen. Die Therapie von Persönlichkeitsdefekten hat mit Marketing nichts zu tun. Ferner sind nicht operationale Ansätze wie die Psychoanalyse auszuschließen. Die sozialpsychologische **Selbstkonzepttheorie** dagegen war fruchtbar für die Marketingforschung. Nach ihrer Grundannahme hat der Mensch im Hinblick auf bestimmte Motive, Einstellungen und Werte ein ausgeprägtes Bild von sich selbst. Er verhält sich möglichst so, daß die eigene Wahrnehmung dieses Verhaltens zum Selbstbild paßt und es noch verstärkt (vgl. auch das Konsistenzmotiv, 4.3). Der Konsument wählt z. B. Produkte, deren Images seinem Selbstbild entsprechen. Es wird sogar die Hypothese vertreten, daß sich der Konsument mit dem von ihm gekauften Produkt identifiziert und sich durch den Konsum selbst verwirklicht. Das kann allerdings nur für ausgesprochene "High-involvement-Produkte" zutreffen, z. B. Schallplatten oder Autos.

ZELLERHOFF thematisiert in ihrer Dissertation (1998) einen speziellen Anwendungsbereich dieser Selbstimage-Produktimage-Kongruenzhypothese: Sie überprüft, inwiefern die von einem Konsumenten an sich selbst wahrgenommenen femininen bzw. maskulinen Charakteristika, d.h. dessen Geschlechtsrollen-Selbstkonzept, einen Einfluß auf die Wahrnehmung, Beurteilung und Präferenz für geschlechtsbezogen positionierte Produkte hat.

Bei der Konzeptionalisierung des Geschlechtsrollen-Selbstkonzeptes werden Maskulinität und Femininität als zwei voneinander unabhängige Dimensionen betrachtet. Dadurch wird die Operationalisierung von Androgynie möglich: Ein Konsument kann, unabhängig von seinem biologischen Geschlecht, sowohl maskuline als auch feminine Charakteristika aufweisen. Konsumenten mit gleichzeitig hoch ausgeprägten femininen und maskulinen Charakteristika werden als androgyn bezeichnet, Konsumenten, bei denen jeweils nur eine der beiden Dimensionen eine starke Ausprägung aufweist, als maskulin bzw. feminin. Gebräuchlichstes Meßverfahren des Geschlechtsrollen-Selbstkonzeptes ist der Bem Sex Role Inventory (BEM 1974).

Das Geschlecht gehört zu den zentralen Elementen menschlicher Identität. Maskulinität, Femininität und Androgynie sind daher Grundlagen für emotional stark wirksame Reize, auf denen eine erfolgreiche Positionierungsstrategie aufbauen kann. Untermauert wird diese Annahme durch den zunehmenden Markterfolg geschlechtsbezogen positionierter Produkte – wie z. B. des Unisex-Parfums *cK one* von Calvin Klein. Ziel einer geschlechtsbezogen Positionierung ist es, ein Produkt so in die subjektive Wahrnehmung der Zielkunden einzufügen, daß es sich aufgrund eines besonders femininen, maskulinen oder androgynen Images von Konkurrenzprodukten abhebt und diesen vorgezogen wird.

Empirische Untersuchungen haben ergeben, daß bestimmte Produkte bzw. Produktkategorien per se ein eher feminines bzw. maskulines Image besitzen, wobei die Eindeutigkeit einer derartigen Zuordnung immer stärker verwischt. Aus Marketingsicht interessanter ist, neutralen Produkten durch produktgestalterische und kommunikationspolitische Maßnahmen ein geschlechtsbezogenes Image zu geben bzw. ein bereits bestehendes geschlechtsbezogenes Image zu modifizieren. Produktgestalterisch wird eine maskuline, feminine oder androgyne Produktanmutung am wirkungsvollsten durch entsprechende Gestaltung der elementaren Designmittel Material, Form und Farbe realisiert. Kommunikationspolitisch setzt eine geschlechtsbezogene Positionierung vor allem an der Bezeichnung (Name) und Bescheibung des Produktes sowie der bildlichen Darstellung und Beschreibung der Modellpersonen an.

Aus der Selbstkonzepttheorie und aus zwei darauf aufbauenden, eher kognitiv ausgerichteten Theorien, der Geschlechter-Schema-Theorie (BEM 1981) und der Selbst-Schema-Theorie (MARKUS 1982), läßt sich ableiten, daß die kognitive, affektive und motivationale Wirkung einer geschlechtsbezogenen Positionierung entscheidend durch das Geschlechtsrollen-Selbstkonzept des Konsumenten beeinflußt wird.

Unter bestimmten Voraussetzungen sollte bei einer geschlechtsbezogenen Positionierung neben der Ausprägung des Geschlechtsrollen-Selbstkonzepts gleichzeitig die biologische Geschlechtszugehörigkeit der Zielgruppe berücksichtigt werden. Androgyne Positionierungen, bei denen dennoch das biologische Geschlecht der Zielgruppe berücksichtigt wird, existieren z. B. auf dem Duftmarkt: Getrennt wird zwar immer noch in einen Frauen- bzw. Männerduft, Flakongestaltung und Kampagnenauftritt sind jedoch relativ ähnlich und haben beide eine androgyne Anmutung.

Besonders erfolgversprechend ist eine geschlechtsbezogene Positionierung für Produkte, die ausschließlich vom Konsumenten selbst verwendet werden (z. B. Körperpflegeprodukte) und/oder für seine Selbstdarstellung eine entscheidende Rolle spielen (z. B. Kleidung, Accessoires, Uhren etc.) – d.h. Produkte, bei denen aus Konsumentensicht hohes emotionales Involvement vorliegt.

Außerhalb der Allgemeinen Psychologie arbeitet die **Differentielle Psychologie** mit einem pragmatischeren Persönlichkeitsbegriff (ANASTASI 1965). Es kommt ihr auf die Erfassung von Faktoren an, die die Unterschiede zwischen Personen ausmachen. Die in der Differentiellen Psychologie entwickelten Persönlichkeitstests beruhen auf Befragungsmethoden, meist in der Form von ja/nein-Statements oder von Ratingskalen. Solche Tests sind teilweise unverändert in der Marketingforschung eingesetzt worden, z. B. FEIGS (1976). Die persönlichkeitsbezogene Konsumentenforschung hat weniger vom Ergebnis als vom Ansatz her viel mit der Differentiellen Psychologie gemeinsam. Das Anliegen, Konstrukte (Faktoren) zu finden und zu operationalisieren, nach denen sich Konsumentenpersönlichkeiten unterscheiden lassen, z. B. nach Markentreue oder Umweltbewußtsein, entspricht dem Ziel der Differentiellen Psychologie. Psychologische Marktsegmente sind nichts anderes als Konsumentendifferenzierungen.

Im übrigen hat die **Zielgruppenbetrachtung** des Marketing noch am meisten mit dem neobehavioristischen Ansatz zu tun, bei dem es eher um die Untersuchung einzelner Persönlichkeitsmerkmale geht, als um die empirisch schwer faßbare Ganzheitlichkeit der Person. Im Marketing wie in der Differentiellen und neobehavioristischen Psychologie stehen die Meßprobleme im Vordergrund, wenn es um die Beschreibung von Personen(gruppen) geht, nicht die Probleme der theoretischen Grundposition.

Bei der Abgrenzung von **Persönlichkeitssegmenten** ("Typen") sollte auf Konstrukte abgestellt werden, die in der Marktforschungspraxis entwickelt worden sind, nicht in der psychologischen Forschung. Dazu gehören, außer allgemeinen äußeren Lebensbedingungen (Schicht, Kultur, Lebenszyklus, Normen), auch sehr konsumnahe Konstrukte und Verhaltensmuster (Lebensstile, Kommunikationstypen). Konsumenten-Zielgruppen können in vielen Fällen bereits durch eine Matrix aus zwei Indices sehr gut differenziert werden, einem Schichtindex und einem Lebenszyklusindex. Sinnvoll operationalisiert, leisten Werte und Persönlichkeitsmerkmale zwei starke und unabhängige Beiträge zur Beschreibung von Konsumenten und zur Erklärung des Konsumentenverhaltens.

Der Persönlichkeitsbegriff wird im Zusammenhang mit verbundenen Begriffen durch die nachstehende Übersicht und dann durch die nachfolgenden Abschnitte weiter ausgeführt.

Persönlichkeit und Zustandskonstrukte der Theorie des Konsumentenverhaltens

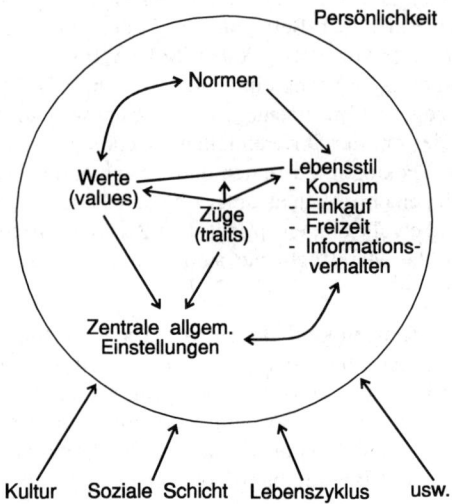

Der eingangs vorläufig definierte Begriff kann jetzt durch genauere Definitionsmerkmale von Persönlichkeit gekennzeichnet werden:

- Eine zwar ganzheitliche, aber in meßbaren Faktoren faßbare Anschauung von Persönlichkeit,
- Identifizierung dieser Faktoren mit den für das Konsumentenverhalten grundlegenden stabilen Zustandskonstrukten Wissen, Motive, Einstellungen, Werte; Beachtung der Einflüsse von Bedingungen, in denen sich die Persönlichkeit ausprägt und in der sie lebt (Kultur, Schicht, materielle Bedingungen),
- Öffnung des Konstrukts gegenüber entsprechenden Entwicklungen der Marktforschungspraxis (Lebensstile, Lebenszyklus, Soziodemographie, Persönlichkeitsstärke, Meinungsführerschaft, Innovatoreigenschaften usw.).

7.3 Demographie und Lebenszyklus

Beispiele aus der Marketingpraxis

"Der Markt für Babykost und Babypflegemittel profitiert jetzt vom Babyboom der sechziger Jahre. ... Denn wegen der vielen jungen Menschen im heiratsfähigen Alter nahmen im vergangenen Jahr erstmals auch die Geburten in der Bundesrepublik wieder um 38.000 auf 624.000 zu. ... Bei Kinderpflegemitteln lag das Marktvolumen im vergangenen Jahr bei 190 Mio. DM, bei Kindernahrung waren es 110 Mio. DM. Nach Meinung des ISB (Institut für Selbstbedienung und Warenwirtschaft, Köln) ist jetzt dank der starken Jahrgänge im heiratsfähigen Alter bis in die 90er Jahre mit einer stabilen Entwicklung der Geburtenraten zu rechnen. Es könne eher zu "positiven Abweichungen" kommen. Dies werde dem Markt gut tun, denn noch nie wäre so viel Geld für Babys – 3.000 DM pro Kopf und Jahr allein für Ernährung und Pflege – ausgegeben worden, wie im Augenblick." (Quelle: Der TAGESSPIEGEL, April 1987)

Manche Branchen müssen sich auf starke Erweiterungen oder Rückgänge ihrer Zielgruppen einstellen. Wir erörtern das an einem bisher im Marketing nicht umgesetzten Beispiel aus einem wachstumsträchtigen Lebenszyklus-Segment, dem **Seniorenmarkt** für Stereoanlagen. Der stark wachsende Seniorenmarkt verfügt zwar absolut über unterdurchschnittliche Haushaltseinkommen, aber aufgrund der geringeren Belastung mit laufenden Kosten ist das frei verfügbare Einkommen dieser Haushalte relativ hoch. In verschiedenen Teilmärkten wird es sich zukünftig lohnen, den Seniorenmarkt als eigenes Segment zu behandeln (Nahrungsmittel, Freizeitartikel, Kleidung, Unterhaltungselektronik). Zum Beispiel setzen die zur Zeit am Markt befindlichen Stereoanlagen gute technische Kenntnisse und eine Vorliebe für technologisches Design voraus, die im Senioren-Marktsegment kaum vorhanden sind. Dabei sind mit einfachen Mitteln der äußeren Produktgestaltung (weniger Knöpfe, keine technischen Finessen) und der Kommunikation (verständliche deutsche Beschriftungen, zielgruppengerechte Werbung) die Voraussetzungen für eine Marktsegmentierung leicht zu schaffen. Ansätze dazu zeigen mehrere Werbekampagnen, in denen "die neuen Alten" als Zielgruppe angesprochen werden. Ein besonderes Problem besteht jedoch darin, daß die "Alten" nicht gern als "Alte" angesprochen werden möchten.

Demographische Trends und Konsumentenverhalten

Seit den 60er Jahren ist das formale Bildungsniveau der deutschen Bevölkerung erheblich gestiegen, das frei verfügbare Einkommen ebenfalls, der Altersaufbau (Anteile der Junioren, Berufseinsteiger und Karrieristen, Etablierten, jungen Senioren und Rentner), die Struktur der Erwerbstätigkeit, die Ausstattung der Haushalte, die Verteilung auf Stadt und Land, die Haushaltsgrößenstruktur, die Eheschließungs- und -scheidungsraten und die Lebenserwartung und die durchschnittliche Kinderzahl haben sich stark verändert. Zwischen 1980 und 1990 gab es – teilweise dramatische – Änderungen der Größe von bestimmten Zielgruppen. Durch die Öffnung des Ostens und das Zusammenwachsen Europas sind seit Beginn der 90er Jahre weitere starke Veränderungen der Marktsegmente im Gang. Sie stellen an Umfang und Unvorhersehbarkeit alles in den Schatten, was sonst das Konsumentenverhalten beeinflußt, auch den Wertewandel.

In Westdeutschland verringerte sich z.b. die Zielgruppe der 20- bis 30-jährigen, die u.a. hohe Ausgaben aufgrund von Familiengründung tätigt, zwischen 1988 und 1996 von 1,0 Mio. auf 0,6 Mio. Die Zielgruppe der kaufkräftigen 55- bis 65-jährigen (hohes Einkommen, geringe Belastung durch Investitionen, dadurch sehr hohes verfügbares Einkommen) hat im Gegensatz hierzu einen starken Zuwachs zu verzeichnen. Tendenziell wird sich die Altersstruktur entsprechend der nachfolgenden Abbildung weiter nach oben verschieben, sodaß im Jahr 2006 eine sehr starke Senioren-Zielgruppe zu erwarten ist, während die Gruppe der Familiengründer noch schwächer ausgeprägt sein wird.

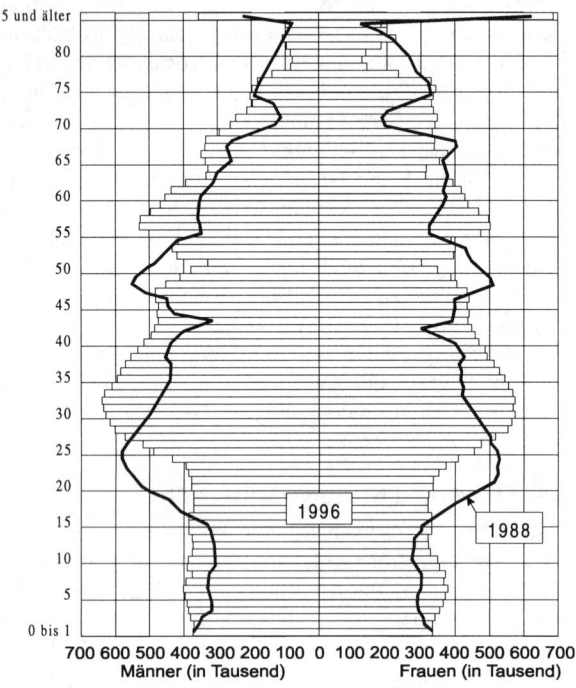

In seinem Buch "Optionen für Deutschland" (Landsberg/Lech 1991) prognostiziert Bruno TIETZ zukünftige Bevölkerungsentwicklungen in der Bundesrepublik Deutschland und ihre Folgen. Dabei stellt er eine Bevölkerungszunahme zwischen 1989 und 1990 von 62,7 Mio. auf 63,7 Mio. fest. Unter der Annahme von etwa 2,3 Mio. Aus- und Übersiedlern in die Bundesrepublik bis zum Jahr 2000 sagt er einen Bevölkerungsbestand in den alten Bundesländern von ca. 65,8 Mio. im Jahr 2000 voraus.

Im Jahr 1990 war zum erstenmal seit 1971 ein Geburtenüberschuß (14.000 mehr Geburten als Sterbefälle) zu verzeichnen. Seitdem sind weiterhin Gestorbenenüberschüsse zu verzeichnen, mit der Tendenz steigend (1995 lag die absolute Zahl der Gestorbenen um rund 119.000 höher als die Geborenen) (Statistisches Bundesamt, Berlin 1997). Die befürchtete Tendenz zur **Überalterung** der deutschen Bevölkerung wird durch den positiven Wanderungssaldo abgeschwächt. Dennoch sind starke Veränderungen im Altersaufbau der Bevölkerung zu erwarten. Der Anteil der über 60jährigen wird tendenziell um 75% zunehmen, bei den über 80jährigen ist eine Verdoppelung zu erwarten. Bis zum Jahr 2030 sinkt entsprechend dieser Prognose der Anteil der Erwerbstätigen von 57 auf 48%, der der unter 20jährigen von 23 auf 17%.

Besonders die Wanderungen aus Osteuropa und die damit verbundenen demographischen Veränderungen stellen enorme Anforderungen an die Bevölkerungs-, Wirtschafts- und Sozialpolitik dar. In vielen Bereichen – Wohnungen, Einzelhandelsnetze, Gewerbestandorte etc. – sind große Verschiebungen zu erwarten.

Alle diese **soziodemographischen Determinanten** des "Verhaltens von Marktsegmenten" sind für die vorliegende Betrachtung des individuellen Konsumentenverhaltens zwar wichtige Rahmenbedingungen der Theorie, aber nicht ihr eigentlicher Gegenstand. Zum Beispiel kann eine höhere Schulbildung in einer Volkswirtschaft bewirken, daß technologisch komplizierte Umwelteinflüsse des Konsums verstanden werden und daß sie dadurch eine Bedeutung als Einstellungsmerkmal bei Waschmitteln erhalten. Hypothesen zum Thema "Neuer Konsument" lassen sich dadurch auf geänderte Rahmenbedingungen zurückführen (und die Behauptung eines tiefgreifenden Wertewandels relativieren).

Man bevorzugt **soziodemographische Merkmale** in der Marktforschung, weil sie sich leicht erheben lassen. So sind Daten über Altersstrukturen – wie die genannte Bevölkerungspyramide – leicht erhältlich, ebenso Daten über die Verteilung des soziodemographischen Merkmals "frei verfügbares Einkommen" in der Bevölkerung.

	1989	1995	2000	2010
Verfügbares Einkommen				
Westdeutschland	1380	1857	2593	4462
Ostdeutschland	169	309	470	992
Deutschland	1549	2166	3063	5454
Privater Verbrauch				
Westdeutschland	1211	1629	2287	3944
Ostdeutschland	160	294	435	906
Deutschland	1371	1923	2722	4850

Die Entwicklung von verfügbarem Einkommen und privatem Verbrauch in Deutschland von 1989 bis 2010 – Angaben in Mrd. DM zu jeweiligen Preisen

(aus: TIETZ, B., Quelle: "Datensystem 1991" des Handelsinstituts im Institut für empirische Wirtschaftsforschung an der Universität des Saarlandes, Saarbrücken)

Die Theorie des Konsumentenverhaltens kann sich aber mit Demographie allein nicht zufriedengeben, solange diese Merkmale nicht als Indikatoren für theoretische Konstrukte in Betracht kommen, z. B. Beruf als Indikator für ein (soziokulturell bedingtes) Persönlichkeitsmerkmal, Alter als Indikator für Reife usw. Konstrukte stehen auf einer anderen begrifflichen Ebene als Indikatoren. Verhaltenstheoretisch ist es z. B. sinnvoll anzunehmen, daß geschlechtsspezifisches Konsumentenverhalten eher auf kulturell bedingte Einstellungs- und Werteunterschiede zwischen Männern und Frauen zurückgeht als auf biogene Unterschiede. Entsprechendes gilt für das Merkmal Alter. So können Jugendliche zwischen 15 und 25 Jahren einen viel höheren Anteil ihres "Einkommens" als frei verfügbar (für Musik, Reisen, Bücher, modische Kleidung) betrachten als junge Eltern, die einen Haushalt aufzubauen und ein Kind zu versorgen haben. Das Alter selbst ist also in diesem Fall keine gute Kaufverhaltensdeterminante; eher geeignet erscheint hier ein aus Alter und Familiensituation konstruierter Persönlichkeitsindikator.

Die Marketingtheorie geht von einem derartigen Persönlichkeitskonstrukt aus: Stellung im **Lebenszyklus**. Die nachstehende Übersicht zeigt eine gängige Modellvorstellung des Zusammenhangs zwischen diesem Konstrukt und seinen Indikatoren.

Lebenszykluskonstrukt und Indikatoren

Phase 1   Jüngere Leute (unter 40 Jahre) ohne Kinder im Haushalt
Phase 2   Jüngere Leute (unter 40 Jahre) mit Kindern im Haushalt
Phase 3   Ältere Leute (über 40 Jahre) mit Kindern im Haushalt
Phase 4   Ältere Leute (über 40 Jahre) ohne Kinder im Haushalt

Die **Lebensphase**, in der sich ein Konsument gerade befindet, hat erhebliche Auswirkungen auf das Konsumentenverhalten, z.T. direkt bedingt durch die sozioökonomische Situation, die sich über ein Leben hinweg systematisch verändert. Eine ausführliche Darstellung und Diskussion eines empirisch fundierten Strukturmodells von GILLY & ENIS (1982) zum Lebenszykluskonstrukt findet sich bei KROEBER-RIEL/WEINBERG (1996 S. 438 ff.). Zum Beispiel haben Wohlhabende mittleren Alters, die sich auf dem Höhepunkt ihrer Karriere befinden, zurückgehende familiäre Lasten zu tragen, sind noch gesund und haben bei wenig Freizeit ein relativ hohes verfügbares Einkommen. Sie gehören daher zur Zielgruppe für Luxusreisen und teure Restaurants, für gute Kleidung, Schmuck und Kosmetika, aber auch für Investmentfonds. Andererseits wirkt sich die Lebensphase auch indirekt auf das Konsumentenverhalten aus, nämlich über phasenweise Veränderungen von Konstrukten, wie wir sie in früheren Kapiteln erörtert haben, z. B. eine ruhigere, tiefere Gefühlswelt, ein integrierteres und umfassenderes Wissen, stabilere Einstellungsstrukturen, konservativere Wertvorstellungen.

Dem Lebenszykluskonzept ist ein entscheidender Anteil an der Definition von Zielgruppen einzuräumen. Für viele Märkte lohnt es sich, die Einstellungen und Verhaltensweisen von **Lebenszyklus-Zielgruppen** nach produktrelevanten Besonderheiten zu untersuchen. Bei dieser (auf Zielgruppenebene) aggregierten Betrachtung der Determinanten des Konsumentenverhaltens erhält das Lebenszykluskonstrukt eine noch verstärkte marketingstrategische Bedeutung, wenn sich die demographische Zusammensetzung der Aggregate selbst stark ändert.

Davon abgesehen müssen demographische Merkmale zur Hochrechnung des Konsumentenverhaltens auf Segment- und Marktebene auch unmittelbar beachtet werden. Zum Beispiel hat die Beratungsfirma Dr. HÖFNER & PARTNER als zielgruppenspezifische **Konsumverhaltensprognose** (1985-2025), aufgrund von vorhersehbaren demographischen Veränderungen der Bevölkerung von 17 europäischen Ländern, folgende Aussagen gemacht (vom Autor tabellarisch zusammengefaßt):

Zielgruppe	Euro-Yuppies	Perspektiven-sucher	Nach-Karrieristen	Jugendliche Sechziger	Aktive Siebziger
Altersklasse	20-39	45-59	55-64	60-69	70-79
Kenn-zeichen	gebildet (Abi +)	leitend selbständig	vorzeitig im Ruhestand	gehobene Position	vielseitig interessiert
Netto-einkommen	4.000,-- +	3.500,-- +	2.500,-- +	3.000,-- +	3.000,-- +
Anzahl (Mio) 1985	1,46	7,9	5,9	5,3	3,4
2025	1,23	9,1	7,8	7,9	4,8
Kaufkraft (Mrd) 1985	40,3	372	177	k.A.	121
2025	34	418	236	k.A.	172

Lebenszyklusdaten und weitere soziodemographische Variablen sind hier zu einer Typologie integriert worden, die wegen der verwendeten "harten" Merkmale nicht mehr viel mit der Persönlichkeitspsychologie gemeinsam hat, aber dennoch in diesen Kontext gehört und pragmatisch von großem Wert für die strategische Marketingplanung sein kann.

7.4 Kulturelle und schichtspezifische Einflüsse

Beispiele aus der Marketingpraxis

Die deutsche Automarke VW-Santana wurde ausgewählt, um in einem chinesisch-deutschen Gemeinschaftsunternehmen (Joint-venture) in Schanghai eine moderne PKW-Produktionsstätte aufzubauen. Die für den chinesischen Markt bestimmten Autos sollten vor allem als Fahrzeuge für Kader, als Geschäftswagen und als Taxis eingesetzt werden. Bald stellte sich heraus, daß die Konstruktion des Santana nicht ganz der chinesischen Methode entspricht, als Fahrgast in ein Auto zu gelangen. Man beschreibt diese Methode am besten als "Betreten" (wie beim Einsteigen in einen Bus), während westliche Fahrgäste seitlich-rückwärts, mit dem Gesäß zuerst, den Oberkörper und die Beine nachholend, einsteigen. Für die chinesische Methode hat der Santana hinten zu kleine Türen. Daß er trotzdem als erfolgreiches Produkt für den chinesischen Markt bezeichnet werden kann, mag auch an der Bereitschaft der Chinesen liegen, sich in bezug auf Autos der westlichen Kultur anzupassen.

Das Haarwaschmittel TIMOTEI von Elida Gibbs wurde ohne interkulturell vergleichende Marktforschung "aus Versehen" ein Internationalisierungserfolg (von der skandinavischen in die mittel- und südeuropäischen Kulturen): Man war intuitiv auf das Motiv "blondes Mädchen auf blühender Wiese" gestoßen, das außerhalb Skandinaviens eine nahezu ideale Positionierung dieses Haarwaschmittels bewirkte.

Kulturell bedingte Konsumwerte

Der Einfluß der Zugehörigkeit zu einer sozialen Gruppe auf das Konsumentenverhalten wird von jedem Beobachter tendenziell unterschätzt, weil er selbst Mitglied solcher Gruppen ist, seine Beobachtungen ungewollt hauptsächlich innerhalb dieser Gruppen macht und die "Varianz zwischen den Gruppen" kaum erfährt.

So kommt es, daß Vorstandsmitglieder, die über vorgelegte Werbetextentwürfe abstimmen, mit ihrem Urteil oft grobe Fehlentscheidungen treffen, weil sie sich nicht in die Zielgruppen hineinversetzen (können). Genauso bezweifeln Studenten die Wirkung der in ihren Augen abstoßend primitiven, aber nachweislich sehr erfolgreichen Waschmittelwerbung. Pauschalreisetouristen, Konzertbesucher, PC-Besitzer, Marlboro-Raucher, Skiläufer usw. empfinden sich als Individualisten, obwohl Millionen dasselbe tun, weil sie zur gleichen sozialen Gruppe gehören, während andere soziale Gruppen ebenso uniform etwas anderes tun.

Das persönliche Eintauchen in eine andere Kultur kann die Augen für den überaus starken kulturellen Einfluß schärfen. Wahrscheinlich muß man selbst im fernen Osten gewesen sein, um zu begreifen, wie wichtig kulturbedingt dort der Wert Genügsamkeit im Unterschied zu den westlichen Werten Anspruch, Besitz, Leistung ist und sich entsprechend auf das Konsumentenverhalten auswirkt.

Ebenso schärft das zeitweise Leben in einer anderen Schicht den Blick für den schichtspezifischen Einfluß usw. Ein deutscher Marketingprofessor ist aus diesem Grunde einmal für eine Woche mit 20 Pfennig in der Tasche als "Tippelbruder" umhergezogen. Die amerikanischen Konsumentenforscher BELK, COTE, DURGEE, HOLBROOK, O'GUINN, POLLAY, SHERRY und WALLENDORF haben im Sommer 1986 eine Forschungsreise quer durch Amerika durchgeführt, bei der es um die unstrukturierte und teilnehmende Beobachtung des Konsumentenverhaltens in verschiedenen **Subkulturen** ging. Im Wohnwagen, ausgerüstet mit Videorecordern, Tonbändern usw., beobachteten und erfragten sie das Konsumentenverhalten u.a. in Obdachlosensiedlungen, Krankenhäusern, bei Straßenverkäufern, Sekten, Aussteigern und Wohnwagenbewohnern. Die Ergebnisse legen eine Relativierung der engen Perspektive der Konsumentenverhaltenstheoretiker nahe. Neue Konstrukte, Hypothesen und Meßinstrumente sind erforderlich, um die für die Kultur des bürgerlich-westlichen Konsumentenverhaltens entwickelte Theorie zu erweitern.

Der **Gehalt von Aussagen** über soziale Determinanten des Konsumentenverhaltens ist verhältnismäßig gering, weil die soziale Welt des Konsumenten von zu vielen verschiedenen Faktoren bestimmt ist. Für derart komplexe Situationsbedingungen reicht es einerseits nur zu Aussagen wie "kulturspezifische

Einflüsse sind stark", die fast schon Leerformeln sind ("Es kommt immer auf alles an."). Andererseits gibt es unzählige **singuläre Aussagen**, z. B. Vergleiche bestimmter Konsumverhaltensweisen zwischen bestimmten Kulturen, die man vorerst nicht generalisieren kann. Allerdings bemüht sich die kulturvergleichende Verhaltenswissenschaft durchaus mit Erfolg um derartige theoretische Aussagen (TRIANDIS & LAMBERT 1980, KORNADT 1986). In Abschnitt 1.3 wurde ausgeführt, daß unter solchen Bedingungen nicht die Theorie des Konsumentenverhaltens gefragt ist, sondern die Methodik für aktuelle Marktforschung. Aktuelle kritische Anregungen dazu gibt HOLZMÜLLER (1986).

Seit Anfang der 80er Jahre diskutiert die Marketingfachwelt das Konzept des weltweit einheitlichen **(globalen) Marketing** für ein und dieselbe Marke. Die Hauptpositionen dieser Diskussion sind durch folgende Argumente bestimmt:

Argumente pro und contra Globales Marketing

für Globales Marketing	gegen Globales Marketing
• Kampagnenherstellung billiger	• Planung und Kontrolle teurer
• Allgemeiner Trend zu Weltmarken	• Interkulturelle Unterschiede
• Internationalisierung der Medien	• Unterschiedliche Medienszene
• Einheitliches (Welt-)Image	• Regionale Wettbewerbsstruktur
• Leichtere Koordination	• "Not-invented-here"-Syndrom

Interkulturelle Unterschiede können, je nach Bedeutung für produktspezifische Konsumwerte und -normen, entscheidende Mißerfolgsfaktoren des internationalen oder globalen Marketing sein. Das fängt bereits mit dem Markennamen an. Zum Beispiel hatte ein irischer Spirituosenhersteller Probleme, das Produkt "Irish Mist" auf dem deutschen Markt zu positionieren.

Schichtspezifisches Konsumentenverhalten

Die Bezeichnung "Schicht" legt ein abgegrenztes Über- und Unterordnungssystem nahe. Gängig ist die Einteilung in drei bzw. sechs Schichten:

(untere/obere)   Unterschicht
(untere/obere)   Mittelschicht
(untere/obere)   Oberschicht

Die Zahl der Schichten in einem solchen System ist nicht naturgegeben, sondern bestimmt sich nach Forschungskonventionen. Manche verstehen das **Schichtkonstrukt** auch als Kontinuum. Im Unterschied zu Kultur kann Schicht gut als **eindimensionales** (hierarchisches) Konstrukt verstanden werden, das eine Variation nur nach oben oder unten vorsieht, nicht wie bei Kultur nach verschiedenen qualitativen Dimensionen wie farbig/weiß, nord/ süd, entwickelt/unterentwickelt, traditionsreich/jung. Durch das einfachere Konstrukt gibt es bei der Untersuchung schichtspezifischer Determinanten des Konsumentenverhaltens mehr vergleichbare (und verallgemeinerbare) Aussagen als bei den kulturspezifischen Determinanten.

Früher war das Mitmachen in der **Mode** stark schichtbedingt. Die Mittel- und Oberschicht konnte sich Mode leisten, Unterschichtangehörige nicht. Mittlerweile kann in den USA und der Bundesrepublik Deutschland kein schichtspezifischer Unterschied beim Interesse an Mode mehr gefunden werden. Aber nach wie vor gibt es unterschiedliche modische Ausprägungen in Abhängigkeit von der Schicht.

Studien aus der kommerziellen Marktforschung haben relativ geringe Aussagekraft über den Zusammenhang zwischen sozialer Schicht und Konsumentenverhalten. Häufig werden bei der Marktsegmentierung beispielsweise einfach Einkommensklassen als soziale Schichten interpretiert (KROEBER-RIEL/WEINBERG 1996, S. 558). Über den Schichteinfluß hinaus wird das Konsumentenverhalten durch weitere soziale Determinanten beeinflußt. Darunter hebt das Sinus-Institut das Werte-Konstrukt als besonders bedeutsam hervor (traditionelle Grundorientierung, materielle Grundorientierung, Hedonismus, Postmaterialsimus, Postmodernismus) und definiert "soziale Milieus" als Kombination der Ausprägungen von Schicht und Wertorientierung (vgl. auch 6.2 und 7.5).

Schichtabhängige Handelsbetriebstypenwahl in %

Betriebstyp	Unterschicht	Mittelschicht
Verbrauchermarkt	27	61
Supermarkt	35	54

Die in Punkt 7.5 referierten Lebensstilstudien sind voller derartiger Befunde. Solche Zahlen sind für viele aktuelle Segmentierungsprobleme interessant, ihr allgemeiner Aussagewert ist aber mangels Theoriegrundlage gering. Ein Beispiel für schichtbedingte Befunde etwas größerer Reichweite ist die Untersuchung von MUNSON & SPIVEY (1981). Danach gibt es in den USA schichtspezifische Marken-Imageunterschiede, d.h. variierende Positionierungen zwischen den Schichten, bei Autos, Zeitschriften und Waschmaschinen, aber nicht bei Staubsaugern, Waschmitteln, Deodorants und Büstenhaltern. Aber auch hier fehlt zur Generalisierbarkeit noch eine greifbare theoretische Erklärung.

7.5 Lebensstile

Beispiel aus der Marketingpraxis

Eine der großen kommerziellen Lebensstilstudien ist die bis 1990 im vierjährigen Abstand wiederholte Untersuchung der Werbeagentur MICHAEL

CONRAD & LEO BURNETT (1990). Sie beruht auf 2.000 Befragungen nach über 150 Mediavariablen, fast 700 verschiedenen Lebensstilfragen und einem Haushaltsbuch mit 25 Produktfeldern. Außerdem werden bei einer kleineren Zahl von Befragten deren Wohneinrichtungsstile eingeordnet und Werte exploriert. Als standardisiertes (also nicht auf die speziellen Anforderungen der Auftraggeber ausgerichtetes) Ergebnis werden elf teilweise geschlechtsspezifische Lebensstiltypen definiert und nach Konsum-, Kommunikations-, Einstellungs- und demographischen Merkmalen beschrieben. Ein Auszug daraus wird nachstehend mit freundlicher Genehmigung der Agentur abgedruckt.

Traditionelle Lebensstile:

Erika – Die aufgeschlossene Häusliche. Sie blickt auf ein pflichterfülltes Leben als Hausfrau und Mutter zurück. Sie hält mit Umsicht und Stärke die Familie zusammen. Ihre Haltung ist bestimmt von konservativen Werten wie Gehorsam, Fleiß und Sparsamkeit. Erika will nicht aus dem Rahmen fallen, ist aber offen für neue Erfahrungen.

Erwin – Der Bodenständige. Er hat in Jahrzehnten harter Arbeit als Facharbeiter, Meister oder Landwirt für sich oder die Seinen bescheidenen Wohlstand erreicht. Für sich ist er eher anspruchslos, steht mit beiden Beinen fest im Leben und hat über alles eine unverrückbare Meinung.

212

Wilhelmine – Die bescheidene Pflichtbewußte. Ihre Grundeinstellungen sind von den tugendhaften Werten der guten alten Zeit und den Verzichtserfahrungen der Kriegs- und Nachkriegszeit geprägt. Sie hat sich immer gottergeben in ihr Schicksal gefügt und ist mit dem, was sie hat, zufrieden.

Gehobene Lebensstile:

Franz und Franziska – Die Arrivierten. Sie repräsentieren die erfolgreichen und von sich selbst überzeugten Bildungsbürger. Vor dem Hintergrund ausgeprägter Leistungsbereitschaft sind sie mit ihrem hohen Kenntnis- und Erfahrungsstand die Stützen von Wirtschaft, Politik, Technik und Forschung. Ihre konservative, vernunftorientierte Weltsicht hat sich durch neue An- und Einsichten erweitert. Umwelt- und gesundheitsbewußtes Verhalten sowie ein dezent modisches Auftreten sind ebenso wichtig wie Toleranz in der Partnerschaft, geistige Beweglichkeit und materieller Erfolg.

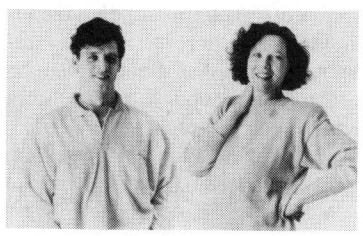

Claus und Claudia – Die neue Familie. Ein partnerschaftliches und lebendiges Familienleben ist für dieses Paar der sinnstiftende Lebensinhalt. Das gesellschaftspolitische Engagement ihrer alternativen Vergangenheit bestimmt ihre Ideale von einer neuen Qualität des Privatlebens. Hier wird die Rücksichtnahme zu Freunden, Kindern, Natur und Umwelt gelebt.

Stefan und Stefanie – Die jungen Individualisten. Sie sind Intellektuelle eines neuen Typs. Ökobewußtsein und kritische Beobachtung des gesellschaftlichen Geschehens auf der einen sowie ein extrovertierter Lebensstil, lustvolle Freizeit und frech extravagantes Outfit auf der anderen Seite erleben sie nicht als Widerspruch. Haben, Sein und Genießen ist ihr selbstverständlicher Anspruch – trotz ihres z.T. niedrigen Studenteneinkommens. Im Vordergrund steht die intensive Beschäftigung mit sich selbst, d.h. die Ich-Suche, die originelle Selbstdarstellung und die ziel-strebige Verfolgung ihrer Lebenspläne.

Moderne Lebensstile (Ausschnitte):

Michael und Michaela – Die Aufstiegsorientierten. Sie sind die Vertreter der modernen Konsum- und Leistungsgesellschaft. Sie eröffnet ihnen die Chance, sich aus ihren ursprünglich "kleinen Verhältnissen" emporzuarbeiten und damit materielle Unabhängigkeit und sozialen Status zu erreichen. Deshalb sind Erfolg und Selbstverwirklichung wichtiger als Familie und Freizeit, die vorwiegend der Erholung dient. Ihr Ehrgeiz ist jedoch nicht verbissen.

Martina und Martin – die trendbewußten Mitmacher. Diese beiden sehen ihren wesentlichen Lebensinhalt in Freizeitaktivitäten und Luxuskonsum. Im Beruf zeigen Sie nicht sehr viel Engagement, wenn sie auch von schnellem Erfolg, Geld und Karriere träumen. Sie stammen häufig aus kleinen Verhältnissen. Mit prestigeträchtigen Autos, Hobbies, Reisen oder mit modischen und auffälligen Accessoires versuchen sie, auf sich aufmerksam zu machen und Ansehen zu gewinnen. Sie brauchen diesen Lustgewinn, um innere Leere und Versagensängste zu unterdrücken.

Ingo und Inge – Die Geltungsbedürftigen. Sie sind mit ihrem Leben nicht besonders zufrieden. Beide haben zahlreiche berufliche und private Entäuschungen hinter sich und sehen kaum noch Zukunftsperspektiven. Sie fühlen sich als Versager, sehen die Schuld dafür aber bei den anderen. Ingo und Inge drohen zu vereinsamen, sind resigniert und werden von Selbstzweifeln geplagt.

Tim und Tina – Die funorientierten Jugendlichen. Als Nach-68er-Generation sind Tim und Tina in gesichertem Wohlstand und einem liberalem Klima aufgewachsen, sehen sich aber auch mit Endzeitvisionen konfrontiert. Nachdenklichkeit ist dennoch nicht ihre Sache, sie leben im Hier und Jetzt. Das Leben inklusive Job soll Spaß machen. Eine eigene Meinung oder Lebensperspektiven sind nicht ausgeprägt.

Lebensstilstudien und -befunde

Der Begriff Lebensstil (Life Style) ist nicht aus der Theorie, sondern aus der Marktforschungspraxis heraus entwickelt worden. Die **Marketingaufgabe** der Lebensstilforschung ist es, Zielgruppen zu finden, die in verhaltensrelevanten Merkmalen weitgehend übereinstimmen und die von anderen Gruppen gut abgegrenzt sind. Auch sollen sie von der Größe her und nach Marketing-kriterien als Zielgruppen ökonomisch in Frage kommen. Die Möglichkeiten der Lebensstilsegmentierung sind aufgrund der Vielfalt an gezielten Auswertungsmöglichkeiten für fast jedes Marktsegmentierungsproblem im Konsumgüterbereich geeignet. Dazu ein Beipiel aus der Spiegel Dokumentation "Prozente 5":

215

Lifestyle	Gesamt	18-29 Jahre	30-49 Jahre	50-64 Jahre	65 und älter
Basis in Mio	48,68	10,93	15,29	11,23	9,23
Gesundheitsorientierung	21%	15%	16%	26%	32%
Desinteresse	13%	13%	10%	12%	19%
Preisorientierung	19%	29%	20%	15%	11%
Unbekümmert essen und trinken	13%	10%	12%	15%	17%
Prestigeorientierung	11%	8%	12%	13%	13%
Genußorientierung	22%	24%	30%	20%	9%

Lebensstile eignen sich in besonderer Weise für die Produktdifferenzierung bzw. -positionierung. Hier gilt es über die Segmentierung von Zielgruppen hinaus, Markenpersönlichkeiten so zu profilieren, daß sie zu kommerziell interessanten Zielgruppen passen. **Lebensstil-Werbung** versucht, das Produkt hauptsächlich durch bildhaft-emotionale Signale auf die betreffende Welt zu konditionieren. Dafür werden häufig Personen und Produkte mit abgebildet, die die Werbung zu lebensstiladäquaten Szenarien machen.

Zur Demonstration eines Lebensstils kommt besonders die Zugehörigkeit zu einer Moderichtung bei Kleidung, Kosmetik, Urlaub, Wohnungseinrichtung usw. in Betracht. Modekategorien werden daher nicht nur für die modespezifische Marktsegmentierung verwendet, sondern auch mittelbar, für die Lebensstilsegmentierung von anderen (Nicht-Mode-) Märkten. So ist z. B. der Wohnzimmerstil ein bewährtes Klassifizierungsmerkmal in der Lebensstilforschung. Viele Markenartikel sind als Ausdruck von Lebensstilen positioniert. Nicht der Autobesitz schlechthin, sondern die Marke (Mercedes S-Klasse, 3er BMW, Fiat Panda) erlaubt die Zuordnung des Konsumenten zu einem Lebensstiltyp. Ferner ist die Kombination von Marken verschiedener Produktarten lebensstiltypisch, z. B. 5er BMW fahren, Boss-Kleidung und Rolex-Uhr tragen, Campari trinken und Manager-Magazin lesen.

Am meisten ist zuletzt über den Lebensstiltyp der **Yuppies** (young urban professional people) geschrieben worden: Das sind ca. 20-35 jährige Berufstätige in Großstädten, bei denen Leistung, Karriere, Geld und Status, Selbstdarstellung und demonstrativer Konsum im Vordergrund der Lebensgestaltung stehen. Sie dokumentieren Gruppenzugehörigkeit und Erfolg durch entsprechend hochwertige und imagekonforme, schicke, aber nicht bürgerliche Kleidung, Autos, Sportarten; sie verkehren in den dafür bekannten Restaurants und bevorzugen gepflegten "small talk", kultivierte, dezent avantgardistische Musik und Bühne. Sie sind von der Moderne und der technischen Innovation fasziniert. Das häusliche Leben hat für sie geringe Bedeutung, und die Zwänge eines Familienlebens lehnen sie ab. Sie leben als "single" in modernisierten Altbauquartieren von Innenstadtlagen, die früher häufig als verkommen oder verödet galten.

Über die Yuppies hinaus wird (von Werbeleuten) ein weiterer neuer, kommerziell besonders interessanter Typ behauptet: **Dinks** gehören zu den Doppelverdiener-Haushalten ohne Kinder (Double income, no kids). 1989 zählten 13,4% der über 14-Jährigen zu dieser Gruppe, 4,6 Mio. Personen der deutschen Bevölkerung. Die Konzentrtion auf diese besonders einkommensstarke und konsumfreudige Gruppe ist im Markenartikelbereich verbreitet.

Die **Lebensstilforschung** untersucht regelmäßige Verhaltensmuster, einschließlich der Verwendung von Zeit und Geld, in ihrer Verbindung mit (bzw. Abhängigkeit von) persönlichen Merkmalen. Diese Forschung geht nach BANNING (1987a) von der Grundannahme aus, daß jeder Mensch Vorstellungen davon entwickelt, wie er sein Leben innerhalb seiner Umwelt gestalten sollte. Konsumenten müssen aber nicht als Individuen angesprochen werden, sondern als Zielgruppen. Wenn Lebensstile voll bewußt wären, würde sich der Einzelne seine Behandlung als konformes Element eines Typus verbitten. Tatsächlich unterliegt er der Illusion, persönlich angesprochen zu sein.

Standard-Lebensstiluntersuchungen beschreiben eine Anzahl von Typen nach Größe und Besonderheiten gegenüber anderen Typen sowie nach relevanten Marketingmerkmalen wie Konsum, Besitz, Kaufkraft. Außerdem geht hervor, wie die Mitglieder der Typen durch Kommunikationsmedien erreicht werden können. Diese Informationen können für die Werbestreuplanung verwendet werden, worauf eigentlich die Mediaanalysen (z. B. MA, AWA) spezialisiert sind. Lebensstilstudien gehen aber über Mediaanalysen hinaus. Besonders bei Konsum-, Einstellungs- und Wertefragen weisen Mediaanalysen eine kleinere Datenbasis auf. Es gibt aber eine Tendenz zur Annäherung zwischen den großen Lebensstilstudien und den großen Mediaanalysen. Charakteristisch für diesen Trend sind Studien wie die seit 1983 zweijährlich und demnächst jährlich durchgeführte "Verbraucher-Analyse" (WOTTOWA 1985), die von zwei großen Zeitschriftenverlagen getragen wird. Die Typologie beruht auf über 10.000 Befragungen nach über 100 Medien, 37 Tätigkeiten, 38 Produktbereichsinteressen und über 200 Produktfeldengagements, 55 allgemeinen Einstellungen sowie 8 Wohn- und 9 Kleidungsstilen. Die Fragen nach Besitz, Konsum und Kaufplänen sind bis zu einzelnen Herstellern und Preisklassen differenziert. Seit 1990 sind die Daten der Verbraucheranalyse EDV-technisch mit den Mediadaten der AG.MA im Programmpaket Medialog vom Axel Springer Verlag verknüpft.

Für komplexere Marktsegmentierungs- und Produktpositionierungsstudien bei speziellen Zielgruppen eines Auftraggebers können aus den Datensätzen der Standard-Lebensstilstudien eigene Datenanalysen durchgeführt werden. Eine von vornherein auf Kleidungs- und Kosmetikzielgruppen spezialisierte, Standard-Verlagsstudie ist die "OUTFIT 3" vom SPIEGEL-VERLAG (1994). Sie übernimmt als Grundlage die Sinus-Milieu-Typologie (vgl. auch 6.2):

Alte Bundesländer	Neue Bundesländer
1. Konservatives gehobenes Milieu	1. Bürgerlich-humanistisches Milieu
2. Kleinbürgerliches Milieu	2. Rationalistisch-technokratisches
3. Traditionelles Arbeitermilieu	Milieu
4. Traditionsloses Arbeitermilieu	3. Kleinbürgerlich-materialistisches
5. Neues Arbeitnehmermilieu	Milieu
6. Aufstiegsorientiertes Milieu	4. Traditionsverwurzeltes Arbeiter-
7. Technokratisch-liberales Milieu	und Bauernmilieu
8. Hedonistisches Milieu	5. Traditionsloses Arbeitermilieu
9. Alternatives Milieu	6. Hedonistisches Arbeitermilieu
	7. Status- und karriereorientiertes
	Milieu
	8. Subkulturelles Milieu
	9. Linksintellektuell-alternatives Milieu

Die einzelnen Milieutypen (hier exemplarisch bezogen auf die neuen Bundesländer), können aufgrund dieser Sinus-Studie hinsichtlich ihrer sozialen Lage und ihrer Werteorientierung wie folgt eingeordnet werden:

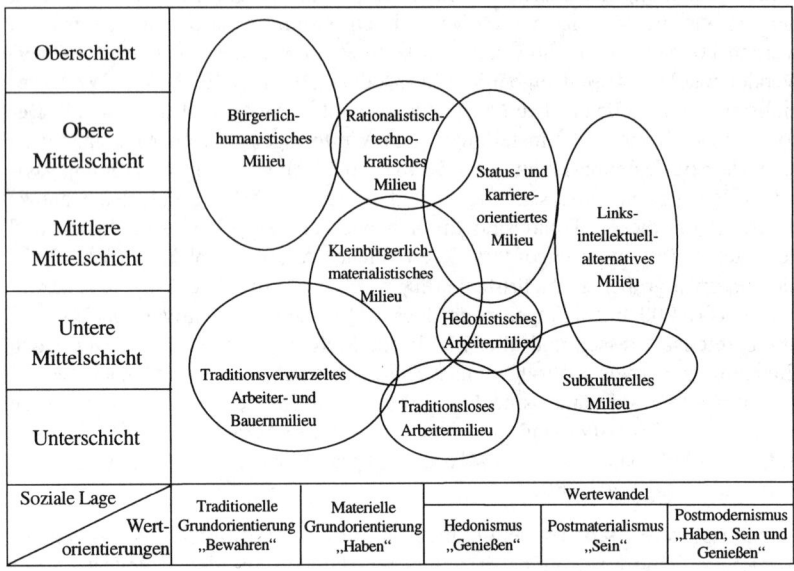

218

Weiterhin werden jeweils sieben weibliche und männliche "Kleidungstypen" gebildet.

weibliche Kleidungstypen	männliche Kleidungstypen
• Die Altmodische	• Der Desinteressierte
• Die Konventionelle	• Der Konventionelle
• Die Anspruchsvolle	• Der Korrekte
• Die Modebegeisterte	• Der Modebewußte
• Die Lockere	• Der Legere
• Die Geltungsbedürftige	• Der Geltungsbedürftige
• Die Nonkonfirmistin	• Der Individualist

Aus der Zuordnung von "Milieus" und "Kleidungstypen" ergeben sich Zielgruppenbeschreibungen. Zur verfeinerten Messung der Zugehörigkeit zu **Modestilen** könnte man Standard-Lebensstildatensätze um Informationen über Modestile anreichern, die inhaltsanalytisch aus Zeitschriften zu gewinnen sind. Eine Matrix "Zeitschriften x Modestile" aus der Inhaltsanalyse kann an eine "Modestile x Konsumenten"-Matrix aus der Lebensstilumfrage angepaßt werden. Die inhaltsanalytischen Modestile könnten als theoretische Grundlage für die Beschreibung der diesen Stilen entsprechenden Konsumenten bilden. Dadurch würde man statt der empirisch-induktiven Standard-Typen theoretisch-deduktive Mode-Typen finden und diese wie üblich demographisch, nach Einstellungen, Konsum- und Lesegewohnheiten beschreiben und für die Marktsegmentierung verwenden.

Lebensstilstudien sind, wie gesagt, bislang fast ausschließlich **induktiv-exploratorisch** angelegt. So können immer neue Segmentierungsvariablen auftauchen, auch solche mit erstaunlicher Differenzierungsfähigkeit, wie das folgende Beispiel von SCHULTHES (1983) zeigt. Er hat in Daten aus einer bundesweiten Repräsentativbefragung (n=7200) "zufällig" Zusammenhänge zwischen weiblicher Konfektionsgröße und zahlreichen Konsumverhaltensvariablen entdeckt, deren Effektstärken, gemessen an den Erfahrungen der Marktforschung, erstaunlich hoch sind (die Übersicht zeigt einen Ergebnisauszug). Dieser Befund ist aufgrund der "Entdeckung" der Variablen "Konfektionsgröße" ein Kuriosum der Konsumentenforschung, das erst durch ein komplexes kausales Teilmodell plausibel würde.

Lebensstilmerkmale (Modalwert bzw. Spaltenprozente)	Konfektionsgröße			
	34 - 36	38 - 40	42 - 44	46 - mehr
Alter	14 - 29	30 - 39	40 - 59	60 - mehr
Familienstand	ledig	ledig	verheiratet	vw./gesch.
Schulbildung	gehoben	mittel	mittel	gering
Ortsgröße	groß	groß	mittel	klein
Sport treiben	58%	48%	27%	14%
Fernsehen	71%	73%	83%	89%
Ausgehen	61%	50%	25%	17%
Kleidung nach Mode	54%	40%	23%	15%

Die vorliegenden Lebensstilstudien enthalten bisher keine Informationen über die **Zeitorientierung** von Konsumenten. Es gibt Untersuchungen, die man für eine Typenbildung nach Zeit-Faktoren heranziehen kann. Zum Beispiel finden GONZALES & ZIMBARDO (1985) sieben Faktoren, nach denen menschliche Zeitorientierungen beschrieben werden können, und mit denen Berufsgruppen gut zu unterscheiden sind – warum nicht auch Konsumententypen? Zum Beispiel sind Manager und Rentner (!) besonders zeitsensibel, Studenten, Landwirte, Soldaten und Strafgefangene besonders wenig zeitsensibel.

Im Hinblick auf langfristig bindendes Konsumentenverhalten ist es besonders wichtig zu wissen, welche **Zukunftsperspektiven** Zielgruppen haben, d.h. was sie von der Zukunft erwarten und wie sie das bewerten. Zum Beispiel hängt das Investitionsverhalten von Haushaltsgründern entscheidend davon ab, welche beruflichen und wirtschaftlichen Erwartungen sie haben; das Konsumniveau der Senioren hängt davon ab, ob sie die Rente und die Geldwertstabilität gefährdet sehen. Diese Erwartungen und Bewertungen verändern sich im Zeitablauf. Zukunftsperspektiven sollten also nach Zielgruppen und zeitlich differenziert werden.

Aussagen über die **Zukunftsorientierung** bestimmter Zielgruppen, besonders über deren Zusammenhang mit anderen Zielgruppenmerkmalen, macht Gisela TROMMSDORFF (1985). Sie stellt bei Jugendlichen insgesamt ein Defizit an gesamtgesellschaftlichen zugunsten von privaten Zukunftsorientierungen fest. Private Zukunftsorientierung ist nicht gleichbedeutend mit Vorsorge durch Sparen. Sie beeinflußt den Zeitpunkt des Konsums allgemeiner, so auch in Form von Anschaffungen auf Kredit. Besonders bei Unterschichtschülern und bei Mädchen finden sich Zukunftsorientierungen, die eher mit der Konsumsphäre zu tun haben.

Die Lebensstilforschung weist eine ungewöhnlich hohe Diskrepanz zwischen dem Stand der wissenschaftlichen Theoriebildung und der Entwicklung von Meßansätzen und Studien in der Praxis auf. Das Konstrukt Lebensstil ist aufgrund seiner Stabilität besonders für strategische Fragestellungen von Bedeutung, die meisten vorliegenden Studien begnügen sich allerdings mit Querschnittsbetrachtungen. Eine große Menge von Daten wird gesammelt und meist zu Typologien verdichtet. Strategische Marktforschung erfordert aber die vernetzte, ganzheitliche Untersuchung komplexer Systeme. Dies wird durch herkömmliche Lebensstilstudien und Trendforschungsansätze nicht erreicht, auch wenn alle beteiligten Disziplinen den Systemcharakter von Lebensstilen immer wieder betonen. Keine der Studien enthält Aussagen über die Interaktionen zwischen den einzelnen Einflußfaktoren.

WIEDMANN/RAFFÉE betonen im Berichtsband zur Dialoge-2-Studie den Systemcharakter von Werten: „Werte dürfen keinesfalls isoliert betrachtet werden. Sie sind vielmehr vor dem Hintergrund ihrer Einbindung in Wertesysteme zu sehen: Verhaltensprägend ist letztendlich immer das gesamte Wertesystem, bzw. die Stellung einzelner Werte im Wertesystem" (WIEDMANN/RAFFÉE 1986, S. 13). Diese Aussage gilt erst recht für das noch komplexere Konstrukt Lebensstil. Es reicht also nicht, mit monokausalen Wenn-dann-Aussagen komplexe Verhaltensweisen zu analysieren. Um diese Mängel zu beseitigen, hat Marianne REEB (1997) mit Hilfe des Sensitivitätsmodells von Frederic VESTER ein System Lebensstil entwickelt, das seine Vernetzungen berücksichtigt. Ziel ist das Erkennen von Interdependenzen von Einzelentwicklungen. Vermutete bzw. prognostizierte Entwicklungen des Gesamtkonstrukts können damit auf Plausibilität untersucht werden. Dabei werden die Elemente des Lebensstils zueinander in Beziehung gesetzt (Werte, Einstellungen, Persönlichkeitszüge und Verhaltensmuster).

Mit dem Ansatz von REEB können die Systemstruktur von Lebensstilen erfaßt und zukünftige Entwicklungen und Trends, die Lebensstile verändern können, mittels Simulation untersucht werden. Nach Aufbau des Systems werden verschiedene Entwicklungen simuliert, um herauszufinden, wie stabil oder flexibel das System auf Änderungen reagiert. Darüber hinaus kann untersucht werden, welches Element des Systems bestimmte Entwicklungen vorantreibt, bzw. an welchen Elementen es liegt, daß das System nicht auf Veränderungen und Eingriffe reagiert. Die Kenntnis dieser Schlüsselelemente ermöglicht eine konkretere Ausgestaltung der Marketingstrategie.

Vorgehensweise: Die dem System zugrundeliegende Variablenliste enthält Werte wie Gerechtigkeitssinn und Pflichtbewußtsein, Persönlichkeitszüge wie Emotionalität/Rationalität, Einstellungen – z. B. gegenüber der Werbung -, Verhaltensmuster wie Erlebniskauf sowie soziodemographische Größen – Alter, Einkommen etc. Die werden in einer Einflußmatrix gegenübergestellt und die Wirkung jeder Variablen auf die andere abgefragt. Sowohl die Auswahl der Variablen als auch die Zuordnung der gegenseitigen Einflüsse erfolgt auf der Grundlage ausführlicher Literaturrecherchen und anschließender Diskussion.

Aus der Einflußmatrix ergibt sich die Rollenverteilung der Variablen, die erkennen läßt, welche Variablen im System Lebensstil besonders aktiv bzw. kritisch sind. Als hochaktive Variable erwies sich „Bildung", stark reaktiv sind die „Qualitätsansprüche". Dann wird ein Wirkungsgefüge aufgebaut, das die Wirkungseinflüsse zwischen den Variablen sowie vorhandene Regelkreise aufzeigt. Es dient als vernetzte Darstellung des Systems Lebensstil und als Grundlage für die Bildung von Teilszenarien. Ein Teilszenario bildet einen Teilaspekt des Gesamtsystems ab. Drei unterschiedliche Trends – Individualismus, Umweltbewußtsein und Hedonismus – werden in ihrer Wirkung auf unterschiedliche Lebensstiltypen untersucht. Dazu werden aus dem Gesamtsystem diejenigen Variablen ausgesucht, die von diesen Trends beeinflußt werden. In der Simulation kann dann gezeigt werden, wie die einzelnen Größen auf Eingriffe von außen reagieren.

Für die strategische Marktforschung und die Umfeldforschung von Unternehmen liefert diese Vorgehensweise wichtige Hinweise über die Entwicklung zukünftiger Lebensstile, die wiederum zukünftige Bedürfnisse bestimmen. Der Ansatz ist aber nicht für Prognosen geeignet, aber zur Plausibilitätsprüfung bereits abgeleiteter Trends, Optionen und Szenarien.

7.6 Selbstkonzepttheorie

BANNING (1987b) liefert einen gewissen theoretischen Unterbau für die Lebensstilforschung, indem er auf die Selbstkonzepttheorie (BEM 1972, MISCHEL 1976) zurückgreift. Er definiert daher Lebensstil als "theoretisches Konstrukt der Verhaltensforschung ..., das der Erklärung komplexer, relativ stabiler und vom Selbstkonzept gesteuerter Verhaltensmuster von Individuen und Gruppen dient". BANNING entwickelt ein eigenes Lebensstil-Modell:

222

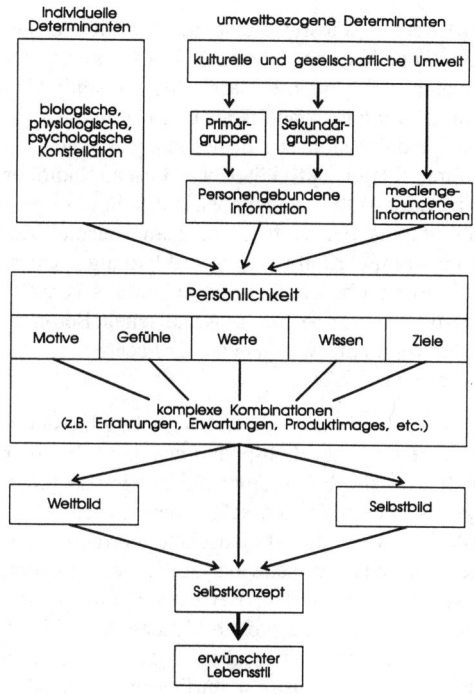

In diesem Modell stehen die folgenden Begriffe im Zentrum:

Selbstbild: "Summe aller Vorstellungen in bezug auf die eigene Person", wobei drei Arten zu unterscheiden sind: das reale Selbstimage, das ideale Selbstimage, das externe Selbstimage (wie man glaubt, von anderen gesehen zu werden),

Weltbild: "...Summe aller Vorstellungen einer Person über die dieses Individuum umgebende Umwelt ...umfaßt erlerntes Wissen und gemachte Erfahrungen ebenso wie politische Meinungen oder Markenimages."

Selbstkonzept: "überwiegend kognitiv geprägte Ausgestaltung der Persönlichkeit..., stimmt Weltbild und Selbstbild aufeinander ab und strebt nach Kontinuität und Konsistenz."

Vom Selbstkonzept gehe eine starke Steuerungswirkung auf das individuelle Verhalten aus, indem sich der Konsument konsistent (aber durchaus nicht immer bewußt, d. Verf.) so zu verhalten sucht, wie es seinem Selbstkonzept entspricht. BANNING faßt die Bestätigung des Selbstkonzepts via Lebensstil als "eine der zentralen Zielsetzungen menschlichen Handelns" auf.

223

Die **Selbstkonzepttheorie** selbst ist eine der einflußreichsten sozialpsychologischen Persönlichkeitstheorien. Über das Konstrukt Selbstkonzept können als Lebensstilvariablen nicht nur die klassischen Persönlichkeitseigenschaften (traits) berücksichtigt werden, sondern auch Einstellungen geringerer Reichweite, Motiv- und Verhaltensmuster. Insbesondere können das Konsumieren, Freizeit- und Kommunikationsaktivitäten wie Lesen, Radiohören und Fernsehen, sogar das Einkaufen selbst zum Lebensstil gehören. Lebensstilmerkmale sind wechselseitig miteinander verbunden. Zum Beispiel ziehen Aktivitäten wie Sporttreiben bestimmte Käufe wie Sportkleidung nach sich. Lebensstile sind also nur multivariat zu beschreiben und allenfalls vergröbert als Faktoren und Typen zu überblicken. Trotz der pragmatischen Betonung des Konsumbereichs sind Lebensstile damit weitgehend als Facetten der Persönlichkeit anzusehen (vgl. das Schema in 7.2).

Eine interessante Frage ist die nach der tatsächlichen Existenz von Typen, genauer gesagt, nach einer natürlich-phänomenalen Gruppierung der Konsumenten dergestalt, daß die beschreibenden Merkmale innerhalb der Typen signifikant weniger variieren als zwischen den Typen. Ob das zutrifft, ist schwierig festzustellen, weil die statistischen Verfahren der Typenbildung (Faktoren-, Cluster- und Diskriminanzanalyse) in der Lebensstilforschung bisher nur induktiv angewendet werden. Bei einer derart großen in Frage kommenden Zahl von möglicherweise typenbildenden Variablen, wie sie in den Typologiestudien enthalten sind, ist es nämlich auch induktiv (exploratorisch), ohne theoretisches Vorwissen über natürlich-phänomenale Gruppierungen möglich, unterscheidbare (aber eventuell nur künstliche) Typen zu finden. Eine gültige Antwort auf die Typenexistenzfrage kann nur deduktiv (konfirmatorisch) gegeben werden, indem theoretisch fundierte Typen definiert werden und die Varianz der sie beschreibenden Merkmale auf signifikante Unterschiedlichkeit innerhalb und zwischen diesen Typen getestet wird.

7.7 Meinungsführer, Persönlichkeitsstärke und Innovatoren

Beispiele aus der Marketingpraxis

Pampers: Hebamme Sabine Schönig (im weißen Kittel abgebildet): "Ich habe schon viele Tausend Babys gewickelt. In der Klinik verwenden wir Pampers, aber zu Hause wurde ich erst richtig überzeugt. (Hebamme privat mit eigenem Kind abgebildet). Ich habe einmal andere Windeln probiert. Die waren zwar billiger – aber mein Sohn Sebastian war auch oft naß. Mit Pampers und der blauen Auslaufsperre habe ich gute Erfahrungen gemacht. Pampers hält Sebastian viel trockener."

Kids as customers: Im Alter von zwei Jahren nehmen Kinder Marken wahr. Mit drei Jahren bedrängen sie ihre Eltern zum Kauf bestimmter Marken. Achtjährige haben oft ein positiveres Verhältnis zu Ronald McDonald als zu ihren

Großeltern. Der Schulhof fungiert als Markentribunal (KÖBLIN 1994). Der Meinungsführereinfluß junger Konsumenten wächst, wie die Kids Verbraucher Analyse 1996 (KVA) bestätigte. Die KVA ist eine Markt-Media-Studie, für die jedes Jahr 2.200 Kinder im Alter von sechs bis 17 Jahren sowie deren Eltern befragt werden. Danach bekommen drei Viertel der Kinder Jeans und Schuhe ihrer Wahl, 60% setzten sich bei Süßigkeiten, Getränken und Joghurts durch, 43% bestimmen ihre Zahnpasta und Tiefkühlpizza. Der Stuttgarter Ehapa-Verlag ("Mickey Maus" und "Asterix") stellte fest, die Kinder seien "wandelnde Markenspeicher" und sie überträfen die Markenkenntnis mancher Erwachsener. Marketing für Kinder vereinigt drei Märkte: Den primären Markt (als direkter Konsummarkt der Kinder), den Beeinflussungsmarkt (Kaufentscheide, die durch Kinder beeinflußt werden) und den Zukunftsmarkt (Kinder sind die Konsumenten von morgen) (KÖBLIN 1994). In der Werbung versucht man daher zunehmend, Kinder als Meinungsführerzielgruppe anzusprechen. Beispiele hierfür sind McDonald, Ikea, Benetton und Hennes & Mauritz.

Meinungsführer und Persönlichkeitsstärke

Der Begriff **Meinungsführung** stammt aus der Massenkommunikationsforschung. Im Zusammenhang mit der politischen Werbung zur amerikanischen Präsidentschaftswahl 1940 machten LAZARSFELD und seine Mitarbeiter die Entdeckung, daß das Wählerverhalten nicht sehr genau aus den Kontakten mit den jeweiligen Wahlkampagnen in den Massenmedien erklärt werden konnte; wenn man jedoch die persönliche Beeinflussung der Wähler durch Bezugspersonen berücksichtigte, die sich stark mit den Wahlkampagnen beschäftigt hatten, so verbesserte sich die Erklärung des Wählerverhaltens erheblich.

Meinungsführer werden definiert als Personen, die im Kommunikationsprozeß den **Transfer** zwischen Kommunikator und Kommunikanten leisten, d.h. insbesondere die Massenkommunikation in persönliche Kommunikation übersetzen. Erst wenn der Einfluß von Personen berücksichtigt wird, die die primäre Botschaft aktiv aufnehmen, bewerten und in der Sprache der Zielgruppe weitergeben, sind wesentliche Anteile der Beeinflussung zu erklären.

Einstufige Erklärung   Zweistufige Erklärung

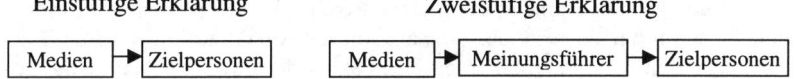

Eine Übertragung des Meinungsführungskonzepts auf das Marketing lag nahe. Marketingmanager benötigen verläßliche Beschreibungen der **Multiplikatoren**, die ihre Botschaft transferieren sollen. Meinungsführer für Marketingzwecke sind kommunikativ agile Konsumenten, auf die Zielgruppenmitglieder hören. Unabhängig davon, ob diese Meinungsführer selbst als Konsumenten auftreten oder nur als Kommunikationsagenten, spielen sie in der Werbung eine entscheidende Rolle. Wer diese relativ kleine Zielgruppe gewinnt, hat billige und wirksame Absatzmittler.

Die Marketingforschung hatte daher zwei Aufgaben zu erfüllen: Erstens die **Identifizierung** von Meinungsführern durch aktuelle Marktforschung, siehe dazu den Meßabschnitt dieses Kapitels (vgl. 7.8), und zweitens die Erforschung möglichst allgemeingültiger Merkmale von Meinungsführern. Zur **Beschreibung** von Meinungsführern gibt es eine umfangreiche, aber nicht sehr ergiebige Forschung. Die wesentlichsten Ergebnisse sind aufgrund des Overviews von KAAS (1980) nachstehend zusammengestellt. Den aktuellen Wissensstand liefert BRÜNE (1989).

Herausragende Eigenschaften von Meinungsführern:

allgemein:	produktspezifisch:
• geringeres Alter	• besseres Produktwissen
• höheres Einkommen	• größeres Produktinteresse
• höherer Berufsstatus	• größere Innovationsfreude
• höheres Bildungsniveau	

Über die allgemeinen Befunde in der linken Tabellenhälfte hinaus gibt es in vielen Branchen ein unübersehbares Detailwissen über die Eigenschaften von Meinungsführern bei einzelnen Produkten. Es setzte sich die Überzeugung durch, daß man Meinungsführerschaft kaum noch als allgemeines Phänomen über alle Lebensbereiche hinweg kennzeichnen könne, sondern nur innerhalb spezieller Interessenbereiche. In dem Maße, wie der produktspezifischen Meinungsführung die wesentliche Erklärungskraft für Marketingprobleme beigemessen wurde, verlagerte sich das Interesse weg von den verallgemeinerungsfähigen Erkenntnissen und hin zu den singulären und kurzlebigen Aussagen der Zielgruppenforschung. Einen umfassenden Überblick über die Ergebnisse und Methoden der Meinungsführerforschung, die Konzeption und Operationalisierung eines allgemeinen Meinungsführerschafts-Konstrukts "**Bezugspersonen-Einfluß-Potential**" (BEP) und dessen empirische Bewährung bei drei Produktgruppen liefert BRÜNE (1989).

Ein vom Institut für Demoskopie Allensbach entwickeltes Konstrukt "**Persönlichkeitsstärke**" beansprucht, die geringe Reichweite des produktspezifischen Meinungsführerkonzepts zu überwinden. Auf die Allensbacher Studie zur Entwicklung, Eichung und Validierung einer Skala der Persönlichkeitsstärke gehen wir im Meß-Abschnitt 7.8 ein. Die Skala "Persönlichkeitsstärke" ist inzwischen in mehreren Marktforschungsumfragen angewendet und zusammen mit Konsumentenverhaltensvariablen ausgewertet worden.

Wir referieren einige Ergebnisse zur Gegenüberstellung von besonders persönlichkeitsstarken und -schwachen Befragten (NOELLE-NEUMANN 1985):

226

Konsumentenverhalten nach Persönlichkeitsstärke

von jeweils 100...	...Persönlichkeits-starken	- schwachen
• sind bereit, "viel Geld auszugeben" für		
- Reisen, Urlaub	71	29
- Wohnungseinrichtung	54	20
• kaufen, leisten sich öfter spontan		
Schallplatten, bespielte Cassetten	36	17
• kennen exklusive Mode-/Kosmetik-marken	32	7
• achten "sehr auf mein Äußeres"		
- Männer	54	15
- Frauen	77	35
• besitzen und nutzen elektrische Bohrmaschine mit elektron. Drehzahlregelung	48	19
• sind besonders an Informationen über Geld- und Kapitalanlagen interessiert		
- Personen aus Arbeiterkreisen	27	6
- aus Angestellten-, Beamtenkreisen	27	10

Die ausgewählten Befunde zeigen, daß über die verschiedensten Konsumbereiche hinweg interessante Unterschiede zwischen den beiden Extremgruppen der Persönlichkeitsstärke bestehen. Das spricht im Grunde für die Annahme eines entsprechenden **generellen** Konstrukts. Allerdings ist eine Korrelation zwischen Persönlichkeitsstärke und den situativen Bedingungen des Konsumenten nicht zu übersehen, z. B. seiner Kaufkraft, sozialen Schicht und aktuellen Familienlebenszyklusphase. Die wichtigsten Hypothesen zur generellen Meinungsführung und Persönlichkeisstärke fassen wir durch das nachstehende hypothetische Kausalmodell zusammen.

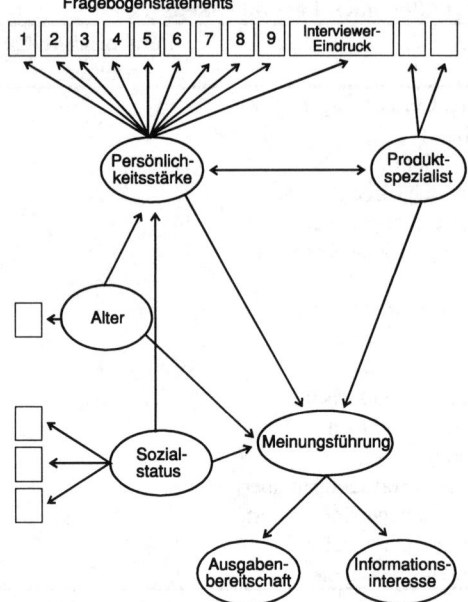

Modellpersonen in der Werbung

MAYER (1987) stellt fest, daß im Vergleich zur Häufigkeit der Verwendung von **Modellen/Personen** in der Werbung nur wenige gesicherte Werbewirkungserkenntnisse vorliegen, die zudem überwiegend aus den USA stammen. Wissenschaftlich interessantes Material liegt ziemlich unzugänglich in der Praxis vor. Bezüglich der Wirkung von Modellen in der Werbung scheint das **Involvement** die wichtigste Rahmenvariable zu sein. Zum Beispiel hatten in einer Untersuchung von PETTY et al. (1983) in der Werbung abgebildete Personen bei starkem Involvement keinen Effekt, aber bei geringem Involvement. Allgemein sind beim Einsatz von Modellen in der Werbung Einflußfaktoren aus folgenden Perspektiven bedeutsam: Modelltyp/Modellvariante, Produkt, Eigenschaften der Zielgruppe, Werbewirkungskriterium. STEFFENHAGEN (1987) unterscheidet Modellpersonen in der Werbung nach drei Kriterien:

- erreichte Bekanntheit der Person für den Adressaten
- (Prominente und unbekannte Personen)
- assoziiertes Expertentum (Experten und Laien)
- assoziierte Parteilichkeit (Werber und neutrale Ratgeber).

MAYER (1987) systematisiert Modelle in der Werbung und empirische Erkenntnisse zu ihrer Wirkung wie folgt in drei Hauptgruppen:

228

(1) **Dekorative Modelle** (Bsp.: Kosmetikwerbung – Isabella Rosselini für Lancome) in der Werbung beeinflussen allgemeine Beurteilungen und Einstellungen gegenüber der Werbung positiv. Aufmerksamkeit und Bereitschaft zur Auseinandersetzung mit der Anzeige steigen. Teilweise wurde ein Eigenschaftstransfer vom Modell auf das Produkt beobachtet. Die Anzeigenerinnerung steigt, aber nicht unbedingt die Markenerinnerung. "Im Falle eines Produkts mit erotisch/romantischem Bedeutungsinhalt, z. B. Parfüm oder Rasierwasser, bewirkte ein attraktives gegengeschlechtliches Modell bei männlichen Betrachtern eine Steigerung der Kaufabsicht," nicht jedoch z. B. bei Kaffee. Insgesamt können dekorative Modelle "vor allem eine Verbesserung der aufmerksamen Zuwendung leisten und Veränderungen der Produktwahrnehmung herbeiführen". Bei der Wirkung auf die Kaufabsicht spielen aber noch andere Variablen eine Rolle, z. B. die Art des Produktes oder das Geschlecht des Betrachters.

(2) **Präsenter**:

(2.1) **Stars** (Bsp. Thomas Gottschalk für Haribo und McDonalds) erzeugen (vor allem bei Jugendlichen) bessere Beurteilungen der Werbung und des Produkts sowie erhöhte Aufmerksamkeit, aber keine generell positive Wirkung auf die wahrgenommene Produktqualität, die Kaufabsicht und die Glaubwürdigkeit. Die Erinnerung an Markennamen und an die Anzeige kann durch Stars stärker erhöht werden als durch die Modelltypen "Experte" und "typischer Konsument". Aber es sind auch Risiken bei dieser Art des Modelleinsatzes zu beachten: Das Ansehen der Person könnte sich verschlechtern, z. B. durch Mißerfolge bei Sportlern oder Affären bei Prominenten. Solche Persönlichkeiten haben oftmals keine spezifische Produktkompetenz. Schließlich kann die Zielgruppe "aus der Personifizierung herauswachsen".

(2.2) **Experten** (Bsp. Krankenschwester für Pampers) erhöhen die Glaubwürdigkeit sowie die Preis- und Wertvorstellungen vom Produkt, sie verbessern die Einstellung und Kaufabsicht mehr als "Stars" und "Typische Konsumenten".

(2.3) **Unternehmensrepräsentanten** (Bsp. Herr Dittmayer für Valensina) erhöhen Glaubwürdigkeit und Vertrauenswürdigkeit und scheinen bezüglich der Vermittlung von Produktqualitätsbotschaften besser geeignet zu sein als die Modelltypen "Star", "Experte" und "Typischer Konsument". Männlichen Unternehmensvertretern wird mehr Sachkunde, Wissen und Erfahrung zugeschrieben als weiblichen.

(3) **Personen aus der Zielpopulation in Konsumsituationen** (Bsp. Hausfrauen für Waschmittel) induzieren Imitations- oder Identifikationsvorgänge. Ergebnisse der Allgemeinen und Sozialpsychologie legen es nahe, eine möglichst hohe Identität von Modellen und Zielpersonen anzustreben. Ansonsten sollten die Modelle "wünschenswerte" persönliche und soziale Eigenschaften besitzen: Attraktivität, Beliebtheit, freundliches/

herzliches/verbindliches Verhalten, gehobener sozialer Status. In Abhängigkeit von der typischen Verwendungssituation des Produktes sollten manchmal auch mehrere Modelle bzw. Gruppen dargestellt werden.

Innovatoren und Adoptoren

Innovatoren werden als diejenigen Konsumenten beschrieben, die von sich aus an Neuheiten interessiert sind und deshalb als frühzeitige Käufer auftreten. In diesem Abschnitt sollen (über die Kennzeichnung von Meinungsführern und Persönlichkeitsstärken hinaus) Persönlichkeiten beschrieben werden, die durch ihr eigenes Pionierverhalten bei der Ausbreitung einer Neuerung (Diffusion) eine herausragende Rolle spielen. Innovatoren sind für das Neuproduktmarketing doppelt bedeutsam, weil sie als Käufer und als Diffusionsagenten in Frage kommen. Wodurch zeichnen sich Personen aus, die besonders frühzeitig zu Käufern werden? Innovatoren und Imitatoren sollen wenigstens grob differenziert werden.

In der **Diffusionstheorie** werden Innovatoren quantitativ abgegrenzt als die ersten 2,5% unter denen, die im Verlauf der Diffusion irgendwann zum Käufer werden. Damit werden die Innovatoren relativ fein von den frühen Adoptoren, der frühen und der späten Mehrheit und den Nachzüglern unterschieden. Für uns genügt es, jene, die nach den 2,5% Innovatoren irgendwann einmal das neue Produkt kaufen, als Imitatoren zu bezeichnen. Sie können von den Innovatoren nicht nur zeitlich (als nachfolgende Käufer) abgegrenzt werden, sondern auch sachlich, als nachmachende Käufer.

Zur **Identifizierung von Innovatoren** werden soziodemographische, persönlichkeits- und kommunikationsbezogene Merkmale herangezogen. Dabei ist zu unterscheiden, ob man die Innovationsneigung generell oder produktspezifisch erfassen möchte; man kann z. B. jedes neu herausgekommene Unterhaltungsspiel sofort kaufen wollen, aber niemals eine neue Kaffeemarke probieren (produktspezifisch); oder man kann zu denen gehören, die bei allen neuen Produkten erst kaufen, wenn die Mehrheit bereits gekauft hat (generell). Erkenntnisse über produktspezifische Innovationsneigung sind wenig allgemein, sehr "bodennah". Im folgenden werden nur Befunde zur generellen Innovationsneigung aufgeführt. Diese sind zwar relativ allgemeingültig, aber nicht so präzise. Sie haben im Einzelfall meist nur relativ geringe Erklärungskraft.

Aufgrund der Überblicksarbeiten zum Innovationsverhalten von KAAS (1973) und von MIDGLEY (1987) können Antworten auf die Frage gegeben werden, worin sich **Adoptoren** von anderen Konsumenten unterscheiden: Es bestehen signifikante (um Reliabilitätsmängel korrigierte) Korrelationen von .19 - .26 zwischen Adoptionsneigung und

- Alter, Bildung, Status, Ortsgröße
- Produktvorteil, Kompatibilität, Komplexität, Probekaufbarkeit
- Empathie, Antidogmatismus, Abstraktionsvermögen, Rationalität
- Einstellungen zu Wechsel und Risiko und zu Bildung/Wissenschaft
- Leistungsmotivation, Anspruchsniveau
- soziale Beteiligung, Weltoffenheit.

Insgesamt kann man mit der Kenntnis aller dieser Merkmale zu etwa 60% richtig vorhersagen, ob jemand zu den prinzipiellen Adoptoren gehört oder nicht.

Auch für die Annahme neuer Moden hat sich der Diffusionsansatz als fruchtbar erwiesen. Der **Diffusionsverlauf** bestimmt die Modezyklen. BLUMER (1969) beschreibt den Prozeß als Wettbewerb unter neu aufkommenden Stilvarianten. Dabei spielen die Innovatoren (Trendsetter) die wichtigste Rolle. Die Frage, welche Personen als **Modeführer** fungieren, ist für die Marketingplanung entscheidend, weil sie unmittelbar zur Definition der **Kernzielgruppe** führt. Mode-Meinungsführer sind nach einer amerikanischen Untersuchung von SUMMERS (1970) – nicht nur in der Mode, sondern allgemein – Modelle, Vorbilder. Sie sind mobil, kommunikativ, in Vereinen organisiert und aktiv bei gesellschaftlichen und sportlichen Aktivitäten.

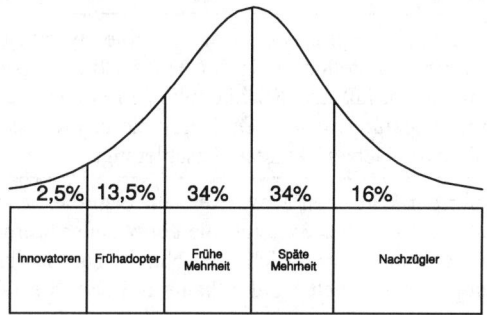

2,5%	13,5%	34%	34%	16%
Innovatoren	Frühadopter	Frühe Mehrheit	Späte Mehrheit	Nachzügler

Netzeffektgüter (Fax, E-Mail, Videorekorder u.ä.) besitzen im Unterschied zu singulären Gütern (Gebrauchsgütern) andere Nutzenfunktionen. Folgende Charakteristika bestimmen ihren spezifischen (kritischeren) Diffusionsverlauf (SCHODER 1995, S. 18 ff.):

Netzeffekte und Produktnutzen	Singulärgüter besitzen ausschließlich einen originären Nutzen, der sich aus der Verwendung des Produktes ergibt. Netzeffektgüter haben zusätzlich einen derivativen Produktnutzen, dessen Stärke sich nach dem Verbreitungsgrad des Produktes richtet; je größer die Nutzeranzahl, desto größer der Produktnutzen. Der Nutzen erwächst aus der Interaktionsbeziehung zu anderen Teilnehmern. Direkte Netzeffekte ergeben sich durch einen Nutzenzuwachs mit der Zunahme der Anzahl der Nutzer die das gleiche Systemgut verwenden. Indirekte Netzeffekte entstehen durch die Realisierung von Skalenerträgen (z. B. fallende Stückkosten bei Massenproduktion) und ihrer Weitergabe an den Nutzer (Preissenkungen, Qualitätssteigerungen) sowie durch vermittelte komplementäre Dienste und Güter (sachlich, zeitlich, räumlich vielfältigeres Angebot an Inhalten und Systemkomponenten).
Mögliche Ineffizienz	Obwohl einzelne technische Innovationen anderen überlegen sind, können sich dies in kritischen Marktphasen, wie die Markteinführungsphase, nicht durchsetzen. Produzenten wie Konsumenten legen sich möglichst frühzeitig aus Effizienzgründen und aufgrund von Marktunsicherheiten auf einen technischen Standard fest.
Rückkopplungsprozesse	Rückkopplungsprozesse erfordern eine dynamische Sicht und Analyse und stellen einen auf den Ausbreitungsverlauf bestimmenden Einfluß dar. Rückkopplungen können selbstverstärkende Entwicklungen auslösen. Durch dieses Prozesse wird die Diffusion von Netzeffektgütern beschleunigt.
Kritische Masse	Unter der kritischen Masse versteht man die Mindestanzahl der Nutzerschaft eines Systems, die überwunden werden muß, bevor ein nachhaltiger, ausreichender Nutzen zur Gewinnung weiterer Adopter entwickelt werden kann und sich die Diffusion selbst trägt.

Nachfolgende Abbildung zeigt einen idealisierten erfolgreichen und einen flopartigen Verlauf der Diffusionskurve von Netzeffektgütern im Vergleich zur herkömmlichen S-förmigen Diffusionskurve (SCHODER 1995, S. 20):

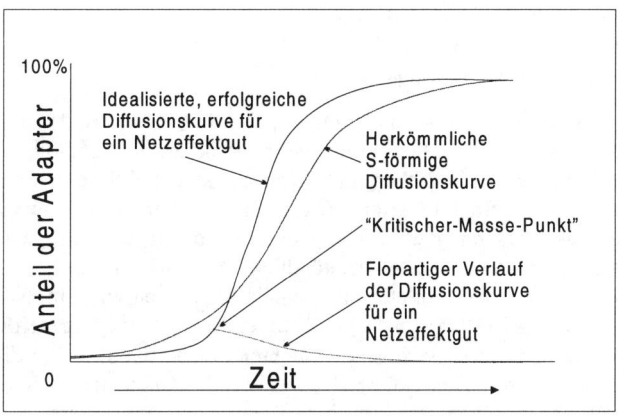

7.8 Zur Messung von Persönlichkeitsmerkmalen

Zur Messung des Konstrukts **Kultur** gibt es in der Marktforschung kein der Werteforschung äquivalentes Standardverfahren. Dabei besteht dafür im Marketing großer Bedarf, besonders im internationalen Marketing. So werden Art und Ausmaß der kulturellen Unterschiede zwischen Ländern bei der Entscheidung über die **Internationalisierung** einer Marke vom Management nur aufgrund schwachstrukturierter Marktdaten und des subjektiven Expertenwissens erfaßt – allenfalls ad hoc und intuitiv, wie die einleitenden Beispiele zu 7.4 zeigen.

Die Messung **subkultureller Unterschiede** spielt u.a. bei der Zielgruppenabgrenzung im Modebereich eine Rolle. Auch hier gibt es keine (sub-) kulturspezifisch standardisierten Skalen, man ist auf die explorierenden Einstellungs- und Lebensstilmeßverfahren angewiesen. Durch die zahlreichen großen kommerziellen Studien dieser Art ist jedenfalls umfangreiches Datenmaterial vorhanden, um auch im produktspezifischen Einzelfall subkulturell bedingte Zielgruppenunterschiede herausfinden zu können. Außerdem gibt es mehrere Studien, die sich gezielt mit der Beschreibung von speziellen Subkulturen, besonders Jugendkulturen, befassen (z. B. McCANN-ERICKSON 1988 oder die regelmäßigen Shell-Jugendstudien, o.V. 1982).

Die Messung der **sozialen Schicht** hat im Unterschied zur Kulturmessung eine große Forschungstradition. Abgesehen von subjektiven Methoden wie Selbsteinstufung durch Befragte oder Fremdeinstufung durch Interviewer, hat sich weitgehend die **Indexmethode** aufgrund von objektiv feststellbaren Indikatoren durchgesetzt. In Deutschland ist eine Kurzfassung des Schemas von SCHEUCH & DAHEIM (1961) am meisten verbreitet. Die Indikatoren sind

- das Einkommen des Haupternährers,
- der Beruf des Haupternährers,
- die Schulbildung des Befragten.

Für die (standardisierten) Ausprägungen jedes Indikators sind Punkte vorgesehen, die dann zu einem Gesamtmeßwert aufaddiert werden. Dieser erlaubt die Unterscheidung der üblichen Zahl von Schichten. Diese Indexmethode wurde innerhalb der Soziologie entwickelt und validiert. Ihre Anwendung in der Konsumentenforschung wird wenig problematisiert, aber ihre **Gültigkeit** für das Marketing ist nicht selbstverständlich. Als Ausweg besteht die Möglichkeit, selbst eine marketingrelevante Schichtskala zu entwickeln. Einen Vorschlag dazu hat JAIN (1975) gemacht. Er bittet eine Auswahl von Konsumenten, fiktive Personen in vorgegebene Schichten einzuordnen, wobei diese Personen nur nach Beruf, Ausbildung, Haushaltseinkommen und (USA!) ethnischer Zugehörigkeit charakterisiert sind. Wenn man diese Daten multivariat analysiert (Conjoint Analyse), bekommt man ein mathematisches Modell. Es gibt wieder, wie die Juroren relevante Merkmale zu einem Schichtwert verknüpfen. Bei der Anwendung der Skala brauchen nur die objektiven Schichtmerkmale eingesetzt zu werden, und man erhält den gesuchten Indexwert.

Es gibt in der Marketingforschung eine Kontroverse darüber, ob ein **Schichtindikator oder das Einkommen** als solches das Konsumentenverhalten am gültigsten erklärt. SCHANINGER (1981) kommt aufgrund der vorliegenden Erkenntnisse zu einer differenzierten Antwort auf diese Frage:

(1) Weder ist die Auffassung allein richtig, Schicht sei das wahre Konstrukt und Einkommen nur einer seiner Indikatoren, noch ist die Auffassung allein richtig, daß das Einkommen selbst das wahre Konstrukt sei.

(2) Innerhalb einer Schicht hat das Einkommen große Erklärungskraft für das Konsumentenverhalten, zwischen den Schichten aber der Schichtindikator.

(3) Der Schichtindex ist als Marktforschungsvariable überlegen, wenn es nicht um große Beträge geht, aber um einkommensunabhängige Lebensstile (z. B. Tiefkühlkost, Wein).

(4) Das Einkommen ist überlegen, wenn Produkte zwar große Ausgaben erfordern, aber nicht (mehr) als Statussymbole dienen (z. B. Küchen und Waschmaschinen).

(5) Die getrennte Berücksichtigung zweier Konstrukte "Schicht" und "Einkommen" ist sinnvoll bei demonstrativen Produkten mit hohem Anschaffungswert (z. B. Kleidung, Auto).

Zur Identifizierung von **Meinungsführern** sind verschiedene Skalen und Befragungstechniken entwickelt worden. Meistens drehen sich die Fragen darum, ob und von wem man gefragt wird, wenn es um bestimmte Meinungsgegenstände und Produkte geht. Bei der **Selbsteinschätzung** müssen die Auskunftspersonen angeben, wie sie sich selber auf bestimmten, vorgegebenen Dimensionen wahrnehmen. Es findet im Marketing Anwendung bei der Persönlichkeitsforschung, insbesondere der Analyse von Meinungsführern, Innovatoren und Imitatoren. Oft wird die Selbsteinschätzung nur über eine einzige Frage erhoben. ROGERS (1961) hat bei der Analyse der Eigenschaften von Meinungsführern die Selbsteinschätzung über eine Skala von 6 Fragen ermittelt, KING & SUMMERS (1970) mit sieben Fragen (vgl. nächste Seite).

Die zentrale Annahme bei der Selbsteinschätzung ist, daß das Kommunikationsgeschehen bzw. Kaufverhalten von den Auskunftspersonen bewußt erlebt wird, daß sie sich also über ihre Position im klaren sind (KATZ & LAZARSFELD 1964, S. 103). Andere Ergebnisse deuten jedoch darauf hin, daß dies nur in begrenztem Maße der Fall ist (z. B. selektive Wahrnehmung), so daß Fehleinschätzungen einzukalkulieren sind. Trotzdem ergab die Validitätsprüfung durch ROGERS & CARTANO (1962, S. 440) und BELLENGER & HIRSCHMANN (1977) ausreichende Werte.

(1) Sprechen Sie im allgemeinen gerne mit Ihren Freunden über ....?
Ja _____ (1) Nein_____ (2)
(2) Würden Sie von sich behaupten, daß Sie Ihren Freunden über das Thema...........
(1) nur wenige Informationen, (2) durchschnittlich viele Informationen (3) viele Informationen vermitteln?
Nur wenige Informationen   _____ (1)
Durchschnittlich viele Informationen   _____ (2)
Viele Informationen   _____ (3)
(3) Haben Sie während der letzten 6 Monate mit irgendjemand über ....
gesprochen?
Ja_____ (1)   Nein_____ (2)
(4) Ist es – verglichen mit Ihrem Freundeskreis – weniger wahrscheinlich, ungefähr genauso wahrscheinlich oder viel wahrscheinlicher, daß Sie zu...........um Rat gefragt werden?
Weniger wahrscheinlich   _____(1)
Genauso wahrscheinlich   _____(2)
Viel wahrscheinlicher   _____(3)
(5) Wenn Sie mit Ihren Freunden diskutieren, welche Rolle spielen Sie dabei üblicherweise? Hören Sie eher zu oder versuchen Sie, Ihre Freunde von Ihrer Meinung zu überzeugen?
Ich höre eher zu   _____(1)
Ich versuche zu überzeugen   _____(2)
(6) Was passiert häufiger? Erzählen Sie Ihren Freunden etwas über........ oder erzählen Ihnen Ihre Freunde etwas über dieses Thema?

Ich erzähle ___(1)
Meine Freunde erzählen mir ___(2)

(7) Haben Sie das Gefühl, daß Sie im allgemeinen von Ihren Freunden und Nachbarn wegen.........um Rat gefragt werden?
Ja___(1) Nein___(2)

Das Institut für Demoskopie, Allensbach, hat eine Skala entwickelt, die i.e.S. **Persönlichkeitsstärke** mißt, die aber darüber hinaus auch als Operationalisierung der allgemeinen (nicht produktspezifischen) Meinungsführerschaft gelten kann. Auf dieser Skala wird eine "starke Persönlichkeit" beschrieben durch Ja-Antworten auf die folgenden Statements:

(1) Gewöhnlich rechne ich bei dem, was ich mache, mit Erfolg.

(2) Ich bin selten unsicher, wie ich mich verhalten soll.

(3) Ich übernehme gern Verantwortung.

(4) Ich übernehme bei gemeinsamen Unternehmungen gern die Führung.

(5) Es macht mir Spaß, andere Menschen von meiner Meinung zu überzeugen.

(6) Ich merke öfter, daß sich andere nach mir richten.

(7) Ich kann mich gut durchsetzen.

(8) Ich bin anderen oft einen Schritt voraus.

(9) Ich besitze vieles, worum mich andere beneiden.

Diese Statements wurden durch eine mehrstufige Prozedur aus einer viel größeren Zahl von Fragen als die gültigsten herausgefiltert (n = 12.500 Befragte). Eine rein intuitive Kritik an den Formulierungen ist nicht angebracht, da die Ergebnisse für Zuverlässigkeit und Gültigkeit der Skala sprechen. Die Prüfresultate sagen aus:

• **Überlegenheit** gegenüber demographischen Merkmalen: In der Mehrzahl der Vergleiche war die Persönlichkeitsstärkeskala erklärungskräftiger als die soziodemographischen Merkmale Geschlecht, Alter und Sozialstatus.

• **Zuverlässigkeit**: Zwei klassische Prüfmethoden erbrachten gute Zuverlässigkeitswerte (Testwiederholungskorrelation .66 und Testhälftenkorrelation .80, das wissenschaftliche Standardkriterium "CRONBACHs α " wurde nicht publiziert).

• **Validität**: Die Interviewer stuften die Befragten ganz ähnlich ein, wie es die Skala tut. Zum Beispiel wurden 89 % der laut Skala Persönlichkeitsstarken eingestuft unter "strahlt Kraft, Energie aus" und nur 9% unter "ist langweilig, ohne Ausstrahlung". Zur nomologischen (d.h. die Theoriebestätigung betreffenden) Gültigkeit liegen inzwischen Anwendungsbefunde vor, die den Zusammenhang mit Meinungsführerschaft bestätigen (vgl. z. B. Abschnitt 7.7)

Die herkömmliche marketingpraktische Messung von **Lebensstilen** hat den Nachteil recht kurzer Reichweiten der damit aufstellbaren Aussagen. Zum Beispiel können die fünf Kosmetik-Typen der 1986er Brigitte-Typologie (Aufgeschlossener Kosmetik-Typ, Kosmetikfan, Hautproblem-Typ, Mindestpflege-Typ und Wasser-und-Seife-Typ) zu nichts anderem verwendet werden als zur Segmentierung auf dem Kosmetikmarkt. Aus dieser Reichweitenkritik heraus hat BÖCKER (1988) durch multiple Klassifikationsanalysen eine stärker generalisierbare und dabei trotzdem praxisrelevante Skala entwickelt. Sie teilt die Konsumenten über verschiedene Konsumgüter hinweg in vier **Preisreaktionstypen** ein:

Güter privaten Konsums werden ...	Güter demonstrativen Konsums werden	
	billig gekauft	teuer gekauft
... billig gekauft	Billig - Käufer	Demonstrat. - Käufer
... teuer gekauft	Bescheiden - Käufer	Teuer - Käufer

Die Skala besteht aus 16 Statements wie den folgenden, denen die Befragten abgestuft mehr oder weniger stark zustimmen können:

*   "Ich habe Interesse an Küchenmöbeln"
*   "Ich sehe mir eigentlich ganz gern Anzeigen in Zeitschriften an"
*   "Das wichtigste am Beruf ist, daß die Kasse stimmt" usw.

Die Skala ist so geteilt, daß sich die Konsumenten nach ihren Antworten ungefähr auf die vier Typen verteilen. Nach BÖCKER werden über 50% der Konsumenten richtig zugeordnet. Das ist im Vergleich zur Zufallstrefferquote (25%) relativ hoch.

237

8 Informationserwerb

8.1 Überblick

Den **Prozessen** des Konsumentenverhaltens liegt das sogenannte Drei-Speicher-Modell als Bezugsrahmen zugrunde (vgl. 0.5). Jede Art von Informationserwerb wird durch die von links nach rechts weisenden Pfeile (1) - (3) definiert. Diese Prozesse werden im vorliegenden Kapitel (8.2-8.4) behandelt. Die Prozesse im Arbeitsspeicher (4), der Transfer aus dem Gedächtnisspeicher in den Arbeitsspeicher (5) und das Reagieren (6) werden als Informationsverarbeitung bezeichnet und in Kapitel 9. behandelt.

Informationserwerb im Drei-Speicher-Modell

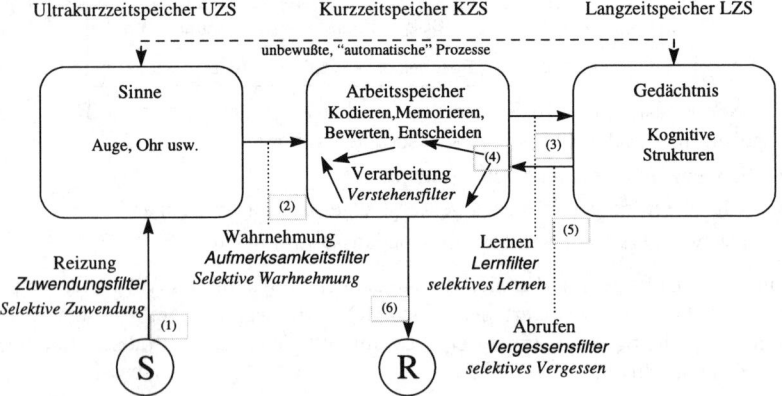

(1) : Physische Aufnahme (8.2)
(2) : Informationsselektion (8.3)
(3): Lernen (8.4)
(4), (5): Informationsverarbeitung (9.)
(6) : Verhalten (9.)

Informationserwerb wird zwar durch Inhalte des Gedächtnisspeichers und durch Prozesse im Arbeitsspeicher gesteuert, aber solche Feedbacks sind hier nicht durch Pfeile dargestellt. Die Abhandlung des Informationserwerbs ist in drei Teile gegliedert.

(1) Physische Aufnahme (8.2): Nach der begrifflichen Grundlegung wird zunächst die physische Informationsaufnahme dargestellt. Näher beschrieben wird die bildliche Informationsaufnahme mit ihren physiologischen Determinanten, ihrem Zusammenwirken mit und ihren Unterschieden zur textlichen Informationsaufnahme. Als Determinanten werden Risiko, Aktivierung, Komplexität und Dissonanz behandelt. Befunde zur Erklärung der Zuwendung von Konsumenten zu Marktinformationen werden im Anwendungsteil erläutert.

(2) Informationsselektion (8.3): Zunächst werden die Mechanismen vorgestellt, die die Selektion eines angebotenen Reizes zur Aufnahme herbeiführen können. Man kann sie in Aktiviertheits- und kognitive Selektion unterteilen. Die Reizart wirkt über die vorbewußte Selektion, die Reizstärke über die Psychophysik. Als entscheidend wird die Involvementdeterminante herausgestellt. Abschließend wird die dissonanzbedingte Selektion erörtert.

(3) Lernen (8.4): Mit den Prozessen des Abspeicherns im LZS befassen sich die Lerntheorien. Einfache, mechanistische Ansätze wie die klassische und die instrumentelle Konditionierung werden komplexeren Ansätzen gegenübergestellt. Als besonderer Fall des Lernens wird am Schluß von 8.4 der Einstellungserwerb behandelt. Habitualisierungsprozesse zur kognitiven Entlastung des Konsumentenverhaltens werden im Anwendungsteil ausführlich dargestellt.

In dem üblichen Meßabschnitt (8.5) werden exemplarisch die Blickaufzeichnung, die Beobachtung der Nutzung von Informationsmatrizen und die Mehrdimensionale Skalierung skizziert.

8.2 Physische Aufnahme

Pfeil 1 kennzeichnet den Transformationsprozeß von äußeren Reizen in psychophysische Zustände und von kürzerlebigen in längerlebige Zustände. Er erfolgt großenteils unbewußt und passiv. Hier geht es um die Entstehung von Wissenseinheiten (Kognitionen) durch Informationserwerb. Dabei werden verschiedene Sinne benutzt: Sehen, Hören, Schmecken, Riechen und Tasten. Objektive Grundlage des Informationserwerbs ist eine Reizquelle. **Hinwendung** der Sinnesysteme zur Reizquelle ist Voraussetzung für die Informationsaufnahme. Hinwendung ist z. B. der Knopfdruck am Fernseher, eine Kopfdrehung oder auch eine akute (phasische) Aktiviertheit (vgl. 1.2).

Das Reizangebot, das zur Aufnahme und Verarbeitung zur Verfügung steht, ist im allgemeinen wesentlich größer als der Bedarf bzw. die Verarbeitungskapazität. Ein Reizüberangebot zwingt uns zu selektieren, um die subjektiv wichtige Information herauszufinden und aufzunehmen. Im Zuge zunehmender Informationskonkurrenz ("Reizflut") wird der Anteil verwendeter Informationen am Informationsangebot geringer. KROEBER-RIEL (1987) bezeichnet das als Informationsüberlastung. Diese Bezeichnung ist nur dann zutreffend, wenn die Selektionsmühe ebenfalls steigt. Denkbar ist aber auch, daß mehr Reizangebot zu sorgloserer und gröberer Vorgehensweise bei der Informationsaufnahme führt. Außerdem gibt es deutliche Tendenzen dahin, daß das größere Angebot auch adäquater angeboten wird: Die neueren Kommunikationstechniken (Datenbanken, Retrieval-Systeme, Menütechnik etc.) helfen zunehmend, die Selektionsarbeit zu vereinfachen und zu verbessern. Trotzdem ist die

Forderung von KROEBER-RIEL nach technisch adäquateren und besseren Inhalten der Marketingkommunikation sehr berechtigt.

Das **Informationsverhalten** hängt von Merkmalen der Person und der Situation ab. Aufgrund der Vielzahl potentiell relevanter Einzelfaktoren werden i.d.R. die "typischen" Nutzenerwartungen der Hauptabnehmersegmente ermittelt und mit einer adäquaten Kommunikationspolitik in den von den Zielgruppen hauptsächlich genutzten Medien belegt. In den klassischen Medien sind die Differenzierungsmöglichkeiten sehr begrenzt. Die Unterschiede im Informationsverhalten der einzelnen Zielgruppen können daher nur zum Teil berücksichtigt werden. **Online-Medien** hingegen besitzen ein hohes Individualisierungs- und Differenzierungspotential. Jede Hauptzielgruppe kann die Informationen abfragen, die für sie von Interesse sind. Es erfolgt also keine medienspezifische Vorselektion des kommunizierenden Unternehmens, sondern die Botschaften für alle relevanten Zielgruppen und Produkte werden nebeneinander präsentiert, so daß dem Informationssuchenden die Möglichkeit zur **Selbstselektion** geboten wird. Von größter Bedeutung dabei ist der modulhafte Aufbau der Botschaftsgestaltung und eine Strukturierung, die dem Informationssuchenden den Pfad zu den für ihn relevanten Botschaften weist. Die begrenzte menschliche Informationsverarbeitungskapazität (vgl. auch Kapitel 9) erzwingt eine Beschränkung auf wenige, zentrale Botschaftsinhalte bei den klassischen Medien. Online-Medien hingegen erlauben ein weitaus größere Informationsmenge, wenn diese entsprechend strukturiert und ihre Erschließung durch Suchhilfen erleichtert wird. Nutzer von Online-Medien zählen aufgrund der hohen Systemanforderungen meist zu den Personen, die ein höheres Informationsverarbeitungsniveau erreichen und in bezug auf die für sie relevanten Botschaften hoch involviert sind. Durch die bewußte Inanspruchnahme dieser kognitiven Kapazitäten kann so ein tiefere Verarbeitung der Botschaft und damit eine tendenziell höhere Werbewirkung erzielt werden (Riedel/Busch 1997).

Eine reflexartige Zuwendung auf einen Reiz hin heißt **Orientierungsreaktion** (SOKOLOW 1963). Der Prozeß der Zuwendung kann der Aufmerksamkeit (vgl. 1.3) vorgelagert sein, oder er ist ein Ergebnis der Aufmerksamkeit. Die physikalische oder chemische Energie des Reizes wirkt auf die Sinneszellen des betreffenden Systems, so daß sich ihr biophysikalischer bzw. biochemischer Zustand ändert. Bereits auf der ersten Stufe des Informationserwerbs werden physische Reize zu Sinneinheiten transformiert, was im allgemeinen einer Verdichtung bzw. Zusammenfassung entspricht. Informationen werden also nicht bit-weise, sondern in Form von **Informationsklumpen** (information chunks) wahrgenommen. Auch Bilder werden nach einer ersten ganzheitlichen Wahrnehmung in Form von einem oder wenigen groben chunks abgespeichert.

Die nervlichen Prozesse der Leitung des Impulses zum Gehirn basieren ebenfalls auf Veränderungen der miteinander zu Nervenbahnen und -netzen verbundenen Zellen. Bereits während des Transferprozesses finden erste **Decodierungen,** d.h. Analysen der Reizbedeutung statt. Sie sind mit dafür verantwortlich, daß ein subjektiv sinnvolles Herausfiltern aus der Reizflut bzw. eine Weiterverarbeitung erfolgen kann. Die endgültige, möglicherweise bewußte Decodierung kann aber erst in spezialisierten Regionen des Gehirns stattfinden, etwa im Sehzentrum oder im semantischen Zentrum. Diese Prozesse der Entschlüsselung zu subjektiven Informationen behandelt 9.2.

Für das erlebnisorientierte Marketing hat die **visuelle Informationsvermittlung** die größte Anwendungsbedeutung. Außerdem liegen zum visuellen Erwerb, und dabei insbesondere dem bildlichen Informationserwerb, die meisten wissenschaftlichen Befunde vor. Deshalb wird hier der Informationserwerb über das Sehen stellvertretend für die anderen Kanäle näher dargestellt. Lichtstrahlen reizen die Netzhaut (Retina), so daß sie in den Sehzellen biochemisch abgebildet werden. Nach LIVINGSTONE (1988) werden visuelle Signale durch mindestens drei voneinander unabhängige, auf der Retina zu lokalisierende Systeme gleichzeitig aufgenommen. Dabei ist je ein System für Formen, Farben und Bewegungen, Lokalisation und räumliche Organisation zuständig. In einem Bereich der Retina, der etwa 2% der Fläche umfaßt, sind die Sehzellen besonders dicht gelagert. Diese sogenannte Fovea ist für das scharfe (foveale) Sehen zuständig. Der Decodierungsprozeß für eine Einheit des Sehens (Fixierung) dauert ca. 1/3 Sekunde. Danach kann das Auge die nächste Fixierung vornehmen. Außerhalb der Fovea sieht man unscharf. Das sogenannte **periphere** Sehen ist ein gedanklich nicht kontrolliertes grobes Abtasten des Umfeldes der Fixierung. Neuere Forschungsergebnisse (TREISMANN 1987) belegen, daß die unbewußten ersten Decodierungen im sensorischen Speicher nach Konturen und Kontrasten erfolgen. Das periphere Sehen bestimmt den weiteren Blickverlauf, d.h. es lenkt die Aufmerksamkeit. Durch Winkeldrehung des Auges (Saccade) springt der Blickpunkt binnen weniger Millisekunden zu der Stelle des Bildes, die durch diese Vorinformationsverarbeitung dazu bestimmt wurde.

Die **Bildinformationsaufnahme** ist außerordentlich leistungsfähig. In einem grundlegenden Experiment (NICHERSON 1965) wurden je zwei Sekunden lang 200 Dias gezeigt. Ziel war es, die Menge an bildlichen Informationen zu messen, die Versuchspersonen nach so kurzem Sehen behalten können. In einem Erinnerungstest zwei Tage nach der Vorführung wurden die gleichen 100 Dias noch einmal gezeigt, dazu kamen noch 100 ähnliche Bilder. Wenn eine Versuchsperson glaubte, ein Dia wiederzuerkennen, sollte sie einen Knopf drücken. Die Quote richtiger Wiedererkennungen betrug 95 bis 100%. Auch weitere Experimente mit bis zu 10.000 Bildern kamen zu ähnlichen Ergebnissen. Die Wiedererkennung nimmt mit der Bilderzahl kaum ab, aber mit dem

Zeitablauf. Nach 2 Wochen betragen die Wiedererkennungsquoten noch etwa 80%, nach einem Jahr noch 60%.

SHEIKHIAN (1982) hat folgende beeinflußende Faktoren für die Effektivität des bildlichen Informationserwerbs herausgestellt: Dauert die Darstellung weniger als 2 Sekunden, sinkt die Wiedererkennung dramatisch. Bei längerer Dauer gibt es keine signifikanten Verbesserungen. Beträgt die Zeitspanne zwischen den Darbietungen über 1 Sekunde, verbessert sich die Wiedererkennung wesentlich. Je größer die Ähnlichkeit der Testbilder im Vergleich zu anderen Bildern, desto geringer die Wiedererkennungsleistung. Das Involvement beeinflußt die Genauigkeit der Wiedererkennung, wohingegen Ablenkung die Wiedererkennungswerte verschlechtert. Realistische Bilder werden besser wiedererkannt als abstrakte.

Mehrkanalige Informationsaufnahme: Nach der Theorie der **dualen Codierung** von PAIVIO (1971) (auch BEHRENS & HINRICHS 1986, RUGE 1988) kann die am Informationserwerb beteiligte Verarbeitung von Informationen in zwei miteinander korrespondierenden Systemen erfolgen. Physiologisch entspricht dem die Erkenntnis zweier getrennter, aber korrespondierender Hirnhemisphären: Die folgende Übersicht gibt eine Zusammenfassung zur **Hemisphärenspezialisierung.**

Linke Hälfte   Rechte Hälfte

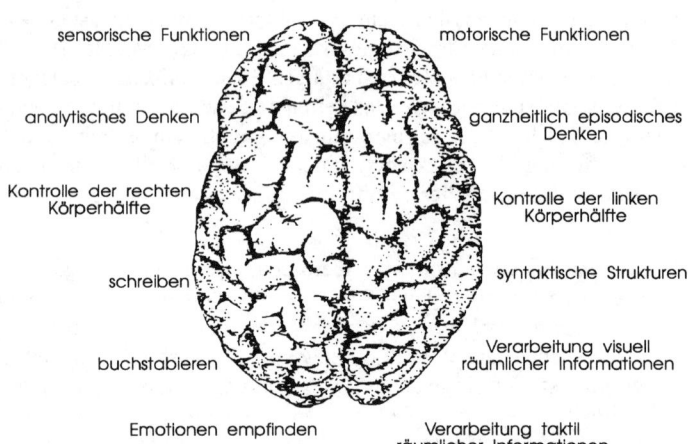

sensorische Funktionen — motorische Funktionen

analytisches Denken — ganzheitlich episodisches Denken

Kontrolle der rechten Körperhälfte — Kontrolle der linken Körperhälfte

schreiben — syntaktische Strukturen

buchstabieren — Verarbeitung visuell räumlicher Informationen

Emotionen empfinden — Verarbeitung taktil räumlicher Informationen

Zur Unterscheidung der beiden grundsätzlich verschiedenen Arten des Informationserwerbs liegen bewährte Hypothesen vor, u.a.:

(1) Informationen werden in der Reihenfolge erst Bild, dann Text erworben. Daher spielen Bilder die Rolle von Interpretationshilfen für die nachfolgende Textinformation.

(2) Der bildliche Informationserwerb ist wesentlich schneller; 0,1 Sek. reichen, um sich eine inhaltliche Vorstellung eines Bildes mit hoher Informationsdichte zu machen, nach 2 Sek. ist ein sicheres Wiedererkennen möglich.

(3) Bildlicher Informationswerb läuft unter schwacher kognitiver Kontrolle ab. Die Glaubwürdigkeit bildlicher Inhalte ist daher größer als die gleicher textlicher Inhalte, zumal die bildliche Argumentation überwiegend nicht bewußt wird.

(4) Die Merkmalserfassung geschieht direkt, ohne begriffliche Codierung (diese läuft in der linken Hemisphäre ab).

(5) Bilder bewirken eine bessere Erinnerung als Texte.

(6) Emotionale Inhalte sind durch Bilder besser zu vermitteln.

Konsumenten stehen nicht nur Marketinginformationen und persönliche Empfehlungen über die Produkte zur Verfügung, sondern auch neutrale **Verbraucherinformationen.** Neutralität verleiht diesen Informationen mehr Glaubwürdigkeit als der kommerziellen Marktkommunikation. Testberichte erfüllen nahezu ideal die Anforderungen der Entscheidungslogik: Relevante Alternativen und Kriterien werden übersichtlich gegenübergestellt, Testprogramme werden an wissenschaftlichen Kriterien orientiert, Vergleichsurteile werden auch hinsichtlich der Bewertungsmaßstäbe nachvollziehbar gemacht. Testberichte müßten deshalb bei der Konsumenten-Informationsbeschaffung eigentlich eine Vorrangstellung haben. Die folgenden Befunde bestätigen diese Erwartung nur schwach.

Die Zeitschrift Test hat nach Auskunft der Stiftung Warentest zwar einen gestützten Bekanntheitsgrad von 92%. Außerdem wirken sich positive Testergebnisse innerhalb eines halben Jahres nach dem Testbericht durchschnittlich um 25% umsatzsteigernd aus, negative um 35% umsatzsenkend. Einschließlich der Nutzung von verkürzten **Testberichten** in Zeitungen, Hörfunk oder Fernsehen stützen sich bei Verbrauchsgütern 10%, bei Gebrauchsgütern 30% der Käufer u.a. auf Testinformationen. Diese werden jedoch überwiegend nicht aktiv beschafft, sondern passiv wahrgenommen. Die Benutzung von Testinformationen korreliert mit diversen demographischen Merkmalen: Relativ häufig nutzen höher gebildete Personen, Männer, Leute mit mittlerem Alter und gehobenem Einkommen Testberichte (SILBERER 1979). THORELLI & THORELLI (1977) weisen ein Konsumentensegment nach, das Warentestinformationen besonders häufig benutzt (information seeker). Hypothesen zur Erklärung der Konsumenteninformationsaufnahme lassen sich den Konstrukten Risiko, Aktivierung, Komplexität, Dissonanz und Persönlichkeit zuordnen.

Risiko wird in der ökonomischen Literatur unter Verwendung von zwei Merkmalen definiert: Erstens ist das Ergebnis einer Entscheidung mehr oder weniger variabel. Zweitens bringt die Entscheidung mehr oder weniger wahrscheinlich einen Verlust mit sich. Eine für die Theorie des Konsumentenverhaltens angemessenere Risikodefinition muß darüber hinaus die subjektive Komponente des Risikos in den Vordergrund rücken, die beide ökonomische Aspekte einschließt: Der Konsument empfindet Risiko, wenn er mit dem vorhandenen Wissen Entscheidungskonsequenzen schlecht beurteilen kann. Das kann sich auf psychische, physische, soziale, funktionale und finanzielle Risiken erstrecken.

Aktivierungstheoretisch neigt man zur Vermeidung von reizarmen und reizüberladenen Situationen. Reizarme Situationen erzeugen ein Motiv nach emotionaler und kognitiver Anregung, reizüberladene Situationen nach Minderung. Aktive Informationsaufnahme bietet Abhilfe bei Reizarmut. Mäßige Aktivierung regt die Informationsaufnahme am besten an (Lambda-Hypothese, 1.2).

Komplexität, d.h. die Menge notwendiger Informationen, berücksichtigt den Einfluß der Umweltmerkmale und der individuellen kognitiven Fähigkeiten und Leistungen auf die Art der Informationsbeschaffung (SCHRODER u.a. 1975). Danach wird Information besonders gut aufgenommen, wenn sie dem Komplexitätsniveau der Zielgruppe entspricht.

Die **Dissonanz**theorie legt Informationsaufnahme als Strategie zur Dissonanzverminderung bzw. Konsistenzerzeugung nahe. Man kann durch zusätzliche Informationen das störende Dissonanzgefühl beseitigen. Am meisten wird aufgenommen, wenn die Information dem Vorwissen und den Einstellungen der Zielgruppe entspricht.

8.3 Informationsselektion

Wegen der **begrenzten Informationsverarbeitungskapazität** muß unter der großen Menge der physisch aufgenommenen Informationen weiter selektiert werden. Das entspricht Pfeil 2 im Schaubild des Einleitungsabschnitts (8.1). Die Entscheidung darüber, welche der aufgenommenen Reize für die Verarbeitung im Arbeitsspeicher übernommen werden, hängt auch von den Prozessen der Informationsverarbeitung (9.2) ab. So gibt es z. B. Rückkopplungseffekte zwischen vorhandenen Wissenstrukturen (Gedächtnis) und neuen Informationen, die zu gerichteter Aufmerksamkeit auf bestimmte Reizquellen bzw. zum Herausfiltern führt. Die **Selektion** bestimmter Informationen aus dem Spektrum der einströmenden Reize wird durch die Aktiviertheit (Aufmerksamkeit, vgl. 1.3) bestimmt, die wiederum durch bestimmte Motive ausgelöst sein kann.

Direkte **Aktiviertheit**s-Selektion kann durch die Reize selbst sowie durch personenspezifische Faktoren bedingt sein. Ein einströmender Reiz kann dabei durch seine Art und Stärke derart aktivieren, daß er zur weiteren Verarbeitung selektiert wird. Ein überraschender Reiz löst eine Orientierungsreaktion auf die Informationsquelle hin aus: Mit der Reizquelle verbundene Information wird bevorzugt erworben. Der bekannte **Partyeffekt** ist nicht anders zu erklären: Eine größere Gesellschaft ist in einem Raum versammelt. Die zahlreichen Einzelgespräche verschmelzen zu einer undifferenzierten Geräuschkulisse. Wenn aber in einem der Gespräche der Name eines einzelnen Anwesenden erwähnt wird, wird dieser aufmerksam, und zwar auch dann, wenn er weiter entfernt steht und selbst an einem Gespräch beteiligt ist. Dieser Effekt und viele kontrollierte Experimente zur **selektiven Wahrnehmung** zeigen, daß eine vor- bzw. unbewußte Informationsverarbeitung für das Herausfiltern von Information (Selektion) verantwortlich ist.

Auch die bei 1.2 beschriebenen **biologisch programmierten Aktivierungsmechanismen** (Kindchenschema, erotische Schlüsselreize usw.) lösen Hinwendung zur Reizquelle und verstärkten Informationserwerb aus. Sie eignen sich wegen ihrer Treffsicherheit gut zur Steuerung der Informationsselektion im Marketing, auch gegenüber heterogenen Zielgruppen. Allerdings kommt es im Marketing oft vor, daß dieser Effekt die Informationsselektion nur auf die auslösenden Reize (z. B. erotische Schlüsselreize) ausrichtet und nicht auf die Werbebotschaft. Neugier und inhaltliches Interesse an der Informationsquelle können Informationsselektion auslösen: Inhaltliches Interesse kann geweckt werden durch emotionale Reizwirkung (z. B. Auslösung von Schuldgefühlen) oder durch kognitive Reizwirkung (z. B. Ansprache des Hobbythemas).

Das andere genannte Selektionskriterium für die Aufnahme von Informationen via Aktiviertheit ist die **Reizstärke**. Selektiv wirkt danach auch die physische Erscheinung des Reizes. Auch die Reizumgebung beeinflußt die Reizwirkung: Bei Stille wird ein Geräusch leichter wahrgenommen als bei mittlerem Geräuschpegel. Unter interessanten Informationen wird eine bestimmte Nachricht weniger wahrscheinlich aufgenommen als unter uninteressanten. FECHNER und WEBER haben schon vor einem Jahrhundert Wahrnehmungsschwellen für physische Reize und Zusammenhänge zwischen Reizstärke und Wahrnehmung untersucht. Damit wurden Fragen beantwortet wie:

- Ab welcher Stärke aktiviert ein Reiz ("Reizaufnahme")?
- Welche physikalische Reizstärkesteigerung ist nötig, um ihn doppelt so intensiv zu empfinden ("Reizwirkung")?

Die Psychophysik versuchte, den Funktionalzusammenhang zwischen Reizstärke (R) und Empfindungsstärke (E) herauszufinden. In allgemeiner Form lautet diese Funktion:

$$\log E = n * \log R$$

Wobei **n** eine Konstante in Abhängigkeit von der Sinnesmodalität und der Versuchsbedingung ist. Ein n-Wert unter 1 besagt, daß eine Verdoppelung der Reizintensität subjektiv weniger als doppelt so stark empfunden wird. Entsprechend bedeutet ein Wert über 1 eine Überempfindung von Reizsteigerungen. Der nachstehende Überblick zeigt empirische n-Werte für verschiedene Sinnesmodalitäten und Versuchsbedingungen (nach TOMANN 1973, S. 88).

Reizart/Sinnesmodalität	n-Wert
Elektroschock in der Hand	1,9
Gewichte heben	1,5
Geschmack von Salzlösungen	1,3
Helligkeit von Grautönen	1,2
Kälteempfindlichkeit	1,0
Lautstärke von Tönen	0,6
Geruch von Kaffee	0,5
Helligkeit von Mischlicht	0,5
aber: Preis von Benzin	?
Qualität einer Waschmaschine	?
Prestige eines Autos	?

Für die in der Person begründeten **Determinanten der Informationsselektion** ist das Involvement von dominierender Bedeutung. Low-involvement-Informationen werden kaum oder allenfalls passiv (peripher) aufgenommen. Hoch Involvierte suchen Informationen aktiv. Ihre Bereitschaft zum Informationserwerb ist höher als diejenige niedrig involvierter Personen. Deren gelegentliche Zuwendung zu einer Informationsquelle ist eher in physischen Eigenschaften der Reizquelle begründet. Involvementbedingtes Selektieren kann auch über Persönlichkeitsmerkmale wie Meinungsführerschaft (vgl. 7.2) vermittelt werden: Sie wirken über das Involvement auf den Informationserwerb.

Außer den Motiven der Meinungsführer kommen auch andere Motive als Selektionsvermittler in Betracht. So ist das **Konsistenzmotiv** bzw. die Strategien zur Vermeidung kognitiver Dissonanzen (vgl. 4.3) Determinante für die Informationsselektion, da die Vermeidung bzw. Aufnahme bestimmter Informationen zur Befriedigung des Konsistenzmotivs führt. Konsumenten nehmen Werbebotschaften selektiv auf. Botschaften, die eine Entscheidung rechtfertigen, werden gesucht, diskrepante Botschaften werden gemieden. Die Hypothese muß jedoch seit FREY (1981, S. 287) differenziert werden: Unter bestimmten Bedingungen kann eine Präferenz für dissonante Informationen bestehen, nämlich

(1) bei Vertrautheit mit konsonanten Informationen,
(2) bei erwarteter Widerlegung der dissonanten Informationen,
(3) bei Nützlichkeit/Glaubwürdigkeit dissonanter Informationen,
(4) bei extrem hoher Dissonanz und gleichzeitiger Möglichkeit einer Entscheidungsrevision.

Bei der Untersuchung der Selektionsprozesse des Informationserwerbs kommt es nicht nur auf die Auswahl unter isoliert nebeneinander stehenden Reizen an, sondern auch auf die Selektion innerhalb eines komplexen, ganzheitlichen Reizes, z. B. einer Anzeige. Die obengenannten Selektionsprinzipien behalten für diese Fragestellung im Prinzip ihre Gültigkeit; darüber hinaus sind Besonderheiten der Selektion innerhalb von Anzeigen in der **Werbewirkungsforschung** mittels Blickaufzeichnung untersucht worden: Das Informationsangebot innerhalb eines Bildes wird zwar auf der ersten Wahrnehmungsstufe ganzheitlich aufgenommen, ggf. werden aber auf der nächsten Stufe während der Blick-Fixationen einzelne Informationseinheiten aus dem Bild selektiv und detailliert aufgenommen. Insbesondere die Reihenfolge der aufgenommenen Elemente einer Anzeige und die Unterschiede zwischen der Aufnahme von bildlichen und textlichen Informationen sind für den Werbegestalter interessant. Die folgende Abbildung (VON KEITZ 1997) zeigt die Beachtungshäufigkeit eines Anzeigenmotivs. Die Produkte in der Bildmitte wurden von den Probanden am häufigsten betrachtet, wohingegen der Coupon und der Text im unteren Teil der Anzeige so gut wie keine Beachtung fanden. Auch LEVEN (1991) kommt in seinen Untersuchungen zum Blickverhalten von Konsumenten u.a. zu der Erkenntnis, daß die Bildmitte, unabhängig von der Stimulusgestaltung der Anzeige, am häufigsten fixiert wird.

Unter anderem weiß man aus solchen Untersuchungen, daß in unserer Kultur Informationen von oben links nach unten rechts aufgenommen werden. Zuerst (und insgesamt wahrscheinlicher als Textelemente) werden Bildelemente aufgenommen. Das ist bedeutsam, weil zuerst aufgenommene Elemente besser gelernt werden. Links oben finden bestimmte Anzeigenelemente am längsten Beachtung, links unten am kürzesten. Der Anzeigentext wird länger betrachtet, wenn er unter dem Bild plaziert ist. Eine Zusammenstellung derartiger Befunde gibt VON KEITZ (1986, S. 110).

8.4 Informationsspeicherung

Speicherung im Langzeitspeicher (Pfeil 3 in der Grafik am Kapitelanfang, 8.1) ist der Prozeß des "Lernens" von Wissens- und Gefühlseinheiten. Die Vorstellung von Speicherung schließt die Vorstellung von Wiederabrufbarkeit ein.

Lerntheoretische Grundlagen

Unter **Lernen** verstehen wir nicht nur das Erwerben, sondern auch das Ändern von Verhalten und von bereits gespeicherten Zuständen – soweit die Verhaltensänderung nicht genetisch (Vererbung), durch biologische Veränderungen, (z. B. durch Altern oder Krankheit), durch tageszeitliche Einflüsse (z. B. Ermüden) oder durch äußeren Eingriff (z. B. Drogen) unmittelbar bedingt ist.

Die **Lernpsychologie** ist ein Gebiet der Allgemeinen Psychologie mit stark verästelten Hypothesen. Ihr Verwendungszusammenhang ist meist klinischer Art (Verhaltenstherapie), weshalb viele Spezialbefunde für das Marketing nicht relevant sind. Die Lernpsychologie ist gekennzeichnet durch eine scharfe, z.T. ideologisch geführte Grundsatzdiskussion. Sie läßt sich vereinfacht auf die Frage zurückführen, ob das Lernen ein tierisch-automatischer, behavioristischer Prozeß sei oder ein sozialvernunftgesteuerter, kognitiver Prozeß. Wir beachten diesen Streit nicht weiter, sondern vertreten eine für das Marketing pragmatische Position: Automatische Lernvorgänge sind genauso wichtig wie kognitive. Lernprozesse lassen sich nach idealtypischen theoretischen Prinzipien einteilen, die auch entwicklungsgeschichtlich interpretierbar sind. Wir fassen die Lernprozesse zu drei Gruppen zusammen, von denen die erste durch die obenstehende Definition nachfolgend ausgegrenzt bleibt.

Die primitivste, auch bei niederen Tieren anzutreffende Form des Erwerbs von Verhaltensmustern ist die **genetische Weitergabe**. Danach werden lebensnotwendige bzw. arterhaltende Verhaltensweisen wie Flucht und Paarung über Erbinformationen erworben.

Die nächst höhere Form (und für uns erste Stufe der Lernprozesse) ist die des **automatischen**, nicht willentlich kontrollierten Lernens. Dazu gehören zunächst die klassischen, dann die instrumentellen Konditionierungsprozesse. Die nächste Form ist die des **komplexen**, sozial-kognitiven und bewußt-vernünftigen Lernens. Definitionsgemäß befaßt sich dieses Kapitel mit der zweiten und der dritten Stufe:

Automatisches Lernen
- kognitive Berieselung, mere exposure
- klassische und instrumentelle Konditionierung

Komplexes Lernen
- Imitationslernen
- kognitives, vernünftiges Lernen

Automatische Lernprozesse:

Kognitive Berieselung ist unsere Bezeichnung für den peripheren Informationserwerb, d.h. dem nicht bewußten Aufnehmen und Abspeichern von Informationen, die in der Regel in kleinen Portionen, dafür aber häufig wiederholt als Reize angeboten werden. Sie haben nur auf diesem Wege eine Chance, gelernt zu werden, weil das Involvement der Zielpersonen nicht zu aktivem, massivem Informationserwerb ausreicht.

Mere exposure ist ein ähnlich anspruchsloses Lernmuster mit einer spezifischen Wirkung auf Einstellungen: Nach ZAJONC's Basishypothese bewertet man einen Gegenstand umso positiver, je häufiger man diesem Gegenstand ausgesetzt ist (ZAJONC 1968). Ergänzungen der Hypothese ergaben sich aus der Kritik an Methoden und Befunden von ZAJONC. Nach BURNSTEIN (1967) gilt die Hypothese in reiner Form (bloße Wiederholung verbessert Einstellungen) nur, wenn keine enge Beziehung zwischen dem Stimulus und anderen bereits positiv oder negativ belegten Objekten besteht. Gemäß HANSEN (1972) funktioniert mere exposure nur bis zu einem bestimmten Grad der Reizdarbietung, danach setzen Reaktanz-Effekte durch Wahrnehmung der Wiederholungsbeeinflussung ein. Dieses Ergebnis wird auch von BURNSTEIN bestätigt. Er faßt in einem meta-analytischen Ansatz über 130 Artikel aus mehr als 200 Experimenten, die seit Veröffentlichung der Hypothese zu diesem Thema erschienen sind, zusammen (BURNSTEIN 1989).

Zum Beispiel zeigt KRUGMAN (1968), wie verschiedene Musik- und Kunststile allein durch häufige Darbietung positiver beurteilt werden. Die Experimente von KRUGMAN bestätigen auch die besagte Modifikationen der Hypothese von BURNSTEIN. So wird bei Kennern der Jazz-Musik keine bessere Bewertung eines bestimmten Jazz-Stückes durch häufiges Vorspielen des Stückes erreicht, jedoch ein besseres Urteil über klassische Musikstücke beim häufigen Hören klassischer Musik. Später hat ZAJONC (1980) belegen können, daß die Mere-exposure-Hypothese auch dann gilt, wenn die Versuchspersonen sich nicht an den Reiz erinnern können.

Der Mere-exposure-Effekt tritt insbesondere bei Low-involvement-Stimuli ein, wie sie häufig im Marketing vorkommen. Nach LITTMANN & MANNING (1954) können Zigarettenraucher im Blindtest sehr häufig "ihre Marke" nicht herausschmecken/wiedererkennen, trotzdem bewerten sie häufig "ihre" nicht-wiedererkannte Marke im Geschmackstest positiver. SANDELL (1968) zeigte Testpersonen unbekannte ausländische Biermarken mittels Tachistoskop so kurz, daß kein Recall möglich war. Trotzdem äußerten sich Präferenzen bei der späteren Markenwahl, die mit den gezeigten Marken korrelierten. Bewertungen können demnach auch direkt ohne kognitive Begründung gelernt werden.

Nach dem Prinzip der **klassischen Konditionierung** braucht ein zu lernender Stimulus (conditioned stimulus, CS) nur genügend oft zusammen mit der zu lernenden Reaktion (conditioned reaction, CR) aufzutreten. Die Reaktion wird anfangs (in der Konditionierungsphase) dadurch sichergestellt, daß ein bereits bewährter Reaktionsauslöser (unconditioned stimulus, UCS) gleichzeitig mit dem CS präsentiert wird. Man denke an die PAWLOWschen Hunde, die das Speicheln auf ein Tonsignal dadurch lernten, daß zugleich Futter gegeben wurde. Die klassische Konditionierung stellt allein auf das Prinzip der benachbarten Erscheinung von Reizen ab.

Prinzipien der klassischen Konditionierung

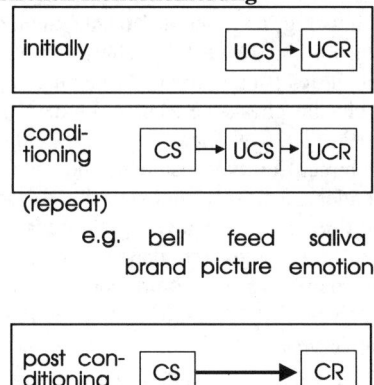

Schlüsselexperimente zur klassischen Konditionierung von Wortbedeutungen, die für Konditionierungstechniken im Marketing sehr einflußreich waren, wurden von STAATS & STAATS (1957) durchgeführt. Ihnen gelang es nachzuweisen, daß die Komponenten der Bedeutung eines Wortes klassisch konditioniert werden können. Als Reize (CS) wurden gebräuchliche Begriffe verwendet, bei denen man – im Gegensatz zu den in früheren Experimenten verwendeten sinnlosen Silben – erwarten konnte, daß zu ihnen bereits Einstellungen bestanden. Ziel war es, die vorhandenen Bedeutungen durch Konditionierung zu verändern.

In einem typischen Experiment mit 93 Psychologiestudenten wurde diesen mitgeteilt, es handele sich um einen Vergleich von auditivem und visuellem Lernen. Die Nationalitätsbezeichnungen Deutsch, Schwedisch, Italienisch, Französisch, Holländisch und Griechisch wurden als CS 18 Mal für je fünf Sekunden auf eine Leinwand projiziert. Gleichzeitig wurde ein stets anderes Wort als

251

UCS vom Versuchsleiter vorgelesen und von der Versuchsperson laut wiederholt. Bei der einen Hälfte der Studenten wurde "Holländisch" jeweils mit positiv besetzten Wörtern (z. B. Geschenk, heilig, glücklich), "Schwedisch" mit negativ besetzten Wörtern (z. B. bitter, häßlich, Mißerfolg) dargeboten. Bei der anderen Hälfte wurde umgekehrt vorgegangen. Die übrigen Nationalitätsbezeichnungen wurden mit Wörtern ohne systematisch wertende Bedeutung (z. B. Stuhl, mit, zwölf) gekoppelt. Im Anschluß an die Konditionierungsphase war jeder Nationalitätsbegriff anhand eines semantischen Differentials zu beurteilen. "Die Ergebnisse deuten darauf hin, daß ... eine Konditionierung stattfand." (STAATS & STAATS 1957, S. 398).

Die wichtigste Anwendung der klassischen Konditionierung im Marketing ist die **emotionale Konditionierung**. Dabei wird ein anfangs bedeutungsarmer Markenname allmählich fest mit einem bestimmten positiven Gefühl verknüpft. Ziel ist es, beim wenig involvierten Konsumenten eine positive Grundeinstellung zu einem bisher nur schwach profilierten Produkt zu erreichen, um so die Wahrscheinlichkeit des Kaufs dieser Marke zu steigern. Gegenstand der Konditionierung ist nicht die physische Marke, sondern ihre symbolische Repräsentation, meist in Form des Namens oder eines Logos. Die Marke muß häufig wiederholt zusammen mit wechselnden, aber immer zur selben positiven Gefühlsart gehörenden Auslöserstimuli gezeigt werden. In der Idealform der emotionalen Konditionierung sollen die gefühlsauslösenden wechselnden Bilder, Musikstücke etc. so gestaltet sein, daß sich die unterschiedlichen Sachbezüge "herausmitteln", damit nur die betreffende Emotion konditioniert wird. Diese reine Form wurde von KROEBER-RIEL u.a. (1979) mit der fiktiven Seifenmarke HOBA demonstriert.

Neuere Untersuchungen wurden von GHAZIZADEH (1987) mit Mineralwasser- und Zahnpastamarken durchgeführt.

In der **Praxis** werden meistens gleichzeitig mit der emotionalen Konditionierung weitere Lernprinzipien verwendet, insbesondere werden regelmäßig auch kognitive Prozesse stimuliert.

Ziel dieser Printkampagne ist es, ein zunächst unbekanntes Produkt mit einem bestimmten Gefühl zu besetzen: „Der neue Citroen Xsara. Einer, dem man vertraut... Im neuen Citroen Xsara erfahren Sie ein ganz neues Lebensgefühl. Sie genießen seine Vorzüge... Mit allem Komfort, der dazu gehört:... Und nicht zu vergessen: der legendäre französische Fahrkomfort. Ein Neuer, der hält, was er verspricht." Citroen unterstreicht diese Versprechen mit einem Argument: sogar das begehrteste deutsche Topmodell, Claudia Schiffer, läßt sich hinreißen von dem neuen Citroen und entscheidet sich für den Franzosen, denn sie vertritt die Meinung „ ... alles zu haben, ist kein Luxus ..."und der neue Citroen Xsara gehört zu diesem Luxus...

Instrumentelle Konditionierung geht über klassische Konditionierung durch das Belohnungsprinzip hinaus: Lernen wird durch die Konsequenzen des gelernten Verhaltens gesteuert. Die folgende Übersicht nach WISWEDE (1985) zeigt solche vom Belohnungslernen geprägte Formen der instrumentellen Konditionierung.

(1) Verstärkung

(1.1) Wird ein Verhalten belohnt, steigt die Wahrscheinlichkeit, daß es in Zukunft wieder auftritt (Lernen am Erfolg).

(1.2) Wird ein Verhalten bestraft, so sinkt die Wahrscheinlichkeit seines Auftretens. Bei hoher Bedürfnisstärke versucht man, den Strafreiz zu umgehen (Vermeidungslernen).

(1.3) Wird ein Strafreiz (negativer Verstärker) beseitigt, dann steigt die Wahrscheinlichkeit, daß das betreffende Verhalten wieder auftritt.

(1.4) Je häufiger ein Reiz zusammen mit einem Verstärker auftritt, desto höher ist die Wahrscheinlichkeit, daß dieser Reiz verstärkend wirkt (sekundär konditionierte Verstärkung).

(2) Generalisierung

(2.1) In subjektiv ähnlichen Situationen versucht man, gleiches (bewährtes) Verhalten zu zeigen.

(2.2) In subjektiv gleichen Situationen versucht man, sich noch erfolgreicher zu verhalten.

(3) Diskriminierung

(3.1) Wirkt Verhalten nur unter speziellen Bedingungen belohnend, dann beschränkt sich die Verstärkung auf entsprechende Situationen. Sie werden von anderen Situationen durch "diskriminierende" Reize unterschieden.

(3.2) Werden nur bestimmte Aspekte oder Elemente eines Verhaltens belohnt, so wird das Individuum selektiv vorgehen und mit differenziertem Verhalten antworten.

(4) Habitualisierung/Internalisierung

(4.1) Gelerntes Verhalten wird auch dann beibehalten, wenn es nicht mehr ausdrücklich belohnt oder bestraft wird, aber implizit, z. B. durch Vermeidung anstrengenden Nachdenkens.

(4.2) Gelerntes Verhalten wird auch dann beibehalten, wenn es nicht mehr extern belohnt oder bestraft wird, aber intern, durch verinnerlichte Normen.

Komplexe Lernprozesse:

Komplexere Lernprinzipien gehen z.T. über Informationserwerb hinaus. Zur Erklärung der Abspeicherung von Informationen und von Verhaltensmustern werden kognitive Prozesse mit herangezogen, die erst in den nachfolgenden Kapiteln behandelt werden (Denken, Vergleichen, Ursachenzuschreiben, Bewerten). Die Interaktionstheorie (HOMANS 1978) und die sozial-kognitive Lerntheorie (s.u.) bilden wichtige Standbeine der komplexeren Lerntheorie. Sie stellen mehr dar als eine Theorie des Abspeicherns, man kann sie als generelle Verhaltenstheorien verstehen. Komplexes Lernen ist auch als Widerspruch zu den mechanistischen Lerntheorien zu verstehen. Die anwendungsorientierten Abschnitte des vorliegenden Kapitels greifen der Marketingpraxis entsprechend hauptsächlich auf die weniger komplexen Lernprinzipien zurück.

Die besonders komplexe Theorie des **sozial-kognitiven Lernens** (BANDURA 1979) geht davon aus, daß Verhaltenskonsequenzen durch Gedanken und durch soziale Interaktionen im Zeitablauf vermittelt werden. Unter dem Aspekt der Entwicklung vom Kind zum Erwachsenen wird komplexes Lernen als **Sozialisation** bezeichnet. Die Generalhypothese deckt sich mit der sozial-kognitiven

Lerntheorie: (Konsumenten-) Verhalten wird durch Vorbilder der engeren sozialen Umwelt geprägt. Einen Literaturüberblick über die Konsumsozialisation durch Familie, Gleichaltrige, Massenmedien und Schule gibt KUHLMANN (1983).

In Anlehnung an WISWEDE (1985) kann komplexes Lernen wie folgt gruppiert werden:

Kontingenzlernen: Verhaltensweisen werden um so eher verstärkt (gelernt), je stärker die Einstellungen sind, die das Verhalten vermittelt haben und die mit den Konsequenzen des Verhaltens assoziiert werden (z. B. Zufriedenheit).

Imitationslernen: Durch Beobachtung ist die Übernahme ganzer Verhaltenskomplexe möglich, sofern die zu imitierenden Modellpersonen Aufmerksamkeit wecken, attraktiv und dem Lernenden ähnlich erscheinen und bei diesem Verhalten belohnt zu werden scheinen. Bei passender Situation zeigt der Imitator das entsprechende Verhalten selbst.

Erwartungslernen: Die Wahrscheinlichkeit des Auftretens eines Verhaltens hängt von der Belohnungshöhe und von der Wahrscheinlichkeit ab, daß die Belohnung dem Verhalten folgt und daß das Verhalten erfolgversprechend ausgeübt werden kann.

Vergleichslernen: Der Wert einer Belohnung/Bestrafung wird verglichen mit dem Wert früherer Belohnungen/Bestrafungen, mit den Belohnungen von Vergleichspersonen und mit verfügbaren anderen Belohnungsquellen.

Konsistenzlernen: Aufgrund von Lernprozessen sieht man zusammenhängende Einstellungen als konsonant oder dissonant an und lernt, inkonsistente Strukturen zu beseitigen.

Erwerb von Konsumenten-Einstellungen und -Verhaltensmustern

Erwerb und Änderung von Einstellungen sind für das Marketing besonders interessante Anwendungen der Lerntheorie. Die Änderung vorhandener Einstellungen wird als Informationsverarbeitung in 9.5 behandelt. Im vorliegenden Kapitel wird Einstellungserwerb als Informationserwerb besprochen. Dazu gehört auch der Erwerb von Prädispositionen und Schemata, die über den engeren Einstellungsbegriff hinausgehen. So setzt z. B. die Bildung von **Evoked-sets** (vgl. 3.2) einen (zeitlich verteilten) Lernprozeß voraus. Dabei kommt sowohl das Lernprinzip der **Generalisierung** (hinsichtlich ähnlich erscheinender Marken) als auch das Prinzip der **Differenzierung** (hinsichtlich verschieden erscheinender Marken) zur Anwendung.

Den Prozeß des Erwerbs von Konsumentenverhaltensmustern bezeichnet WEINBERG (1981) als **Habitualisierung**. Das sind Prozesse der Vereinfachung des Konsumentenverhaltens durch Einüben und zugleich Entlasten von Informationsprozessen. Man kann Habitualisierung mit dem Erlernen von Bewegungsabläufen vergleichen, z. B. dem Windsurfen. Während der Anfänger jede Bewegung gedanklich kontrollieren muß, sind die Bewegungsabläufe beim Könner habitualisiert. Mit zunehmender Konsumerfahrung in der betreffenden Produktklasse wird die Notwendigkeit, für die Entscheidung Informationen zu beschaffen, immer geringer. Schließlich kann das Kaufverhalten völlig "kognitiv entlastet" (WEINBERG) sein und rein behavioristisch erklärt werden: Ein Kaufreiz löst den Wiederholkauf aus (S-R) bzw. früheres Kaufverhalten bedingt gegenwärtiges Kaufverhalten (R1-R2).

Habitualisierung ist nicht auf primitive Lernmechanismen wie die Konditionierung beschränkt. Das Erlernen von **Markentreue** kann auch auf Imitation von Vorbildern oder auf bewußte Erleichterung der Arbeit "Einkaufen" zurückgehen. Entsprechend kann man zwei Arten der Markentreue unterscheiden: nicht involvierte (konditionierte) und involvierte (bewußte) Markentreue. Eine Unterart der nicht involvierten Markentreue ist die sogenannte unechte Markentreue: Der Konsument bleibt solange bei der einmal gekauften Marke, bis das Motiv nach Abwechslung durchschlägt. Je nach der Einstellung des Konsumenten zur entsprechenden Marke können folgende Marketing-Strategien verfolgt werden:

	Einstellung zu unserer Marke		
	gut	indifferent	schlecht
kauft unsere Marke normalerweise	• markentreu • kein Problem	• Käufer unserer Marke • Konkurrenzmarketing-anfällig	
kauft unsere Marke gelegentlich	• multipel markentreu • halten/stärken • Distributionslücken?	• multipel markentreu • Einstellung verbessern	• Konkurrenz hat • Distributionslücken? • Qualität heben
kauft unsere Marke nicht	• Konkurrenzmarkenkäufer • anfällig gegen das eigene Marketing		• fremde Zielgruppe • no chance

Markentreue sollte nicht nur am Verhalten, sondern auch mit dahinterstehenden, intervenierenden Variablen definiert werden. Daraus folgend kann nächstehende Hypothesenstruktur abgeleitet werden (entstanden durch eine Anregung von Ulrich LACHMANN, Marketingberater in Hamburg, 1994):

Verhaltensgrund	Einstellung zur Marke	Marketingziele
Zufall (immer Low-involvement)	nicht ausgeprägt, vielleicht im Evoked-set	hohe Distrubution, Bekanntheit Visibility ➜ Evoked-set
Gewohnheit (inzwischen Low-involvement)	ausgeprägt, Evoked-set, multiple Markentreue	hohe Distribution, Präsenz Aktualisierung ➜ Evoked-set
Überzeugung (High-involvement)	stark ausgeprägt, Top-of-mind, echte Markentreue	starke Markierung eigenständige Position

Analog zur Markentreue liegt bei der **Einkaufstättentreue** eine Konzentrierung der Käufe auf eine oder wenige Einkaufsstätten vor. DILLER u.a. (1997) untersuchen die Marken- und Einkaufsstättentreue bei Konsumgütern als Ziel- und Meßgröße der Kundenbindung (vgl. 4.5 und 4.7) an Hersteller und Händler. Diese wird operationalisiert als der Anteil der jeweiligen Erstpräferenz an der Gesamteinkaufsmenge eines Haushaltes. Im Rahmen umfangreicher empirischer Untersuchungen stellten DILLER u.a. (1997) fest, daß ein Konsument im Laufe eines Jahres durchschnittlich 2,7 Einkaufsstätten pro Warengruppe aufsucht und nur ca. 2,9 unterschiedliche Marken innerhalb einer Warengruppe bezieht. Die Befunde ergaben, daß ein enger Zusammengang zwischen der Marken- und Einkaufsstättentreue besteht und eine kooperative Bindungspolitik zwischen Hersteller und Händler angestrebt werden sollte, um Treue-Synergien zu realisieren.

Habitualisierung kann sich ebenfalls in Moralvorstellungen, Glaubensgrundsätzen, Sprichwortweisheiten, Mythen, Märchen, Legenden und Riten einer Kultur niederschlagen. Indem die Kultur mittels dieser "**symbolischen Sinnformeln**" das menschliche Wissen bestimmt, nimmt sie Einfluß auf das Weltbild des Konsumenten, der diese als "zweite Natur" annimmt (DIETERLE 1992, S. 47). Eine Geschichte enthält symbolische Elemente, die die geteilten Gefühle und Ideale einer Kultur ausdrücken. **Mythen** bringen oftmals einen Konflikt zwischen gegnerischen Kräften, und die Geschichte beschließt Geschehnisse als moralische Richtlinien. Viele **Riten** (standardisiertes Sozialverhalten) sind verbunden mit der Beziehung eines Konsumenten zu seinen favorisierten Produkten. Viele Geschäfte verdanken ihre Existenz dem Bedürfnis der Konsumenten, ritische Artefakte zu zelebrieren (Geburtstagstorte, Wein, Zigarren, Glückwunschkarten etc.). Wichtige Kategorien von Konsumenten-Ritualen beinhalten binäre Gegensätze, wie z. B. privat/öffentlich, Arbeit/Freizeit etc. Riten sind auch Determinaten von **Markentreue**: Zum Beispiel verwendet der "echte" Kaffeetrinker bei dem Ritual des Kaffeetrinkens nur seine favorisierte Marke.

Um verallgemeinerbare Aussagen über die Prozesse des Konsumenten-Wissenserwerbs zu gewinnen, müßte man das Konsumentenverhalten im zeitlichen Längsschnitt, zumindest aber phasenweise beobachtet werden. Die Theorie des Konsumentenverhaltens ist auf diesem Wege noch nicht sehr weit gekommen. Ein Meilenstein ist das Modell von HOWARD (1977), das inzwischen durch den allgemeineren Ansatz der Involvementforschung impliziert wird. Danach zerfällt der Entwicklungsprozeß in drei deutlich abgrenzbare Phasen:

(1) Extended Problem Solving (EPS):
    Ausführliche Informationsverarbeitung

(2) Limited Problem Solving (LPS):
    Vereinfachte Informationsverarbeitung

(3)   Routinized Response Behavior (RPB):
Keine Informationsverarbeitung.

Das Phasenschema kann jetzt als abnehmendes Involvement im Verlaufe einer Lerngeschichte gedeutet werden.

Eine Weiterführung und **empirische Fundierung** dieses Theorieansatzes stammt von KAAS und Mitarbeitern (KAAS 1979, DIETERICH 1986). Die Untersuchung analysiert das zunehmend habitualisierende Konsumentenverhalten einer Kohorte junger Mütter eines ersten Kindes. Zunächst hatten die Mütter noch keine Erfahrung mit den High-involvement-Produkten Babykost, Windeln und Cremes. Mit der Produkterfahrung kommt die Habitualisierung. Obwohl Einzelergebnisse der Studie sehr produktspezifisch sind, können einige Befunde verallgemeinert werden:

Mit zunehmender Produkterfahrung (Baby-Lebensalter)

* sinkt die Zahl der herangezogenen Informationsquellen,

* sinkt die Häufigkeit der Nutzung von Informationsquellen,

* werden eher markenspezifische Informationen und weniger produktgruppenbezogene Informationen gesucht und erworben,

* erfolgt Informationserwerb mehr über marketingdominierte Informationsquellen als über neutrale Quellen,

* nimmt der Erwerb von Informationen durch andere Personen ab.

Einstellungen wurden als "gelernt" definiert (vgl. 5.2). Es gibt jedoch keinen bestimmten, verbindlichen **Einstellungs-Lernprozeß**, sondern je nach Situation unterschiedliche Wege. In der nachstehenden Übersicht sind die Wege der Einstellungsbildung in Abhängigkeit vom Involvement als Schlüsselkonstrukt der Kommunikationssituation dargestellt (TROMMSDORFF & SCHUSTER 1981, S. 745. ff).

Prozeß	Hierarchie	Marketingbeispiele
Low-involvement		
• mere exposure	A - V - (K)	• Bandenwerbung
• kognitive Berieselung	K - V - A	• Plakatwerbung
• (emot.) Konditionierung	A - V - K	• TV-Spots
• Attribution *	V - A - K	• Probekaufförderung
High-involvement		
• instrum. Konditionierung	K - A - V	• Probefahrt
• kognitive Lerntheorien	K - A - V	• Verkaufsgespräch
• Kogn. Dissonanz	V - A - K	• Nachkaufwerbung
• Reaktanz	K - A - V	• Ablenkung

zur Attributionstheorie vgl. 9.2.3, Attribuieren

258

Nach der "klassischen Lernhierarchie" ist eine Einstellung Folge und Ergebnis von aufgenommenen Überzeugungen (Kognitionen K), die bewertet und zu einem abrufbaren Wert (Affekt A) integriert werden, der seinerseits ein bestimmtes Verhalten (V) auslöst. Die Hierarchie K-A-V korrespondiert auch mit Faustregeln der Werbewirkung wie AIDA (Attention-Interest-Desire-Action). Die anderen in diesem Kapitel behandelten Lernprinzipien haben z.t. ganz andere Hierarchien der Bildung und Wirkung von Einstellungen.

8.5 Zur Messung von Informationserwerb

Man kann Informationserwerb direkt und indirekt erfassen, man kann dazu an Prozeßaktivitäten oder an Zustandswirkungen ansetzen und dabei mit oder ohne Befragungen arbeiten. Kein Verfahren erfaßt den gesamten Prozeß des Informationserwerbs; allgemein gilt auch hier das Prinzip des theoriegeleiteten Messens mit mehreren, möglichst verschiedenen Indikatoren.

Ein bewährtes Instrument zur Messung der visuell aufgenommenen Reize ist die **Blickaufzeichnung.** Hierbei wird mittels einer Spezialbrille, die ähnlich einer Skibrille getragen wird und damit Kopfbewegungen erlaubt und mitverfolgt, der Verlauf der Pupillenbewegung bei der Betrachtung eines Gegenstandes, z. B. eine Werbeanzeige, erfaßt und maßstabsgetreu in zwei Dimensionen aufgezeichnet. Zur Technik dieser Methode vgl. VON KEITZ (1986, S. 103) sowie LEVEN (1988).

Durch die Blickaufzeichnung zeigt sich, daß die Pupillenmotorik ständig zwischen ca. 0,05 Millisekunden (msec) kurzen Sprüngen (Sakkaden) und ca. 0,3 msec kurzen Verweilzeiten auf einem Punkt (Fixationen) wechselt. Während der Fixationen wird ein Bild der Umgebung auf der Retina aufgebaut. Während der Sakkaden erfolgt praktisch keine Informationsaufnahme. Das Ziel einer Sakkade wird durch die vorangegangene periphere Informationsverarbeitung einer Fixation unbewußt gesteuert. Man kann damit durch Auswertung der Blickbewegungen die Informationsaufnahme bei der Betrachtung eines Gegenstandes ermitteln.

Anwendung findet die Blickaufzeichnung im Marketing überwiegend beim Werbemittel-Pretest sowie immer mehr beim Verpackungs- und Designtest von Produkten. Im Vergleich zur Befragung hat die Blickaufzeichnung den Vorteil, keine Daten zu liefern, die schon bewußt verarbeitet wurden. Sie führt damit zu valideren Meßergebnissen. Eine engagierte Diskussion über die Möglichkeiten der Blickaufzeichnung führten REHHORN (1986) und VON KEITZ (1987). Die Blickaufzeichnung ist kein Meßinstrument zur Erfassung der gesamten Werbewirkung, sondern nur zur Erfassung der Menge und Art aufgenommener Information, nicht der Informationsverarbeitung.

In laborexperimentellen Untersuchungen wird zur Messung der aktiven Informationsaufnahme oft die **Informationsmatrix** (vgl. die Abbildung einer solchen Matrix in Abschnitt 9.4.1) benutzt. Hierbei werden der Versuchsperson für eine Kaufsituation relevante Informationsdimensionen (Attribute wie Preise, Qualitätsmerkmale, Markenname) zu verschiedenen Produktalternativen angeboten. Eine Matrix mit den Spalten "Alternativen" und den Zeilen "Attribute" enthält zellenweise verdeckt die Ausprägungen dieser Informationen. Die Versuchsperson kann die Informationen aufdecken und anschauen, die sie für eine Entscheidung benötigt. Der Prozeß der Informationsbeschaffung wird protokolliert und später ausgewertet. Mit dieser Methode läßt sich die Anzahl der beschafften Informationen, die Häufigkeit des Zugriffs auf bestimmte Spalten oder Zeilen und die Reihenfolge der Informationsbeschaffung ermitteln. Problematisch an diesem Verfahren sind die abstrakte Versuchssituation und die stark vorstrukturierten Informationen. Fortentwicklungen dieser Methode, wie z. B. eine "feldfähige" Information-Display-Matrix von HOLBROOK & MAIER (1978), entkräften jedoch einige dieser Kritikpunkte (ARCH u.a. 1987, KAAS & HOFACKER 1983, KUSS 1987).

Mit Methoden der mehrdimensionalen Imagemessung, u.a. mit der **Mehrdimensionalen Skalierung (MDS)**, können nicht nur mehrdimensionale Einstellungen (vgl. 5.5), sondern z. B. auch die Ergebnisse der **emotionalen Konditionierung** gemessen werden. Die Probanden sollen paarweise wahrgenommene Ähnlichkeiten (Affinitäten) zwischen Produkten angeben. Aus ordinal skalierten Ähnlichkeitsurteilen wird durch einen Optimierungsalgorithmus eine "Wahrnehmungskarte" (perceptual map) erzeugt. Sie soll die Produkte in einem geringdimensionalen Raum so abbilden, daß die Entfernungen zwischen den Produktpositionen den geäußerten Produktähnlichkeiten möglichst gut entsprechen. Die Dimensionen dieses Raumes können als hinter den Ähnlichkeitsurteilen stehende Beurteilungskriterien interpretiert werden. Sie geben die mit den Marken verknüpften und gelernten Merkmalsgebilde wieder. Diese können sowohl physischer Natur sein (Benzinverbrauch, Nikotingehalt) als auch psychischer Art (Prestige, Ambiente). Besonderes Augenmerk ist auf die (in der Regel nur subjektiv mögliche) Interpretation der Dimensionen zu legen. Zur Technik der MDS vgl. GREEN & TULL (1982), BACKHAUS u.a. (1994).

9 Informationsverarbeitung

9.1 Überblick

Erworbene Informationen werden verarbeitet, d.h. interpretiert, bewertet, verglichen, zusammengefaßt und in Prädispositionen bzw. Handeln umgesetzt. Informationsverarbeitungsprozesse wie die Interpretation neuer Informationen mittels vorhandenem Wissen sowie die Strukturierung und Verdichtung der wahrgenommenen Informationen zu Sinneinheiten (chunks) werden in der Psychologie allgemein zur Wahrnehmung gezählt. Für unsere am **Speichermodell** orientierte Darstellung und Begriffsabgrenzung ist der Wahrnehmungsbegriff entbehrlich. Eine absolute Grenzziehung zwischen Erwerb und Verarbeitung ist mit oder ohne Wahrnehmungsbegriff nicht möglich, weil Erwerb und Verarbeitung zusammenhängen.

Das Speichermodell kann wie jedes Modell die Wirklichkeit nur unvollkommen abbilden. In mancher Hinsicht (und besonders bei den Informationsverarbeitungsprozessen) konkurriert es mit dem Ansatz von CRAIG & LOCKHART (1972), der statt eines Durchlaufens von drei Speichern davon ausgeht, daß es allein auf die **Informationsverarbeitungstiefe** ankommt. Je mehr bei der Informationsverarbeitung passiert, desto intensiver (tiefer) ist der Prozeß und desto besser ist die Erinnerung, weil jede Informationsverarbeitung mehr oder weniger tiefe **Gedächtnisspuren** (vgl. 3.2) hinterläßt. Wir benutzen daher das Speichermodell grundsätzlich zur Gliederung der Prozesse, beachten aber das Verarbeitungstiefe-Modell implizit.

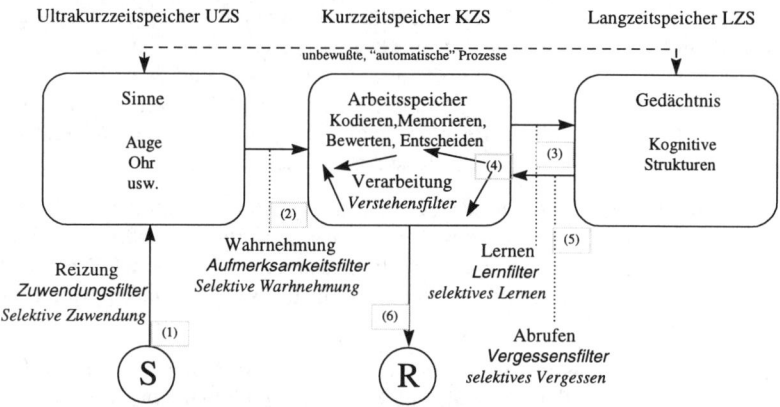

(4): Denken, Bewerten, Entscheiden, Attribuieren
(5) : Erinnern, Kognitiv Reagieren

Verarbeitungsprozesse sind hauptsächlich dem Arbeitsspeicher (KZS) zuzuordnen (Pfeil 4). Zur Verarbeitung kommen im KZS nicht nur von außen

261

stammende Informationen zusammen (Pfeile 1 und 2), sondern auch Informationen aus dem Langzeitspeicher, z. B. Erfahrungen, gelernte Argumente, Normen und Bewertungskriterien (Pfeil 5). Sie dienen u.a. zur Einordnung, Relativierung und Bewertung neu erworbener Informationen. Mit den kognitiven Reaktionen als Teilprozesse der Verarbeitung befassen wir uns in diesem Kapitel explizit. Mit allen anderen Rückkoppelungsprozessen befassen wir uns nur implizit. Dieses Kapitel enthält anspruchsvolle und vereinfachte, mehr oder weniger bewußte Verarbeitungsprozesse, soweit sie für die Theorie des Konsumentenverhaltens von Belang sind.

Informationsverarbeitungstheoretische Grundlagen (9.2): Das Kapitel beginnt mit einem grundlegenden denkpsychologischen Abschnitt, in dem zunächst kognitive Schemata, die den Prozeß der Informationsverarbeitung steuern, und der eigentliche Ablauf von Denkvorgängen behandelt werden. Anschließend wird auf spezielle Verarbeitungsprozesse wie Entscheiden, Haloeffekte und kognitive Reaktionen eingegangen. Schließlich wird die Attributionstheorie dargestellt, die das Zuschreiben von Gründen zu beobachteten Phänomenen erklärt.

Die Beeinflussungstheorie (9.3) und das **Entscheidungsverhalten** (9.4) sind marketingrelevante Aspekte des Informationsverarbeitungsansatzes und zentrale Größen für die Erklärung des Konsumentenverhaltens.

Einstellungsänderung durch beeinflussende Kommunikation (9.3.1): Da deutlich ausgeprägte Einstellungen hohes **Involvement** bedingen, sind auch die auf diese Situation zugeschnittenen Theoriefragmente zur beeinflussenden Kommunikation als High-involvement-Kommunikationsstrategien ausgelegt. Es wird ein Überblick über die Arbeiten der sogenannten Yale-Schule gegeben, die die empirische Grundlage dieses Ansatzes erarbeitete und dabei Fragen behandelte wie "Ist einseitige oder zweiseitige Argumentation wirkungsvoller?" usw. Anschließend wird die Reaktanztheorie dargestellt, die den Widerstand gegen eine wahrgenommene Beeinflussungsabsicht erklärt.

Textverstehen (9.3.2): Nach der Verständlichkeits-Basishypothese ist der Informationsverarbeitungserfolg bzw. Beeinflussungserfolg umso höher, je höher die Textverständlichkeit ausgeprägt ist. In diesem Abschnitt werden daher verschiedene Theorieansätze und Meßkonzepte für die Verständlichkeit von Texten dargestellt.

Unterschwellige Beeinflussung (9.3.3): Seit den 50er Jahren wird darüber diskutiert, ob es möglich ist, z. B. durch ultrakurze Einblendung von Werbebotschaften in Filme, Verbraucher zu beeinflussen, ohne daß diese es merken. Dieser Abschnitt setzt sich mit der Frage auseinander, ob es das Phänomen der unterschwelligen Beeinflussung tatsächlich gibt.

Produktbeurteilung (9.4.1): Hinsichtlich der Informationsverarbeitungsprozesse, die zur Beurteilung von Produkten und zur Entscheidung für eine Alternative führen, werden vier Kernfragen diskutiert:

- Welche Anzahl Informationen (Produktmerkmale und Produktalternativen) wird herangezogen?
- Welcher Art sind die herangezogenen Informationen?
- In welcher Reihenfolge werden sie abgearbeitet?
- Wie werden sie zu einer Gesamtbeurteilung integriert?

Involvement- und Impulskauf (9.4.2): In diesem Abschnitt geht es um die Typisierung von Kaufentscheidungen bzw. Kaufprozessen nach dem Ausmaß der Informationsverarbeitung. Danach ergibt sich ein Spektrum, an dessen einem Ende der Involvementkauf unter rationaler Verarbeitung und Integration aller relevanten Informationen steht. Am anderen Ende befindet sich der Impulskauf, der das automatische und unbewußt direkt von äußeren Reizen ausgelöste Verhalten einschließt.

Erst- und Wiederkauf (9.4.3): Dieser Abschnitt geht auf die bei Produktneueinführungen wichtige Gewinnung von Erstkäufern (Erstkäuferrate) und ihre Stabilisierung zu Wiederholkäufern (Wiederholkaufrate) ein. Neben den Determinanten, die diese Größen beeinflussen, wird ein Modell dargestellt, mit dem sie zur frühzeitigen Marktanteilsprognose verwendet werden können.

Im abschließenden **Meßabschnitt** (9.5) werden Reaktionszeitmessung, Methode des Lauten Denkens, Mimik- und Gestikkodierung, Blickstellungsbeobachtung sowie die Erhebung kognitiver Strukturen als Methoden zur Untersuchung von Informationsverarbeitungsprozessen vorgestellt.

9.2 Informationsverarbeitungstheoretische Grundlagen

Der KZS wird modelltheoretisch als Zentraleinheit der Informationsverarbeitung aufgefaßt. Aber damit ist noch wenig über die psychophysiologischen Vorgänge und Begrenzungen gesagt. Die zeitliche **Kapazität** des KZS beträgt nur wenige Sekunden. Auch die mengenmäßige Kapazität ist gering. Als Faustregel gilt MILLERs "Magische Zahl 7", nach der nur ca. sieben Informationseinheiten gleichzeitig verarbeitet werden können. Durch diese Begrenzung muß komplexe Informationsverarbeitung sequentiell gestaltet werden und/oder vereinfacht bzw. vergröbert werden. Die folgenden Abschnitte, besonders 9.4.1, befassen sich mit solchen Vereinfachungen und Vergröberungen. Zunächst sollte aber eine psychophysiologische Vorstellung von den Abläufen bei der Informationsverarbeitung bestehen. Einen Überblick über verschiedene Modelle geben LORD & MAHER (1990). Nach dem gegenwärtigen Stand der Forschung ist Informationsverarbeitung auch physiologisch als **Verknüpfung** zu verstehen, nämlich als Schaltung und Erregung von bestimmten Nervenbahnen, über welche neue Informationen mit vorhandenen Informationen verbunden (assoziiert) werden können. Neue Reize lösen ein assoziatives Abfahren des dem LZS zuzurechnenden kognitiven Netzwerkes aus. Die mit der neuen Information assoziierten Kognitionen ermöglichen die Reizinterpretation, ohne daß jedesmal eine grundlegend neue, ausführliche Informationsverarbeitung erfolgen muß. Man unterscheidet dabei zwei verschiedene **Assoziationsarten.** Oberbegriffsassoziationen stellen die Beziehung zu übergeordneten Kategorien dar, z. B. vom Polohemd zur Kategorie Bekleidung. Eigenschaftsassoziationen stellen Merkmalsbeziehungen her, z. B. von der Polohemdmarke LACOSTE zur Kategorie Prestige. Zur Zeit gibt es keine einheitliche, zusammenhängende **Assoziationstheorie,** sondern grundsätzlich verschiedene Theorien, die nur hinsichtlich einzelner Grundannahmen übereinstimmen. Diese Theorien gehen davon aus, daß Ideen oder Daten miteinander aufgrund von Erfahrung oder Gewohnheit verknüpft werden. Voraussetzung für eine Assoziation ist das Vorliegen von Verbindungen mentaler (innerer) Gedächtniselemente oder externer Reize. Man unterscheidet die Theorien des frühen Assoziationismus, die behavioristische Assoziationstheorie und die statistische Assoziationstheorie. Eine Übersicht über die verschiedenen Theorien gibt PETRI, 1992.

Als **Determinanten des Assoziationsverhaltens** (vor allem bei Wortassoziationen) können Emotionalität, Konkretheit, Bildhaftigkeit und Bedeutungshaltigkeit der Wörter sowie deren grammatische Wortklasse, die Vertrautheit der Person mit dem Wort und dessen Auftretenshäufigkeit in der jeweiligen Sprache, angesehen werden. Assoziationen erfolgen nach drei grundsätzlichen Prinzipien:

(1) der Ähnlichkeit, z. B. laufen-rennen, Straße-Weg

(2) des Gegensatzes, z. B. hoch-tief, oben-unten

(3) nach der räumlich-zeitlichen Kontiguität, z. B. sind verschiedene Gedächtnisinhalte in der Vergangenheit zum selben Zeitpunkt bzw. in räumlicher Nähe erlebt worden oder unmittelbar nacheinander aufgetreten (Morgen-Frühstück, Winter-Schnee), (PETRI 1992, S. 27).

Reize werden nicht isoliert verarbeitet, sondern mit Hilfe der Abstraktion und anhand gespeicherter **kognitiver Schemata** (vgl. auch 3.2). Schemata organisieren in subjektiv bewährter (gelernter) Weise den Verarbeitungsvorgang. Schematische Verarbeitungsprozesse lassen sich für den Fall der visuellen Informationsverarbeitung an optischen Täuschungen demonstrieren. Die berühmten Zeichnungen von ESCHER (1985) (vgl. das Bildbeispiel) erhalten ihre Paradoxie aus einem raffinierten Spiel von einander widersprechenden visuell kognitiven Schemata.

Die Gesetze der Gestaltpsychologie können als Systematik **visueller Schemata** aufgefaßt werden. Zum Beispiel beruht das "Figur- und Grund-Schema" darauf, daß visuelle Reize zu Figur-Informationen und zu Hintergrund-Informationen organisiert werden. Ein Beispiel für ein solches Schema ist die Gestalt einer Coca-Cola-Flasche oder eines Firmenlogos. Neuere Untersuchungen zur Schematheorie liefern MEYERS & TYBOUT (1989). Danach stimulieren Produkte, die geringfügig von den mit ihnen assoziierten Produktkategorien abweichen, in stärkerem Maße eine Informationsverarbeitung als Produkte, die entweder kaum dieser Kategorie zugeordnet werden oder vollkommen kategorietypisch sind.

Daß **schematische Prozesse** die Informationsverarbeitung steuern, kann für den Fall nicht-visueller Arten der Informationsverarbeitung verallgemeinert werden. Auch "chunks" (vgl. 3.2) sind Schemata. Ein bestimmter Reiz (z. B. das Krokodilsymbol) wird über das gelernte Schema (typische Gestalt eines

265

Krokodils) mit einer Kategorie (LACOSTE-Polohemd) identifiziert und durch Assoziationen mit anderen Kategorien (Bekleidung, Prestige) interpretiert und wahrgenommen. Es gibt vielfältige weitere Anwendungen von **Assoziationen** im Marketing, z. B. bei der Wahl von Marken- und Firmennamen, die bestimmte Imagemerkmale bzw. Qualitätseigenschaften assoziieren (z. B.: Boss, Softlan, Tipp-Ex usw.) oder allgemeine Markenimages verallgemeinern sollen (Dachmarken, Imagetransfer) (HÄTTY 1988).

9.2.1 Denken, Bewerten, Entscheiden

Denken ist der Prozeß der **Verknüpfung** von Kognitionen nach bestimmten (allgemeingültigen oder subjektiven) Regeln zu neuen Kognitionen. Die zu verknüpfenden Kognitionen können mehr oder weniger abstrakt sein, sei es über Sprach- oder über Bildsymbole. Neben sprachlichen Begriffen werden im unbewußten Bereich des Denkens innere Bilder, Düfte und Melodien bevorzugt verwendet. Die durch Denken neu entstehenden Kognitionen können verdichtete Informationen sein (information chunks) oder Werturteile (evaluations) oder Verhaltensanstöße (affects). Sie können gelernt, d.h. als Zustände im LZS gespeichert werden, als Wissen, Meinung, Einstellung, Wert, Norm, Verhaltensabsicht, Reaktionsmuster.

Aktive Informationsverarbeitung bedingt ein relativ hohes Maß an **Bewußtheit** dieser Denkprozesse. Man kann das Denken dann beschreiben und (z. B. bei Befragung durch Marktforscher) nachvollziehen. Damit ist aber nicht gesagt, daß grundsätzlich alle Elemente und Phasen der Denkprozesse bewußt und kontrolliert sind.

Ziele des Denkens können u.a. Unterhaltung, Erkenntnis (siehe unten: Attribution) oder die Lösung von Problem-, Konflikt- bzw. Entscheidungssituationen sein. Denken kann durch Abstraktheit, Mehrstufigkeit und Vernetzung hochkompliziert sein. Eine Problemlösung durch Denken kann durch Analogiebildung zu ähnlichen Aufgabensituationen erleichtert werden. Dabei werden erlebte Lösungen auf neue, ähnliche Problemsituationen übertragen, also verallgemeinert. Es entstehen schematische Problemlösungsmuster im Sinne der besagten Prozeß-Schemata (BADDELEY 1988).

Im Falle von neuartigen Aufgaben – ohne die genannten Möglichkeiten der Vereinfachung – spricht man von kreativen Problemlösungen. **Kreativität** ist der erfolgreiche Umgang mit subjektiv ganz neuartigen Problemsituationen. Kreativität ist von einem subjektiv hohen Grad an Abstraktheit und Komplexität der Aufgabe gekennzeichnet. Populäre Kreativitätstechniken wie Morphologie, Brainstorming, Brainwriting (u.a. Methode 635), Bionik oder Synektik beruhen darauf, das Denken in neuen und schwierigen Situationen zu erleichtern, u.a. durch Nahelegen von ungewohnten Analogiebildungen, Anleiten zur Auflistung und Selektion von Assoziationen und durch Anhalten zu Vollständigkeit bei Aufzählungen. Kreativitätstechniken dienen nicht nur dazu, neuartige Zweck-Mittel-Kombinationen zu finden, sondern tragen auch dazu bei, Widerstände gegen Innovationen abzubauen (HAUSSCHILDT 1994, S. 400). Auf diese Weise bekommen unkonventionelle und originelle Problemlösungen eine Chance. Kreativitätstechniken sind jedoch auch nicht unkritisch anzuwenden. Probleme liegen in der Informationsüberlastung und beim Umgang mit der Zeit. Die Kürze einzelner Sitzungen zwingt zu extrem kurzen Statements der Teilnehmer, und komplexe Gedankengänge werden nicht vorgetragen. Ebenso sind Widerspruch oder Kritik anderer Teilnehmer verboten, aus der weitere produktive Beiträge resultieren könnten. Der Erfolg des Einsatzes von Kreativitätstechnicken ist abhängig von der Art und dem Umfang der jeweiligen Aufgabenstellung sowie der bestmöglichen Konstellation verschiedener Kreativitätstechniken (Hauschildt 1994, S. 411 ff.).

Ein wichtiger begrenzender Faktor ist die Kapazität bzw. der Zeitaufwand bei der erforderlichen Informationsverarbeitung. Wegen der begrenzten quantitativen Kapazität des KZS werden z. B. idealerweise simultan zu lösende Entscheidungen statt dessen sequentiell abgearbeitet, oder es werden nur wenige grobe Informationen herangezogen:

- **Alternativenbeschränkung** durch Benutzung von Evoked-sets oder durch Abbruch der Informationsaufnahme,
- **Merkmalsbeschränkung** durch Weglassen oder Zusammenfassen (chunking) von Informationen.

Das Marketing muß sich auch mit **unlogischen Denkschemata** befassen. Beispiele für typische und für das Konsumentenverhalten bedeutsame Unvollkommenheiten des Denkens sind nichtlineare Nutzen-Gewinnfunktionen. Darunter versteht man, daß eine absolute Gewinn- oder Preissteigerung von zehn auf elf subjektiv höher als eine absolute Gewinn- oder Preissteigerung von 60 auf 61 bewertet wird. Dazu gehört ebenfalls das betriebswirtschaftlich unvertretbare Einkalkulieren von bereits nicht mehr entscheidungsrelevanten früheren Aufwendungen (sunk costs): Man hat z. B. schon so viel Geld in seine Wohnung gesteckt, daß man ein günstiges Wohnungsangebot jetzt nicht wahrnehmen möchte. Zur ökonomischen Irrationalität gehört auch die finanzielle Illusion (man wechselt wegen eines Preisnachteils von fünf Mark beim Kauf von Turnschuhen den Laden, aber nicht bei einem genauso großen Preisnachteil beim Kauf eines Fernsehers).

HAY (1992) untersuchte die Kodierungs- und Speicherungsprozesse bei der **Preis-Informationsverarbeitung**. Dazu zeigte er 180 Hausfrauen Anzeigen für Waschmittelwerbung mit Hervorhebung von Preisen oberhalb und unterhalb einer vorher ermittelten Preisschwelle. Er kam zu dem Ergebnis, daß Preise in glatten Geldbeträgen (z. B. 9,-DM) kodiert, gespeichert und auch wieder abgerufen werden. Dabei werden Preise, die einen Schwellenwert überschreiten, besser behalten als solche, die unter dem Schwellenwert liegen. Konsumenten, die zusätzlich zu dem zu erinnernden Preis weitere Attribute kodiert haben, können sich an den betreffenden Preis besser erinnern.

Das **Bezugssystem** der Preis-Informationsverarbeitung läßt sich in ein objektives Bezugssystem (durch Umfeldreize bestimmt) und ein subjektives Bezugssystem (in Form von Referenzpreisen) unterteilen. Bei der Preis-Informationsverarbeitung wird jedoch hauptsächlich auf der Basis **interner Referenzpreise** (vgl. 3.3) ein Produktpreis als "teuer" oder "billig" eingestuft. Jeder Konsument verfügt dabei über einen "mittleren" Preis einer Marke oder eines Produkts. Dieser Preis wird durch die gesammelten Erfahrungen des Konsumenten begründet. Dabei besitzen Käufer teurerer Marken einen höheren "mittleren" Preis als Käufer billiger Marken. Der Preis einer Marke wird dabei umso günstiger beurteilt, je höher der "mittlere" Preis der betreffenden Marke vom Konsumenten angesetzt wird. **Kontextwirkungen** wie Preis auf rotem Hintergrund, der Zusatz "Sonderangebot" zusätzlich zum Preis oder die Preisgegenüberstellung haben auf die Kodierung keinen Einfluß. Nur die Auszeichnung eines Preises mit einer Einheitspreisangabe wird günstiger beurteilt als ohne diesen Zusatz.

Eine **Preiserhöhung** in zwei Schritten wird weniger vom Kunden akzeptiert als eine identische Preiserhöhung in einem Schritt. Dabei wird die Überschreitung einer Preisschwelle durch ein einzelnes Unternehmen (z. B. den Preisführer) weniger akzeptiert als eine gemeinsame Preisschwellenüberschreitung zusammen mit der Konkurrenz. Das gilt gleichermaßen für den Fall der Preissenkung (HAY 1992, S. 276).

Eine besondere Art vereinfachender und objektiv nicht begründeter Denkschemata bezeichnen **Haloeffekte**. Das sind Wirkungen der Beurteilung eines Merkmals oder Objektes auf die Beurteilung eines anderen Merkmals oder Objektes. Untersucht wurde neben der Übertragung von einem Eindrucksmerkmal auf ein anderes insbesondere der Einfluß des allgemeinen Eindrucks auf die speziellen Eindrücke (SPIEGEL 1970, BECKWITH u.a. 1978). Danach sind Haloeffekte umso stärker,

- je weniger man mit dem Wahrnehmungsobjekt vertraut ist,
- je unklarer das (eigentlich unverändert bleibende) beeinflußte Merkmal ist,
- je weniger das beeinflussende Merkmal thematisiert ist,
- je näher die beiden Merkmale gestaltpsychologisch miteinander in Verbindung stehen.

Marketingpraktische Relevanz haben Haloeffekte für die Imagewerbung (positive Firmen- oder Markennamen strahlen auf die Wahrnehmung der Produktqualität aus), für das persönliche Verkaufen (wird z. B. ein Verkäufer als freundlich beurteilt, findet man ihn wahrscheinlich auch kompetent) und als

Fehlertendenz für die Befragungsmethodik in der Marktforschung (eine günstige Antwort auf Frage A zieht wahrscheinlich eine günstige Antwort auf Frage B nach sich).

9.2.2 Abrufen vorhandener Einstellungen und Kognitive Reaktionen

Zur Informationsverarbeitung gehören nach unserer Definition nicht nur die Prozesse im Inneren des Arbeitsspeichers, sondern auch die Prozesse, die durch den **linksgerichteten** Pfeil im Gedächtnismodell gekennzeichnet sind:

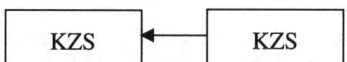

Allgemein bezeichnet er das Abrufen von Zustandseinheiten aus dem LZS zur Verknüpfung im Arbeitsspeicher. Soweit es sich dabei um gespeichertes Wissen handelt, gibt es keine Besonderheiten zu erörtern, die über das im Kapitel 3 gesagte hinausgehen. Besonderheiten sind aber beim Abrufen von gespeicherten Einstellungen und besonders beim Abrufen von Argumenten während einer beeinflussenden Kommunikation (sogenannte kognitive Reaktionen) zu nennen. Auch das Abrufen von Einstellungen aus dem LZS muß nicht bewußt und gedanklich kontrolliert sein. Ein Indikator für derart automatisches Abrufen einer Einstellung ist die Reaktionszeit zwischen einem auslösenden Stimulus und dem darauf folgenden Verhalten, z. B. zwischen einer Fragebogenfrage und der Antwort des Befragten. FAZIO & SANBONMATSU (1986) haben dazu experimentell festgestellt, daß besonders bei konsistenten und bei starken Einstellungen schnelle bzw. "automatische" Abrufe erfolgen, während das Abrufen inkonsistenter bzw. schwacher Einstellungen mühsam ist. Diese Eigenschaft einer Einstellung kann als **Einstellungsverfügbarkeit** bezeichnet werden. Je verfügbarer eine Einstellung ist, desto größer ist übrigens auch der Zusammenhang zwischen Einstellung und Verhalten (vgl. 5.2).

Das Stichwort **kognitive Reaktion** ist an dieser Stelle nicht mehr unbekannt (vgl. 3.2, 3.4, 5.2, 8.2, 8.4). Durch Denken wird Beeinflussung aufgrund eingehender Information moderiert, d.h. abgeschwächt oder auch verstärkt: Durch beeinflussende Kommunikation werden beim Eintreffen neuer Information (Argumente) Erinnerungen an vorhandene Informationen (Argumente) ausgelöst, die im LZS gespeichert sind und die mit dem Gegenstand der Beeinflussung assoziiert werden. Sie können, je nachdem ob sie Pro- oder Contra-Argumente darstellen, die Beeinflussung unterstützen oder beeinträchtigen. Kognitive Reaktionen werden in der Regel nicht bewußt ausgelöst und kontrolliert, sie laufen quasi automatisch ab. Deshalb ist es schwierig, sie zu artikulieren; dennoch wird das "laute Denken" teilweise erfolgreich als Methode zur Messung kognitiver Kontrolle der Beeinflussung verwendet, (vgl. 9.5).

Kognitive Reaktionen als von innen kommende Informationen der Zielperson können im Ergebnis stärker beeinflussen als von außen kommende Argumente des Beeinflussers. So sind intelligente und involvierte Personen relativ schwer zu beeinflussen, weil sie bei der Produktion kognitiver Reaktionen erfolgreicher sind. Bloßes Nachdenken verstärkt eine schon vorhandene Einstellung. Der Beeinflusser kann sich das aber auch zunutze machen: Wiederholtes Nennen beeinflussender Argumente zu einem komplizierten Meinungsgegenstand läßt die betreffenden Kognitionen bevorzugt Lernen, führt also in der späteren Bewertungs- oder Entscheidungssituation zu einer relativ günstigen Verteilung von positiven und negativen kognitiven Reaktionen.

Auch bewährte Hypothesen der Yale-Schule der **Kommunikationsforschung** (auf die in 9.3.1 noch eingegangen wird) sind über kognitive Reaktionen erklärbar. Zum Beispiel wirkt eine zweiseitige (auch Nachteile nennende) Kommunikation, auf die später eine Gegenbeeinflussung folgt, überzeugender als eine entsprechende einseitige (nur den Standpunkt des Beeinflussers betonende) Kommunikation. Das Bereitstellen relativ "harmloser" kognitiver Reaktionen durch Nennung (und Abwertung) der Gegenargumente wirkt wie eine Immunisierung gegenüber gegnerischen Argumenten. Ebenso können Vorwarn- und Ablenkungseffekte der Reaktanztheorie aus kognitiven Reaktionen erklärt werden (vgl. 9.3.1).

9.2.3 Attribuieren

Beobachtetes (auch eigenes) Verhalten verstehen zu wollen, ist ein menschliches Basismotiv. Eine plausible Erklärung, warum das Beobachtete so ist, hilft die Wahrnehmung zu strukturieren und mit der Komplexität der Wirklichkeit ohne kognitive Überlastung fertigzuwerden. Die Welt soll plausibel und berechenbar sein, man möchte Verhalten verstehen, möglichst vorhersagen können. So spielt man – unbewußt – oft die Rolle des Verhaltensforschers. Er registriert Verhalten, hat Hypothesen über Verhaltensgründe und nutzt Beobachtungen, um seine Hypothesen möglichst zu bestätigen, notfalls auch zu verwerfen.

Die Rolle des Verhaltensforschers spielt man nicht streng wissenschaftlich, eher naiv. Beim Erklären richtet man sich weniger nach den Regeln der Wissenschaftstheorie (vgl. 0.3), sondern greift auf naheliegende Hypothesen und simple "Untersuchungsdesigns" zurück. Zum Beispiel beachtet man trotz komplizierter Gründe (Kognitionen, Motive, Lernen, Bewerten usw.) für ein Verhalten nur einen einzigen Erklärungsfaktor und begnügt sich mit kurzen, lückenhaften und nicht repräsentativen Beobachtungsreihen. Urteile über Persönlichkeitsmerkmale anderer bilden sich vielfach schon bei der ersten oder zweiten Beobachtung eines Verhaltens.

Die **Attributionstheorie** (HEIDER 1958, KELLEY 1967, BEM 1972, WEINER 1986, Review aus der Konsumentenforschung: FOLKES 1988) hat dieses Erklärungsverhalten zum Gegenstand. Sie beschreibt, wie man seinen Beobachtungen über fremdes und eigenes Verhalten Gründe zuschreibt (attribuiert), sie will erklären, wann welche Attribuierungstypen vorkommen und wie sich das Zuschreiben bestimmter Ursachen auf das Verhalten der beobachtenden bzw. zuschreibenden Person auswirkt. Dieser letzteren, für das Marketing besonders interessanten Frage müßte allerdings die anwendungsorientierte Forschung stärker nachgehen, denn die psychologische Grundlagenforschung war mehr an den Determinanten der Attributionstypen als an deren Konsequenzen interessiert.

Attributionstypen

Student (S) hat von den Erfolgen seiner Kommilitonen (K, A, E und Z) in der Marketing-Abschluß-Klausur gehört. Alle drei haben eine ausgesprochen gute Note geschrieben. S kennt seine Freunde mittlerweile genau und hat deren Abschneiden in den letzten Semestern mitbekommen. S hält K für hoch intelligent, bei ihm mißlingt so gut wie keine Klausur. S schreibt also den Marketing-Klausurerfolg des **K** dessen persönlicher Eigenschaft, seiner Intelligenz, seinem **Können**, zu (konstante Personenattribution). Bei **A** hat S wechselnde Erfolge feststellen können. Er attribuiert trotzdem personenspezifisch (variable Personenattribution), da er meint, A habe diesmal intensiv gelernt, so daß der Erfolg des A auf dessen besondere **Anstrengung** zurückzuführen sei. Da auch andere Prüflinge Erfolg hatten, **E** aber selten, sucht S den Grund für den Erfolg des E nicht in dessen Person, sondern in der Situation (konstante Situationenattribution). S hielt die Klausur diesmal für sehr **einfach** und meint, dies sei der Grund für E´s gute Note. Bei **Z** hilft normalerweise nicht einmal eine einfache Aufgabenstellung, damit dieser eine gute Note schreibt. S meint, daß es für Z´s Erfolg keinen definitiven Ursachenfaktor gibt. Den Erfolg schreibt er dem **Zufall** von Z zu (Glück gehabt; ein blindes Huhn findet auch mal ein Korn). Falls A, E und Z den S von ihrem Können überzeugen wollen, so sollten sie wie K versuchen, bei S eine dauerhaft günstige Personenattribution (Können) zu erreichen.

HEIDER (1958) greift eine alte Kategorie auf, wenn er die für ein Handlungsergebnis bestimmenden Faktoren in Umweltfaktoren und in Personenfaktoren einteilt. Letztere differenziert er in Motivationsfaktoren (Bemühen) und Fähigkeitsfaktoren (Können). Eine Attribution kann also danach gekennzeichnet werden, ob sie eher an der beobachteten **Person** festgemacht wird oder eher an der betreffenden **Situation**. Attribuiert wird die subjektiv wahrscheinlichere Ursache unter mehreren möglichen Ursachen, auch wenn diese eigentlich komplex zusammenwirken.

		Beobachtungen	
		Konstant	Variabel
Attribution	Person	Können	Anstrengung
	Situation	Einfach	Zufall/Glück

Wegen der Dominanz der wahrscheinlichsten Ursache ist es entscheidend, ob die Attribution sich auf eine Reihe von konstanten oder von variierenden Beobachtungen stützt: Je "unüblicher" das Beobachtete bei anderen Personen als der fraglichen ist (geringe Konsistenz) und je "üblicher", also immer wieder, auch bei anderen Verhaltensabsichten festzustellen, es bei der fraglichen Person ist (geringe Distinktheit), desto eher erfolgt Personenattribution. Bei hoher Konsistenz und hoher Distinktheit wird ein Grund eher in den Umständen gesucht: **Situationsattribution.**

Eine **Personenattribution** ist wahrscheinlicher als eine Situationsattribution, wenn die wahrgenommene **Fähigkeit** der Person größer ist als die wahrgenommene **Schwierigkeit** der Aufgabe. Außerdem neigt man dazu, Erfolg eher auf eigene Fähigkeiten zurückzuführen, Mißerfolg eher der Umwelt zuzuschreiben.

KELLEY (1967) verfeinert die Theorie durch Unterscheidung der Beobachtungen, aufgrund derer man attribuiert. Beobachtungsreihen können über Eigenschaften von Personen, über Umweltreize (Stimuli) und/oder über besondere Handlungsumstände eines Zeitpunktes hinweg aufgestellt werden. Dementsprechend werden nach KELLEY **Personenattributionen, Stimulusattributionen** und **Umständeattributionen** unterschieden . Wegen der Unvollkommenheit des Attributionsverhaltens wird in der Regel nur eine der drei Dimensionen (**Personen, Stimuli, Umstände**) herangezogen. Man registriert allenfalls, ob auf den beiden anderen Dimensionen Konstanz oder Variation vorliegt. Zum Beispiel werden verschiedene Eigenschaften von Personen unter Voraussetzung der gleichen Umweltreize und denselben Umständen beobachtet oder dieselbe Eigenschaft von Personen mit verschiedenen Umweltreizen unter verschiedenen Umständen. Wissenschaftlich betrachtet sind derartige Beobachtungsreihen unzulänglich. Mit der Beschränkung auf eine Teilmenge des möglichen dreidimensionalen Beobachtungsraumes wird das Attributionsergebnis eingeengt und z. B. auf Personeneigenschaften gelenkt, da die unzulänglichen Beobachtungen keine Varianz bei den Umständen aufweisen.

Die folgende Abbildung zeigt die wahrscheinlichen Attributionstypen in Abhängigkeit von der Konstanz bzw. Variabilität von drei Beobachtungsdimensionen, in diesem Fall den Dimensionen Person, Zeit und Objekt.

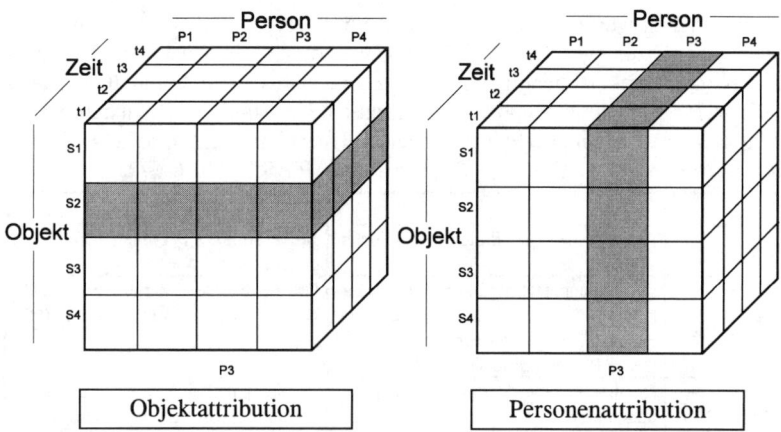

| Objektattribution | Personenattribution |

Das **Kovariationsprinzip** (Zusammenhangsregel) besagt, daß Beobachtungen denjenigen Ursachen zugeschrieben werden, mit denen sie wiederholt gemeinsam beobachtet wurden (kovariieren). Den beobachteten Ergebnissen und den Zusatzinformationen über Konstanz bzw. Variation entnimmt der Beobachter einen Zusammenhang und interpretiert ihn kausal. Es kommt also darauf an, welche Kovariationen zwischen Verhalten und möglichen Ursachen vom Individuum **subjektiv** wahrgenommen werden. Zum Beispiel hat man zweimal unter verschiedenen Rahmenbedingungen in Restaurant A gut und preiswert gegessen (Konsistenz), während frühere Erfahrungen in den Restaurants B und C unterschiedlich waren; diese Beobachtungen werden dahingehend interpretiert, daß Restaurant A besonders gut geführt sei. Das klärt auf einfache Weise unterschiedliche Zufriedenheiten und Einstellungen mit Restaurants und enthebt uns differenzierterer Analysen über die Tagesform des Kochs oder den Streß des Personals in der Stoßzeit.

Im Prinzip wertet man attributive Beobachtungen nach Art der Varianzanalyse aus: Als Ursache gilt derjenige Faktor, dessen Variation (bzw. Konstanz) am meisten mit der Variation (bzw. Konstanz) des beobachteten und zu erklärenden Verhaltens übereinstimmt (technisch: was den größten Anteil zur Aufklärung der Varianz der abhängigen Variablen leistet). Man kann auch auf der Basis einer einzigen Beobachtung attribuieren. Dann wird auf **gelernte** Zusammenhänge zurückgegriffen. Das sind kausale Schemata. So geht eine frühere Attribution in die heutige Attribution als "Vorurteil" ein.

Wie genau eine Ursache von mehreren möglichen Ursachen einem Verhalten zugeordnet wird, hängt davon ab, wie stark andere Personen in gleicher Weise attribuieren, wie deutlich sich eine wahrgenommene Ursache von anderen Ursachen abhebt und wie konsistent ein Zusammenhang über einen Zeitraum hinweg beobachtet werden kann. Nach KELLEY (1967) sind danach die Informationen **Konsensus** (wer hat den Effekt gleichermaßen beobachtet?), **Distinktheit** (ist der Effekt abhängig/unabhängig von dem Objekt?) und **Konsistenz** (unter welchen Bedingungen tritt der Effekt auf?) besonders bedeutsam für die **Validität** einer Attribution. Nachfolgende Übersicht zeigt mögliche Operationalisierungen von KELLEYS Theorie durch McARTHUR (1972):

	hoch	gering
Konsensus	Alle Personen attribuieren in gleicher Weise.	Nur bestimmte Personen attribuieren gleich.
Distinktheit	Das beobachtete Verhalten ist "bemerkenswert" unterscheidbar von anderen Personen (Objekten) und tritt nur bei dieser Person (Objekt) auf.	Das beobachtete Verhalten ist unabhängig von anderen Personen (Objekten).
Konsistenz	Der beobachtete Verhalten tritt immer und unter verschiedenen Umständen auf.	Das beobachtete Verhalten tritt nicht immer auf und ist von bestimmten Umständen abhängig.

Nachfolgende Abbildung zeigt die von Kelley entwickelten prototypischen Attributionsumster, die aus der Kombination der obigen drei Informationsarten entstehen, wobei die Ausprägungen der Informationen mit den Buchstaben H für high und L für Low sowie stets in der Reihenfolge Konsensus, Distinktheit und Konsistenz gegeben sind (NIEMEYER 1993, S. 36 ff.)

Info	Kovariationen über ...		
	Person	Produkt	Situation
HHH	o	●	o
LLL	●	o	●
LLH	●	o	o
HHL	o	●	●
LHL	●	●	●
HLH	o	o	o
HLL	o	o	●
LHH	●	●	o

● = kovariiert mit Eigenschaften der / des ....

o = kovariiert nicht mit Eigenschaften der / des ...

BEM (1974): Künftiges Verhalten hängt auch davon ab, welche Ursachen man dem eigenen Verhalten zuschreibt. Einstellungen sind nach BEM vielfach nicht ausgeprägt vorhanden, sondern werden attributionstheoretisch ad hoc gebildet. Wenn man z. B. meint, aufgrund einer Belohnung zu handeln, schließt man damit nicht auf eine günstige, dafür ursächliche Einstellung. Wenn man dagegen anscheinend ohne äußeren Anreiz handelt, kann man das Verhalten durch eine positive Einstellung erklären. Daraus kann für das Marketing geschlossen werden: Vorsichtiger Umgang mit Kauf-"Belohnungen" wie Zugaben und Rabatten. Die attributionstheoretische Variante von BEM schlägt damit die Brücke zur Einstellungs- und Selbstkonzepttheorie (vgl. 7.6).

WEINER (1986) widmet sich, aufbauend auf HEIDER und KELLEY, der attributionstheoretischen Erklärung von Leistung. Er differenziert Personen- und Situationsursachen nach den Faktoren Stabilität und persönliche Kontrollierbarkeit. Die Personenursache "Fähigkeit" und die Situationsursache "Schwierigkeit" sind stabile Faktoren, die Personenursache "Anstrengung" und die Situationsursache "Zufall" sind variable Faktoren. Leistungsattributionen wirken sich auf Erwartungen und Bewertungen aus. Erwartungen hängen stark von den stabilen Faktoren ab, Bewertungen besonders von den internen, kontrollierbaren Faktoren.

Anwendungen im Marketing-Mix

Die Attributionstheorie findet zahlreiche Anwendungen im Marketing, obwohl diese in der Theorie bislang wenig beachtet wurden.

Instrumente	Anwendungsbeispiele
Angebotspolitik	Produkte, Produktbeurteilung, Dienstleistung, Service, Trinkgeld
Preispolitik	Discount, Sonderangebote, Incentives, Rabatte, Werbegeschenke
Distributionspolitik	physische Distribution
Kommunikationspolitik	Compliance, Foot-in-the-door, Labeling-Technik, Werbung, Glaubwürdigkeit, Attraktivität, persönlicher Verkauf, Referenzlisten

Ziel von Marketingmaßnahmen ist es, Attributionen auf das **Angebot** zu verbessern: der Konsument soll sein Kaufverhalten den **Produkteigenschaften** und weniger der Situation (Sonderpreis, Zeitdruck, Alternativmarken nicht vorhanden etc.) zuschreiben. Zudem steigt die Zufriedenheit besonders, wenn der Konsument sich selbst als Ursache für positive Produkterlebnisse sieht (NIEMEYER 1993, S. 60). Im Einklang mit BEM beobachtet man an **sich selbst** markentreues Kaufverhalten und attribuiert das einer positiven **Markeneinstellung**, auch wenn gar keine einstellungsbildende Informationsverarbeitung stattgefunden hat. "Beobachtet" man dagegen an sich selbst den Kauf eines Sonderangebots, dann wird man dies dem Umstand "günstiges Angebot" zuschreiben, nicht unbedingt der Einstellung. Häufig als Sonderangebot angepriesenen Marken schreibt man tendenziell eine "billige" Qualität zu. Als Konsequenz daraus sollten Markenartikler Preis-Aktionen des Einzelhandels mit der eigenen Marke nicht unbedingt unterstützen, denn der kurzfristige Verkaufserfolg steht langfristig einer Einstellungsverschlechterung gegenüber.

Stattdessen sollte das Herstellermarketing dem Konsumenten Attributionshilfen geben, damit er einen Erstkauf der guten Produktqualität und damit seiner Einstellung zuschreibt. Eine Möglichkeit dazu ist gezielte Nachkaufwerbung (After-sales-Marketing) (vgl. hierzu 2.5).

Die **Preispolitik** ist aus zwei Gründen attributionstheoretisch interessant: Wie wirken sich Abweichungen von einem erwarteten Preisniveau aus, und haben "Geschenke" (Rabatte, Coupons etc.), die das Angebot verbessern, besondere Auswirkungen? **Sonderpreise** lösen Attributionen aus, wenn die Preisänderung unerwartet auftritt, insbesondere bei Markenware (s.o.). Es erscheint besser, wenn Konsumenten situative Gründe (Haltbarkeit bei Lebensmitteln, Sommer/Winterschlußverkauf) attribuieren als Produktmängel. Durch **Incentives** (Anreizmittel, kleine Geschenke) kann häufig ein Kaufanreiz geschaffen werden. Untersuchungen zur Selbstwahrnehmungstheorie zeigen jedoch, daß Incentives nicht in jedem Falls geeignet sind, um Verhaltensgewohnheiten aufzubauen. Durch den expliziten Hinweis, daß bei Vertragsabschlüssen keine Geschenke gemacht werden, kann sogar die Glaubwürdigkeit (siehe weiter unten) erhöht werden (NIEMEYER 1993, S. 64 ff.)

Im Hinblick auf die **Distributionspolitik** gibt es nur wenige attributionstheoretische Untersuchungen. Distributionsfragen tauchen vor allem im Kontext der Situationsattribution auf. Die Entscheidung über die Einkaufsstätte (Form, Art des Angebotes und Umfeld) ist ein zentrales Anliegen der Distributionspolitik. Hohe Konsistenz (Kunden sind über Jahre hinweg mit dem Geschäft zufrieden, das Geschäft ist sauber, die Bedienung nett) führt zu einer positiven Beurteilung von Service und kürzeren Einkaufszeiten. Hohe Distinktheit führt etwa zu einer positiveren Kaufhaltung, verbunden mit einem höheren Vertrauen in die Bewertung des Geschäftes. Attributionsinformationen können also nicht nur bei der Beurteilung von Produkten, sondern auch zur Prüfung von Geschäftsimages eingesetzt werden (NIEMEYER 1993, S. 66 f.).

In der **Kommunikationspolitik** finden sich weitere Anwendungen der Attributionstheorie, z.B bei der Darstellung von **Modellpersonen**, die das Produkt verwenden (vgl. 7.5). Abgesehen von Image-Lerneffekten und emotionaler Konditionierung kann bei wechselnden Modellpersonen angestrebt werden, daß die gezeigte Produktverwendung der Produktqualität zugeschrieben wird anstatt der Einstellung zu einer bestimmten Person. Auch kann durch ausgewogene, zweiseitige Argumentation (vgl. hierzu 9.3.1) erreicht werden, daß man der Werbung **Glaubwürdigkeit** zuschreibt, was die Beeinflussung erleichtert.

Die **Attraktivität** des Senders stellt eine weitere wichtige Variable für die Kommunikationswirkung dar. Attraktive Personen haben im allgemeinen eine größere Überzeugungskraft. Voraussetzung ist jedoch, daß sich das beworbene

Produkt auf die Basis der Attraktivität des Kommunikators beziehen läßt (NIE-MEYER 1993, S. 84).

Im **persönlichen Verkauf** liegt es nahe, die Personenwahrnehmung des Verkäufers durch Attributionshilfen als kompetent, uneigennützig an der Problemlösung interessiert und als glaubwürdig zu gestalten. Manche Erfolgsrezepte von Verkaufstrainern lassen sich darauf zurückführen. Auch die Wirkung von **Referenzlisten** kann attributionstheoretisch erklärt werden: Unterschiedlich schwierige Leistungen sind bei anspruchsvollen Kunden offensichtlich erfolgreich erbracht worden; als Ursache dafür liegt das Können des Anbieters nahe.

Auch Wirkungen weniger seriöser Verkaufstechniken sind attributionstheoretisch zu erklären. So wird der Zielperson bei der **Labeling**-Technik, vgl. 9.3.3, (SWINYARD & RAY 1977) vor der eigentlichen Werbung eine persönliche Eigenschaft untergeschoben, die als Voraussetzung für einen Kauf erlebt wird, z. B. ein moderner Geschmack oder besondere Großzügigkeit. "Gelabelte" Zielpersonen kaufen eher als ohne labeling werblich beeinflußte Zielpersonen. Bei der **Foot-in-the-door**-Technik wird zunächst bewirkt, daß die Zielperson einem kleinen Kaufengagement zustimmt, damit sie durch die Selbstattribution "ich habe eine gute Einstellung" ein späteres großes Engagement eher akzeptiert (STERNTHAL & SCOTT 1976).

9.3 Beeinflussung

9.3.1 Einstellungsänderung durch beeinflussende Kommunikation

Hier ist zum dritten Mal auf das **Einstellungskonstrukt** einzugehen. Zuerst (4.) ging es um die Einführung des Konstrukts als Zustand, dann (8.4) um den Prozeß des Einstellungserwerbs. Hier nun ist von der Änderung bestehender, und zwar deutlich ausgeprägter, Einstellungen die Rede. Damit sind aber nicht nur Veränderungen von Einstellungsausprägungen auf vorhandenen Einstellungsdimensionen gemeint, sondern auch das Wichtigwerden neuer Dimensionen einer Einstellung. Insofern liegen Einstellungserwerb und Einstellungsänderung nahe zusammen.

Deutlich ausgeprägte Einstellungen bedingen hohes Involvement. Sie zu ändern erfordert den Einsatz von High-involvement-Kommunikationsstrategien. Auf diese Situation zugeschnitten sind die Theoriefragmente zur beeinflussenden Kommunikation. Die empirische Grundlage erhielt dieser Ansatz von einer Gruppe von Sozialpsychologen, die hauptsächlich in den 40er bis 60er Jahren an der Yale University gearbeitet haben, u.a. BREHM, FESTINGER, HOVLAND, JANIS, KELLEY, vgl. zusammenfassend HOVLAND, JANIS & KELLEY 1953, FREY 1978, SCHENK 1978. Das Forschungsparadigma der **Yale-Schule** läßt sich im stark vereinfachten Modell so darstellen:

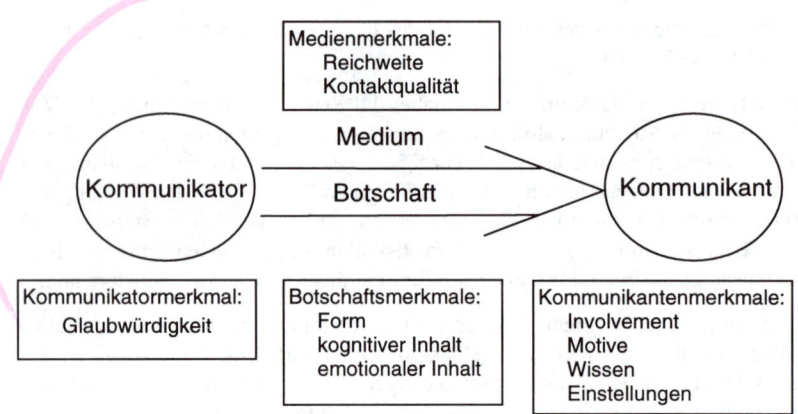

Eigenschaften dieser Elemente (als u.v.) bestimmen die Wirkung der Kommunikation, hier also die Einstellungsänderung (als a.v.). Die Yale-Schule der Erforschung von Beeinflussung durch Kommunikation benutzte eine streng naturwissenschaftlich-experimentelle Forschungsmethodik. Ausgehend von einer relativ allgemeinen Hypothese über den Einfluß einer Bedingung von kommunikativer Beeinflussung auf ihre Wirkung wurden streng kontrollierte Experimente durchgeführt, um den behaupteten Einfluß zu zeigen (eigentlich: zu falsifizieren, vgl. 0.3). Variiert wurden die jeweils interessierenden Bedingungen (Kommunikator-, Botschaft-, Medium- und Kommunikantenmerkmale als u.v.), um allein deren Einfluß auf die Kommunikationsauswirkungen (a.v.) möglichst exakt erfassen zu können. Der Ansatz ist im Grunde im **S-R-Paradigma** verhaftet: Es wird keine Theorie benötigt, um Reaktionen aus Stimuli zu erklären. Außerdem wurden in der Yale-Forschung nur ausgesprochene High-involvement-Meßmethoden verwendet, vor allem das Interview, oft als experimentelle Vorher-Nachher-Befragung. Der Beschränkung der "Theorie der beeinflussenden Kommunikation" auf die High-involvement-Situation sollte man sich bei allen Anwendungen bewußt sein.

Zur Illustration folgt eine kleine Auswahl aus den besonders intensiv beforschten **botschaftsbezogenen** Hypothesen der Yale-Schule. Die Befunde zu den anderen Kategorien (Kommunikator, Medium, Kommunikant) werden verstreut an verschiedenen Stellen dieses Kapitels behandelt.

Einseitig oder zweiseitig argumentieren?

Allgemein ist es besser, in der beeinflussenden Kommunikation auch Gegenargumente zu nennen als nur pro-Argumente; insbesondere dann, wenn mit späterer Gegenwerbung zu rechnen ist (Immunisierungseffekt), wenn die Zielgruppe die Gegenargumente schon kennt, bei gebildeteren Zielgruppen sowie bei Zielgruppen mit einer der Kommunikation entgegengesetzten Einstellung (Glaubwürdigkeitseffekt). In anderen Fällen ist es wegen der Negativwirkungen der Gegenargumente tendenziell günstiger, einseitig zu argumentieren.

Falls zweiseitig: Zuerst pro oder contra argumentieren?

Die Befunde der Yale-Forschung hierzu sind nicht eindeutig. In der Regel ist die Entscheidung gleichzusetzen mit der Frage nach der günstigsten Position in einer Abfolge von Argumenten. Danach haben erste Argumente (primacy effect) und letzte Argumente (recency effect) die größte Wirkung. Der primacy effect beruht auf der besonderen Aufmerksamkeit, die man einer Argumentation am Anfang entgegenbringt. Er überwiegt also, wenn das Thema weniger bekannt bzw. vertraut ist. Der recency effect beruht auf der nicht durch Folgeargumente gestörten Erinnerung an das zuletzt gehörte Argument. Außerdem unterliegen bei zeitlich weit auseinanderliegenden Argumenten die "älteren" Argumente stärker dem Vergessen als die "jüngeren".

Crescendo oder decrescendo der Stärke konformer Argumente?

Natürlich wird man in einer beeinflussenden Kommunikation vom Typ "High--involvement" alle guten pro-Argumente verwenden, die starken wie die schwächeren. Die Frage ist, ob in der Reihenfolge "von stark zu schwach" (decrescendo oder anticlimax) oder besser "von schwach zu stark" (crescendo oder climax). Die Yale-Forschung hat herausgefunden, daß eine sukzessive Steigerung der Argumentstärke (crescendo) bei vertrauten und/oder die Zielgruppe interessierenden Themen günstig ist, während man bei uninteressanten bzw. neuen Themen mit den stärksten Argumenten beginnen sollte (decrescendo). Bestätigt wird diese Aussage zum primacy- versus recency-Effekt durch die Studie von HAUGVEDT & WEBENER (1994). Eine gewisse Uneinheitlichkeit der experimentellen Befunde erklärt sich teilweise durch den Inhalt der Argumente, insbesondere durch ihre unterschiedliche Eignung, Bedürfnisse zu wecken und die Zielperson zu belohnen.

Schlußfolgerungen ausdrücklich ziehen oder nicht?

Im allgemeinen ist es besser, am Ende einer beeinflussenden Kommunikation noch einmal explizit die Schlußfolgerung im Sinne der Beeinflussung zu ziehen. Allerdings wirkt ein Fazit nach der Argumentation u.U. nicht oder sogar ungünstig, wenn die Zielgruppe besonders intelligent oder besonders involviert ist, bzw. wenn das Thema besonders einfach oder der Zielgruppe besonders vertraut ist. In diesen Fällen kann eine explizite Schlußfolgerung banal oder manipulativ wirken und Beeinflussungsabwehr (Reaktanz) auslösen.

Eine schwerwiegende **Kritik** an der Yale-Schule betrifft ihre schwache theoretische Basis. Es wurde wenig theoriegeleitet geforscht, d.h. die untersuchten Hypothesen wurden kaum aus vorliegenden allgemeinen Theorien hergeleitet, sondern empirisch durch unvorhergesehene Forschungsbefunde "entdeckt". In der Regel hat man aus einem Experiment mit nicht bestätigter Hypothese nach Bedingungen gesucht, die den Mißerfolg aufklären könnten und dann aus einer solchen nachträglichen Erklärung ein neues Experiment mit einer (der eigentlichen Hypothese untergeordneten) Subhypothese entwickelt. So wurden immer mehr Faktoren, die zunächst als Störvariablen im Experiment intervenierten, zu den u.V. neuer Hypothesen.

Das führt zu einer immer feineren **Verästelung** der Aussagen der Theorie der beeinflussenden Kommunikation. Das Geflecht von Hypothesen und mehrschichtigen Subhypothesen hat die "Theorie" bald unübersehbar und teilweise widersprüchlich gemacht. Erst auf der Grundlage allgemeinerer Theorieansätze konnten Hypothesen und Subhypothesen "wiedervereinigt" werden.

Inzwischen sind mehrere Ansätze der Yale-Schule zu in sich geschlossenen "Theorien" integriert worden. Beispiele für Erklärungsansätze der Einstellungsänderung liefern die nachstehend zu behandelnde **Reaktanztheorie** und die in Abschnitt 4.3 bereits behandelte **Dissonanztheorie**. Allgemeinere Theorien wie z. B. die der kognitiven Reaktion (vgl. 9.2.2) können den Theorieanspruch der Wissenschaftstheorie (vgl. 0.4) durchaus beanspruchen.

Beeinflussungswiderstand (Reaktanztheorie)

"A man convinced against his will is of the same opinion still." (Hudibras)

Einer Beeinflussung können Prozesse der **Beeinflussungsabwehr** entgegenstehen. Ein allgemeines Motiv zur Abwehr einer Beeinflussung wurde bei 4.3 (Konsummotive mittlerer Reichweite) als Reaktanz bezeichnet. Nach den experimentell gewonnenen Erkenntnissen von BREHM 1966 tritt Reaktanz auf, wenn sich eine Person in ihrer empfundenen Meinungsfreiheit durch einen als solchen wahrgenommenen Beeinflussungsversuch in einer ihr wichtigen Entscheidungsfreiheit bedroht fühlt. Reaktanz wirkt sich als Beharren auf dem zu verändernden Standpunkt aus:

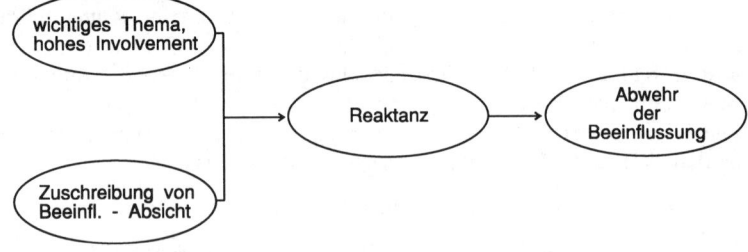

Reaktanz als Störfaktor im Beeinflussungserfolg setzt Bewußtheit und eine entgegenstehende Einstellung voraus. Das wiederum erfordert hohes Themeninvolvement. Grundsätzlich können beide Reaktanzbedingungen, Involvement und Zuschreibung von Beeinflussungsabsicht, durch die Kommunikation beeinflußt werden. Die **Wichtigkeitsempfindung** gegenüber einem Thema kann durch vorlaufende Argumente und durch das sonstige Verhalten des Beeinflussers verändert werden. Eine kontrollierte Veränderung ist aber schwierig, weil Wichtigkeitsurteile selbst das Ergebnis komplizierter gedanklicher Vorgänge sind.

Die Zuschreibung von **Beeinflussungsabsicht** läßt sich durch zwei Techniken kontrollieren: Ablenkung und Herabsetzung der Kompetenzempfindung des Beeinflußten im Vergleich zum Beeinflusser. **Ablenkung** von der (sprachlichen) beeinflussenden Kommunikation auf andersartige (z. B. bildliche) Reize bewirkt, daß die Aussagen weniger wahrscheinlich mit Beeinflussung in Verbindung gebracht werden. Dazu kommt, daß gedankliche Reaktionen und Assoziationen unter Ablenkung weniger wahrscheinlich zu den Gegenargumenten gehören. Dafür spricht schon die Spezialisierung der Gehirnhemisphären: Unter den beschriebenen Bedingungen verarbeitet die linke Hemisphäre die beeinflussende Kommunikation, während aufgrund der Ablenkung durch Bilder u.a. die rechte Hemisphäre "harmlose" Reaktionen zum Verarbeitungsprozeß beisteuert. Das verdeutlicht aber zugleich eine Gefahr der Ablenkungstechnik: Im Grenzfall werden die eigentlichen Argumente gar nicht verarbeitet, nur noch die Ablenkungsreize. Beispiele lassen sich im Werbefernsehen finden. Herabsetzung der relativen **Kompetenzempfindung** bedeutet, daß die Zielperson sich gegenüber der beeinflussenden Person als weniger kompetent empfindet und infolgedessen dem Beeinflusser eher Expertise zuschreibt als Beeinflussungsabsicht. Wer besser Bescheid weiß, wer wirklich gute Tips geben kann, der hat es weniger nötig zu manipulieren. Je kompetenter sich die Zielperson im Vergleich zu ihrem Gesprächspartner fühlt, desto eher schreibt sie seinem Verhalten eine Beeinflussungsabsicht zu.

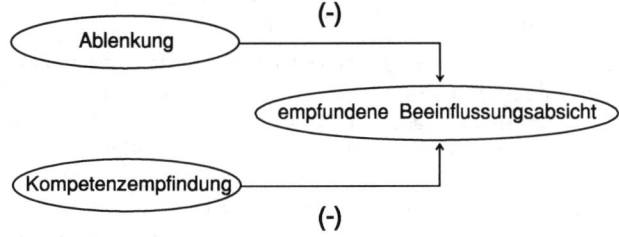

Die Reaktanzforschung sagt also aus, daß Ablenkung und Kompetenzgefühl während einer Beeinflussung das Auftreten von Reaktanz verhindert. Mangels einer übergreifenden Theorie konnte dieser Effekt aber zunächst nur festgestellt, nicht erklärt werden. Das bleibt der Theorie der Informationsverarbeitung bzw. der Theorie der kognitiven Reaktionen überlassen (zum Stand der Theorieentwicklung LESSNE & VENKATESAN 1989, S. 76 ff.).

FRIEDSTADT & WRIGHT (1994) haben das sogenannte "**Persuasion Knowledge Model**" (PKM) entwickelt. Dieses Modell konstatiert, daß der Konsument über schematisch funktionierendes Wissen über Beeinflussungsversuche verfügt. Bei einer wahrgenommenen Beeinflussung ruft er es ab und benutzt es zur Beurteilung der Beeinflussung. Damit wird das Beeinflussungsergebnis (Annahme, Veränderung, Abwehr) gesteuert. Das für eine Beeinflussung herangezogene Wissen besteht aus Kognitionen über

a) die Beeinflussung selbst (Persuasion Knowledge),
b) den Beeinflusser und
c) den Gegenstand der Beeinflussung.

Das PK besteht aus Wissen über

(1) das psychologische Ereignis, das der Beeinflussung dient,

(2) die Ursachen und Wirkungen dieses Ereignisses,

(3) seine Wichtigkeit,

(4) den Grad der eigenen Kontrolle über diese Art von Beeinflussungsversuch,

(5) den zeitlichen Verlauf des Beeinflussungsvorgangs sowie

(6) die Wirksamkeit und Angemessenheit der betreffenden Beeinflussungstechnik.

Die Autoren beschreiben weiter die individuelle Entwicklung von PK, die damit zusammenkommenden Einstellungen zu Beeinflusser und zum Inhalt und die Rolle von PK in Beeinflussungsprozessen. Schließlich wird das Modell mit vorhandenen Theoriemodulen abgeglichen, darunter: Einstellung zur Werbung (A_{AD}), Reaktanztheorie, Verarbeitungstiefe-Modell, Attributionstheorie. Abschließend skizzieren sie eine geschlossene Theorie der Beeinflussung (FRIESTADT & WRIGHT 1994).

Das **Marketing** benutzt – mit oder ohne Theorie – verschiedene Techniken zur Reaktanzvermeidung. Der Einsatz von Experten als Modelle in der Werbung verringert die Kompetenzempfindung der Zielpersonen. In der Fernsehwerbung ist Ablenkung häufig anzutreffen. Herabsetzen der Wichtigkeit des Beeinflussungsgegenstandes und des Kompetenz-Selbstbewußtseins der Zielperson sind Techniken aus dem Verkaufsgespräch. Reaktanz kann im Marketing auch unbeabsichtigt erzeugt werden, z. B. durch kostenlose Zugaben (Steigerung der Beeinflussungswahrnehmung).

9.3.2 Textverstehen

Beispiele aus der Marketingpraxis

Textversion 1	Textversion 2
Auch bei ungünstigen Wetterbedingungen ist die Bahn immer noch das zuverlässigste Verkehrsmittel	Alle reden vom Wetter – wir nicht (Deutsche Bundesbahn, McCANN ERICKSON)
Eine nicht ernstlich gemeinte Willenserklärung, die in der Erwartung abgegeben wird, der Mangel an Ernstlichkeit werde nicht verkannt werden, ist nichtig (§ 118 BGB)	Man wird doch wohl noch einen Scherz machen dürfen (CARLSBERG, McCANN ERICKSON)

Viele Beispiele für unverständliche Marketingkommunikation finden sich in Gebrauchsanweisungen. Wahrscheinlich hätte sich der Markt für private Personal Computer schneller und den Prognosen der frühen 80er Jahre entsprechender entwickelt, wenn Programmbeschreibungen für (potentielle!) Nutzer von Hardware und Software nicht so schwer verständlich geschrieben wären. Verständlichkeit ist einer der am meisten vernachlässigten und zugleich erfolgsbestimmenden Faktoren der Marketingkommunikation. Zur Gestaltung von technischen Fachtexten, siehe BECKER & JÄGER (1990), zur Verständlichkeit von Kurztexten, Symbolen, Pictogrammen etc., siehe TEIGELER (1982).

Erklärung, Operationalisierung und Gestaltung von Verständlichkeit

Die **Basishypothese** der Verständlichkeitsforschung lautet: Je höher ausgeprägt die Textverständlichkeit, desto höher der Informationsverarbeitungserfolg bzw. der Beeinflussungserfolg. Damit ist Verständlichkeit eine entscheidende unabhängige Variable zur Erklärung der Wirkung textlicher Informationen. Textverständlichkeit ist für das Marketing ebenso als zu erklärende abhängige Variable von Bedeutung, nämlich zur besseren Textgestaltung.

Früher ging man davon aus, daß Textverständlichkeit ein objektives Merkmal sei. Der "Readability-Ansatz" beschränkte sich auf formale und stilistische Merkmale des Textes und berücksichtigte kaum Verarbeitungsprozesse beim Leser. **Verständlichkeitsformeln** sollten die Lesbarkeit mit objektiven Kriterien wie Satzlänge und Gebräuchlichkeit von Wörtern erfassen. Ein Beispiel ist die alte Verständlichkeitsformel von FLESCH (1948):

$$\text{Lesbarkeit} = 207 - (0{,}85 * \text{Wortlänge}) - (\text{Satzlänge}),$$

wobei die Lesbarkeit ungefähr zwischen 0 und 100 variiert und Wortlänge (Buchstabenzahl) wie Satzlänge (Wörterzahl) als Mittelwert aus einer Textstichprobe zu ermitteln sind. Die Parameter der Formel sind damals für amerikanische Texte ohne Zielgruppendifferenzierung regressionsanalytisch ermittelt worden. Die Kritik an der Übertragung auf heutige, deutsche und werbliche Verhältnisse liegt auf der Hand. Die regressionsanalytische Methodik zur Entwicklung spezifischer Verständlichkeitsformeln ist aber nach wie vor interessant. Man kann z. B. jederzeit selbst zielgruppenspezifische Verständlichkeitsformeln für Autoanzeigen in gehobenen Illustrierten entwickeln.

Inzwischen hat sich die Erkenntnis durchgesetzt, daß das Verstehen von Texten auf **Wechselwirkungen** zwischen Merkmalen des Lesers und Merkmalen des Textes beruht. Damit sind nicht nur beide Merkmalsarten Gegenstand der Analyse von Verständlichkeit, sondern z. B. auch die Ähnlichkeit zwischen dem in einem Text verwendeten Wortschatz und dem Wortschatz eines Lesers. Verschiedene Theorieansätze versuchen das zu berücksichtigen:

In der **konstruktiven Verstehenstheorie** (BRANSFORD et al. 1977) wird Textverstehen als aktiver Konstruktionsprozeß angesehen, in welchem Informationen aus dem Text und aus dem subjektiven Vorwissen integriert werden. Der Textinhalt wird also in eine interne subjektive Wissensstruktur übersetzt. Verstehen setzt außer der entsprechenden Wissensstruktur die Motivation zur Informationsverarbeitung (Involvement) voraus. Die Verarbeitung der Textinformation wird in Komplexitätsstufen unterteilt, auf denen jeweils unterschiedliches Vorwissen zur Verarbeitung herangezogen wird. Die Stufen reichen von der Schriftzeichen- und Worterkennung über die semantisch-syntaktische Analyse bis zur Reduktion der aufgenommenen Information zu sinnvollen information chunks. Dabei interagieren Textinformationen und Vorwissen, bis eine sinnvolle "neue" Wissenstruktur vorliegt.

Das **zyklische Verarbeitungsmodell** (KINTSCH & VAN DIJK 1978) rückt zur Erklärung des Textverstehens den zeitlichen Ablauf des Prozesses ins Blickfeld. Ein Text ist eine Menge von Bedeutungseinheiten, die aus Prädikat (Verb, Adjektiv, Adverb) und Argument (meist Substantive) bestehen. Lesen heißt Verarbeitung von Bedeutungseinheiten. Der buchstäbliche Text wird in eine "Textbasis" aus diesen Bedeutungseinheiten übersetzt. Diese sind über gemeinsame Argumente zu **semantischen Relationen** verbunden, die man sich als hierarchisch geordnete Listen vorstellen kann und die bei der Erstellung der Textbasis eine wichtige Rolle spielen. Resultierende chunks dieser Textbasis werden im Arbeitsspeicher in eine stimmige "verstandene" Bedeutungsstruktur integriert. Die neue Sinneinheit (Kohärenzgraph) wird dann im LZS abgespeichert. Bestimmte chunks bleiben für die weitere Verarbeitung im KZS. Verstehen bzw. Verständlichkeit kann als Reibungsarmut dieses Prozesses verstanden werden.

Die **Schematheorie** stellt die Funktion des Vorwissens in den Vordergrund. Schemata sind nichtsprachliche Wissenstrukturen im Gedächtnis, in denen typische Zusammenhänge eines Gegenstandsbereichs durch Erfahrungen vertreten sind (vgl. 3.2). Schemata vereinigen Wissen über Gegenstände, Zustände, Ereignisse und Handlungen. Wird ein Schema durch einen Text aktiviert, so werden Erwartungen ausgelöst, die weitere Verarbeitungsstufen steuern. Wenn die aktivierten Erwartungen nicht mit dem weiteren Text harmonieren oder wenn kein geeignetes Schema für eine Texteinheit gefunden werden kann, so wird der Text nicht verstanden. Vertraute Texte werden daher besonders gut verstanden.

Zu den neueren und tiefergehenden Ansätze der Verständlichkeitsforschung gehört auch die **Inferenztheorie**, die sich mit der Herstellung neuer Bedeutungseinheiten aus vorhandenen Bedeutungseinheiten befaßt. Alle genannten Ansätze sind noch nicht so weit in operationale Konzepte zur Messung bzw. Gestaltung von Textverständlichkeit eingeflossen, daß sie unmittelbar in der Werbeforschung umgesetzt werden könnten.

Der operational am weitesten entwickelte Ansatz ist das **Hamburger Verständlichkeitskonzept** (LANGER, SCHULZ, VON THUN & TAUSCH 1987). Es beruht auf vier Textstrukturmerkmalen, die mit fünfpoligen Ratings von Experten (in der Methode trainierte Personen) eingeschätzt werden:

Verständlichkeits-dimensionen	**Indikatoren**	**Optimum**
1 Einfachheit	Satzbau, Wortwahl	sehr einfach
2 Gliederung, Ordnung	inhaltliche und äußere Struktur	sehr geordnet
3 Kürze, Prägnanz	inhaltlich und formal	mittel - kurz
4 zusätzliche Stimulanz	Bilder, Graphik, Beispiele	mittel - stimuliert

Einfachheit und Gliederung/Ordnung sind bei verständlichen Texten besonders hoch ausgeprägt, Kürze/Prägnanz und zusätzliche Stimulanz sind am besten mittelmäßig ausgeprägt. Die Autoren bieten im Anhang ihres Buches ein Verständlichkeitstraining für Texter, das man in wenigen Stunden autodidaktisch absolvieren kann. Das Meßkonzept zur nachträglichen Skalierung von Verständlichkeit wird im letzten Abschnitt dieses Kapitels skizziert.

9.3.3 Unterschwellige Beeinflussung

Von vier Paaren qualitativ identischer Damenstrümpfe wurden drei mit unterschiedlichen Duftnoten parfümiert. Dabei war die Duftintensität so gering dosiert, daß sie unter der Wahrnehmungsgrenze blieb. 250 Hausfrauen wurden hinsichtlich der Qualität der Strümpfe, die sie in die Hand nehmen und prüfen durften, befragt. In 50% der Fälle wurde das Paar mit der Duftnote "Narzisse" am besten beurteilt, während das unparfümierte Paar nur in 8% am besten eingestuft wurde (DeFLEUR und PETRANOW, 1959, zit.n. VON ROSENSTIEL & EWALD 1979, Bd. 2, S. 119).

Der Begriff "unterschwellig" stammt aus der Psychophysik. Eine ihrer wichtigsten Erkenntnisse ist die der Existenz von **Wahrnehmungsschwellen**, unterhalb derer Personen einen Reiz nicht bemerken. Andererseits laufen große Teile der Informationsverarbeitung unterhalb der Bewußtseinsschwelle ab. Es ist faszinierend und vielleicht erschreckend, daß in diesem Sinne "unterschwellige" Reize die Empfänger auch beeinflussen können: Menschen sind demnach zu "manipulieren", d.h. zu beeinflussen, ohne es zu merken, ohne sich kritisch mit der Beeinflussung auseinandersetzen zu können.

1957 berichtete eine amerikanische Illustrierte über eine Untersuchung eines Werbeberaters namens VICARY. In einem Feldexperiment sollen Kinobesucher auf wiederholte unterschwellig kurze Einblendungen der Schriftzüge "Eat Popcorn" und "Drink Coca Cola" im Spielfilm zum Kauf dieser Produkte im Foyer des Kinos angeregt worden sein, obwohl die 1/3000 sec. kurzen Einblendungen objektiv nicht zu bemerken waren. Die Untersuchung soll über sechs Wochen in einem Kino in New Jersey durchgeführt worden sein. In dieser Zeit sollen etwa 45.000 Personen das Kino besucht haben. Der Popcornumsatz soll um 57%, der Coca Cola-Umsatz um 18% gestiegen sein. PACKARD (1957) hat mit seinem Bestseller "Die geheimen Verführer" die Idee der **unterschwelligen Werbung** unter die Leute gebracht. Es entbrannte eine heftige öffentliche Diskussion über die Manipulierbarkeit des Menschen allgemein und die Manipulation des Konsumenten durch die Werbung insbesondere. Allerdings konnte wegen fehlender wissenschaftlicher Kontrolle und Dokumentation des Experiments die Gültigkeit des Zusammenhangs zwischen unterschwelligen Aufforderungseinblendungen und Umsatzanstieg nie geklärt werden (BRAND 1978):

- Riefen die gezeigten Filme selbst Hunger oder Durst hervor?
- Gab es in der fraglichen Zeit einen überdurchschnittlichen Kinobesuch, der auch die Umsätze im Foyer beeinflußte?
- Gab es einen Einfluß des Wetters auf Hunger oder Durst?
- Zog der gezeigte Film ein spezielles Besuchersegment mit hohem Cola- und Popkornkonsum an?

BRAND (1978, S. 173 f.) kommt zu dem Fazit, "daß infolge widersprüchlicher und/oder fehlender Informationen eine definitive und abschließende Beurteilung der Ergebnisse von New Jersey damals wie heute unmöglich ist."

Die Hypothese der unterschwelligen Wahrnehmung ist dann vielfach experimentell untersucht worden. Eine genaue Analyse und Kritik sämtlicher bis dahin zugänglicher Untersuchungen gibt BRAND (1978). Die Ergebnisse sprechen teilweise für, teilweise gegen die Hypothese. Das Widersprüchliche an den Experimenten liegt in der Unklarheit darüber begründet, ob der experimentelle Reiz die individuelle Wahrnehmungsschwelle über- oder unterschreitet, denn man ist auf wenig zuverlässige Aussagen der Versuchspersonen oder auf Annahmen angewiesen. Häufig wird statt mit den Werten vieler individueller Reizschwellen nur mit einer für alle Versuchspersonen **durchschnittlichen Reizschwelle** gearbeitet. Das ist die Reizintensität, bei der gerade 50% der Versuchspersonen angeben, den Reiz erkannt zu haben. Alle geringeren Reizwerte gelten pauschal als unterschwellig, obwohl sie für einzelne Personen (nämlich die anderen 50%) wahrnehmbar sind. Höhere Werte gelten als überschwellig, auch wenn einzelne nichts bemerkt haben.

Unter den genannten Experimenten sind z. B. mehrere, bei denen mit Elektroschocks "konditionierte" und später unterschwellig dargebotene Wörter eindeutig gedanklich unkontrollierte Abwehrreaktionen hervorrufen. BRANDT hat aber auch gezeigt, daß unterschwellige Werbung i.e.S. dieser Experimente praktisch und ökonomisch keine Bedeutung hat. Daraus folgt jedoch keineswegs, daß unterschwellige Werbung unmöglich ist, wie es etwa der Zentralausschuß der Werbewirtschaft (ZAW) unter Berufung auf BRANDT behauptet. Mit Hilfe von genauer definierten Unterschwelligkeits- und Wirkungsbegriffen wollen wir die Frage differenzierter beantworten.

Die folgenden **Definitionen** bauen aufeinander auf:

Unterschwellige Wahrnehmung ist die Verarbeitung eines Reizes, dessen Intensität unterhalb der Bewußtseinsschwelle liegt, also nicht bemerkt wird, der aber offenbar irgendwelche inneren oder äußeren Reaktionen zur Folge hat. Die "periphäre Route" der Informationsverarbeitung (vgl. 8.2 und PETTY & CACIOPPO 1984) beschreibt solche Prozesse. Phänomene wie der Partyeffekt (vgl. 8.3) und allgemein die selektive Wahrnehmung lassen sich ohne unterschwellige Wahrnehmung nicht erklären. Unterschwellige Wahrnehmung kommt also laufend vor und sollte als ganz normaler Prozeß der Informationsverarbeitung nicht wegdefiniert werden.

Unterschwellige Beeinflussung ist darüber hinaus die gezielte unterschwellige Veränderung von Einstellungen und Verhalten, z. B. die Herbeiführung eines Markenwechsels. Unterschwellige **Manipulation** enthält zusätzlich eine stark negative Wertung und schließt ein, daß die Beeinflussung von der Person nicht gewünscht ist. Nicht jede (so definierte) Manipulation ist unterschwellig, so z. B. der psychologische Kaufzwang durch Angstmachen vor sozialer Mißbilligung.

VON ROSENSTIEL & EWALD (1979, Bd.2, S. 121) sind der Auffassung: "Insgesamt sprechen vorliegende empirische Befunde für die Möglichkeit, daß allgemeine Konsumbedürfnisse subliminal intensiviert werden können; sie lassen es dagegen als äußerst fraglich erscheinen, ob unterschwellig gezielt für spezifische Produkte geworben werden kann." Formeln wie "Beeinflussungs-technik nicht als solche durchschaut, aber Einstellungen oder Verhalten geän-dert" oder "Marketingstimulus nicht bemerkt, aber im Sinne des Marketingziels reagiert" entsprechen unserer Definition der unterschwelligen Wahrnehmung ("Reiz nicht erkannt, aber Reaktion erfolgt"). So besehen zeigen die vorange-gangenen Kapitel, wie Marketingbeeinflussung unterschwellig funktionieren kann. Reaktanz oder kritische kognitive Reaktionen können unterlaufen wer-den. Der Konsument muß die Ursachen für seine Einstellungs- und Verhal-tensänderungen nicht durchschauen. Er schreibt sie seinem freien Willen zu. Die folgenden Beispiele zeigen, wie gängig das so definierte "unterschwellige Marketing" ist.

Von ersichtlich "unterschwelligen" Beeinflussungstechniken lassen sich übliche Marketingpraktiken kaum abgrenzen. Schemata (Kindchenschema, Arztkittel in Werbespots usw.) wirken unbewußt, also "unterschwellig". Der Effekt, daß man einem freundlichen Verkäufer nicht so leicht etwas abschlagen kann, ist nicht weniger "unterschwellig". Die Wirkung kostenloser Proben ist ähnlich zu erklären: Als "beschenkter" Konsument will man sich revanchieren, am besten durch einen Kauf. Konsumenten kaufen besonders bereitwillig und viel von ei-nem Produkt, wenn sie, z. B. durch Stückzahlangaben in der Werbung, "unter-schwellig" annehmen, es sei knapp. Eine kommerziell sehr einträgliche, wenn auch wenig erforschte, "unterschwellige" Beeinflussungstechnik ist die Ban-denwerbung bei Sportveranstaltungen (DREES 1987, HERMANS & WOERN 1986). "Unterschwellige" Lernprinzipien (vgl. 8.4) wie die emotionale Kon-ditionierung, die reine Wiederholung (mere exposure) und das Lernen am Mo-dell sind weitere alltägliche Beispiele. Als (im doppelten Sinn) "Modelle" wer-den z. B. in der Werbung Testimonials und Celebrities eingesetzt, also Modell-personen (vgl. 7.7), deren Konsumverhalten andere lernen, weil sie sich mit ih-nen identifizieren (vgl. dazu MAYER 1987, SIX 1987). Ist das nicht "unter-schwellig"?

In Abhängigkeit von der Voreinstellung der zu Beeinflussenden bzw. von ih-rem Involvement können das Einsatzpotential und die ethische Problematik unterschwelliger Beeinflussung entsprechend dem nachstehenden Schema be-urteilt werden, das auf eine persönliche Anregung von Herrn Dr. Lachmann, Hamburg zurückgeht:

Prädisposition, Einstel-lung *vor* Beeinflussung	strikt dagegen	etwas dagegen	gleich-gültig	offen positiv	unbedingt dafür
Involvement (abhängig von der Prädisposition)	sehr hoch	mittel-mäßig	sehr gering	mittel-mäßig	sehr hoch
Einsatzpotential unter-schwelliger Techniken	gering wirkt nicht	mäßig, wirkt u.U.	hoch	mäßig, kaum Anlaß	gering kein Anlaß
Ethische Problematik, Manipulationsvorwurf	nein, kein Einsatz	ja, gegen Willen	kaum, toleriert	nein, konform	nein kein Einsatz
Fall-Nummer	1	2	3	4	5

Diese Tabelle ist als plausibles Hypothesensystem zu verstehen, das noch der empirischen Bewährung bedarf. Aus der dritten Zeile geht hervor, daß unterschwellige Techniken nur bei geringem und allenfalls bei mittlerem Involvement Aussicht auf Erfolg haben, weil die kritische Auseinandersetzung des zu Beeinflussenden bei hohem Involvement zu stark entgegen steht. Die vierte Zeile sagt, daß unter den drei Fällen eines potentiell erfolgreichen Einsatzes unterschwelliger Techniken (2, 3, 4) eigentlich nur **Fall 2 ethisch problematisch** ist: Wenn jemand unbemerkt und entgegen seiner Prädisposition beeinflußt wird, ist anzunehmen, daß das nicht nur unbemerkt, sondern auch unerwünscht ist und daß man sich dagegen nicht wehren kann. Auf diese Situation trifft der Begriff **Manipulation** zu.

Auf Fall 2 sollte die Kontrolle durch das Wettbewerbsrecht, über die institutionelle Selbstkontrolle (z. B. Deutscher Werberat) und über die individuelle Verantwortung ausgerichtet und konzentriert sein. Übertriebene Beschäftigung mit den anderen Fällen stumpft die Kontrollinstrumente nur ab oder gibt sie gar der Lächerlichkeit preis, denn hier können unterschwellige Techniken entweder gar nicht wirken (Fall 1) oder die unterschwellige Beeinflussung ist dem Beeinflußten aufgrund seiner neutralen Prädisposition nicht unerwünscht (Fall 3) oder es lohnt sich nicht, die aufwendigen unterschwelligen Techniken einzusetzen, weil eine die Einstellung bestätigende Beeinflussung ohne Probleme auch überschwellig ablaufen kann (Fälle 4 und 5).

Kurzübersicht verschiedener Beeinflussungstechniken:

Ablenkung: Die im Zusammenhang mit der Reaktanztheorie (9.3.1) besprochene Technik wird in verschiedener Weise unterschwellig eingesetzt. Bei einer Variante soll der Konsument z. B. durch fremdsprachlichen Akzent des Sprechers abgelenkt werden. Dadurch wird die kritische Verarbeitung der Werbebotschaft behindert und das Auftreten von Reaktanz vermieden.

Sprechtechnik: Verkäufertrainings enthalten viele suggestive Techniken. Zum Beispiel gilt (übrigens auch für die Mediawerbung), daß Sprecher mit tiefer Stimme sympathischer und damit glaubwürdiger wirken.

Zeitraffung (time compressed speech): Durch eine um 25% schnellere Darbietungszeit von Spots (bei elektronisch konstant gehaltener Tonhöhe) werden nicht nur Kosten gespart, sondern auch bessere Recall- und Werbeakzeptanzwerte erzielt (McLACHLAN & SIEGEL 1980).

"labeling": Zielpersonen, denen man suggeriert, sie hätten eine bestimmte zu dem gewünschten Verhalten passende Eigenschaft, werden durch die nachfolgende Werbung leichter gewonnen als nicht "gelabelte" Werbeempfänger (vgl. 9.2.3, Attribution).

"foot in the door": Der zu Beeinflussende wird zuerst mit einer kleinen Zusage gebunden. Anschließend stimmt er wahrscheinlicher dem eigentlichen, großen Angebot zu als ohne die vorherige kleine Zusage (wer A sagt, muß auch B sagen).

"door in the face": Es wird umgekehrt vorgegangen: Ein besonders voluminöses und daher kaum zu akzeptierendes Angebot wird auf das Normalvolumen gesenkt. Der zu Beeinflussende stimmt unter bestimmten Bedingungen in diesem Fall eher zu als wenn die große Offerte vorher nicht gemacht wurde.

Die gezielte Plazierung von Markenartikeln als Requisiten in Filmen (**product placement**) wurde früher ausschließlich negativ gesehen und als Schleichwerbung bezeichnet. Serien wie "Miami-Vice" und "Die Schwarzwaldklinik" haben product placements als Budgetanteil fest eingeplant. Prominente im Umfeld des gezeigten Produkts beeinflussen "unterschwellig" das Produktimage. Voraussetzung für den Erfolg ist die Beliebtheit und Bekanntheit des Akteurs sowie ein sinnvoller Zusammenhang zwischen Handlung und Produkt. Neben unterschwelligen Glaubwürdigkeits- und Ablenkungseffekten werden Probleme der Werbung durch product placement gemildert (Knappheit von Werbezeiten im Fernsehen, abnehmendes Interesse am Werbefernsehen). Allerdings gibt es nur wenige systematische Erkenntnisse über Kosten, Reichweiten und Kontaktqualitäten von product placement (AUER, KALWEIT & NÜßLER 1988). Den aktuellen Stand der Forschung und eine Erweiterung des Placementkonzepts bietet HORMUTH (1992).

Unabhängig davon drängt sich die Frage nach der **ethischen Beurteilung** unterschwelliger Techniken auf. Dabei kann von Übereinstimmung innerhalb der Gesellschaft nicht die Rede sein. Die individuellen Grenzen sind Gegenstand der persönlichen Verantwortung. Was man in der Werbung toleriert, wird in starkem Maße davon abhängen, wofür geworben wird. Geht es um die Verbesserung des Gesundheitsbewußtseins, wird man eine unterschwellige Beeinflussung vielleicht eher tolerieren als bei Zigarettenwerbung. Die individuellen ethischen Entscheidungen können dem Marketing-Verantwortlichen grundsätzlich nicht abgenommen werden. Wie das Beispiel "product placement" zeigt, verändert sich die Werbemoral mit der Zeit. Es wird heute selbstverständlicher, mit "unterschwelligen" Methoden zu werben. Man mag das als Entfernung vom Ideal des souveränen Konsumenten bedauern, zum anderen aber auch als Öffnung der Werbung gegenüber ganz alltäglichen Erscheinungen der zwischenmenschlichen Kommunikation begrüßen: Wer beeinflußt seine Mitmenschen eigentlich nicht auch unterschwellig?

Rechtliche Grenzen der Werbung müssen definiert und durchgesetzt werden. WIRTZ (1988) sieht z. B. im product placement einen Verstoß gegen deutsches

Wettbewerbsrecht. Das **Wettbewerbsrecht** wird vor allem durch die Generalklauseln des UWG abgedeckt und durch eine besonders umfangreiche Rechtsprechung ausgefüllt, insbesondere zu §3 (Irreführung) und §1 (Sittenwidrigkeit). Durch den ständigen Wandel in der Werbepraxis und in der Rechtsauffassung sind die Normen dynamisch. Das Hauptproblem sind zugrundegelegte Annahmen über Konsumentenverhalten, die meistens dem Stand der Konsumentenforschung nicht entsprechen (TROMMSDORFF 1979).

9.4 Entscheidungsverhalten

Entscheidungssituationen kann man beschreiben und strukturieren, indem man Ziele, Handlungsalternativen, Umweltbedingungen, Ergebnisse und deren Wahrscheinlichkeiten sowie deren Nutzenwerte expliziert. Zur Optimierung der auf eine Entscheidung zielenden Denkprozesse sind die Regeln der Entscheidungslogik zu befolgen. Die **normative** Entscheidungstheorie hat solche Regeln für verschiedene Entscheidungskonstellationen herausgearbeitet, indem sie z. B. nach Grad der Sicherheit der Informationen und nach Zahl und Struktur der Ziele unterscheidet (z. B. BAMBERG & COENENBERG 1985). Allgemein wird dabei unterstellt, daß die richtige Entscheidung den jeweiligen Nutzenerwartungswert maximieren soll. Die theoretische Grundlage solcher Entscheidungsmodelle liefern gewisse Rationalitätsannahmen (Axiome), z. B. die Prämissen der vollständigen, stabilen und transitiven Präferenzordnungen bezüglich der Ergebnisse von Entscheidungen (wonach es z. B. viele Konflikte zwischen Angebotsalternativen nicht geben dürfte) oder der Prämisse der Risikoaversion (wonach z. B. niemand Lotto spielen dürfte).

Wenn das faktische Denken der Konsumenten der normativen **Entscheidungstheorie** entsprechen würde, gäbe es für das Marketing weniger Anlaß, sich empirisch mit Informationsverarbeitung der Konsumenten zu befassen: Bei Kenntnis der objektiv feststellbaren Alternativen (z. B. Marken eines Produkts), der Bedingungen (z. B. Verwendungssituationen) und der Ergebnisse (z. B. Qualitätswerten) einer Kaufentscheidung gälte es lediglich, die subjektiven Ziele und Nutzenwerte zu erheben. Ihre Verknüpfung wäre eine Sache programmierter Formeln. Mit dieser Informationsbasis und mit Hilfe der Regeln des rationalen Entscheidens ließe sich z. B. der Absatz aufgrund der logisch abzuleitenden Bewertungen, Entscheidungen und Verhaltensweisen aufgrund von mathematisch formulierten Modellen eindeutig vorhersagen. Diese Entsprechung zwischen dem normativen und dem faktischen Denken bzw. Entscheiden ist aber keineswegs gegeben.

Noch relativ nahe an den Modellen der Entscheidungslogik befinden sich die **algebraischen Abbildungen** des Konsumentenverhaltens durch mathematisch einfache (überwiegend linear-additive) Formeln, in denen eine zwischen Produkt-Vor- und Nachteilen abwägende (kompensatorische) Zusammensetzung des Gesamtwertes einer Entscheidungsalternative aus den Teilwerten ihrer Komponenten (Produktmerkmale) unterstellt wird. Derartige Modelle haben wir im Einstellungskapitel (5.2) erörtert. Auf das Konsumentenverhalten bezogene Ergänzungen und Varianten dieses Modelltyps werden im nächsten Abschnitt diskutiert.

Daneben werden als erfolgreich gelernte, aber theoretisch unvollkommene, nicht dem rationalen Modell entsprechende Denkschemata verwendet. KAHNEMANN & TVERSKY (1979) (auch: SCHOEMAKER 1982) gehen davon aus, daß der **Entscheidungsprozeß** meist in zwei Phasen abläuft. In der ersten Phase wird das Entscheidungsproblem strukturiert und vereinfacht. Dazu drückt der Entscheider die Ergebnisse der einzelnen Alternativen nicht absolut aus, sondern relativ: Die mutmaßlichen Konsequenzen werden lediglich als Gewinn oder Verlust im Vergleich zu einem erinnerten Referenzpunkt betrachtet. In der zweiten Phase werden diese "relativen Ergebnisse" nach ihrem subjektiven Nutzen gewichtet. Die Gewichtung läßt sich nicht mit einer theoretisch abgeleiteten Nutzwertfunktion beschreiben, weil faktisch entweder Risikopräferenzen (Spielertyp) oder Risikoaversionen (Versicherertyp) vorliegen. Beide Typen sind außerdem oft in ein-und-derselben Person vertreten.

Die tatsächlich benutzten Regeln beim Denken entsprechen nur im Grenzfall den hohen Ansprüchen der Entscheidungslogik. Beim Risiko-Bewertungsprozeß werden z. B. kleine Wahrscheinlichkeiten übergewichtet, große untergewichtet. Schon für gleiche Produkte kommen Entscheidungen auf ganz unterschiedliche Weise zustande. Das ist erst recht bei unterschiedlichen Produkten der Fall. Welche Wege Konsumenten bei der Informationsverarbeitung zur Produktbeurteilung gehen, untersucht die empirische Entscheidungsforschung.

9.4.1 Produktbeurteilung

Beispiele aus der Marketingpraxis

In der Anzeige einer Versicherungsgesellschaft wird Hilfestellung bei der Auswahl, Bewertung und Verdichtung von Produktmerkmalen durch Informationsmaterial angeboten: "8 out of 10 people don't know how to buy life insurance. We want to help ... even if you don't buy it from us." Im Fließtext: "We'll also show you how to evaluate life insurance companies, and help you select one that's best for your needs ... even if it's not us." (ENGEL, BLACKWELL & MINIARD 1986, S. 131).

Die Prozesse der Produktbeurteilung können sehr verschiedenartig verlaufen. Zum Beispiel könnten zwei verschiedene Käufer bei der Produktbeurteilung folgendermaßen vorgehen:

Für Käufer A kommen italienische und französische Autos wegen vermeintlich mangelnder Zuverlässigkeit und Rostgefahr nicht in Frage. Des weiteren darf das Auto nicht mehr als 20.000 DM kosten. Es muß ein modernes Design haben. Nach einem Gang durch mehrere Autohäuser kommt A mit Prospekten für 5 Marken, die diesen Anforderungen entsprechen, nach Hause. Da er eine möglichst gute Entscheidung treffen will, legt er die Tabellen mit den technischen Daten nebeneinander und versucht, sie Merkmal für Merkmal zu vergleichen, um zu einem Gesamturteil zu kommen. (Am Schluß dieses Abschnitts sollte der Leser folgern können, daß A erst ein konjunktives Modell zur Vorauswahl benutzt hat und dann ein "Evoked-set" gebildet hat, auf welches er ein kompensatorisches Modell anzuwenden versuchte.)

Käufer B kommt es bei seinem Einkommen auf das Geld bzw. den Preis nicht so an; der Wagen soll in erster Linie mindestens so viel "hermachen" wie der seines Nachbarn – eigentlich kann es nur ein Mercedes oder ein BMW sein. Technisch scheint ihm zwischen den entsprechenden Mercedes- und BMW-Typen kein Unterschied zu sein, aber mit dem Markennamen BMW hat er schon immer "Sportlichkeit" verbunden. Da B sich selbst als sportlichen Typ sieht (er spielt jeden Samstag Tennis und hat ein Surfbrett in der Garage), kauft er den BMW. (Am Schluß dieses Abschnittes sollte klar sein, daß B zunächst nach einem lexikographischen Modell geurteilt hat: das wichtigste Merkmal "Sportlichkeit" entscheidet. Dabei hat er den Markennamen als Schlüsselmerkmal benutzt.)

Der Produktbeurteilungsprozeß

Die empirische **Konsumentenentscheidungsforschung** hat sich intensiv mit den folgenden vier Fragestellungen befaßt:

- Welche Anzahl Informationen (Produktmerkmale und Produktalternativen) wird herangezogen?
- Welcher Art sind die herangezogenen Informationen?
- In welcher Reihenfolge werden die Informationsarten abgearbeitet?
- Wie werden die Informationen zu einer Gesamtbeurteilung integriert?

Zur **Anzahl** der herangezogenen Merkmale und Alternativen: Einerseits ist die Verarbeitungskapazität beschränkt, insbesondere die Kapazität für bewußte, zentrale, anspruchsvolle (High-involvement) Informationsverarbeitung. Andererseits steigt das betreffende Informationsangebot aufgrund kommunikationstechnischer Entwicklungen und wegen des zunehmenden Wettbewerbs. So wird ein nicht nur absolut geringer, sondern zur Zeit auch weiter abnehmender Anteil der für Produktbeurteilungen angebotenen Information genutzt (vgl. 8.2, aber dort auch unsere Relativierung der Behauptung "Informationsüberlastung"). Wie gering die Informationsnutzung ist, zeigt die nachstehende Übersicht von BLEICKER (1983) aus einschlägigen empirischen Untersuchungen:

Autoren	Produkt	Merkmale		Alternativen	
		verfügbar	genutzt	verfügbar	genutzt
Jacoby et al. (1978)	Frühstücks-flocken	30	4,6	16	3,2
	Kopfschmerz-mittel	13	6,7	16	12
Konert (1981)	Kaffee-maschinen	8	5,3	5	4,8
	Kameras	11	6,2	5	4,8
Knappe (1981)	Kaffee	8	4,7	16	6,2
	Schmalfilm-kameras	12	6,1	11	6,3
Ratchford, van Raaij (1980)	PKW	10	8,2	10	8,8

Zur **Art** der herangezogenen Merkmale: Selbstverständlich ziehen Konsumenten Produktmerkmale zur Entscheidungsfindung heran, die sie für wichtig erachten. Merkmalswichtigkeiten können durch Befragung ziemlich gut ermittelt werden. Für die Beeinflussung der Produktbeurteilung ist die Unterscheidung interessant, ob das betreffende Merkmal auf Produktgestaltung zurückgeht (Waschkraft, Sicherheit) oder auf andere Marketingmaßnahmen (aktueller Preis, Händlerimage). Außerdem ist zu unterscheiden, ob es sich um eine Primärinformation (Klirrfaktor, PH-Wert) oder um eine Schlüsselinformation (Testurteil, Preislage) handelt, also um gebündelte Primärinformationen mit Entlastungsfunktion (chunks).

Die **Reihenfolge** der Abarbeitung der Merkmalsarten wird in der Literatur auch unter "Informationsstrategien" behandelt: Der Urteilsprozeß wird danach untersucht, ob und wann die Informationen marken- oder merkmalsweise verarbeitet werden. Dazu wird von der Vorstellung einer Informationsmatrix ausgegangen, die entweder vorrangig zeilen- oder spaltenweise abgearbeitet werden kann:

Informationsmatrix (information display matrix):

Ausprägung	Marke 1	Marke 2	Marke 3	Marke 4	Marke 5
Merkmal 1					
Merkmal 2		Die Zellen der Matrix enthalten			
Merkmal 3		markenspezifische Merkmalsausprägungen			
Merkmal 4					

Zur empirischen **Erfassung**, wie Informationen aus einer Informationsmatrix verarbeitet werden, wird (meist laborexperimentell) beobachtet, welche Informationseinheiten aus den einzelnen Zellen der Informationsmatrix in welcher Reihenfolge aufgenommen werden. Abgesehen von gemischten bzw. unsystematischen Vorgehensweisen werden als marketingrelevant grundsätzlich das spaltenweise bzw. markenweise (by brand) und das zeilenweise bzw. merkmalsweise (by attribute) Abarbeiten der Matrix unterschieden. "**By brand**" prüft der Konsument zunächst die Ausprägungen der Merkmale einer Marke, wendet sich dann der zweiten Marke zu, prüft deren Merkmalsausprägungen und so fort. "**By attribute**" zieht der Konsument ein Merkmal heran und vergleicht daran alle Alternativen, dann geht er zum zweiten Merkmal über und prüft dessen Ausprägungen über alle Marken und so fort.

Diese **Verarbeitungsstrategien** hängen mit der Art der Urteilsbildung eng zusammen. Allgemein besteht die Tendenz, daß Informationen so verarbeitet werden, wie sie von außen angeboten werden, also z. B. am Regal eher markenweise, in der Testzeitschrift eher merkmalsweise. Bei sehr vertrauten Produktarten wird markenweise Verarbeitung bevorzugt, werden sogar merkmalsweise vorgegebene Informationen im Kopf markenweise umorganisiert. Ansonsten ist die merkmalsweise Strategie häufiger anzutreffen als die markenweise, denn einerseits informiert man sich ausführlich nur bei wenig vertrauten Produkten, andererseits bedeutet merkmalsweise Vorgabe weniger Aufwand. Merkmalsweise Urteilsbildung ist sequentiell, das Zwischenergebnis eines Durchgangs muß nicht gespeichert werden. Es kann nämlich unmittelbar zur Aussonderung oder Wahl einer Marke führen. Insbesondere dann, wenn als einziges Merkmal der Preis interessiert, ist die merkmalsweise Vorgabe für den Konsumenten offensichtlich effizienzsteigernd: Man gibt nach RUSSO (1978, zitiert nach ASCHENBRENNER 1987) beim Einkaufen etwa 3% weniger aus, wenn im Laden die Preise (merkmalsweise als Preis je Einheit) auf Listen dargeboten werden.

Zusammenfassend gelten die nachstehenden Hypothesen als bewährt:

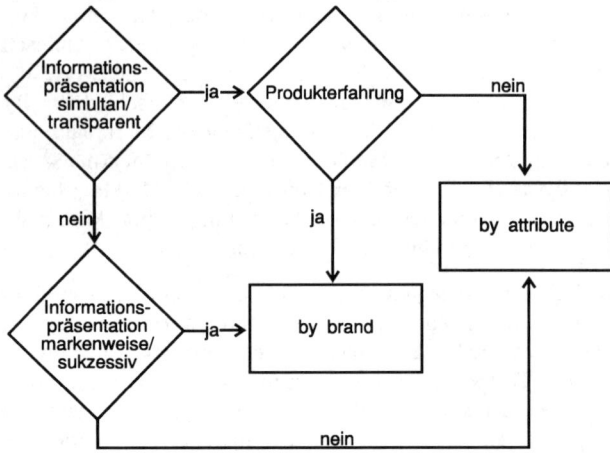

Mit der **Integration** beurteilungsrelevanter Informationen hat sich die Konsumentenforschung besonders ausführlich befaßt (zusammenfassend und deutschsprachig vgl. ASCHENBRENNER 1977, BLEICKER 1983, KUSS 1987, SCHULTE-FRANKENFELD 1985). Man hat vielfach versucht, Modelle aufzustellen, die widerspiegeln wie Konsumenten Informationen zu Beurteilungen verknüpfen. Dieser Ansatz ist wissenschaftstheoretisch anders einzuordnen als die klassische normative Entscheidungstheorie. Diese will dazu verhelfen, unter bestimmten Bedingungen zu optimalen Entscheidungen zwischen multiattributiven Alternativen zu kommen. Dagegen kommt es für das Marketing auf eine **deskriptive** Entscheidungstheorie an: Wie verlaufen Entscheidungsprozesse tatsächlich? Wie können Konsumentenentscheidungen erklärt und eventuell beeinflußt werden? Die für diese Fragestellungen wesentlichen Beurteilungsmodelle enthalten Merkmalsausprägungen als kognitive Variablen, Bewertungen bzw. Merkmalsgewichtungen als motivationale Variablen und Verknüpfungsregeln als "kognitive Algebra". Diese Beurteilungsmodelle lassen sich danach einteilen, ob alle Merkmalsausprägungen aller Alternativen untersucht und verarbeitet werden oder nur eine Vorauswahl zwischen den Alternativen getroffen wird:

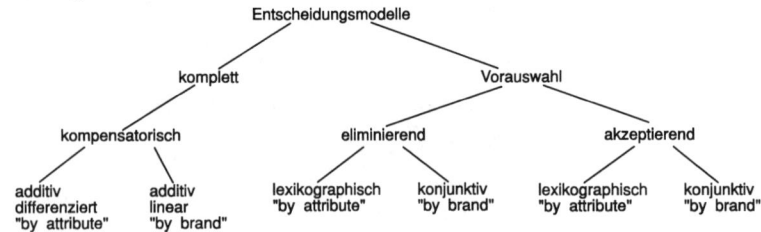

Beim **additiven, linear-kompensatorischen** Modell werden die Beurteilungen der einzelnen Merkmale jeder Alternative additiv zu einem Gesamturteil verknüpft. "Kompensatorisch" heißt, daß sich gute und schlechte Merkmalsausprägungen ausgleichen können. Dabei kann eine subjektiv ungleichgewichtige Bedeutung der Merkmale durch Einführung von Gewichten vor der Verknüpfung berücksichtigt werden. Linear-kompensatorische additive Modelle führen direkt zu einer Gesamtbeurteilung jeder Alternative und damit zu einer positiven Entscheidung: Die Alternative mit dem höchsten Beurteilungswert wird gewählt. Ihr Wert wird als Einstellung gespeichert. Solche Modelle haben aus der Tradition der normativen Entscheidungstheorie und der Highinvolvement-Einstellungsforschung die theoretisch größte Beachtung gefunden, obwohl ihre Bedeutung für das alltägliche Konsumentenverhalten und das (Konsumgüter-) Marketing am geringsten ist. Am bekanntesten (aber nicht am überzeugendsten) ist das sogenannte FISHBEIN-Modell (vgl. 5.2). Prinzipiell ist beim kompensatorischen Fall auch die Abarbeitung der Informationen "by attribute" möglich. Das entsprechende "additive Differenzmodell" hat aber theoretisch wie praktisch weniger Bedeutung.

Ist dem Konsumenten das kompensatorische Vorgehen zu anspruchsvoll, so kann er mehrstufig vorgehen und zunächst die Zahl der Alternativen reduzieren. Er kann auch nach Auffinden einer zufriedenstellenden Alternative den weiteren Informationssuch- und Verarbeitungsprozeß abbrechen. Die wesentlichsten Kriterien zur Gültigkeit unterschiedlicher Modelle der Produktbeurteilung sind in der folgenden Übersicht kompakt dargestellt.

Das **konjunktive** Modell entspricht dem Streben nach bestimmten Anspruchsniveaus hinsichtlich aller Merkmale; die Ansprüche hinsichtlich aller Merkmale sind mit einem logischen "und" verknüpft (konjugiert). Der Beurteiler hat für jedes Merkmal eine kritische Ausprägung festgesetzt, die eine akzeptable Alternative mindestens aufweisen muß. Unterschreitet eine Alternative diesen Wert auch auf nur einem Merkmal, so wird sie bei noch so guten Ausprägungen auf den anderen Merkmalen eliminiert. Wenn mehr als eine Alternative die Mindestanforderungen erfüllen, führt das Modell nicht zur eindeutigen Entscheidung, sondern nur zu einer Unterteilung der Alternativen in akzeptable und nicht akzeptable. Zur anschließenden Auswahl einer Alternative bedarf es dann noch der Anwendung z. B. eines kompensatorischen Modells oder eines ergänzenden Kriteriums, z. B. das der Reihenfolge: Wähle die erste Alternative, die alle Mindestanforderungen erfüllt. Schließlich besteht noch die Möglichkeit, die Anspruchsniveaus bezüglich der Merkmale anzuheben. Erfüllt keine der Marken die Anforderungen, kann ebenfalls zunächst keine Entscheidung getroffen werden. Dazu können aber entsprechend der Theorie der Anspruchsanpassung die Anforderungsniveaus bezüglich der Merkmale gesenkt werden. Oder es muß ein anderes Entscheidungsmodell herangezogen werden.

Das **disjunktive** Modell ist innerhalb des nichtkompensatorischen alternativenweisen Vorgehens das Gegenstück zum konjunktiven Modell. Eine Alternative wird akzeptiert, wenn sie auf einem Merkmal besonders gut ausgeprägt ist bzw. einen gesetzten Schwellenwert erreicht, unabhängig von den Ausprägungen der übrigen Merkmale. Gewählt wird ein Pullover, der entweder besonders modern oder besonders günstig oder aus besonders weicher Wolle gestrickt ist. Die Informationen werden also disjunktiv, d.h. mit einem logischen "oder" verknüpft. Es können mehrere Alternativen akzeptiert werden. Daher führt das Vorgehen ebenfalls nicht notwendig zu einer Entscheidung bzw. zu speicherbaren Einstellungen. In diesem Fall ist dann analog zur entsprechenden Situation beim konjunktiven Modell vorzugehen.

Beim **lexikographischen** Vorgehen, gleich ob zur Eliminierung oder zur Akzeptierung von Alternativen, werden die Produktmerkmale zunächst nach ihrer Wichtigkeit sortiert. Sodann werden alle Marken auf dem wichtigsten Kriterium ("by attribute") verglichen. Die Alternative mit der schlechtesten (besten) Ausprägung wird – ungeachtet der Ausprägungen aller Alternativen auf den übrigen Merkmalen – eliminiert (akzeptiert). Führt der erste Schritt nicht zu einer eindeutigen Auswahl, wird der Vergleich zwischen den verbliebenen Alternativen auf dem zweitwichtigsten Merkmal fortgeführt, ggf. mit den danach verbleibenden Alternativen auf dem dritten Merkmal und so fort. Die folgende Tabelle faßt die verschiedenen Beurteilungsregeln hinsichtlich ihrer Hauptmerkmale zusammen:

(Zwischen-) Ergebnis des Prozesses	Vorgehen vornehmlich entlang ...	
	...dem Merkmal „BY ATTRIBUTE"	...der Alternative „BY BRAND"
ELIMINIERUNG	LEXIKOGRAPHISCHE ELEMINIERUNG	KONJUNKTIVE ELIMINIERUNG
Einzelne Alternativen werden ausgesondert / abgelehnt	wichtigstes Merkmal: Eliminierung schlecht ausgeprägter Alternativen	erste Alternative: alle Standards erfüllt? Sonst Eliminierung
	ggfs. zweitwichtigstes Merkmal	zweite Alternative
	usw.	usw.
	ggfs. Strategiewechsel	ggfs. Strategiewechsel
AKZEPTIERUNG	LEXIKOGRAPHISCHE AKZEPTIERUNG	DISJUNKTIVE AKZEPTIERUNG
Eine Alternative wird gewählt, nachdem nicht unbedingt alle Merkmale bzw. Alternativen analysiert wurden	wichtigstes Merkmal: Wahl der (einen) Alternative mit bester Ausprägung	erste Alternative: irgendein extrem gut ausgeprägtes Merkmal
	ggfs. zweitwichtigstes Merkmal	ggfs. zweite Alternative
	usw.	usw.
KOMPENSATION	ADDITIVES DIFFERENZMODELL	LINEAR-ADDITIVES MODELL
Evaluation aller Merkmalsausprägungen aller Alternativen.	Vergleich zweier Alternativen über alle Merkmale	Scoring der Wewertungen aller Merkmalsausprägungen je Alternative
Aggregierendes Abspeichern der Zwischenergebnisse.	„Gewinner" (Zwischenergebnis) tritt gegen die nächste Alternative an	ggfs. Gewichtung der Merkmale
Maximierungswahl	usw.	Zwischenergebnis: Gesamteindruckswert je Alternative
		Wahl der Alternative mit dem höchsten Gesamteindruckswert

Zusammenfassende Verwendungshinweise für das Marketing

Aus den vorstehenden Befunden ergeben sich direkt oder indirekt einige Regeln für die Steuerung von Produktbewertungsprozessen durch das Marketing:

(1) Die subjektive **Wichtigkeit** von Merkmalen ist entscheidend. Sie kann z.T. durch Werbung gesteuert werden. Mehrdimensionale Meßmodelle können Hinweise auf für den Konsumenten besonders wichtige Produktmerkmale geben, deren wahrgenommene Ausprägungen beim eigenen Produkt verbesserungsbedürftig sind. Außerdem können "wichtige" neue Produktmerkmale propagiert werden. Beides (die Verbesserung wichtiger

Produktmerkmale und besonders das Propagieren neuer Merkmale) ist schwieriger und langwieriger als die Bekanntmachung von Merkmalsausprägungen.

(2) Beim üblichen **kognitiven** Werbeziel "Produktleistung bekanntmachen" reicht es nicht immer, nur den reinen Produktleistungswert zu kommunizieren. Es kann auch auf Mindestanforderungen ("mit weniger sollten Sie nicht zufrieden sein") oder auf Alleinstellungen (USP-Werbung) ankommen.

(3) **Schlüsselmerkmale** in der Produktbeurteilung machen es erforderlich, daß die Werbung neuen Zielgruppen beim chunking behilflich ist, während es bei Kundenzielgruppen auf die Ansprache von vorhandenen Schlüsselmerkmalen ankommt.

(4) Die Werbung kann sich an der **kognitiven Algebra** ausrichten. Dazu kann die Argumentationsfolge in der Werbung an übliche Beurteilungsmodelle angepaßt werden, oder die Benutzung eines bestimmten (für die betreffende Marke günstigen) Modells wird durch entsprechende Präsentation der Informationen nahegelegt. Zum Beispiel sollte bei einem besonderen Produktvorteil merkmalsweise (d.h. eigentlich: vergleichend) geworben werden, dagegen bei einem Markenimage-Vorteil markenweise.

(5) Die aktuelle **Marktforschung** sollte untersuchen, welches Beurteilungsmodell die Konsumenten beim Kauf innerhalb der betreffenden Produktgruppe anwenden. Das Prinzip der Marktsegmentierung läßt sich auf Segmente gleicher Produktbeurteilungsverfahren übertragen.

(6) Die **Verbraucherpolitik**, besonders der Warentest, sollte berücksichtigen, welche Merkmale und Beurteilungsmodelle von den Konsumenten benutzt bzw. akzeptiert werden. Dabei soll nicht ausgeschlossen werden, daß die Verbraucherpolitik eine Verbesserung dieser Gewohnheiten anstrebt.

In einer Untersuchung am Marketinglehrstuhl der TU Berlin wurden je 60 Anzeigen für shopping und convenience goods danach klassifiziert, welches Beurteilungsmodell sie durch die Form der Informationsdarbietung nahelegen. Die Ergebnisse sind in der nachstehenden Tabelle zusammengefaßt:

Produkte	Beurteilungsmodelle				nur ein Produktmerkmal
	additiv		konjunktiv	lexikographisch	
	gewichtet	ungewichtet			
Shopping Goods	17	12	4	9	18
Convenience Goods	2	12	6	14	26

Weitergehende Anwendungshinweise erfordern differenzierte Analysen, unter welchen Bedingungen die einzelnen Parameter der Produktbeurteilung wahrscheinlich auftreten. Zum Beispiel hat BLEICKER (1983) die verfügbaren empirischen Befunde zu einer umfassenden **Erklärung der Produktbeurteilung** zusammengetragen, nach folgendem System gegliedert und darüber hinaus zu einem (hier nicht dargestellten) Hypothesenmodell integriert:

Personale Einflußfaktoren

- Alter und Status als soziodemographische Merkmale
- Informationsverarbeitungsfähigkeit und -willigkeit als Persönlichkeitsmerkmale

Informationale Einflußfaktoren (Situationsaspekte)

- Anzahl der Alternativen
- Anzahl der Merkmale
- wahrgenommener Zeitdruck
- Unvollständigkeit des Informationsangebots
- Format der Informationspräsentation

Prädispositionale Faktoren (auf das Produkt bezogen)

- Produktinvolvement
- Produktvertrautheit
- Produktkomplexität
- Produktwichtigkeit

Such-, Erfahrungs- und Vertrauenseigenschaften von Produkten

Die **informationsökonomische Eigenschaftstypologie** nimmt eine Unterscheidung in Inspektions- bzw. Such-, Erfahrungs- und Vertrauenseigenschaften eines Produktes bzw. Produkteigenschaften vor, um auszudrücken, wie ein Konsument die Qualität eines Produktes einschätzen kann. Nach HAUSER (1979) und HOPF (1983) hängen davon die Informationsasymmetrie auf dem jeweiligen Markt, die Funktionsfähigkeit des Marktes, die Höhe der Transaktionskosten und das Wohlfahrtsniveau ab.

Die Abgrenzung von Such- und Erfahrungseigenschaften ist auf NELSON (1970, 1974) zurückzuführen. DARBY & KARNY (1973) haben die Vertrauenseigenschaften hinzugefügt. Hiernach spricht man von einer **Sucheigenschaft** (search quality), wenn ein Konsument ihr Vorhandensein oder ihr Ausmaß durch Inspektion der Produkte vor dem Kauf problemlos feststellen kann (Bsp.: Preis oder Design eines Autos). Eine **Erfahrungseigenschaft** (experience qualitiy) liegt vor, wenn sich ein Qualitätsmerkmal erst durch den Ge- bzw. Verbrauch des Produktes feststellen läßt, also erst nach dem Kauf (Bsp.: Geschmack eines Nahrungsmittels, Lebensdauer eines Autos). Das Vorhandensein oder das Ausmaß einer **Vertrauenseigenschaft** (credence quality) ist gegeben, wenn der Konsument diese – auch nach dem Kauf – nicht oder nur zu prohibitiv hohen Kosten überprüfen kann (Bsp.: Umweltfreundlichkeit eine Deosprays oder die Aufprallsicherheit eines Autos; vgl. auch KAAS 1994, 1995). Die Typologie NELSON´s bezieht sich zunächst auf Produkte (1970), später (1974) präziser auf Produkteigenschaften.

KAAS und BUSCH (1996) haben eine empirische Validierung dieser informationsökonomischen Eigenschaftstypologie vorgenommen, um festzustellen, ob und wie sehr diese für das Marketing bedeutend ist. Dazu ist entscheidend, ob diese Eigenschaften **objektiv** gegeben oder das Ergebnis **subjektiver** Wahrnehmung durch den Konsumenten sind. Soweit in der Literatur hierzu Stellung bezogen wird, wird von subjektiven Produkteigenschaften ausgegangen (vgl. u.a. WILDE 1981, ARNTHORSSON/BERRY/URBAN 1991, WEIBER/ ADLER 1995). So auch die Erklärung der Produktbeurteilung nach BLEICKER (1983) (vgl. oben "Der Produktbeurteilungsprozeß"). Nach KAAS (1996) ist die Wahrnehmung der Produkteigenschaften nicht vollständig von den subjektiven Fähigkeiten der Konsumenten abhängig, sondern die Beurteilung einer Eigenschaft streut mehr oder weniger, da es sowohl intersubjektive Unterschiede als auch Eigenschaften gibt, die gleichermaßen gut bzw. schlecht durch die Konsumenten überprüfbar sind. Zum Beispiel kann daher die Qualität einer Dienstleistung eindeutig als Erfahrungs- und das Design eines Produktes als Sucheigenschaft angesehen werden.

Welche Bedeutung Stellvertreter-Informationen (wie Markennamen, Gütesiegel oder Testurteile) auf die Beurteilung der Qualität eines Produktes haben können, zeigt bereits die Ausführung in 3.3. Solche Schlüsselinformationen (information chunks) sind Indikatoren für andere Informationen und erleichtern dadurch die Informationsverarbeitung. Sie dienen dazu, Informationsasymmetrien abzubauen, denn ein guter Markenname bzw. ein gutes Testurteil wirken wie Sucheigenschaften und mildern bzw. beseitigen so die Qualitätsunsicherheit des Konsumenten bei Erfahrungs- und Vertrauensgütern (KAAS 1996).

Die Zusammenhänge zwischen den Informationslagen der Konsumenten und der Bedeutung der einzelnen Instrumente des Marketingmix für die Informationsübertragung zeigt nachstehende Abbildung (KAAS 1994, S. 252):

	Such-eigenschaften	Erfahrungs-eigenschaften	Vertrauens-eigenschaften
Produkt-/ und Qualitätspolitik	dominierende Bedeutung	dominierende Bedeutung	untergeordnete Bedeutung
Kommunika-tionspolitik	keine Glaubwürdig-keitsprobleme, primär Informationsstreuung	mittlere Glaubwürdig-keitsprobleme, primär indirekte Wirkung	große Glaubwürdig-keitsprobleme
Distributions-politik	primär Produktverbreitung	durch kompetene Absatzmittler	durch kompetente Absatzmittler
Preispolitik	überragende Bedeutung	Preis als Qualitätssignal	geringe Bedeutung

Ein **Anwendungsbereich** der informationsökonomischen Eigenschaftstypologie betrifft das wahrgenommene Kaufrisiko (vgl. 4.3, Angst/Furcht/Risikoabneigung). Durch eine differenzierte Betrachtung von Inspektions-, Erfahrungs- und Vertrauenseigenschaften können die Ursachen des wahrgenommenen Kaufrisikos erfaßt und Strategien zur Risikoreduzierung gezielter formuliert werden. Zum Beispiel hilft bei der Unsicherheit über Inspektionseigenschaften informative Werbung, bei Unsicherheit über Erfahrungseigenschaften kann das Kaufrisiko eher durch den Kauf bekannter Marken, Garantieversprechen usw. reduziert werden. Unsicherheiten über Vertrauenseigenschaften kann das Marketing durch Orientierung an den Prüfvorschriften der Testinstitute, durch Qualitätslabel und durch Markierung (vgl. auch 5.3 "Positionierung") verringern (KAAS 1996, S. 250).

9.4.2 Involvementkauf und Impulskauf

Beispiele aus der Marketingpraxis

Was ist das Gemeinsame an den nachstehenden Beispielen/Fällen?

- Auffüllung des Getränkevorrats jeden Mittwoch mit immer denselben Marken und bei immer demselben Händler.
- Probekauf einer am Kiosk angebotenen neuen Zigarettenmarke.
- Kauf von qualitativ unterschiedslosem Benzin bei irgendeiner Tankstelle an der Autobahn.
- Kauf eines Krimis 3 Minuten vor Abfahrt des Zuges in der Bahnhofsbuchhandlung.
- Kauf eines Pralinen-Sonderangebots an der Supermarkt-Kasse.
- Fall eines notorisch gedankenlos einkaufenden Konsumenten.
- Vater kauft dem Sohn spontan einen jungen Hund, obwohl er wissen müßte, daß die Mutter dagegen ist.

Der Leser sollte die Frage nach dem Gemeinsamen an diesen Beispielen spätestens am Ende des vorliegenden Abschnitts beantworten können.

Kategorisierung der Käufe nach Informationsverarbeitung

In diesem Kapitel betrachten wir das Spektrum zwischen einem Kauf ohne Informationsverarbeitung und einem Kauf mit hoch involviertem Vorgehen und mit voller Informationsverarbeitung.

Informationsverarbeitung für den Kauf

0   100

Impulskauf   Involvementkauf

Diese Einteilung besagt, daß Impulskauf und Involvementkauf nicht als nominale Kategorien aufgefaßt werden, sondern als Extremwerte des Spektrums der kaufbedingten Informationsverarbeitungsmenge. Zwischen den Extremwerten liegen Käufe mit teilweise unvollkommener Informationsverarbeitung. Im Normalfall wird für einen Kauf weder extrem anspruchsvolle noch überhaupt keine Informationsverarbeitung betrieben. Die Regel ist eine quantitativ und qualitativ beschränkte Informationsverarbeitung. WEINBERG (1981) faßt den mittleren Bereich zu einer Kategorie zusammen, die er als "kognitiv entlastete" oder "limitierte" Kaufprozesse bezeichnet. Das sind allerdings lediglich willkürliche und nicht näher operationalisierte Fixpunkte auf dem Involvement-Kontinuum.

Abgesehen von dem Unterschied zwischen WEINBERGs kategorialer und unserer kontinuierlichen Unterscheidung entspricht die Einteilung weitgehend der Begriffsverwendung in den Standardlehrbüchern zum Konsumentenverhalten (z. B. KROEBER-RIEL/WEINBERG 1996, ENGEL, BLACKWELL & MINIARD 1995). Sie verwenden z.T. nur etwas andere Bezeichnungen (z. B. "extensiv" statt "involviert"). So unterscheiden z. B. ENGEL u.a. das Kaufverhalten in "extended" (i.S.v. Involvementkauf), "limited" (i.S.v. zwischen Impulskauf und Involvementkauf) und "routine" (i.S.v. Impulskauf). Bei "routine" verschwimmen allerdings die Abgrenzungskriterien: Routine i.S.v. Habitualisierung durch Wiederholung ist nur eine von mehreren möglichen Ursachen für impulsives (kognitiv nicht vorbereitetes) Kaufen. In dem System von ENGEL u.a. sind die "klassischen" Impulskäufe "sehen und mitnehmen" nicht enthalten. Diese finden sich ansatzweise als Probierkauf beim "limited problem solving". Die hinter der mehr oder weniger starken Informationsverarbeitung stehenden Ursachen sollen nicht vernachlässigt, aber systematischer eingeordnet werden. Sie erlauben es, differenziertere Kaufverhaltenstypen zu beschreiben.

Zunächst soll jedoch der aus theoretischen bzw. normativen Gründen wichtige **Involvementkauf** (extensive Kaufentscheidung) erläutert werden. Dieser Typ kommt am ehesten bei gravierenden, neuartigen, einschneidenen und risikoreichen Kaufentscheidungen vor, z. B. dem Kauf einer Eigentumswohnung. Quantitativ wird unterstellt, daß alle relevanten Informationen beachtet und verarbeitet werden. Qualitativ wird unterstellt, daß ein Bewertungs- und Entscheidungsprozeß nach bestimmten Entscheidungsregeln (vgl. 9.4.1) abläuft.

Damit kennzeichnen folgende **Prozeßmerkmale** das hoch involvierte Kaufen:

Metawissen wird abgerufen bzw. neu erworben, d.h. Wissen über

- nützliche Informationsquellen, z. B. Fachzeitschrift über Wohnungs-eigentum,
- sinnvolle Informationsverarbeitungsmuster, z. B. ein Punktwertmodell
- relevante Produktmerkmale, z. B. Trittschalldämmung;

Objektwissen wird abgerufen und neu erworben, nämlich

- über relevante Alternativen, z. B. alle bisherigen Angebote,
- über deren Merkmalsausprägungen, z. B. Wohnflächen.

Kennzeichen der **Aufnahme/Verarbeitung** relevanter Informationen:

- relativ viele Alternativen und viele Merkmale,
- aktive externe Suche,
- Aufmerksamkeit bei Informationsangeboten,
- aufwendige, komplizierte Informationsverarbeitung,
- sorgfältige, genaue Feststellung der Merkmalsausprägungen,
- Gewichtung, z. B. mit Wichtigkeitspunktwerten,
- Aggregation, z. B. Summierung gewichteter Punktwerte,
- Vergleich, z. B. erst engere Wahl, dann Entscheidung.

Außerdem ist der gesamte Prozeß bewußt. Die relevanten Kriterien und Alternativen sind bekannt und zugänglich. Eine so extreme Situation kann nur unter bestimmten Voraussetzungen vorliegen. Der Konsument muß involviert kaufen können. Das bedingt Gedächtnis und intellektuelle Fähigkeit, fehlenden Zeitdruck, Verfügbarkeit von Information, kein Durchschlagen von Emotionen oder affektiven Motiven wie Lust oder Neugier. Der Konsument muß auch wollen (motiviert sein). Das Kaufinvolvement ist tendenziell hoch bei Produkten mit hohem sozialen Risiko, mit hoher persönlicher Identifikation, mit langfristiger Bindung eines großen Einkommensanteils und mit vielen verschiedenartigen Alternativen (vgl. 1.4).

Als **Negativ-Beispiel** kann ein Teppichkauf betrachtet werden: Wegen der langfristigen Einkommensbindung, des Fehlkaufrisikos bei Wohnungseinrichtungen und wegen des hohen Preises müßte der Teppichkauf eigentlich ein Involvementkauf sein. Andererseits verfügen die meisten Teppichkäufer kaum über Qualitätsbeurteilungskriterien innerhalb einer Teppichart bzw. -preisklasse. Man verläßt sich beim Kauf gern auf den Rat des Verkäufers, ohne intensiv selbst Information zu verarbeiten. Eine verbreitete Hypothese lautet: Teure Produkte werden rational, billige emotional gekauft. Nach einer Variante dieser Hypothese kaufen wohlhabende Konsumenten seltener involviert als ärmere. Die Hypothese vom Einfluß des relativen Wohlstands auf das Involvement ist nicht ganz falsch, aber zu einfach. Es gibt Beispiele für das Gegenteil: Emotionale Autokäufe und Buchungen von Urlaubsreisen oder, pedantischinvolvierte Käufe von Wattestäbchen und Spülmaschinensalz durch Millionäre. Auch die Feststellung: "die Armen zahlen mehr" (SCHERL 1978) kann als Einwand gegen die Hypothese angesehen werden. Ein **Grenzfall** ist das "Umkippen" eines Involvementkaufs in einen Impulskauf: Ein aufwendiger Informationsverarbeitungsprozeß wird zwar begonnen, aber bald abgebrochen, weil die Informationsbelastung zu stark, die relevanten Alternativen zu zahlreich sind (BERNDT 1983), weil Konflikte oder andere emotionale Interventionen den Prozeß stören.

Den **Impulskauf** haben wir als Gegenstück zum Involvementkauf definiert: Kauf ohne nennenswerte kognitive Informationsverarbeitung. Eingeschlossen ist damit jedes Kaufverhalten, das automatisch und unbewußt unmittelbar von äußeren Reizen oder inneren Anstößen ausgelöst wird, das nicht aufgrund rationalen Abwägens und nicht nach den Regeln der (normativen) Entscheidungstheorie abläuft. In der Literatur wird der Begriff etwas uneinheitlich verwendet, weil manche Autoren als Abgrenzungskriterium nicht nur die Informationsverarbeitungsintensität verwenden, sondern auch noch qualitative Eigenschaften des betreffenden Kaufverhaltens. Wir machen solche Unterschiede erst innerhalb der Impulskäufe, und zwar anhand der verschiedenen Formen und Gründe des Impulskaufs.

Die den Impulskauf **auslösenden Reize** werden, strenggenommen, als Informationen verarbeitet, aber nur auf der periphären Route (NEISSER 1974), d.h. nicht intensiv und nicht bewußt. Es können Marketingstimuli sein, z. B. "point of sales" (POS)-Stimuli wie Wühltische, Schütten, Zweitplazierungen, Displays usw., die emotionale oder kognitive Anstöße geben, ohne Nachdenken auszulösen. Oft ist ein äußerer Reiz als Impuls nicht zu erkennen, so daß es anscheinend auch innere Impulse sein können, die das Verhalten auslösen, z. B. eine Stimmung oder eine Assoziation. Auch früher durch "Berieselung" (peripher) aufgenommene Informationen können in der Kaufsituation plötzlich aktualisiert werden. Auch dann bedarf es eines, wenn auch geringen, Impulses von außen als Anstoß.

Einen engeren Impulskauf-Begriff haben Autoren, die den automatisch ablaufenden Gewohnheitskauf und den affektiven Kauf unter Zeitdruck davon abgrenzen. Auch WEINBERG & GOTTWALD (1980) postulieren außer "gedanklicher Kontrolle" und "weitgehend automatischer Reaktion", der Konsument sei beim Impulskauf "emotional aufgeladen" und "stark aktiviert". Nach unserer Definition ist das ein Spezialfall des Impulskaufs: Geringe gedankliche Kontrolle und automatisches Reagieren sind allgemeine Wesensmerkmale des

Impulskaufs; emotionale Aufladung und starke Aktivierung beschreiben den **"heißen Impulskauf"**; davon sind der gewohnheitsmäßige (habitualisierte, auch als Erinnerungs-Impulskauf bezeichnete) sowie der beiläufige (Low-involvement-Verhalten) Impulskauf als Formen des **"kalten Impulskaufs"** abzugrenzen.

Manche Operationalisierungen von "Impulskauf" stellen lediglich darauf ab, ob bestimmte Einkäufe vorher **geplant** waren, feststellbar z. B. aus einer mitgenommenen Einkaufsliste. In diesem Sinn sind Impulskäufe nicht geplante Käufe (DAHLHOFF 1979). Daß diese Definition unzweckmäßig ist, zeigt z. B. der widersprüchliche Begriff "geplanter Impulskauf" (STERN 1962). Damit wird ein Einkauf bezeichnet, bei dem sich der Konsument bewußt (geplant) den Angebotsimpulsen aussetzt und damit rechnet, daß er (impulsiv) etwas kaufen wird. Hierbei handelt es sich nach unserer Einteilung um eine Form des heißen Impulskaufs. Der Schlüssel zur Erklärung liegt in dem Motiv "Lust/Erregung/Neugier" (vgl. 4.3).

Impulskauf heißt auch, daß höchstens eine flüchtig-spontane **Produktbewertung** erfolgt. Der entscheidungstheoretisch klassische Fall eines ausführlichen Bewertungsprozesses unmittelbar vor dem Kauf ist bei Impulskäufen ausgeschlossen. Es gibt drei Möglichkeiten: Entweder wurde in der weiter zurückliegenden Vergangenheit einmal bewertet oder eine Bewertung findet erst nach der Verwendung des Produkts statt (besonders bei Probekäufen) oder es gibt unmittelbar vor dem Kauf eine "spontane Bewertung" (BEHRENS 1982). Dabei werden nur wenige Alternativen (minimale Evoked-sets) und sehr wenige, sehr pauschale Produktmerkmale (chunks) einbezogen.

Alle im Einführungsbeispiel genannten Fälle betreffen Impulskäufe, die aber zu verschiedenen Kategorien bzw. Ursachen gehören. Zur genaueren Kennzeichnung der Impulskaufarten müssen wir dem Kriterium "keine nennenswerte Informationsverarbeitung" **qualitative Kennzeichnungen** hinzufügen, die durch Marktforschung unterschieden werden können und die auch spezifische Marketingstrategien zulassen:

- Woher kommt die beim Kauf ausschlaggebende Information (z. B. Imitation, Erfahrung)?
- Worin besteht die Unvollkommenheit der Informationsverarbeitung (z. B. in der Begrenzung des Evoked-set oder in der Zusammenfassung von Informationen zu chunks?)
- Welche persönlichen bzw. zielgruppenspezifischen Ausprägungen des Involvements liegen vor?
- Welche produktspezifischen oder situativen Rahmenbedingungen liegen vor?

Schon das beobachtbare Verhalten der Konsumenten unterscheidet sich z.T. zwischen den verschiedenen Impulskaufarten: Man greift die nächsterreichbare Packung (zufällige Wahl, die Plazierung hat als Marketingimpuls große Bedeutung) oder man kauft besonders bekannte Marken (Bekanntheitswerbung durch kognitive Berieselung hat besonders große Bedeutung).

Aus der Konsumentenforschung haben sich zahlreiche Hypothesen zur Förderung von Impulskaufverhalten ergeben. Zum Beispiel untersucht WEINBERG (1981) die Persönlichkeitsmerkmale, die möglicherweise erklären, warum manche Personen eher impulsiv kaufen als andere. Er kommt dabei auf Konstrukte wie Risikoneigung, Habitualisierungsneigung und Informationsneigung. Ein allgemeingültiger Katalog von Persönlichkeitsdeterminanten des Impulskaufverhaltens liegt aber noch nicht vor (VON ROSENSTIEL & EWALD 1979, Bd. 1, S. 87 ff.).

Die nachstehende Auswahl gibt einen Überblick und hilft bei der **Systematisierung** der Impulskaufarten. Das Ergebnis lautet zusammenfassend: Man neigt zum Impulskauf, wenn...

- kein Anlaß zur Informationsverarbeitung besteht, weil man "bisher immer zufrieden" war,

- wenig Informationen zur Verfügung stehen, z. B. nur Werbung,

- die Kosten der Informationsbeschaffung hoch sind und man auf bewährte Marken zurückgreifen kann (Markentreue),

- es bei Zeitdruck unvernünftig oder unmöglich ist, extensiv zu entscheiden (man nimmt bei einer Reifenpanne jeden verfügbaren Reifen, während man sonst sorgfältig wählen würde),

- das soziale oder persönliche Risiko, mit dem Produktkauf einen Fehler zu machen, gering ist,

- sich die zur Wahl stehenden Produkte anscheinend in der Qualität nicht unterscheiden (aber vielleicht gefühlsmäßig),

- sich die Produkte zwar unterscheiden, extensives Entscheiden auch grundsätzlich möglich ist, aber das persönliche Involvement gering ist,

- der betreffende Konsument allgemein dazu neigt, beim Kaufen nicht nachzudenken (Persönlichkeitszug).

Kompakt folgen daraus folgende Arten des Impulskaufverhaltens:

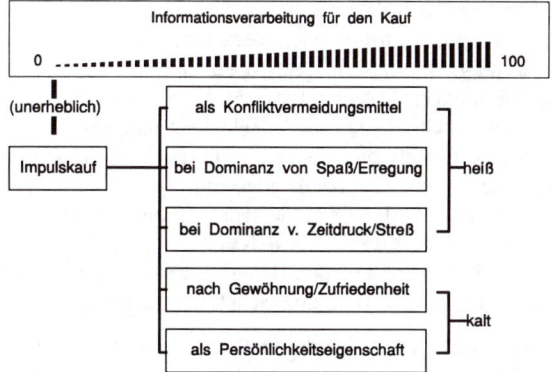

Involvement- und Impulskauf stehen in einem engen Zusammenhang. Nach dem Involvement vor und nach dem Kauf können folgende Kaufprozesse unterschieden werden:

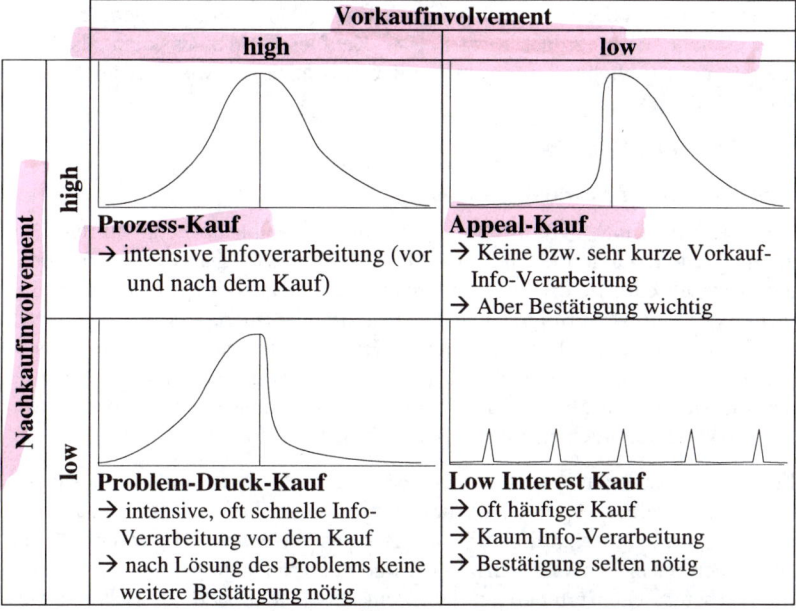

Dieser Systematisierung folgend entspricht der **Prozeß-Kauf** dem klassischen Involvementkauf (z. B. Kauf eines Autos). Sowohl vor als auch nach dem Kauf erfolgt eine intensive Informationsverarbeitung. Der **Problemdruck-Kauf** ist oft mit Zeitdruck verbunden (z. B. Reparatur/Ersatz eines Produktes). Je höher der Problemdruck ist, desto geringer ist die Preiselastizität. Sobald jedoch das Problem gelöst ist, ist das Involvement des Konsumenten wieder gering. Es ist keine Bestätigung seitens Dritter oder Rechtfertigungsgründe wie beim **Appeal-Kauf** notwendig. Bei diesem Kauf ist das persönliche Vor-Kauf-Involvement begrenzt bis niedrig. Das Involvement wird erst durch das Angebot induziert (z. B. Mode-, Geschenkartikel, Tele-Shopping-Produkte). Nach dem Kauf ist jedoch eine Bestätigung notwendig (z. B. Lob Dritter). Produkte mit Appeal-Potential sollten daher reizvoll präsentiert und bestätigende Argumente zur Kaufrechtfertigung (z. B. Qualität, Haltbarkeit, Umweltverträglichkeit) nachgeliefert werden. Der **Low-Interest-Kauf** ist der klassische Fall des Impulskauf (z. B. Produkte des täglichen Bedarfs). Es erfolgt kaum eine Informationsverarbeitung, und eine Bestätigung ist selten notwendig.

Die vier Kaufprozesse sind als Idealmodelle dargestellt. Die Involvementphasen können in ihrer Höhe und Länge stark variieren und die Involvemententwicklung ist oftmals nicht stetig, sondern durch Pausen unterbrochen. Auch die Grenzen der vier Felder sind fließend. Die Zuordnung ist der Situation abhängig. So kann beispielsweise ein Schuhkauf dem Appeal-Kauf ("Guck mal die tollen Schuhe") oder dem Problemdruck-Kauf ("Die Kleine braucht dringend neue Schuhe") zugeordnet werden. Der Kauf eines Weines kann als Low-Interest-Kauf (üblicher Tischwein) erfolgen als auch als Appeal-Kauf ("guter" Wein für die Gäste).

9.4.3 Erst- und Wiederkauf

Beispiele aus der Marketingpraxis

Von 1134 im Jahre 1980 in den Lebensmitteleinzelhandel eingeführten Produktneuheiten waren 1984 nur noch 169 im Ordersatz marktstarker Handelsunternehmen enthalten. Die Daten entstammen Herstellerbefragungen zu 331 mehr oder weniger erfolgreichen Lebensmittelneuheiten, die zwischen 1970 und 1980 in ausgewählten marktstarken Handelsunternehmen eingeführt worden waren. Zum Beispiel blieb von 15 neu eingeführten Brotaufstrichen nur einer am Markt, von 56 neu eingeführten Spirituosenmarken blieben drei, von neun Sektmarken blieb eine usw. (HUNSINGER 1985).

In einem Konsumgütermarkt wurden fast gleichzeitig zwei Marken eines neuen Produkts eingeführt. Marke 1 wurde nur ganz am Anfang mit 145%, dann längerfristig mit durchschnittlich 83% des Budgets von Marke 2 beworben. Dieser auf Dauer geringere Werbeaufwand wurde hauptsächlich durch kürzere Spots im Werbefernsehen ermöglicht. Trotzdem entwickelte sich der Bekanntheitsgrad beider Marken ungefähr gleich. Auch bei anderen Werbewirkungskriterien war Marke 1 mindestens so gut wie Marke 2. In den Urteilen der Konsumenten zu einzelnen Qualitätskriterien und im Gesamturteil lag Marke 1 anfangs schlechter und dann zunehmend besser als Marke 2. Die die Markteinführungen begleitenden Marktforschungsstudien gaben Aufschluß über die Entwicklung der Anteile von Erstkäufern und Wiederkäufern. Höhere Bekanntheit in der Anfangsphase bzw. schnellere anfängliche Erstkäufergewinnung des erfolgreicheren Produktes waren durch dessen höheres Werbebudget bei der Einführung begründet. Zumindest der Marketingkostenvorteil durch besseres Erstkäufermarketing trug zu einer langfristig günstigeren Wettbewerbsposition der Marke 1 bei.

Absatzprognosen, Erfolg und Risiko, Erst- und Wiederkäufe

Das Interesse der Marketingforschung an den Gründen für Erfolg oder Mißerfolg bei der **Einführung neuer Produkte** ist außerordentlich groß. Es geht einerseits um das Überleben der Anbieter in Märkten mit starker Produktinnovationstätigkeit. Es geht andererseits um die Vermeidung von millionenschweren Flops. Die strategische Marketingforschung hat unter der Bezeichnung "Erfolgsfaktorenforschung" schon eine Anzahl von allgemeinen Aussagen über die Bestimmungsgründe für den Erfolg/Mißerfolg gewonnen (BUZZELL & GALE 1987, COOPER 1987, 1985, HOFFMANN 1986). Dies sind Aussagen auf der Makroebene strategischer Unternehmenspolitik, nicht auf der Mikroebene der Akzeptanzgründe beim Konsumenten. Hier, in der Konsumentenforschung, sind **Erstkäufe** und **Wiederkäufe** zu unterscheiden. Beide sind gleichermaßen wichtig für den Erfolg eines neuen Produktes. Das zeigt z. B. die vereinfachte Formel für den Marktanteil einer Marke (PARFITT & COLLINS 1972, BÖHLER 1985, S. 64 ff.)

Marktanteil = Erstkäuferrate * Wiederkaufrate.

Diese Beziehung wird für die frühzeitige Prognose von Marktanteilen bei Neuprodukteinführungen genutzt, z. B. im Rahmen der weiter unten erläuterten Testmarktsimulation. Der Zusammenhang wird plausibel, wenn man sich vorstellt:

- den Marktanteil als Wahrscheinlichkeit, daß irgendein Kauf in der Produktklasse auf die betrachtete Marke entfällt,
- die Erstkäuferrate als Wahrscheinlichkeit dafür, daß ein Konsument zumindest einmal die betrachtete Marke gekauft hat,
- die Wiederholkaufrate als bedingte Wahrscheinlichkeit dafür, daß ein Erstkäufer bei irgendeinem darauf folgenden Kauf wiederum diese Marke kauft.

Also kann der Marktanteil auch als Produkt einer Wahrscheinlichkeit (daß jemand Erstkäufer wird) und einer bedingten Wahrscheinlichkeit (daß es dann zum Wiederkauf kommt) ausgedrückt werden. Demnach kommt es besonders auf die Determinanten von Erst- und Wiederkäufen an.

Zudem ist eine Unterscheidung zwischen neu einzuführenden und etablierten Produkten vorzunehmen. Als Segmentierungskriterium dient die Markentreue des Konsumenten. Hieraus lassen sich folgende Strategien ableiten:

Neu einzuführende Produkte	Etablierte Produkte
Erstkäuferzielgruppe	Konkurrenzkunden
➜ wenig markentreu, neugierig	➜ Markentreue erschüttern
➜ Probekäufe stimulieren	➜ KKV hervorheben
Wiederholkäuferzielgruppe	eigene Kunden
➜ eher markentreu, qualitätsbewußt	➜ Markentreue stärken
➜ Zufriedenheit pflegen	➜ Erinnerungswerbung

Erstkaufdeterminanten:

Abgesehen von der persönlichkeitsbedingten Adoptions- oder Innovationsneigung (vgl. 7.6) lassen sich Erstkäufe auf (wenn auch vielleicht noch sehr frische und wenig ausgeformte) **Einstellungen** zurückführen, genauer: auf positive (Nutzen-) und negative (Risiko-) Komponenten einer solchen Einstellung. Die Einstellung kann eine spontane Bewertung sein (so beim Impulskauf, vgl. 9.4.2) oder das dauerhafte Ergebnis von Informationsverarbeitung (so beim Involvementkauf, vgl. 9.4.2).

Die enthaltene **Risikokomponente** wird als (negatives) Konsummotiv mittlerer Reichweite bei 4.3 behandelt (vgl. auch COX 1967). Man kann das Erstkaufrisiko als subjektive Wahrscheinlichkeit dafür bezeichnen, hinsichtlich einer Qualitätserwartung enttäuscht zu werden. Man könnte durchaus das Risiko zu jedem einzelnen Produktmerkmal messen, z. B. das Sicherheitsrisiko, das Reparaturrisiko und das Veralterungsrisiko beim Autokauf. Diese Risikowerte kommen als Grundlage für das Neuproduktmarketing in Frage: Man kann für die einer Zielgruppe besonders riskant erscheinenden Merkmale besondere Marketingaussagen machen, um Ablehnungsgründe für den Erstkauf zu vermeiden. Dazu ist fallweise produkt- und zielgruppenspezifische Marktforschung nötig.

Bei einer Form der vereinfachten Informationsverarbeitung werden Nutzen- und Risikovorstellungen nicht auf die einzelnen, detaillierten Produktmerkmale zurückgeführt, sondern auf die wenigen (auch bei Neuprodukten durch Marktforschung verfügbaren) **Schlüsselmerkmale** Herstelleransehen, Garantieversprechen und Preis. Die nachstehende Übersicht ist das Ergebnis der Kausalanalyse zweier Experimente mit 136 und 132 Panelmitgliedern (BEARDEN & SHIMP 1982). Sie gaben jeweils unter hoher oder niedriger Ausprägung von drei Schlüsselmerkmalen Risiko- und Nutzenvorstellungen zum neuen Produkt an. Es handelte sich um einen fiktiven neuen Autoreifen aus Plastik und um einen computerisierten Heimtrainer. Man beachte die starke Abhängigkeit der Einstellung zum neuen Produkt vom wahrgenommenen Risi-

312

ko, ferner die große Bedeutung des Herstelleransehens für die Risikowahrnehmung.

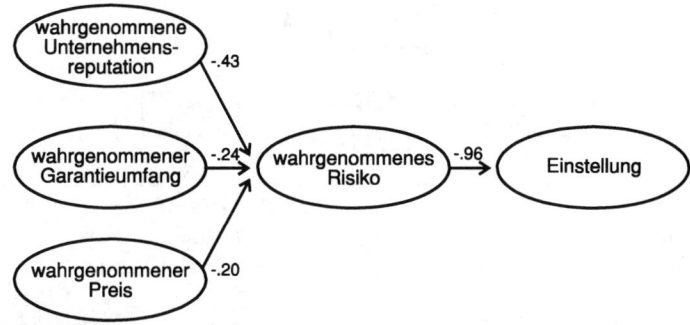

Wiederkaufdeterminanten:

Während das Erstkäuferverhalten primär von der Art und Intensität der (Einführungs-) Werbung und von äußeren Merkmalen wie Verpackung, Produktgestaltung und -präsentation abhängt, kommt es für das Wiederkaufverhalten auf das **ganze permanente Marketing-Mix** an, insbesondere auf die wahrgenommene Produktqualität bzw. das Preis-Leistungsverhältnis und auf den besonderen Nutzenvorteil (USP) gegenüber den Wettbewerbsmarken. Während das Erstkaufverhalten hauptsächlich auf kommunikative Elemente des Marketing-Mix zurückzuführen ist, schlägt beim Wiederkaufverhalten (zusätzlich, mehr oder weniger stark) die eigene Produkterfahrung durch: Werbung induziert Erstkäufe, Leistung Wiederkäufe.

Es kommt also viel eher zum Wiederkauf, wenn der Konsument mit der Leistung zufrieden ist. Dann ist er auch geneigt, den Kauf aktiv/passiv weiter zu empfehlen. Unter Umständen wird er zum Stammkunden, der das Produkt in Zukunft gewohnheitsmäßig auswählt. Nachfolgende Abbildung zeigt die Auswirkungen der Kundenzufriedenheit (näheres in 4.5) auf die Wiederkäufe und somit auf den langfristigen Geschäftserfolg (SIMON/HOMBURG 1995, S. 18):

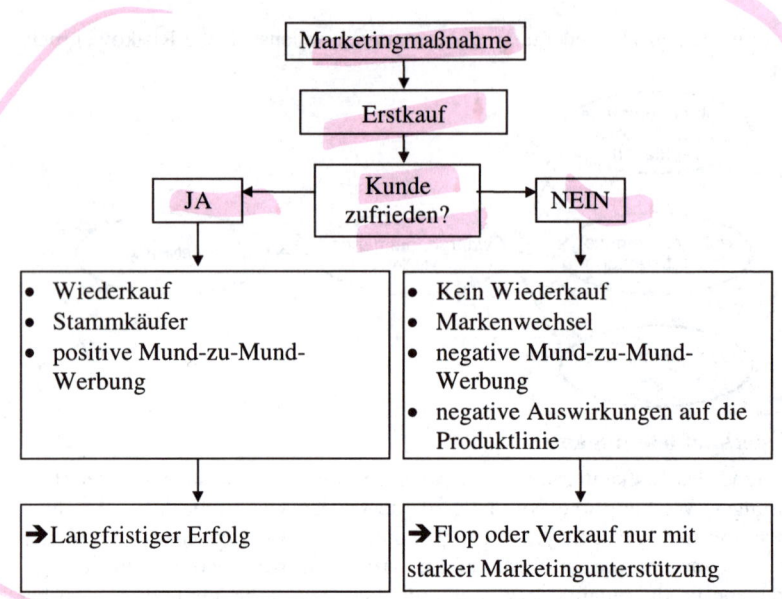

Zur Steigerung der Kundenzufriedenheit wurden verschiedene Instrumente, wie z. B. das Beschwerdemanagement und Wartezeitenmanagement, entwickelt, die in 4.4 näher dargestellt sind.

Der Wiederkauf wurde hier als Gegenstück zum Erstkauf eingeführt. Wir unterscheiden **Kauftypen** somit nach zwei Dimensionen:

(1) Informationsverarbeitung (Involvementkauf - Impulskauf) (vgl. 9.4.2)

(2) Wiederholung (erstmalig - wiederholt). Diese Dimensionen sind nicht voneinander unabhängig, z. B. erfordern Wiederkäufe weniger Informationsverarbeitung als Erstkäufe. Bei Produktneuheiten ist die Wiederholkaufdeterminante "wahrgenommenes Preis-Leistungsverhältnis" häufig im Grad der Neuartigkeit (Innovationsgrad) begründet. Eine andere Zusammenstellung aus den oben dargestellten Ergebnissen von HUNSINGER (1985) bestätigt das. Die zeilenweisen Prozentsatzdifferenzen sind ein Maß für die Einflußstärke des betreffenden Faktors:

Erfolg Innovationsgrad	Produkt noch am Markt mit gutem Erfolg	Produkt nicht mehr am Markt
völlig neuartiges Produkt	39%	21%
weniger neuartiges Produkt	16%	29%

Erfolgs- und Mißerfolgsfaktoren aus Herstellersicht	Produkt noch am Markt mit gutem Erfolg	Produkt nicht mehr am Markt
Überragende Produktqualität	67%	37%
Innovative Idee	56%	27%
Schlagkräftiger Außendienst	60%	40%
Marktgerechte Preispolitik	57%	32%
Überlegene Technologie	32%	14%
Starker Werbedruck	26%	7%
Gründliches Abtesten vor Einführung	16%	8%
Bessere Konditionen als Mitbewerber	15%	7%

Zur Frühprognose von Erstkäufer- und Wiederkaufrate und Marktanteil

Abschließend wird auf die **Kontrolle** der beiden Erfolgsfaktorengruppen Erst- und Wiederkäufe eines neuen Produkts eingegangen: Beide Raten sind mit Hilfe eines Haushaltspanels relativ problemlos zu messen (PARFITT & COLLINS 1972). Man kennzeichnet einfach die Panelmitglieder, die den Kauf der Marke zum erstenmal melden, von da an als Erstkäufer. Die Erstkaufrate ergibt sich durch Kumulation dieser Panelmitglieder und Division dieser Anzahl durch den Panelumfang. Die Wiederkaufrate ergibt sich aus der Beobachtung der Folgekäufe dieser gekennzeichneten Haushalte in derselben Produktklasse als Anteil der auf die betreffende Marke entfallenden Käufe. Das Verfahren setzt die Beteiligung des Herstellers an einem Panel der großen Marktforschungsinstitute voraus. Probleme ergeben sich aber hinsichtlich folgender Punkte:

Abgesehen von den Kosten erfordert diese Art der Erstkäufererfassung die marktweite tatsächliche Einführung der neuen Marke. Wenn die Erstkäuferrate schon vor der Markteinführung im Rahmen eines Neuprodukttests prognostiziert werden soll, bietet sich das Verfahren der **Testmarktsimulation** an, wie es u.a. unter dem Namen TESI von der G&I Forschungsgemeinschaft für Marketing, Nürnberg angeboten wird. Panelanalysen zur Beobachtung des Markterfolges (Erstkäufer-, Wiederholkaufrate, Marktanteil) **nach** der Einführung lassen sich durch TESI in der Phase **vor** der Einführung ergänzen. Das Verfahren ist im nachfolgenden skizziert (HAMMANN & ERICHSON 1990).

Ablauf des Erhebungsverfahrens von TESI

Vorbereitung	Spezifizierung des Fragebogens Auswahl des Testlokals	im Institut
	Gewinnung der Testpersonen - Vorinterview - Einladung	zu Hause / Straße / Umgebung
Phase 1	Hauptinterview - Markenbekanntheit - Markenverwendung - Einkaufsverhalten - Präferenz- und Einstellungsdaten Werbesimulation Kaufsimulation	im Studio
Phase 2	Verwendung der neuen Marke	zu Hause
	Nachinterview - Markenverwendung - Präferenz- und Einstellungsdaten Kaufsimulation	im Studio

Etwa 300 Personen werden in einem Testmarktstudio einer realitätsnahen experimentellen Situation ausgesetzt, in der sie Werbung sehen (u.a. für die neue Marke), günstig einkaufen können (u.a. die neue Marke) und befragt werden. Im Anschluß daran erfolgt ein Produkttest. Die Wiederkaufsrate wird erst in der zweiten Studioveranstaltung ermittelt, nachdem die Probanden in der Zwischenzeit das Produkt zu Hause verwenden und damit testen konnten. Die Ergebnisse aus dem Simulationsexperiment werden auf den Gesamtmarkt hochgerechnet, wobei aus der Erfahrung gewonnene Korrekturfaktoren zur Beseitigung von experimentellen Verzerrungen benutzt werden. Die Kosten belaufen sich auf ca. DM 300,- pro Versuchsperson, das ist ein Bruchteil der für einen realen Testmarkt entstehenden Kosten. Die Ergebnisse liegen außerdem schon nach drei Monaten vor, während ein Testmarkt mindestens ein Jahr dauert. Außerdem kann die Messung nicht durch Maßnahmen der Konkurrenz gestört werden.

9.5 Zur Messung von Informationsverarbeitung

Bislang fehlt es noch an einer allgemein anerkannten, gültigen Meßmethode für die Informationsverarbeitung. COOPER-MARTIN (1994) hat 14 verschiedene Operationalisierungsvorschläge aus der Literatur entnommen und empirisch (Pullover- und Kaffeekauf) kausalanalytisch auf Gültigkeit und Zuverlässigkeit untersucht. Danach besteht das beste Meßmodell aus den drei Teilkonstrukten "kognitiver Gesamtaufwand", "kognitive Anstrengung" und "Zeitbedarf". Für Kaufentscheidungen, die in einer einzigen Informationsverarbeitungsphase fallen (nur eine Alternative oder nur ein Merkmal), werden die Entscheidungszeit und verschiedene Item aus einer Selbstreportskala als Indikatoren des kognitiven Aufwands empfohlen (z. B. I concentrated a lot while making this choice / It was difficult for me to make this choice), für mehrphasige Kaufentscheidungen nur Items aus der Selbstreportskala.

Die weiteren Methoden für die Informationsverarbeitungsmessung sind nur noch eine **Nachlese**. Erstens sind die physiologisch komplizierten Informationsverarbeitungsprozesse einer direkten Messung nur schwer zugänglich. Zwar wird manchmal auch für die Konsumentenforschung vorgeschlagen, sie durch EEG-Aufzeichnung zu erfassen, aber mit einer derart medizinischen Meßmethodik ist die Marketingforschung überfordert. Zweitens wurden "indirekte Ersatzmethoden" zur Messung von (Zwischen-) Ergebnissen der Informationsverarbeitung zumeist schon bei der Messung von Zuständen (siehe die Schlußabschnitte der Kapitel 1 bis 7) oder der Messung der Informationsaufnahme (siehe 8.5) behandelt. Zum Beispiel wurde bei 8.5 die Methode der Information-Display-Matrix beschrieben, die man auch zur indirekten Messung der Informationsverarbeitung (hier: Produktbeurteilung) verwenden kann. Der Nachtrag kann sich daher auf Meßmethoden beschränken, welche einerseits Informationsverarbeitungsprozesse allgemein kennzeichnen (Reaktionszeitmessung, Methode des Lauten Denkens, Mimik- und Gestikcodierung, Blickstellungsbeobachtung), und welche andererseits für einzelne Abschnitte dieses Kapitels stehen (Impulskaufverhalten: 9.4.2 und Textverständlichkeit: 9.3.2).

Es gibt in der Praxis (nicht publizierte) Untersuchungen zur Operationalisierung von Markenstärke. Besonders einfach ist die Methode der **Reaktionszeitmessung.** Bei markenstarken Produkten wie Kaffee sind die Images stark ausgeprägt. Bei diesen Produkten haben Schlüsselmerkmale kaufbestimmende Bedeutung und Konsumenten entscheiden sich wesentlich schneller als unter Produkten wie Schokolade. Die Reaktionszeit, die Konsumenten in der Wahlsituation benötigen, gibt einen einfachen Indikator der Markenstärke her. Indirekt mißt er den Informationsverarbeitungsaufwand. Die Reaktionszeit kann auch als Indikator für Entscheidungskonflikte verwendet werden.

Die Methode des **lauten Denkens** ist ein Befragungsverfahren, das während der Informationsverarbeitung Aufschluß über die kognitiven Reaktionen geben soll – und damit über eine maßgebliche Quelle des Erfolgs bzw. Mißerfolgs von Beeinflussung. Die theoretischen Grundlagen beschreibt Abschnitt 9.2. Das Verfahren selbst besteht in der Instruktion an die Versuchsperson, möglichst alle Gedanken, die ihr während der Informationsverarbeitung durch den Kopf gehen, laut zu artikulieren sowie in der Aufzeichnungsroutine. Der Meßerfolg ist von der Qualität der Vorbereitung und von der Bereitschaft und Persönlichkeit des Befragten abhängig.

Zur Messung von impulsivem Kaufverhalten hat WEINBERG (1981) ein Verfahren entwickelt, bei dem **Mimik und Gestik** codiert werden. Das Ergebnis ist eine Beschreibung der Emotionen der Konsumenten, aus der etwas über die

Art des impulsiven Kaufens ausgesagt werden kann. Konventionellere Verfahren beruhen auf dem Feldexperiment und der Kundenbefragung. Zum Beispiel kann man untersuchen, welche Umsatzeffekte Veränderungen an den "impulsgebenden Merkmalen" (Sonderplazierung o.ä.) der Produkte hervorrufen. Nach einem anderen Vorschlag werden abgefragte Einkaufspläne mit dem Inhalt des Einkaufswagens verglichen.

Die **Blickstellungsbeobachtung** muß man deutlich von der Blickregistrierung (Informationsaufnahmemessung, vgl. 8.5) abgrenzen. Sie beruht auf der Erkenntnis, daß die Blickrichtung einer informationsverarbeitenden Person anzeigt, welche gerade besonders aktiv ist. Grundlage ist die Erkenntnis von der Hemisphärenspezialisierung (vgl. 2.5, 3.4) und die Tatsache, daß die Augen über Kreuz neuronal mit den beiden Hemisphären verbunden sind. Wenn also die linke Hemisphäre besonders aktiv ist, neigt die Person dazu, nach rechts zu sehen (und umgekehrt). Daraus kann die folgende bildlich dargestellte Hypothese über Blickstellung und gerade ablaufendem Informationsverarbeitungsprozess abgeleitet werden (zur Messung kognitiver Prozesse durch Blickbewegungsbeobachtung s. LÜER 1988):

Zur Messung der **Verständlichkeit** von vorliegenden Texten empfehlen wir das Hamburger Verständlichkeitskonzept. Darauf trainierte "Experten" beurteilen den Text mit Hilfe eines fünfstufigen Eindrucksdifferentials aus vielen Ratings, z. B.:

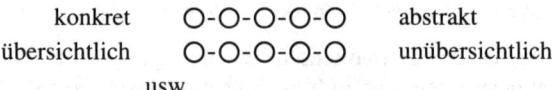

usw.

Die Ratings können, ggf. zusätzlich faktorisiert, zu Ausprägungen auf den vier Dimensionen der Textgestaltung:

(1) Einfachheit

(2) Gliederung/Ordnung

(3) Kürze/Prägnanz

(4) Zusätzliche Stimulanz

aggregiert werden. Verständlichkeit wird also mehrdimensional beurteilt. Die Zusammenfassung zu einem einzigen Wert ist möglich, wenn man als Idealausprägungen extrem hohe Werte bei 1) und 2) sowie mittlere Werte bei 3) und

4) annimmt: Differenzen zwischen den gemessenen Werten und diesen Ideal-
werten können zu einem Verständlichkeitsindex addiert werden. Er nimmt für
besonders verständliche Texte kleine Werte, für schwierige Texte große Werte
an. Das Verfahren ist praktikabel und durch die Standardmethodik objektiv,
aber es wird dem theoretischen Wissenstand nicht gerecht, denn es berücksichtigt nur textimmanente Merkmale, keine Wechselwirkungen zwischen Leser
und Text.

Zur offenen **Erhebung kognitiver Gedächtnisstrukturen** entwickelte GRU-
NERT (1990) ein Meßverfahren, welches auf einer computergestützten Inhaltsanalyse von Redebeiträgen zu einem Stimulus basiert. Dabei wird von der Hypothese ausgegangen, daß die Stärke einer Assoziation von zwei kaufrelevanten Begriffen verschiedener Kategorien (z. B. Produktanforderungen, -
merkmale) im Netzwerk umso größer ist, je näher sie in der Satzstruktur der
Antwort zusammenstehen.

Nach der Festlegung der im Redebeitrag geäußerten, produktbezogenen Begriffe zu den drei kognitiven Kategorien (Anforderungen, Merkmale und Marken)
wird durch Bestimmung der Abstände zwischen den einzelnen Begriffen der
verschiedenen Kategorien eine Ähnlichkeitsmatrix erstellt. Die enthaltenen
Schätzwerte für die assoziativen Verbindungen sind ein Maß für den Vernet-
zungsgrad zwschen Produktmerkmalen, -anwendungen und Marken. Große
Werte entsprechen einer engen Verbindung im Text und einem hohen Maß an
Nähe in der kognitiven Struktur.

Das **Ausmaß der Vernetzung** einer Marke mit Anwendungen, direkt oder indirekt über Merkmale, kann daher als Kennwert für die Wahrscheinlichkeit ihres Kaufes über eine größere Zahl von Käufen hinweg aufgefaßt werden. Die
Anwendungen und Eigenschaften, die am meisten mit der Marke in Verbindung gebracht werden, sind dann die kaufentscheidenden Merkmale
(GRUNERT 1990, S. 188).

Als letztes wird der Ansatz des **"Cognitive-mapping"** dargestellt. Dieses Verfahren versucht, kognitive Strukturen landkartenartig abzubilden. Basierend auf
der von KELLEY (1955) begründeten Gittertechnik (Repertory-grid) (vgl. auch
5.5) werden die Beziehungen zwischen Äußerungen von Befragten visualisiert.
Cognitive-mapping löst   das Problem, Äußerungen von Auskunftspersonen
sinnvoll zusammenzufassen und diese zu kommunizieren (KESSELMANN/
KORNMEIER 1996).

Die von den Befragten verwendeten Begriffe (Konstrukte) werden deutlich, indem jene Hintergrundvariablen aufgedeckt werden, durch die Ähnlichkeiten
bzw. Unterschiede zwischen den Elementen erklärt werden können. Die Befragten beschreiben beiläufig (z. B. in Gruppendiskussionen), wie Elemente eines Problemkomplexes zusammenhängen. Mit Hilfe der Cognitve-maps (kog-

nitiver Landkarten) lassen sich die Kognitionen einer Person hinsichtlich dieses Problems graphisch darstellen. Nachfolgendes Beispiel zeigt einen Ausschnitt aus der Untersuchung von KESSELMANN & KORNMEIER (1996) zum Gedanken des Umweltschutzes, basierend auf einer Gruppendiskussion:

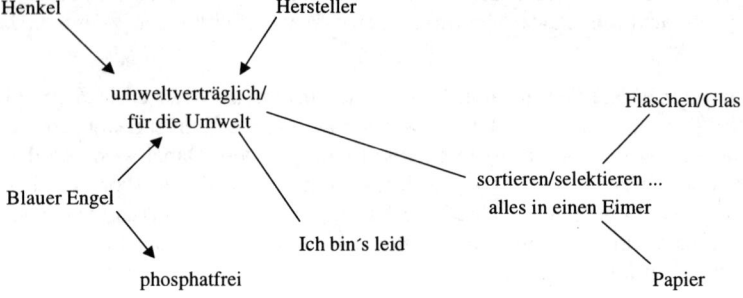

Literaturverzeichnis:

ADLWARTH, W., Formen und Bestimmungsgründe prestigegeleiteten Konsumentenverhaltens, München 1983

ADLWARTH, W., WIMMER, F., Umweltbewußtsein und Kaufverhalten - Ergebnisse einer Verbraucherpanel-Studie, Jahrbuch der Absatz- und Verbrauchsforschung, 2 (1986), 166-192

AJZEN, I., FISHBEIN, M., Understanding Attitudes and Predicting Social Behavior, Englewood Cliffs NJ 1980

ALPERT, M.I., Identification of Determinant Attributes, Journal of Marketing Research, 8 (1971), 184-191

ALWIN, D.F., Making Inferences from Attitude-Behavior Correlations, Sociometry, 36 (1973), 253-278

ANDERSON, B.B. (Hrsg.), Advances in Consumer Research 3, Cincinnati 1976

ANDERSON, J.R., The architecture of cognition, Cambridge, MA: Harvard University Press 1983

ANDREASEN, A., BEST, A., Consumers Complain - Does Business Respond?, Harvard Business Review, 55 (1977), 93-101

ARCH, D.C., BETTMAN, J.R., KAKKAR, P., Subjects' Information Processing in Information Display Board Studies. In: HUNT (Hrsg.) 1987, 555-561

ARGYLE, M., Körpersprache und Kommunikation, Paderborn 1979

ARNTHORSSON, A., BERRY, W. E., URBANY, J. E., Difficulty of Prepurchase Quality Inspection: Conceptualization and Measurement, Advances in Consumer Research, 18 (1991), 217-224

ASCHE, Th., Das Sicherheitsverhalten von Konsumenten, Heidelberg 1990

ASCHENBRENNER, K.M., Entscheidung und Urteil. In: Graf HOYOS et al. (Hrsg.) 1987, 151-161

ASCHENBRENNER, K.M., Komplexes Wahlverhalten: Entscheidungen zwischen multiattributiven Alternativen. In: HARTMANN & KOEPPLER (Hrsg.) 1977, 21-52

AUER. M., KALWEIT, U. & NÜßLER, P., Product Placement, Düsseldorf, Wien, New York 1988

BACKHAUS, K., ERICHSON, B., PLINKE, W., WEIBER, R., Multivariate Analysemethoden, 7.Aufl., Berlin, Heidelberg 1994

BADDELEY, A., So denkt der Mensch, München 1988

BAGOZZI, R.P., BURNKRANT, R.E., Attitude Organization and the Attitude Behavior Relationship, Working Paper, School of Business Administration, Berkeley 1978

BAGOZZI, R.P., Causal Models in Marketing, New York 1980

BAGOZZI, R.P., Towards a Theory of the Middle Range, Der Markt, 14 (1979), 177-182

BALDERJAHN, I., Das umweltbewußte Konsumentenverhalten, Berlin 1986

BALDERJAHN, I., Marktreaktionen von Konsumenten. Ein theoretisch-methodisches Konzept zur Analyse der Wirkung marketingpolitischer Instrumente, Berlin 1993

BAMBERG, G., COENENBERG, A.G., Betriebswirtschaftliche Entscheidungslehre, 6. Aufl., München 1991

BÄNSCH, A., Variety Seeking - Marketingfolgerungen aus Überlegungen und Untersuchungen zum Abwechslungsbedürfnis von Konsumenten, Jahrbuch der Absatz- und Verbrauchsforschung, 41 (1995), 342-365

BANDURA, A., Sozial-kognitive Lerntheorie, Stuttgart 1979

BANNING, Th. E., Werbung auf der Grundlage der Lebensstil-Forschung, Werbeforschung & Praxis, 32 (1987a), 1-8

BANNING, Th. E., Lebensstilorientierte Marketing-Theorie, Analyse und Weiterentwicklung modelltheoretischer und methodischer Ansätze der Lebensstil-Forschung, Heidelberg 1987b

BARTLETT, F.C., Remembering: A Study in Experimental and Social Psychology, Cambridge 1932

BEARDEN, W.O., SHIMP, T.A., The Use of Extrinsic Cues to Facilitate Product Adoption, Journal of Marketing Research, 19 (1982), 229-239

BECKER, T., JÄGER, L., MICHAELI, W., SCHMALE, H. (Hrsg.), Sprache und Technik-Verständliches Gestalten technischer Fachtexte, Alano 1990

BECKWITH, N.E., KASSARJIAN, H.H. LEHMANN, D.R., Halo Effects in Marketing Research: Review and Prognosis. In: HUNT (Hrsg.) 1978, 465- 468

BEHRENS, G., Das Wahrnehmungsverhalten der Konsumenten, Frankfurt a.M. 1982

BEHRENS, G., Die Wirkung emotionaler Werbung, WWG-Informationen, 96 (1984), 1-8

BEHRENS, G., HARTMANN, K., Werbepsychologie, München 1977

BEHRENS, G., HINRICHS, A., Werben mit Bildern - Zum Stand der Bildwahrnehmungsforschung, Werbeforschung & Praxis, 30 (1986), 85-88

BEKMEIER, S., Nonverbale Kommunikation in der Fernsehwerbung, Heidelberg 1989

BELK, R., Entwicklung produktspezifischer Klassifikationen von Verbrauchssituationen. In: MEFFERT, H., STEFFENHAGEN, H., FRETER, H. (Hrsg.) 1979, 333-351

BELLIZZI, A. J. & HITE, R. E., Environmental Colour, Consumer Feelings, and Purchase Likelihood, Psychology & Marketing , 9 (1992), 347-363

BELZ, CH. (Hrsg.), Realisierung des Marketing, Band 1, St. Gallen 1986

BEM, D.J., Meinungen, Einstellungen, Vorurteile (aus dem Amerikanischen von A. Strubelt und W. Nötzold), Zürich, Köln u.a. 1974

BEM, D.J., Self-Perception Theory. In: BERKOWITZ (Hrsg.) 1972, 1-62

BEM, S.L., The measurement of psychological androgyny, Journal of Consulting and Clinical Psychology, 42 (1974), 155-162

BEM, S.L., Gender Schema Theory: A Cognitive Account of Sex Typing, Psychological Review, 88 (1981), 354-364

BERKOWITZ, L. (Hrsg.), Advances in Experimental Social Psychology, Vol. VI, New York 1972

BERLYNE, D., Konflikt, Erregung, Neugier - Zur Psychologie der kognitiven Motivation, Stuttgart 1974

BERNDT, H., Konsumentscheidung und Informationsüberlastung, München 1983

BERNDT, R., HERMANNS, A., Handbuch Marketing-Kommunikation, Strategien - Instrumente - Perspektiven, Wiesbaden 1993

BLEICKER, U., Produktbeurteilung der Konsumenten, Würzburg, Wien 1983

BÖCKER, F., Präferenzforschung als Mittel marktorientierter Unternehmensführung, Zeitschrift für betriebswirtschaftliche Forschung, 38 (1986), 543-574

BÖCKER, F., Preis-Typen, absatzwirtschaft, 31 (1988), 1, 92- 97

BÖHLER, H., Marktforschung, 2.Aufl., Stuttgart, Berlin, Köln 1992

BÖLTKEN, F., JAGODZINSKI, W., Viel Lärm um Nichts? Zur "stillen Revolution" in der Bundesrepublik, 1970-1980. In: STIKSRUD, A. (Hrsg.) 1984, 60-72

BOHNER, G., HORMUTH, S. & SCHWARZ, N., Die Stimmungs-Skala: Vorstellung und Validierung einer deutschen Version des "Mood Survey". Diagnostica, 37 (1991), 2, 135-148

BON, J., PRAS, B., Dissociation of the Roles of Buyer, Payer and Consumer, International Journal of Research in Marketing, 1 (1984), 7-16

BORNSTEIN, R.F., Exposure and Affect: Overview and Meta-Analysis of Research, 1968-1987, Psychological Bulletin, 2 (1989), 265-289

BOST, E., Ladenatmosphäre und Konsumentenverhalten, Heidelberg 1987

BRAND, H.W., Die Legende von den "geheimen Verführern" - Kritische Analysen zur Unterschwelligen Wahrnehmung und Beeinflussung, Weinheim, Basel 1978

BRANDSTÄTTER, H., Sozialpsychologie. Psychologie sozialer Erfahrung, Stuttgart, Berlin, Köln, Mainz 1983

BRANSFORD, J.D., McCARELL, N.S., FRANKS, J.J., NITSCH, K.E., Toward Unexplaining Memory. In: SHAW & BRANSFORD 1977

BREHM, J.W., A Theory of Psychological Reactance, New York, London 1966

BROCKHOFF, K., WEISENFELD, U., Preiskrieg am Zigarettenmarkt - Fallstudie, Hamburg (Hrsg. Fa. REEMTSMA) 1986

BRUHN, M., Der Informationswert von Beschwerden für Marketingentscheidungen, In: Hansen, U., Schoenheit, I. (Hrsg.), Verbraucherzufriedenheit und Beschwerdeverhalten, Frankfurt a. M. 1987, 123 - 140

BRUHN, M., Konsumentenzufriedenheit und Beschwerden, Frankfurt a.M., Bern 1982

BRÜNE, G., Meinungsführerschaft im Konsumgütermarketing, Heidelberg 1989

BRUNER, J.S., Towards a Theory of Instruction, Cambridge 1966

BTE MARKETING - BERATER 23, Erlebniswelten in Einkaufszentren. Amerikanische Trends kommen auch nach Deutschland, 5 (1990), 7

BUCKLEY, P.G., The Internal Atmosphere of a Retail Store. In: WALLENDORF, M., ANDERSON, P.F. (Hrsg.) 1987, 568

BURNSTEIN, E., Source of Cognitive Bias in the Representation of Simple Social Structures, Journal of Personality and Social Psychology, 7 (1967), 36-48

BUZZELL, R.D., GALE, B.T., The PIMS Principles - Linking Strategy to Performance, New York 1987

CAMPBELL, B.M., The Existence of Evoked Set and Determinats of its Magnitude in Brand Choice Behaviour, Diss. Columbia University 1969

CARLBERG, P., Werbe-Wandel, Werben & Verkaufen 1984, 48, 8-12 und 1984, 49, 8-14

CELUCH, K.G., SLAMA, M., Program Content and Advertising Effictiveness, Psychology & Marketing 1993, 285-300

COOPER, R.G., Industrial Firms' New Product Strategies, Journal of Business Research, 13 (1985), 2, 107-122

COOPER, R.G., Success Factors in Product Innovation - Better Product Selection and Process Management, Industrial Marketing Management, 16 (1987), 215-224

COOPER-MARTIN, E., Measures of Cognitive Effort, Marketing Letters 5 (1994), 43-56

COSTLEY, C.,L., Meta Analysis of Involvement Research. In: HOUSTON, M.J. (Hrsg.), Advances in Consumer Research, 15 (1987), Provo, UT, 554-562

CRAIG, F.I.M., LOCKHART, R.S.; Levels of Processing: A Framework for Memory Research; Journal of Verbal Learning and Verbal Behavior, 11 (1972), 671-684

CURTIN, R.T., Indicators of Consumer Behavior: The University of Michigan Surveys of Consumers, Public Opinion Quarterly, 46 (1982), 340-360

DABHOLKAR, P.A., Incorporating Choice into an Attitudinal Framework: Analyzing Models of Mental Comparison Processes, Journal of Consumer Research, 21 (1994), 100-118

DAHLHOFF, H.-D., Ungeplantes und impulsives Kaufverhalten. In: MEFFERT, H., STEFFENHAGEN, H., FRETER, H. (Hrsg.) 1979, 311-331

DAHLHOFF, H.-D., Wertewandel als Ausgangspunkt für praktische Kommunikationsarbeit, FfH Mitteilungen, 26 (1985), Ausgabe 1, 1-8

DARBY, M. R., KARNI, E., Free Competition and the Optimal Amount of Fraud, Journal of Law and Economics, 16 (1973), 67-88

DAVIDSON, R., The Neuropsychology of Emotion and Affective Style. In: LEWIS, M., HAVILAND, J. (Eds.), Handbook of Emotions, New York - London: Guilford Press 1993, 143-154

DeFLEUR, M.L., PETRANOW, R.M., A Televised Test of Subliminal Persuasion, Public Opinion Quarterly, 23 (1959), 345-355

DERBAIX, C., VANDEN ABEELE, P., Consumer Inferences and Consumer Preferences. The Status of Cognition and Consciousness in Consumer Behavior Theory, International Journal of Research in Marketing, 2 (1985), 157-174

DICHTER, E., Handbuch der Kaufmotive, Wien, Düsseldorf 1964

DIETERICH, M., Konsument und Gewohnheit, Heidelberg, Wien 1986

DIETERLE, G.S., Verhaltenswirksame Bildmotive in der Werbung, Heidelberg 1992

DILLER, H., Das Preisbewußtsein der Verbraucher und seine Förderung durch Bereitstellung von Verbraucherinformationen, Habilitationsschrift, Mannheim 1978

DILLER, H., Die Preis-Qualitäts-Relation von Konsumgütern im 10-Jahres-Vergleich, Die Betriebswirtschaft, 48 (1988), 195-200

DILLER, H., KUSTERER, M., Erlebnisbetonte Ladengestaltung im Einzelhandel. In: TROMMSDORFF, V. (Hrsg.) 1986, 105-123

DILLER, H., Preiskenntnis von Konsumenten, Arbeitspapier Institut für Marketing, Universität der Bundeswehr, Hamburg 1987

DILLER, H., Preispolitik, 2. Aufl., Stuttgart, Berlin, Köln 1991

DILLER, H., GOERDT, Th., GEIS, G., Marken- und Einkaufsstättentreue bei Konsumgütern - Empirische Analyse anhand von Haushaltspaneldaten, Nürnberg 1997

DOMIZLAFF, H., Die Gewinnung des öffentlichen Vertrauens - Ein Lehrbuch der Markentechnik, Hamburg 1982

DREES, N., Werbung an Rennstrecken, Werbeforschung & Praxis, 32 (1987), 9-12

EKMAN, P., FRIESEN, W.V., TOMKINS, S.S., Facial Affect Scoring Technique: A First Validity Study, Semiotica 1971, 37-58, zit. n. WEINBERG 1983

EKMAN, P., Gesichtsausdruck und Gefühl. 20 Jahre Forschung von Paul Ekman, hrsg. von M. Salisch, Reihe innovative Psychotherapie und Humanwissenschaften 38, Paderborn: Jungfermann 1988

ENGEL, J.F., BLACKWELL, R.D., MINIARD, P.W., Consumer Behavior, 5. Aufl., New York 1986, 8. Aufl., New York 1995

ERICHSON, B., TESI: Ein Test- und Prognoseverfahren für neue Produkte, MARKETING Zeitschrift für Forschung und Praxis, 2 (1981), 201-207

ERTEL, S., Standardisierung eines Eindrucksdifferentials, Zeitschrift für angewandte experimentelle Psychologie, 12 (1965), 22-58

ERTEL, S., Gestaltungstheorie in der modernen Psychologie, Darmstadt 1975

ESCHER, M.C., Graphik und Zeichnungen, 16. Aufl., Gräfelfing vor München 1985

FACHVERBAND FILM UND DIAPOSITIV-WERBUNG E.V., Kinowerbung. Wie sie wirkt und nachwirkt. Ergebnisse einer aktuellen day-after-recall-Befragung, Hamburg 1987

FARLEY, J.U., HOWARD, J.A., RING, L.W., Consumer Behavior - Theory and Application, Boston 1974

FAZIO, R.H., SANBONMATSU, D.M., The Automatic Activation of Attitudes Towards Products, Conference Paper, Association for Consumer Research, Toronto 1986

FEIGS, J., Der Einfluß der Einstellung zu Werbung und der Kompetenzempfindung auf die Werbewirkung. Eine empirische Untersuchung, Saarbrücken 1976

FELDMAN, S. (Hrsg.), Cognitive Consistency, New York, London, Sydney 1966

FESTINGER, L., A Theorie of Cognitive Dissonance, Stanford 1957

FISHBEIN, M. (Hrsg.), Readings in Attitude Theory and Measurement, New York, London, Sydney 1967

FISHBEIN, M., A Consideration of Beliefs and their Role in Attitude Measurement. In: FISHBEIN, M. (Hrsg.) 1967, 257- 266

FISHBEIN, M., AJZEN, I., Belief, Attitude, Intention and Behavior, Reading (Mass.) u.a. 1975

FISHBEIN, M., The Relationships between Beliefs, Attitudes, and Behavior. In: FELDMAN, S. (Hrsg.) 1966, 199-223

FISHER, M., Umwelt und Wohlbefinden. In: ABELE, A. & BECKER (Hrsg.), Wohlbefinden. Theorie - Empirie - Diagnostik, Weihnheim-München: Juventa 1991, 245-266

FLESCH, R., A New Readability Yardstick, Journal of Applied Psychology, 32 (1948), 3, 221-231

FOLKES, V.S., Recent Attribution Research in Consumer Behavior: A Review and New Directions, Journal of Consumer Research, 14 (1988), 548-565

FORGAS, J. & BOWER, G., Mood Effects on Person-Perception Judgements, Journal of Personality and Social Psychology, 53 (1987), 1, 53-60

FORSCHUNGSGRUPPE KONSUM UND VERHALTEN (Hrsg.), Innovative Marktforschung, Würzburg, Wien 1983

FORSCHUNGSGRUPPE KONSUM UND VERHALTEN (Hrsg.), Konsumentenforschung, gewidmet Werner Kroeber-Riel zum 60. Geburtstag, München 1994

FÖRSTER, F., Der LISREL-Ansatz der Kausalanalyse und ihre Bedeutung für die Marketing-Forschung, Zeitschrift für Betriebswirtschaft, 54 (1984), 346-367

FREY, B., Internationale Politische Ökonomie, München 1985

FREY, B., Lohnen sich Investitionen in Kunstwerke?, unveröffentlichtes Manuskript, Zürich 1986

FREY, D., Informationssuche und Informationsbewertung bei Entscheidungen, Bern, Stuttgart, Wien 1981

FREY, D., Kognitive Theorien der Sozialpsychologie, Bern, Stuttgart u.a. 1978

FRIESTAD, M., WRIGTH, P., The Persuasion Knowledge Model: How People Cope with Persuasion Attempts, Journal of Consumer Research, 21 (1994), 1-31

FRIJDA, N., Moods, Emotion Episodes and Emotions. In: LEWIS, M., HAVILAND, J. (Eds). Handbook of Emotions, New York - London: Guilford Press 1993, 381-403

FRINK, G., Ein junger Klassiker - Bericht aus der qualitativen Forschung, Planung und Analyse, 1992, 1, 12-15

FUCHS, M., STEINHAUSEN, J., Berliner Kindl Weiße: Life-Style-Werbung im praktischen Einsatz, Marketing Journal, 10 (1977), 1, 80-86

GARBE, D., GROTHE, A., Bürgergutachten Testkriterien und Testplanung, FU Berlin, Insitut für Markt- und Verbrauchsforschung, Bergische Universität GH Wuppertal, Forschungsstelle Bürgerbeteiligung und Planungsverhalten, (Selbstverlag) 1985

GEMÜNDEN, H.G., Wahrgenommenes Risiko und Informationsnachfrage, MARKETING Zeitschrift für Forschung und Praxis, 7 (1985), 27-38

GENGLER, C., KLEONSKY, D., MULVEY, M., Improving the graphic representation of means-end results, International Journal of Research in Marketing, 12 (1995), 245-256

GHAZIZADEH, U.R., Werbewirkungen durch emotionale Konditionierung. Theorie, Anwendung und Meßmethode, Frankfurt a.M. 1987

GILLY, M.C., ENIS, B.M., Recycling the Family Life Cycle: A Proposal for Redefinition. In: MITCHELL, A.A. (Hrsg.) 1982, 271-276

GLASS, D.V., KÖNIG, R. (Hrsg.), Soziale Schichtung und soziale Mobilität, 4. Aufl., Köln 1970

GONZALES, A., ZIMBARDO, P.G., Ohne eine Vorstellung von Vergangenheit, Gegenwart und Zukunft können wir kein Gefühl für die eigene Persönlichkeit entwickeln, Psychologie heute, 1985, 6, 34-37

GREEN, P.E., TULL, D.S., Methoden und Techniken der Marketingforschung, 4.Aufl., Stuttgart 1982

GRÖPPEL, A., Erlebnisbetontes Handelsmarketing, In: TROMMSDORFF, V. (Hrsg.) 1990, 121-137

GRÖPPEL, A., Erlebnisstrategien im Einzelhandel. Analyse der Zielgruppen, der Ladengestaltung und der Warenpräsentation zur Vermittlung von Einkaufserlebnissen, Heidelberg 1991

GRUNER & JAHR VERLAG, Dialoge 3, Hamburg 1990

GRUNERT, K.-G., Kognitive Strukturen in der Konsumforschung, Heidelberg 1990

GRUNERT, K. G., Kognitive Strukturen von Konsumenten und ihre Veränderung durch Marketingkommunikation, Theorie und Meßverfahren, Marketing ZFP, Heft 1, 1991, 11-22

GRUNERT, K. G., Subjektive Produktbedeutungen: Auf dem Wege zu einem integrativen Ansatz in der Konsumforschung. In: Konsumentenforschung, hrsg. von der Forschungsgruppe Konsum und Verhalten, München 1994, 215-226

GÜNTER, B., Beschwerdemanagement. In: SIMON, H., HOMBURG, Chr. (Hrsg.) 1995, 275-291

GUTMAN, J., A means-end chain model based on consumer categorization processes, Journal of Marketing, 46 (1982), 60-72

HAMMANN, P. ERICHSON, B., Marktforschung, 3.Aufl., Stuttgart 1990

HANSEN, F., Consumer Choice Behavior: A Cognitive Theory, New York 1972

HARMS, B., Unterstützung strategischer Entscheidungen in der Imagepositionierung mit Hilfe simulationsgestützer WHAT-if-Analysen, Diss. Berlin 1997

HARREL, G.D., HUTT, M.D., ANDERSON, J.C., Path Analysis of Buyer Behavior Under Conditions of Crowding, Journal of Marketing Research, 17 (1980), 45-51

HARTMANN, K.D., KOEPPLER, K. (Hrsg.), Fortschritte der Marktpsychologie, Band 1, Frankfurt 1977

HÄTTY, H., Der Markentransfer, Heidelberg 1989

HAUGTVEDT, C.P., WEGENER, D.T., Message Order Effects in Persuasion: An Altidude Strength Perspective, Journal of Consumer Research, 21 (1994), 205-218

HAUSCHILDT, J., Innovation, Kreativität und Informationsverhalten. In: Konsumentenforschung, hrsg. von der Forschungsgruppe Konsum und Verhalten, München 1994, 399-414

HAUSER, H., Qualitätsinformationen und Marktstrukturen. In: KYKLOS, 32 (1979), 739-763

HAY, C., Die Verarbeitung von Preisinformationen durch Konsumenten, Heidelberg 1987

HEEMEYER, H., Psychologische Marktforschung im Einzelhandel, Wiesbaden 1981

HEIDER, F., The Psychology of Interpersonal Relations, New York 1958

HELSON, H., Adaption-Level Theory, New York 1964

HERMANNS, A., Marketingaktivitäten eines Produktionsgüterherstellers für Folgemärkte: Überprüfung alternativer Beduftungen für den Relaunch einer im Markt befindlichen Schaumbadmarke, Bericht über ein Studienprojekt, Bd. 1, Studien- und Arbeitspapiere Marketing an der Hochschule der Bundeswehr München, 1982

HERMANNS, A., WOERN, G., Zur Problematik der Ermittlung quantitativer Entscheidungskriterien für die Werbeträgerauswahl im Sport, Werbeforschung & Praxis, 31 (1986), 169-174

HERRMANN, A., GUTSCHE, J., Ein Modell zur Erfassung der individuellen Markenwechselneigung, Zeitschrift für betriebswirtschaftliche Forschung, 46 (1994), 1, 63-80

HESS, E. H., Das sprechende Auge-die Pupille verrät verborgene Reaktionen, München 1977

HEUSER, U.J., Fairneß oder der Preis von Regenschirmen, Frankfurter Allgemeine Zeitung, 31.07.87, 12

HILDEBRANDT, L., Kausalanalytische Validierung in der Marketingforschung, MARKETING Zeitschrift für Forschung und Praxis, 6 (1984), 41-51

HILDEBRANDT, L., Konfirmatorische Analysen von Modellen des Konsumentenverhaltens, Berlin 1983a

HILDEBRANDT, L., Kausalmodelle in der Konsumverhaltensforschung. In: IRLE, M. (Hrsg.) 1983b, 271-339

HILDEBRANDT, L., SCHUSTER, H., Wertemessung in der Marktforschung, FfH Mitteilungen, 25 (1986), 12-17

HIRSHMAN, E.C., HOLBROOK, M.B. (Hrsg.), Advances in Consumer Research 12, Provo (UT) 1985

HOFFMANN, F., Kritische Erfolgsfaktoren - Erfahrungen in großen und mittelständischen Unternehmungen, Zeitschrift für betriebswirtschaftliche Forschung, 38 (1986), 831-843

HOFSTÄTTER, P.R., Zur Problematik der Profilmethode, Diagnostica, 5 (1959), 19-25

HOLBROOK, M.B., HIRSCHMAN, E.C., The Experiential Aspects of Consumption: Consumer Fantasies, Feelings, and Fun, Journal of Consumer Research, 9 (1982), 132-140

HOLBROOK, M.B., MAIER, K.A., A Study of the Interface between Attitude Structure and Information Acquisition Using a Questionnaire-Based Information-Display-Sheet. In: HUNT, H.D. (Hrsg.) 1978, 93-98

HOLT, D.B., How Consumers Consume: A Typology of Consumption Practices, Journal of Consumer Research, 22 (1995), 1-16

HOLZMÜLLER, H.H., Grenzüberschreitende Konsumentenforschung, MARKETING Zeitschrift für Forschung und Praxis, 8 (1986), 45-54

HOMANS, G.,C., Theorie der sozialen Gruppe, 2.Aufl., Köln 1978

HOMBURG, Chr., RUDOLPH, B., Theoretische Perspektiven zur Kundenzufriedenheit. In: SIMON, H., HOMBURG, Chr. (Hrsg.) 1995, 29-49

HOMBURG, Chr., RUDOLPH, B., WERNER, H., Messung und Management von Kundenzufriedenheit in Industriegüterunternehmen. In: SIMON, H., HOMBURG, Chr. (Hrsg.) 1995, 313-340

HOPF, M., Informationen für Märkte und Märkte für Informationen, Frankfurt a. M. 1983

331

HORMUTH, Placement- eine innovative Kommunikationsstrategie, München 1992

HOVLAND C.I., JANIS I.L., KELLEY, H.H, Communication and Persuasion. Psychological Studies of Opinion Change, New Haven 1953

HOWARD, J.A., Consumer Behavior. Application of Theorie, New York, Düsseldorf 1977

HOYER, W. D., RIDGWAY, N. M., Variety Seeking as an Explanation for Exploratory Purchase Behavior: A Theoretical Model, Advances in Consumer Research, 11 (1983), 114-119

HOYOS, C. Graf, KROEBER-RIEL, W., v. ROSENSTIEL, L., STRÜMPEL, B. (Hrsg.), Wirtschaftspsychologie in Grundbegriffen, 2. Aufl., München, Weinheim 1987

HUBER, B., Strategische Marketing- und Imageplanung: Theorie, Methoden und Integration der Wettbewerbsstrukturanalyse aus Imagedaten, – Frankfurt a. M., Berlin, Bern, New York, Paris, Wien, 1993

HUNSINGER, H., Tod im Regal, Eine Analyse der Lebensmittel- Zeitung zur Me too-Problematik bei der Einführung neuer Produkte, Frankfurt a.M. 1985

HUNT, H.D. (Hrsg.), Advances in Consumer Research, Vol. 5, Ann Arbor 1978

HÜTTNER, M., Die Kohortenanalyse als Instrument der strategischen Marktforschung. In: BELZ, Ch. (Hrsg.) 1986, 309-327

INGLEHART, R., Wertewandel in den westlichen Gesellschaften. In: KLAGES, H., KMIECIAK, P. 1979

INSTITUT FÜR MUSEUMSKUNDE (Hrsg.), Eintrittsgelder und Besuchsentwicklung an Museen in der Bundesrepublik Deutschland mit Berlin (West), Nr. 10, Berlin 1984

INSTITUT FÜR MUSEUMSKUNDE (Hrsg.), Statistische Gesamterhebung an den Museen der Bundesrepublik Deutschland für das Jahr 1995, Heft 45, Berlin 1996

IRLE, M. (Hrsg.), Handbuch der Psychologie, 12. Bd, 2. Halbband: Methoden und Anwendungen in der Marktpsychologie, Göttingen, Toronto, Zürich 1983

IZARD, C. E., Die Emotionen des Menschen: eine Einführung in die Grundlagen der Emotionspsychologie, 2. Aufl., Weinheim u.a. 1994

JACOBI, J., SPELLER, D.E., KOHN, C.A., Brand Choice Behavior as a Function of Information Load, Journal of Marketing Research, 11 (1974), 63-69

JACOBY, J., CHESTNUT, R.W., FISHER, W.A., A Behavioral Process Approach to Information Acquisition in Nondurable Purchasing, Journal of Marketing Research, 15 (1978), 532-544

JACOBY, J., SZYBILLO, G.J., BUSATO-SCHACH, J., Information Acquisition Behavior in Brand Choice Situations, Journal of Consumer Research, 3 (1977), 209-216

JAGODZINSKI, W., The Metamorphosis of Life-Cycle Change in Longitudinal Studies on Postmaterialism. In: HAYASHI, C., SCHEUCH, E. (Hrsg.), Quantitative Social Research in Germany and Japan, Opladen 1996, 25-52

JAIN, A.K., A Method for Investigating and Representing Implicit Social Class Theory, Journal of Consumer Research, 2 (1975), 53-59

JAIN, K., SRINIVASAN, N., An Empirical Assessment of Multiple Operationalizations of Involvement, in GOLDBERG, M.E., GORN, G., POLLAY, R.W. (Hrsg.), Advances in Consumer Research, 17 (1990), Provo, UT, 594-602

JECK-SCHLOTTMANN, G., Anzeigenbetrachtung bei geringem Involvement, MARKETING Zeitschrift für Forschung und Praxis, 10 (1988), 33-43

JOHNSON, E.J., RUSSO, J.E., Product Familiarity and Learning New Information. In: MONROE, K.B. (Hrsg.) 1981, 151-155

JUNG, H., Grundlagen zur Messung von Kundenzufriedenheit. In: SIMON, H., HOMBURG, Chr. (Hrsg.) 1995, 139-159

KAAS, K.P., DIETRICH, M., Die Entstehung von Kaufgewohnheiten bei Konsumgütern, MARKETING Zeitschrift für Forschung und Praxis, 1 (1979), 13-22

KAAS, K.P., HOFACKER, T., Informationstafeln und Denkprotokolle - Bestandsaufnahme und Entwicklungsmöglichkeiten der Prozeßverfolguns-techniken. In: FORSCHUNGSGRUPPE KONSUM UND VERHALTEN (Hrsg.), 1983, 75-99

KAAS, K.P., HAY, C., Preisschwellen bei Konsumgütern - Eine theoretische und empirische Analyse, Zeitschrift für betriebswirtschaftliche Forschung, 36 (1984), 333-346

KAAS, K.P., Meinungsführung. In: Graf HOYOS et al. (Hrsg.) 1987, 188-194

KAAS, K.P., RUNOW, H., Wie befriedigend sind die Ergebnisse der Forschung zur Verbraucherzufriedenheit?, Die Betriebswirtschaft, 44 (1984), 451-465

KAAS, K.P., Zeitbezogene Untersuchungspläne - Neue Analysemethoden der Markforschung. In: FORSCHUNGSGRUPPE KONSUM UND VERHALTEN 1983, 161-176

KAAS, K. P., Ansätze einer institutionenökonomischen Theorie des Konsumentenverhaltens. In: Konsumentenforschung, hrsg. von der Forschungsgruppe Konsum und Verhalten, München 1994, 245-260

KAAS, K. P., Marketing zwischen Markt und Hierarchie. In: KAAS (Hrsg.), Kontrakte, Geschäftsbeziehungen, Netzwerke - Marketing und Neue Institutionsökonomik, Düsseldorf/ Frankfurt a. M. 1995, 19-42

KAAS, K. P., BUSCH, A., Inspektions-, Erfahrungs- und Vertrauenseigenschaften von Produkten, Marketing Zeitschrift für Forschung und Praxis, 1996, 243-252

KAHN, B. E., Consumer Variety Seeking Among Goods and Services - An Integrative Review. Working Paper Nr. 94-014, The Wharton School, University of Pennsylvania 1994

KAHNEMAN, D., TVERSKY, A., Prospect Theory: An Analysis of Decision Under Risc, Econometrica, 47 (1979), 263-291

KAHNEMANN, D., KNETSCH, J.L., THALER, R.H., Fairness and the Assumptions of Economics, Journal of Business, 59 (1986), 285-300

KAPFERER, J.-N., LAURENT, G., Consumers' Involvement Profile. In: HIRSHMAN, E.C. HOLBROOK, M.B. (Hrsg.) 1985, 290-295

KATONA, G., Psychological Analysis of Economic Behavior, New York 1951

KATZ, K.L., LARSON, B.M., LARSON, R.C., Über das Management von Warteschlangen, gdi impuls 1991, 3, 21-30

KEITZ, B. von, Wahrnehmung von Informationen. In: UNGER, F. (Hrsg.) 1986, 97-140

KEITZ, W. von, Der Saarbrücker Aktivierungstest (SAS), Schriftenreihe Annales Universitatis Saraviensis, Rechts- und Wirtschaftswissenschaftliche Abteilung, Bd. 97, Köln, Berlin u.a. 1981

KELLEY, H.H., Attribution in Social Interaction, New York 1971

KELLEY, H.H., Attribution Theory in Social Psychology. In: LEVINE, D. (Hrsg.), Nebraska Symposium on Motivation, Current Theory and Research in Motivation, 15 (1967), 192-238

KESSELMANN, P., KORNMEIER, M., Cognitive Mapping - dargestellt am Beispiel Umweltschutz, planung und analyse, (1996), 1, 26-32

KINTSCH, W., VAN DIJK, T.A., Towards a Model of that Comprehension and Production, Psychological Review, 85 (1978), 363-394

KLAGES, H.,KMIECIAK, P., Wertewandel und gesellschaftlicher Wandel, Frankfurt, New York 1979

KLEINALTENKAMP, M., Customer-Integration: Von der Kundenorientierung zur Kundenintegration, Wiesbaden 1996

KNAPPE, H.-J., Informations- und Kaufverhalten unter Zeitdruck, Frankfurt a.m., Bern 1981

KNOBLICH, H. & SCHUBERT, B., Marketing mit Duftstoffen, München 1989

KÖBLIN, M., Kids as Customers, planung und analyse, 2 (1994), 54-56

KÖHLER, F., Werbung in den USA, Hamburg 1985

KONERT, F.-J., Vermittlung emotionaler Erlebniswerte, Würzburg 1986

KONERT, F.J., Informationsverarbeitung mittels Entscheidungsregeln - Theoretische Grundlagen und empirische Überprüfung mit Hilfe der IDM, unveröffentlichte Diplomarbeit, Universität-Gesamthochschule Paderborn, Paderborn 1981

KOPPELMANN, U., Produktmarketing, 4. Aufl., Berlin, Heidelberg 1993

KORNARDT, J., Internationales Marketing aus der Sicht der kulturvergleichenden Psychologie, Werbeforschung & Praxis, 3 (1986), 97-104

KRECH, D., CRUTCHFIELD, R.S., LIVSON, N., WILSON, W.A., PARDUCCI, A., Grundlagen der Psychologie, Band 2, Wahrnehmungspsychologie, Weinheim, Basel 1985

KROEBER-RIEL, W. (Hrsg.), Konsumentenverhalten und Marketing, Opladen 1973

KROEBER-RIEL, W. (Hrsg.), Marketingtheorie, Köln 1972

KROEBER-RIEL, W. Konsumentenverhalten, 4. Aufl., München 1990, 6. Aufl., München 1996

KROEBER-RIEL, W., Die inneren Bilder der Konsumenten, MARKETING Zeitschrift für Forschung und Praxis, 8 (1986), 81-96

KROEBER-RIEL, W., Informationsüberlastung durch Massenmedien und Werbung in Deutschland, Die Betriebswirtschaft, 3 (1987), 257- 264

KROEBER-RIEL, W., MEYER-HENTSCHEL, G., Werbung - Steuerung des Konsumentenverhaltens, Würzburg, Wien 1982

KROEBER-RIEL, W., TROMMSDORFF, V., Markentreue beim Kauf von Konsumgütern - Ergebnisse einer empirischen Untersuchung. In: KROEBER-RIEL, W. (Hrsg.) 1973, 57-82

KROEBER-RIEL, W., Wirkung von Bildern auf das Konsumentenverhalten. Neue Wege der Marketingforschung, MARKETING Zeitschrift für Forschung und Praxis, 5 (1983), 153-160

KROEBER-RIEL, W., Bildkommunikation, Imagerystrategien für die Werbung, München 1993

KROEBER-RIEL, W., WEINBERG, P., Konsumentenverhalten, 6. Aufl., München 1996

KRUGMAN, H.E., Brain Waves Measures of Media Involvement, Journal of Advertising Research, 17 (1977), 7-14

KRUGMAN, H.E., The Impact of Television Advertising: Learning without Involvement, Public Opinion Quarterly, 29 (1965), 349-356

KUHLMANN, E., Das Informationsverhalten der Konsumenten, Freiburg 1970

KUHLMANN, E., Consumer Socialization of Children and Adolescents. A Review of Current Approaches, Journal of Consumer Policy, 6 (1983), 397-418

KUSS, A., Information und Kaufentscheidung: Methoden und Ergebnisse empirischer Konsumentenforschung, Berlin, New York 1987

LACHMANN, U., Kommunikationspolitik bei langlebigen Konsumgütern. In: BERNDT, R., HERMANNS, A. (Hrsg.) 1993, 831-856

LANGER, I., SCHULZ VON THUN, F., TAUCH, R., Sich verständlich ausdrücken, 3. Aufl., München 1987

LAPIERE, R.T., Attitudes versus Actions, The American Journal of Sociology, 1934, Nachdruck in: FISHBEIN 1967, 26-31

LASTOVICKA, J.R., GARDNER, D.M., Components of Involvement. In: MALONEY, J.C., SILVERMAN, B. (Hrsg.) 1979, 53-73

LEIBENSTEIN, H., Mitläufer-, Snob- und Veblen-Effekte in der Theorie der Konsumentennachfrage. In: STREISSLER, E., STREISSLER, M. (Hrsg.) 1966, 231-255

LEIBENSTEIN, H., Mitläufer-, Snob- und Veblen-Effekte in der Theorie der Konumentennachfrage. In STREISSLER, E., STREISSLER, M. (Hrsg.), Konsum und Nachfrage, Köln, Berlin 1966, 231-255

LEVEN, W., Automatische Blickregistrierung, MARKETING Zeitschrift für Forschung und Praxis, 10 (1988), 116-122

LEVEN, W., Das Konstrukt "Soziale Schicht" zur Erklärung der Betriebstypenpräferenz von Konsumenten, Zeitschrift für Betriebswirtschaft, 49 (1979), 18-38

LEVEN, W., Blickverhalten von Konsumenten, Physika Verlag, Heidelberg 1991

LISCH, R., KRIZ, J., Grundlagen und Modelle der Inhaltsanalyse, Reinbek 1978

LITTMANN, R.A., MANNING, H.M., A Methodological Study of Cigarette Brand Discrimination, Journal of Applied Psychology, 38 (1954), 185-190

LIVINGSTONE, M.S., Kunst, Schein und Wahrnehmung, Marketing-Journal, 21 (1988), 1, 74-81

LOCANDER, W.B., HERMANN, P.W., The Effect of Self-Confidence and Anxiety on Information Seeking in Consumer Risk Reduction, Journal of Marketing Research, 16 (1979), 268-274

LORD, R.-G. & MAHER, K.-J., Alternative Information-processing Models and their Implications for Theory, Research and Practise, Academy of Management Review, 1 (1990)

LÜER, G., Kognitive Prozesse und Augenbewegungen, in MANDL, H., SPADA, H. (Hrsg.), Wissenspsychologie, Weinheim 1988

LÜRZER, CONRAD & LEO BURNETT (Hrsg.), Life Style Research 1985, unveröffentlichte Broschüre, Frankfurt a.M. 1985

MACKIE, D., WORTH, L., Processing Deficits and the Mediation of Positive Affect in Persuasion, Journal of Personality and Social Psychology, 57 (1989), 1, 27-40

MALONEY, J.C., SILVERMAN, B. (Hrsg.), Attitude Research plays for High Stakes, Chicago 1979

MANDL, H., SPADA, H., Wissenpsychologie, München 1988

MARKUS, H., CRANE, M., BERNSTEIN, S., SILADI, M., Self-Schemas and Gender, Journal of Personality and Social Psychology, 42 (1982), 38-50

MAYER, H., GALINAT, W., Persönlichkeit und Konsumverhalten, Jahrbuch der Absatz- und Verbrauchsforschung, 25 (1979), 185-203

MAYER, H., Personendarstellungen in der Werbung, Werbeforschung & Praxis, 32 (1987), 77-83

MAYERHOFER, W., Imagetransfer, Die Nutzung von Erlebniswelten für die Positionierung von Ländern, Produktgruppen und Marken, Wien 1995

MAZANEC, J., Strukturmodelle des Konsumentenverhaltens. Empirische Zugänglichkeit und praktischer Einsatz zur Vorbereitung absatzwirtschaftlicher Positionierungs- und Segmentierungsentscheidungen, Wien 1978

McALISTER, L., PESSEMIER, E., Variety Seeking Behavior: An Interdisciplinary Review, Journal of Consumer Research, 9 (1982), 311-322

McARTHUR, L.A., The how and what of why: Some determinants and consequences of causal attribution, Journal of Personality and Social Psychology, 22 (1972), 171-193

McCANN-ERICKSON (Hrsg.), Die Jugend - Orientierungen und Verhaltensweisen. Entwicklungen über 2 Jahrzehnte, unveröffentlichte Broschüre, Frankfurt a.M. 1988

McLACHLAN, J., SIEGEL, M.H., Reducing the Costs of TV Commercials by Use of Time Compressions, Journal of Marketing Research, 17 (1980), 1, 52-57

McQUARRIE, E., Der Beitrag von Kundenbesuchen zur Kundenzufriedenheit. In: SIMON, H., HOMBURG, Chr. (Hrsg.) 1995, 293-310

MEFFERT, H., PATT, P.-J., Strategische Erfolgsfaktoren im Einzelhandel - Eine empirische Analyse am Beispiel der Bekleidungsfachgeschäfte. In: TROMMSDORFF, V. (Hrsg.) 1987, 181-198

MEFFERT, H., STEFFENHAGEN, H., FRETER, H. (Hrsg.), Konsumentenverhalten und Information, Wiesbaden 1979

MEFFERT, H., WINDHORST, Sieben "Werttypen" auf der Spur, absatzwirtschaft, 1984, 116-124

MERTEN, Klaus, Inhaltsanalyse, Opladen 1983

METZ-GÖCKEL, S., MÜLLER, U., Der "neue Mann" spielt keine Rolle, Werben & Verkaufen, 42 (1985), 40-48

MEYER, A., DORNACH, F., Das deutsche Kundenbarometer - Qualität und Zufriedenheit. In: SIMON, H., HOMBURG, Chr. (Hrsg.) 1995, 161-178

MEYER, A., DORNACH, F., Das deutsche Kundenbarometer, - Qualität und Zufriedenheit - Jahrbuch der Kundenzufriedenheit in Deutschland 1996, München 1996

MEYERS, L. & TYBOUT, A.M., Schema Congruity as a Basis for Product Evaluation, Journal of Consumer Research, 1 (1989)

MIDGLEY, D., A Meta-Analysis of the Diffusion of Innovations Literature. In: WALLENDORF, M., ANDERSON, P.F. (Hrsg.) 1987, 204-207

MISCHEL, W., Introduction to Personality, 2. Aufl., New York u.a. 1976

MITCHELL, A.A. (Hrsg.), Advances in Consumer Research, 9, Ann Arbor 1982

MONROE, K.B. (Hrsg.), Advances in Consumer Research, 8, Ann Arbor 1981

MORIARTY, R.S., REIBSTEIN, D.J., Benefit Segmentation in Industrial Markets, Journal of Business Research, 14 (1986), 463- 486

MÜHLBACHER, H., An Involvement Model of Advertising Information Acquisition and Processing Motivation. In: MÖLLER, K., PALTSCHIK, M., Contemporary Research in Marketing, Vol. 1, Helsinki 1986, 461-480

MÜHLBACHER, H., Selektive Werbung, Linz 1982

MÜLLER, G. F., CROTT, H. W. (Hrsg.), Wirtschaftspsychologische Sozialpsychologie, Hamburg 1978

MÜLLER-BÖLING, MÜLLER, M., ZERFAS, C., Handbuch zur ADV- Skala, Ein Instrument zur Messung von Einstellungen gegenüber der Informationstechnik, Arbeitsbericht Nr.10, Universität Dortmund Wirtschafts- und Sozialwissenschaften, Dortmund 1984

MÜLLER-HAGEDORN, L., Beurteilt der Verbraucher die Preise richtig?, Markenartikel, 7 (1985), 374-375

MÜLLER-HAGEDORN, L., Das Konsumentenverhalten, Wiesbaden 1986

MÜLLER-HAGEDORN, L., VORNBERGER, E., Die Eignung der Grid- Methode für die Suche nach einstellungsrelevanten Dimensionen. In: MEFFERT, H., STEFFENHAGEN, H., FRETER, H. (Hrsg.) 1979, 185-207

MÜLLER-HAGEDORN, L., Wahrnehmung und Verarbeitung von Preisen durch Verbraucher - ein theoretischer Rahmen, Zeitschrift für betriebswirtschaftliche Forschung, 35 (1983), 939-951

MUNSON, J.M., SPIVEY, W.A., Product and Brand-User Stereotypes among Social Classes, Journal of Advertising Research, 21 (1981), 4, 37-46

NARAYANA, C.L., MARKIN, R.J., Consumer Behaviour and Product Performance: An Alternative Conceptualization, Journal of Marketing, 39 (1975), 4, 1-6

NEIBECKER, B., Konsumentenemotionen - Messung durch computergestützte Verfahren, Würzburg, Wien 1985

NEISSER, U., Kognitive Psychologie, Stuttgart 1974

NELSON, P., Advertising as Information, Journal of Political Economy, 82 (1974), 4, 729-754

NICKERSON, R.S., Short-Term Memory for Complex Meaningful Visual Configurations: A Demonstration of Capacity, Canadian Journal of Psychology, 19 (1965), 155-160

NIEMEYER, H.-G., Begründungsmuster von Konsumenten, Attibutionstheoretische Grundlagen und Einflußmöglichkeiten im Marketing, Heidelberg 1993

NIESCHLAG, R. DICHTL, E., HÖRSCHGEN, H., Marketing, 17. Aufl., Berlin, München 1994

NOELLE-NEUMANN, E., Die Identifizierung der Meinungsführer, Vortragsmanuskript 38. ESOMAR-Kongreß, Wiesbaden 1.-5.9.1985

NOELLE-NEUMANN, E., Persönlichkeitsstärke, Hamburg 1983

OESS, A., Total Quality Managment: Die ganzheitliche Qualitätsstrategie, Wiesbaden 1993

o.V., Jugend '81, Lebensentwürfe - Alltagskulturen - Zukunftsbilder, Interview und Analyse, 9 (1982), 129-133

o.V., Schmale Alternative - Test Geschirrspülmaschinen, test Zeitschrift der Stiftung Warentest, 22 (1987), 11, 26-32

o.V., BEIERSDORF AG (Hrsg.), NIVEA - Entwicklung einer Weltmarke, Hamburg 1995

o.V., Die Kinder werden als Zielgruppe immer wertvoller, FAZ 28.1.1997, 23

o.V., Das ist elf, Die Zeit, Nr. 11 vom 7.3.1997

OLSON, J.C., Introduction, International Journal of Research in Marketing, 12 (1995), 3, 189-193

OLSON, J.C., REYNOLDS, T.J., Understanding consumers cognitive structures: Implications for advertising strategy. In: PERCY, L., ARCH, G., WOODSIDE (Eds.), Advertising and consumer psychology, Lexington 1983, MA., 77-90

OPASCHOWSKI, H.W., DUNCKER, Chr., Jugend und Freizeit, B. A. T. Freizeit-Forschungsinstitut, Hamburg 1996

OSGOOD, Ch.E., SUCI, G.J., TANNENBAUM, P.H., The Measurement of Meaning, Urbana, Chicago, London 1957

PACKARD, V., Die geheimen Verführer, Düsseldorf 1957

PAIVIO, A.; Empirical Case for Dual Coding. In: YUILLE, J. (Hrsg.) 1983

PAIVIO, A., Dual Coding: Theoretical Issues and Empirical Evidence. In: SCANDURA, J.M., BRAINERD, C.J. (eds.) 1987

PAIVIO, A., Imagery and Verbal Processes, New York, Chicago u.a. 1971

PARDUCCI, A., Grundlagen der Psychologie, Band 2, Wahrnehmungspsychologie, Weinheim, Basel 1985

PARFITT, J.H., COLLINS, B.J.K., Prognose des Marktanteils eines Produktes auf Grund von Verbraucherpanels. In: KROEBER-RIEL (Hrsg.) 1972, 171-207

PETER, J.P., OLSON, J.C., Consumer behavior, Homewood Ill. 1990

PETER, S., SCHNEIDER, W., Strategiefaktor Kundennähe. Vom Transaktionsdenken zum Relationship Marketing, Marktforschung & Management, 38 (1994), 1, 7-11

PETRI, C., Die Entstehung und Entwicklung kreativer Werbemedien, Heidelberg 1992

PETTY, R.E., CACIOPPO, J.T., Central and Peripheral Routes to Persuasion, Journal of Consumer Research, 10 (1983), 135-146

PETTY, R.E., CACIOPPO, J.T., The Effects of Involvement on Responses to Argument Quantity and Quality: Central and Peripheral Routes to Persuasion, Journal of Personality and Social Psychology, 46 (1984), 69-81

PFEIFER, A., SCHMIDT, P., LISREL. Die Analyse komplexer Strukturgleichungsmodelle, Stuttgart u.a. 1987

QUELCH, J.A., Behavioral and Attitudinal Measures of the Relative Importance of Produt Attributes: The Case of Cold Breakfast Cereals, Preliminary Research Report No. 78-109, Marketing Science Institute, Cambridge (Mass.) 1978

QUILLIAN, M.R., Semantic Memory. In: Minsky (ed.), Semantic Information Processing, Cambridge, MA: MIT Press 1968, 216-270

RAFFÉE, H., HEFNER, M., SCHÖLER, M., GRABICKE, K., JACOBY, J., Informationsverhalten und Markenwahl, Die Unternehmung, 30 (1976), 95-107

RAFFÉE, H., Irreführende Werbung, Wiesbaden 1976

RAFFÉE, H., WIEDMANN, K.P., Wertewandel und Marketing, Arbeitspapier Nr. 49 Universität Mannheim, Institut für Marketing 1986

RATCHFORD, B.T., VAN RAAIJ, W.F., Information Acquisition Process and Monetary Loss due to Incorrect Choice, Paper Prepared for the 5th Annual Colloquium on Economic Psychology, Leuven- Brüssel 1980

REEB, M., Lebensstilanalysen in der strategischen Marktforschung, Wiesbaden 1997

REHORN, J., Apparative Werbeforschung, absatzwirtschaft, 1986, 6, 82-93 und 7, 50-57

RIEDEL, BUSCH, Marketing – Kommunikation in Online-Medien: Anwendungsbedingungen, Vorteile und Restriktionen, MARKETING Zeitschrift für Forschung und Praxis, 3 (1997), S. ***

RIES, A., TROUT, J., Positioning: The Battle for Your Mind, New York 1986

ROKEACH, M., The Nature of Human Values, New York 1973

ROSENSTIEL, L. VON, EWALD, G., Marktpsychologie, Band 1: Konsumverhalten und Kaufentscheidung, Band 2: Psychologie der absatzpolitischen Instrumente, Stuttgart, Berlin, Köln, Mainz 1979

RUGE, H.D., Die Messung bildhafter Konsumerlebnisse, Heidelberg 1988

RUGE, H.-D., ANDRESEN, T. B., Acht Barrieren für die strategische Bildkommunikation. In: Konsumentenforschung, hrsg. von der Forschungsgruppe Konsum und Verhalten, München 1994, 139-156

RUSSO, J.E., Eye Fixations Can Save the World: A Critical Evaluation and a Comparison between Eye Fixations and other Information Processing Methodologies. In: HUNT (Hrsg.) 1978, 561-570

SANDELL, R.G., Effects of Attitudinal and Situational Factors on Reported Choice Behavior, Journal of Marketing Research, 5 (1968), 405-408

SCANDURA, J.M., BRAINERD, C.J. (eds.): Structural Process Models of Complex Human Behavior, Leiden 1987

SCHACHTER, S., SINGER, J.E., Cognitive, Social, and Physiological Determinants of Emotional State, Psychological Review, 69 (1962), 379-399

SCHANINGER, Ch.M., Social Class versus Income Revisited: An Empirical Investigation, Journal of Marketing Research, 18 (1981), 192-208

SCHARNBACHER, K., KIEFER, G., Kundenzufriedenheit: Analyse, Messbarkeit und Zertifizierung, München 1996

SCHENK, M., Publikums- und Wirkungsforschung. Theoretische Ansätze und empirische Befunde der Massenkommunikationsforschung, Tübingen 1978

SCHERHORN, G., Verbraucherinteresse und Verbraucherpolitik, Göttingen 1975

SCHERL, H., Die Armen Zahlen mehr - ein vernachlässigtes Problem der Verbraucherpolitik in der Bundesrepublik Deutschland?, Zeitschrift für Verbraucherpolitik, 2 (1978), 110-123

SCHEUCH, E.K., DAHEIM, H., Sozialprestige und soziale Schichtung. In: GLASS, D.V., KÖNIG, R. (Hrsg.) 1970, 65-103

SCHMÖLDERS, G., Ökonomische Verhaltensforschung, ORDO - Jahrbuch für die Ordnung von Wirtschaft und Gesellschaft, 5 (1953)

SCHNEIDEWIND, D., Erfahrungen mit einem Joint Venture in der Volksrepublik China, Der Technologie-Manager, 35 (1986), 1, 4-10

SCHNIBBEN, C., Verflucht, sind wir alle Hedonisten?, Die Zeit Nr. 52/1986, 60

SCHOBERT, R., Die Dynamisierung komplexer Marktmodelle mit Hilfe von Verfahren der Mehrdimensionalen Skalierung, Berlin 1979

SCHODER, D., Diffusion von Netzeffektgütern, Modellierung auf Basis des Mastergleichungsansatzes der Synergetik, Marketing Zeitschrift für Forschung und Praxis 1995, 1, 18-28

SCHOEMAKER, P.J.H., The Expected Utility Model: Its Variants, Purposes, Evidence and Limitations, Journal of Economic Literature, 20 (1982), 529-563

SCHRODER, H.M., DRIVER, M.J., STREUFERT, S., Menschliche Informationsverarbeitung. Die Strukturen der Informationsverarbeitung bei Einzelpersonen und Gruppen in komplexen sozialen Situationen, Weinheim, Basel 1975

SCHUB, G., Renaissance der Konsumfreude der jungen Generation, Planung und Analyse, 13 (1986), 54-59

SCHULTE-FRANKENFELD, H., Vereinfachte Kaufentscheidungen von Konsumenten, Frankfurt a.M. 1985

SCHULTHES, P., Konfektionsgröße - Indikator für weibliche Verhaltensmuster?, Interview und Analyse, 10 (1983), 64-68

SCHUSTER, H., Möglichkeiten unbewußt wirkender Industriegüter- Werbung, Diss. Berlin 1989

SCHWARZ, N., Stimmung als Information, Berlin-Heidelberg-New York: Springer 1987

SCHWARZ, N., Feelings as Information. Informational and Motivational Functions of Affective States. In: HIGGINS, E. & SORRENTIO, R. (eds). Handbook of Motivation and Cognition, New York: Guilford Press, 2 (1990), 527-561

SCHWEIGER, G., Verwendung von gleichen Markennamen für unterschiedliche Produktgruppen, WWG Informationen, 86 (1982), 6- 10

SCHWEIGER, G., Visuelle Imagemessung - Angewandt auf Länder, Werbeforschung & Praxis, 30 (1985), 248-254

SCITOVSKY, T., Psychologie des Wohlstands, Frankfurt, New York 1977

SHAW, R., BRANSFORD, J.D., Perceiving, Acting, and Knowing. Hillsdale 1977

SHELUGA, D.A., JACCARD, J., JACOBY, J., Preference, Search and Choice: An Integrative Approach, Journal of Consumer Research, 6 (1979), 166-176

SHEIKHIAN, M., Information Processing: A Selective Review of Research and Theory of Pictorial Recognition Memory, Arbeitspapier des Instituts für Konsum- und Verhaltensforschung, Universität des Saarlandes, Saarbrücken 1982

SHERIF, C.W., SHERIF, M. (Hrsg.), Attitude, Ego-Involvement, and Change, New York 1967

SHERIF, M., HOVLAND, C., Social Judgements: Assimilation and Contrast Effects in Communicatin and Attitude Change, New Haven, Connecticut 1961

SILBEREISEN, K., EYFERTH, K. et al. (Hrsg.), Development as Action in Context, New York, Heidelberg 1985

SILBERER, G.,Werteforschung und Werteorientierung im Unternehmen, Stuttgart 1991

SILBERER, G., Dissonanz bei Konsumenten. In: Graf HOYOS et al. (Hrsg.) 1987, 344-351

SILBERER, G., Wertewandel und Marketing, WiSt - Wirtschaftswissenschaftliches Studium, 14 (1985), 3, 119-124

SILBERER, Warentest Informationsmarketing Verbraucherverhalten, Berlin 1979

SILBERER, G. & JAEKEL, M., Marketingfaktor Stimmungen, Stuttgart 1996

SIMON, H., HOMBURG, Chr. (Hrsg.), Kundenzufriedenheit, Konzepte - Methoden - Erfahrungen, Wiesbaden 1995.

SIMON, H., HOMBURG, Chr., Kundenzufriedenheit als strategischer Erfolgsfaktor - Einführende Überlegungen. In: SIMON, H., HOMBURG, Chr. (Hrsg.) 1995, 15-27

SOKOLOW, E.N., Perception and Conditioned Reflex. Oxford

SOLOMON, M.R. (Hrsg.), The Psychology of Fashion, Lexington, Mass., Toronto 1985

SPIEGEL, B., Werbepsychologische Untersuchungsmethoden. Experimentelle Forschungs- und Prüfverfahren, 2. Aufl., Berlin 1970

SPIEGEL-Verlag (Hrsg.), SPIEGEL-Dokumentation: Outfit 3 - Kleidung, Accessoires, Duftwässer, Hamburg 1994

SPIEGEL-Verlag (Hrsg.), SPIEGEL-Dokumentation: Soll und Haben 4, Hamburg 1996

SPROLES, G.B., Behavioral Science Theories of Fashion. In: SOLOMON, M.R. (Hrsg.) 1985, 55-70

STAATS, W.W., STAATS, C.K., Erzeugung von Einstellungen durch klassiche Konditionierung. , W. (Hrsg.) STROEBE 1978, 393-403

STANDOP, D., HESSE, H.-W., Zur Messung der Kundenzufriedenheit mit Kfz-Reparaturen, Arbeitspapier des Fachbereichs Wirtschaftswisenschaften der Universität Osnabrück, Osnabrück 1985

STANDOP, D., Manufactures' Concern for Product Risks After the Sale: Do Product Recalls Really Cause Consumers Dissatisfaction?, Journal of Consumer Satisfaction, Dissatisfaction and Complaining Behavior, 4 (1991), 80-83

STATISCHES BUNDESAMT BERLIN, Bevölkerungsstand und Bevölkerungsbewegung Deutschland, Berlin 1997

STAUSS, B., Beschwerdepolitik als Instrument des Dienstleistungsmarketing, Jahrbuch der Absatz- und Verbrauchsforschung, 35 (1989), 1, 41- 9

STAUSS, B., Total Quality Management und Marketing, Marketing Zeitschrift für Forschung und Praxis, 3 (1994), 149-159

STAUSS, B., SEIDEL, W., Prozessuale Zufriedenheitsermittlung und Zufriedenheitsdynamik bei Dienstleistungen. In: SIMON, H., HOMBURG, Chr. (Hrsg.) 1995, 179-203

STEFFENHAGEN, H., Kommunikationswirkung - Kriterien und Zusammenhänge, Aachen 1984

STERN, H., The Significance of Impulsive Buying Today, Journal of Marketing, 26 (1962), 2, 59-62

STERNTHAL, B., SCOTT, C.A., DHOLAKIA, R.R., Self Perception as a Means of Personal Influence: The Foot-in-the-Door Technique. In: ANDERSON (Hrsg.) 1976, 387-393 STIKSRUD, A. (Hrsg.), Jugend und Werte, Weinheim, Basel 1984

STÖHR, A., Air-Design als Erfolgsfaktor im Handel - Analyse - Modellgestützte Erfolgsbeurteilung - Empirische Befunde - Strategische Empfehlungen, Wiesbaden 1997

STREISSLER, E., STREISSLER, M. (Hrsg.), Konsum und Nachfrage, Köln, Berlin 1966

STROEBE, W. (Hrsg.), Sozialpsychologie, I. Band (Interpersonale Wahrnehmung und soziale Einstellungen), Darmstadt 1978

STRÜMPEL., B., Psychologie gesamtwirtschaftlicher Prozesse. In: Graf HOYOS et al. (Hrsg.) 1987, 15-28

SUMMERS, J.O., The Identity of Women's Clothing Cashion Opinion Leaders, Journal of Marketing Research, 7 (1970), 178-185

SWINYARD, W.R., RAY, M.L., Advertising-selling Interactions: An Attribution Theory Experiment, Journal of Marketing Research, 14 (1977), 509-516

TARP, Measuring the Grapevine - Consumer Response and Word-of-Mouth, Atlanta (Coca-Cola) 1981

TAUCHNITZ, J., Emotionale Werbung mit Musik, Werbeforschung & Praxis, 3 (1985), 113-115

TAUCHNITZ, J., Werbung mit Musik, Heidelberg 1990

TEIGELER, P., Verständlich sprechen, schreiben, informieren, Bad Honnef 1982

THORELLI, H.B., THORELLI, S.V., Consumer Information Systems and Consumer Policy, Cambridge (Mass.) 1977

TIETZ, B., Die Werbung, Band 1, Landsberg a.L. 1981

TIETZ, B., Die Wertedynamik der Konsumenten und Unternehmer in ihren Konsequenzen auf das Marketing, Marketing Zeitschrift für Forschung und Praxis, 4 (1982), 91-102

TIETZ, Bruno, Optionen für Deutschland, Landsberg/Lech 1990

TOMANN, W., Einführung in die Allgemeine Psychologie, Band 1, Freiburg 1973

TREISMAN, A.; Merkmale und Gegenstände in der visuellen Verarbeitung, Spektrum der Wissenschaft, 1987, 1, 72 -83

TRIANDIS, H.C., LAMBERT, W.W., Handbook of Cross-Cultural Psychology, Boston 1980

TROMMSDORFF, G., Future Time Orientation and its Relevance for Development as Action. In: SILBEREISEN et al. (Hrsg.) 1985, 121-136

TROMMSDORFF, V. (Hrsg.), Handelsforschung 1986, Heidelberg 1986

TROMMSDORFF, V. (Hrsg.), Handelsforschung 1987, Heidelberg 1987

TROMMSDORFF, V. (Hrsg.), Handelsforschung 1990, Heidelberg 1990

TROMMSDORFF, V., BLEICKER, U., HILDEBRANDT, L., Nutzen und Einstellung, WiSt - Wirtschaftswissenschaftliches Studium, 9 (1980), 269-276

TROMMSDORFF, V., Die Messung von Produktimages für das Marketing, Köln, Berlin, Bonn, München 1975

TROMMSDORFF, V., Das empirische Gutachten als Beweismittel im Wettbewerbsprozeß, Marketing Zeitschrift für Forschung und Praxis, 1 (1979), 91-101

TROMMSDORFF, V., Kampagnen gegen das Rauchen und ihre Wirkungsmessung, Marketing Zeitschrift für Forschung und Praxis, 6 (1984), 166-174

TROMMSDORFF, V., Multivariate Imageforschung und strategische Marketingplanung. In: HERMANNS, A., FLEGEL, V. (Hrsg.) , Handbuch des Electronic Marketing, München 1992, 321-337

TROMMSDORFF, V., SCHUSTER, H., Die Einstellungsforschung für die Werbung. In: TIETZ, B. 1981, 717-766

TROMMSDORFF, V., SCHUSTER, H., Wettbewerbsstrukturanalyse aus Image-Daten, Marktforschung, 2 (1987), 63-67

TROMMSDORFF, V., Wertewandel und Wandel im Handel. In: TROMMSDORFF,V. (Hrsg.) 1986, 3-16

TROMMSDORFF, V., Käuferverhalten und Innovationsmanagement. In: Konsumentenforschung, hrsg. von der Forschungsgruppe Konsum und Verhalten, München 1994, 445-459

TROMMSDORFF, V. Involvement. In: TIETZ, B, KÖHLER, et al. (Hrsg.), Handwörterbuch des Marketing, Stuttgart 1995, Spalte 1067-1077

TROMMSDORFF, V., ZELLERHOFF, C., Produkt- und Markenpositionierung. In: BRUHN, M. (Hrsg.), Handbuch Markenartikel, Anforderungen an die Markenpolitik aus Sicht von Wissenschaft und Praxis, Stuttgart 1994, 350-373

TSCHEULIN, D. K., "Variety-seeking-behavior" bei nicht habitualisierten Konsumentenentscheidungen - eine empirische Studie, Zeitschrift für betriebswirtschaftliche Forschung, 46 /1994), 1, 54-62

TULVING, E., DONALDSON, W. (Hrsg.), Organisation of Memory, New York 1972

UNGER, F. (Hrsg.), Konsumentenpsychologie und Markenartikel, Heidelberg, Wien 1986

URBAN, G.L., PERCEPTOR: A Model for Product Positioning, Management Science, 21 (1975), 858-871

UTTITZ, P., Gesellschaftliche Rahmenbedingungen für die Entwicklung des Freizeitverhaltens von 1953 bis 1980 in der Bunderepublik Deuschland, ZA Information (Zentralarchiv für empirische Sozialforschung, Köln), 15, 1984, 17-37

VEBLEN, Th., Die Theorie der feinen Leute, Köln, Berlin 1958

VERSHOFEN, W., Handbuch der Verbrauchsforschung, Bd. I, Berlin 1940

WALLENDORF, M., ANDERSON, P.F (Hrsg.), Advances in Consumer Research, 14 (1987), Provo, UT

WASCHKE, TH., MATTRISCH, G., MINX, E.P.W., Veränderungen des Zeitbudgets und der Mobilität, Daimler-Benz AG Forschung und Entwicklung - Arbeitspapier, Berlin 1986

WEINBERG, P., Vereinfachung von Kaufentscheidungen bei Konsumgütern, MARKETING Zeitschrift für Forschung und Praxis, 2 (1980), 87 -94

WEINBERG, P., Beobachtung des emotionalen Verhaltens. In: FORSCHUNGSGRUPPE KONSUM UND VERHALTEN 1983, 45-62

WEINBERG, P., Das Entscheidungsverhalten der Konsumenten, Paderborn, München, Zürich, Wien 1981

WEINBERG, P., Erlebnismarketing, München 1992

WEINBERG, P., Erlebnisorientierte Einkaufsstättengestaltung im Einzelhandel, MARKETING Zeitschrift für Forschung und Praxis, 8 (1986), 97-102

WEINBERG, P., GOTTWALD, W., Impulsive Kaufentscheidungen von Konsumenten, Arbeitspapiere des Fachbereichs Wirtschaftswissenschaft, Gesamthochschule Paderborn, Paderborn 1980

WEINBERG, P., Konsumentenforschung. Erklärungsansätze und aktuelle Trends., MARKETING Zeitschrift für Forschung und Praxis, 3 (1991), 186-190

WEINBERG, P., SCHULTE-FRANKENFELD, H.; Informations-Display-Matrizen zur Analyse der Informationsaufnahme von Konsumenten. In: FORSCHUNGSGRUPPE KONSUM UND VERHALTEN 1983, 63-73

WEINER, B., An Attributional Theory of Motivation and Emotion, New York 1986

WIEDMANN, RAFFÉE, Wertewandel und Marketing - Ausgewählte Untersuchungsergebnisse der Studie Dialoge 2 und Skizze von Marketingkonsequenzen, Institut für Marketing, Universität Mannheim 1986

WILDE, L., Information Costs, Duration of Search, and Turnover: Theory and Applications, Journal of Political Economy, 89 (1981), 1122-1141

WIMMER, F., Beschwerdepolitik als Marketinginstrument, In: HANSEN, U., SCHOENHEIT, I., Verbraucherabteilungen in privaten und öffentlichen Unternehmen, Frankfurt a. M. 1985, 225-254

WIMMER, F., Mangelnde Einkaufseffizienz einkommensschwacher Verbraucher - eine empirische Überprüfung und inhaltliche Erweiterung der These "Die Armen zahlen mehr" für die BRD, Zeitschrift für Verbraucherpolitik, 5 (1981), 64-87

WINDHORST, K.G., Wertewandel und Konsumentenverhalten, Münster 1985

WIRTZ, K.-E., "Product Placement" - am medienrechtlichen Trennungsgebot führt kein Weg vorbei, Werbeforschung & Praxis, 33 (1988), 20-24

WISWEDE, G., Eine Lerntheorie des Konsumverhaltens, Die Betriebswirtschaft, 45 (1985), 544-557

WOTTOWA, W., Verbraucher-Analyse, unveröffentlichtes Arbeitspapier, 1985

YUILLE, J. (Hrsg.): Imagery, Memory and Cognition, Hillsdale (NJ) 1983

ZAICHKOWSKY, J.L., Measuring the Involvement Construct, Journal of Consumer Research, 12 (1985), 341-352

ZAJONC, R.B., Attitudinal Effects of Mere Exposure, Journal of Personality and Social Psychology, 9 (1968), 2, 1-27

ZAJONC, R.B., Feeling and Thinking. Preferences Need No Inferences, American Psychologist, 35 (1980), 151-175

ZEITHAMEL, V.A., Defining and Relating Price, Perceived Quality, and Perceived Value, Report No.87-101 MSI, Cambridge (Mass.) 1987

ZELLERHOFF, C., Geschlechtsbezogene Positionierung, Diss. Berlin 1998

Stichwortregister

Fettgedruckte Seitenangaben bedeuten f. bzw ff